·STEM精品课程资源丛书·

初中 STEM
精品课程资源课例

丛书主编　王　素
丛书副主编　刘志刚　王　勇
主　　编　王殿军
副　主　编　白雪峰　李佩宁　王　田
参　　编（按姓氏笔画排序）
　　　　　　白鑫鑫　汤文坤　杨　菁　居重艳
　　　　　　赵欣如　徐琢瑶　梁姝颋　谭洪政

助你成为跨学科教学高手

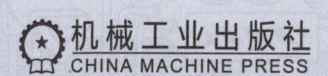

机械工业出版社
CHINA MACHINE PRESS

本书系"中国STEM教育2029行动计划"阶段性研究成果，以中国教育科学研究院STEM教育研究中心"STEM教师能力等级标准（试行）"为编写指导，致力于提升我国初中STEM相关学科教师的跨学科课程教学设计和实施能力。它从我国初中教师开展STEM教育教学的困境出发，帮助教师解决当下存在的问题。本书共2章：第1章围绕我国初中开展STEM教育所面临的8个主要问题，由本书作者集体讨论后撰写，给出可供参考的思路和解决方案；第2章是可供我国初中教师借鉴的15个STEM项目课例，课例来自中国教育科学研究院STEM教育研究中心的试验区征集作品和第四届中国STEM教育发展大会中的优秀作品。

本书适合我国初中理科教师、科学教师及所有跨学科教学研究者使用。

图书在版编目（CIP）数据

初中STEM精品课程资源课例/王殿军主编.—北京：机械工业出版社，2023.12
（STEM精品课程资源丛书）
ISBN 978-7-111-74384-2

Ⅰ.①初⋯　Ⅱ.①王⋯　Ⅲ.①科学技术—活动课程—教学研究—初中
Ⅳ.①G633.932

中国国家版本馆CIP数据核字（2023）第231791号

机械工业出版社（北京市百万庄大街22号　邮政编码100037）
策划编辑：熊　铭　　　　　责任编辑：熊　铭　张蕴哲
责任校对：张雨霏　陈　越　责任印制：张　博
北京联兴盛业印刷股份有限公司印刷
2024年2月第1版第1次印刷
184mm×260mm・23.25印张・563千字
标准书号：ISBN 978-7-111-74384-2
定价：89.00元

电话服务	网络服务
客服电话：010-88361066	机 工 官 网：www.cmpbook.com
010-88379833	机 工 官 博：weibo.com/cmp1952
010-68326294	金 书 网：www.golden-book.com
封底无防伪标均为盗版	机工教育服务网：www.cmpedu.com

丛书序

"STEM精品课程资源丛书"就要与大家见面了。这套丛书是"中国STEM教育2029行动计划"系列丛书的第二套。我们在2017年发布的《中国STEM教育白皮书》中提出了"中国STEM教育2029行动计划",行动计划之一是为基础教育阶段学校培养万名STEM教师。为了实现这一目标,我们开展了系列行动。我们制定了《STEM教师能力等级标准(试行)》,系统化地培训种子教师,建立了各地STEM协同创新中心,带领学校和教师开展STEM相关课题研究和实践探索。

这套"STEM精品课程资源丛书"是为基础教育阶段教师量身打造的独特系列。本丛书包括幼儿、小学、初中、高中四个学段和校内、校外两种教学形态。丛书采用理论与实践相结合的方式,既提供了STEM课程资源开发的理论框架,又提供了针对不同学段的学生经过实践检验的可模仿、可操作的课程资源课例,为教师开展STEM教育提供了优质、全面的STEM课程资源,成为教师开展STEM教育的有效支架和工具。

这套丛书的出版具有独特的价值。如今,我们已经进入人工智能时代,教育必将发生根本性的变革。课程进入素养导向的时代,强调跨学科实践,在真实的情境中学习,培养学生的创新思维和科学问题解决能力。STEM教育正是跨学科学习的载体,其情境化、任务式的项目学习方式正是课程标准所重视和强调的。

习近平总书记指出,"要在教育'双减'中做好科学教育加法"。教育部等十八部门联合印发了《关于加强新时代中小学科学教育工作的意见》,文件指出,把培养学生的科学精神和提升学生的科学素质作为工作原则。STEM教育的核心目标就是培养创新思维和科学问题解决能力,通过实践性的学习和项目驱动的学习方式,让学生能够主动思考、探索和解决现实生活中的科学问题,培养学生的创新能力和独立思考能力。

STEM教育还注重培养学生的综合素质和终身学习能力。在STEM教育中,学生需要具备团队合作、沟通交流和解决复杂问题的能力。这些能力不仅对学生的学习和职业发展有益,也对他们的个人成长和社会生活具有重要的意义。

学校开展STEM教育也面临很多挑战。

首先,师资不足。优秀的STEM教师是实施STEM教育的关键。然而,目前高等教育中基本都是按学科培养，基础教育阶段学校对STEM教师的培训也有限，教师开展STEM教育需要获得更多的资源和工具的支持。

其次，STEM教育需要不断创新及更新课程内容和教学方法，以适应快速发展的科技和社会需求。然而，传统的教材和教学方法往往难以满足学生的实际需求，学生需要更加注重实践性项目驱动的学习。而基础教育阶段教师面临着如何设计和开发STEM课程以及如何有效实施STEM课程的挑战。

最后，STEM教育强调不同学科之间的融合和跨学科的教学。当前基础教育阶段学校仍然是以学科教学为主，开发跨学科课程、打破学科之间的界限是学科融合和跨学科教学的关键。

为了帮助基础教育阶段教师解决这些难题，我们组建了一支由顶尖教育专家、教研员和一线优秀教师组成的团队，致力研发出最优质的STEM课程资源，为学校开展STEM教育提供可操作的示范课例和教学方法。这些课程资源课例包括了优秀的STEM课程应该具有的框架和基本要素，同时提供了丰富的实践活动课例。我们相信，这些资源课例的有效利用不仅可以成为基础教育阶段教师开展STEM教育的抓手，也可作为STEM课程资源开发时模仿的样例。

我们期待这套"STEM精品课程资源丛书"能够成为基础教育阶段学校开展跨学科学习实践、做好科学教育加法的有效工具；成为基础教育阶段教师的贴心朋友和伙伴，也能让我们以丛书为平台，成为一个学习共同体。

中国教育科学研究院STEM教育研究中心

前　言

让学生爱上学习

当教师时间越长，就越有更多的困惑，我相信很多教师都有这样的感觉。

2003年，我刚刚来到清华大学附属中学（下文简称"清华附中"）工作，担任清华附中第一届高三美术班的班主任。第一学期期中考试后，班级中的一个男学生考了文科班全年级第一名。因为美术生每周要拿出两天的时间学习专业课，文化课学习时间比普通生少很多，所以他能取得这样的成绩就显得有些惊艳。年级组长找到我，希望让这个孩子在全年级做一次学法分享。我兴奋地找到这个学生，告诉他这一光荣任务，却没有得到任何欣喜的反馈。他犹豫一会儿，回答我说不想讲。面对我的诧异，他解释说，他没有什么可讲的，因为他特别厌恶现在的学习方式，之所以成绩好，不过是自律使然罢了。

这件事给我的触动特别大，我之前见到过厌学的学生，多数是因为学不会，或是因为习得性无助表现出来的根本不想学。但这个学生的成绩是第一名啊，我强烈地感觉到，我们的教育在什么地方出了问题。

什么是更好的教？什么是更好的学？

当我从人文学者钱理群教授那听到"精致的利己主义者"，从临床心理专家徐凯文博士那听到"时代空心病"，从中国国际积极心理学大会执行主席彭凯平教授那听到"四无少年"这些概念时，我强烈地意识到，中国的教育变革势在必行，任重道远。

2013年，在时任校长王殿军的推动下，清华附中的创客空间正式成立。两年之后，又与美国名校合作，成立了四个高等研究实验室（下文简称"高研"），在拔尖创新人才培养方面进行了扎实而有效的教育探索。我从2015年开始主管这方面的工作，至今已有8年时间。这8年中，我经常从这些创客和高研的师生眼中看到求知的热情和进取的执着，困惑我多年的教育谜题也终于找到了解答的思路。

我个人认为，目前以应试为导向的班级授课制是学生厌学的主要原因。在这种授课机制中，学生几乎是被动学习，学什么、怎么学都是教师安排好的。至于学习的意义，那还用问吗？当然是考试考出好成绩呀！这仿佛是天经地义的事情，谁如果质疑，就简直是"大逆不道"。考得好的，会受到人们的青睐；考得不好的，会觉得自己太笨，或者是不够努力，总之会觉得低人一等。然而，不论考得好坏，很少有人能体会到学习本身的快乐。

创客空间和高研建成之后，学生可以在每周的固定时间来到这里，跟着老师进行

STEM 学习。这里的学习不是以考试为目的，而是以提升问题解决能力和思维水平为目的。学什么，怎么学，学生有极大的选择权，即便是一些必修公共课，也是如此。因为这些课程是学生以后开展自主研究的基础，所以学习的意义就不言自明了。这种"在学中做、在做中学"的方式，让学生在应试教育的被动状态中得到短暂解脱，呼吸到自由的空气；在解决问题的过程中提升自身成长的成就感，体会学习本身带来的探索的快乐。

2022年第一学期初，我突然收到高研负责教师发给我的一段视频，内容是北京大学博士生陈廷瀚接受《新闻联播》的一段采访。这段视频一下就勾起了我对陈廷瀚同学的一段回忆。廷瀚自2015年进入高研学习，那一年正好赶上天津港爆炸事故，很多消防员在事故中牺牲。他感觉很震惊，消防员都有防毒面具，为什么没有发挥作用呢？后来，他经过调研得知，造成消防员牺牲的不是毒气，而是吸入了火场的高温气体，气管被严重灼伤，最终化脓感染而致。他经过搜索查证，发现世界上竟然没有便携式的快速降温装置。所以，高一下学期高研立项开题的时候，他就把发明这样的装置作为自己的研究方向，学校也为他邀请到了北京航空航天大学材料学资深教授进行指导。一年后，他不负众望，发明出一套便携式消防用感应控温维生呼吸器，并申请了专利，同时获得了清华大学、北京大学各60分的自主招生降分录取资格。但他的老师们在欣喜之余也为他感到担忧，因为他的文化课成绩只能在年级排在中游，加上60分，也是很难考上清华大学、北京大学的。可是刚刚进入高三的时候，陈廷瀚就通过班主任找到我，希望申请在学校住宿，他要把所有的时间都用来学习，争取考上清华大学或北京大学。我开始不同意，因为附中住宿资源紧张，他家离学校又比较近，不符合申请住宿的条件。无奈他三番五次地申请，最终学校还是同意让他住宿了。当然，一年之后，他用北京大学的录取通知书回报了母校。这次《新闻联播》的报道，介绍了他的博士课题就是为这个呼吸器进行升级换代。英国数学家、逻辑学家怀特海说过，教育的目的就是激发和引导学生的自我发展之路。陈廷瀚同学的案例恰恰说明，如果学生的进取精神被激活，他的发展就会有无限可能。

此次本书的出版，不仅系统介绍了清华附中对STEM教育的思考、理解和实践，更从全国范围精选了一些优秀的课例，对于各学校开展STEM教育会有很多借鉴意义。更难能可贵的是，书中的STEM课例，很多是出自非专职的STEM课程教师，他们有意识地在自己的学科教学过程中实践STEM教育理念，使得学科课程摆脱了应试教育的桎梏，让学生在课堂上真正地爱上学习。

感谢为此书出版付出努力的所有教师，感谢王素主任的悉心指导。我相信，本书的出版，会让越来越多的教师了解STEM课程与教学的魅力，让更多的学生在课堂上心怀梦想，眼中有光。

白雪峰
书于清华园

目 录

丛书序

前言

第 1 章　理性探讨：初中阶段应当为学生提供怎样的 STEM 教育 1

1.1　专业与职业：如何用 STEM 吸引你的学生 1
1.2　课程建设点子库：与学科结合紧密的初中 STEM 项目主题有哪些 11
1.3　辩证统一：STEM 课程与常规学科课程的关系 20
1.4　学科与 STEM：如何用 STEM 活动解决课上未完成的学习 25
1.5　面向未来：初中生通过 STEM 教育能发展哪些技能 33
1.6　环境与硬件：学校可以为 STEM 教育的开展提供哪些有益的支持 38
1.7　与评价结合：STEM 教育与学生综合素质评价 42
1.8　他山之石：国外的初中为学生提供了怎样的 STEM 教育 52

第 2 章　与学科整合：适合初中开展的 STEM 项目课例设计 60

2.1　课例 1：伴 EYE 同行——常见眼病的可视化实物模型 60
2.2　课例 2：智能植物管家 84
2.3　课例 3：低碳循环"谐"奏曲——鱼菜共生系统的设计和制作 103
2.4　课例 4：无土栽培 121
2.5　课例 5：智慧照明，还城市夜的黑 137
2.6　课例 6：未来生活之地震救援车 150
2.7　课例 7：小小净水工程师——家庭净水计划 166
2.8　课例 8：寻找犯罪嫌疑人 179
2.9　课例 9：地下建筑自动闭合防洪堤坝的设计与制作 200

2.10 课例10：设计制作再生纸简易笔记本 232
2.11 课例11：人脸跟随 253
2.12 课例12：为杭州亚运会制作园林电子旅游宣传册 272
2.13 课例13：当能源问题遇上设计思维——自发电夜跑灯的设计制作和推广 290
2.14 课例14：月球基地空气循环系统的设计 310
2.15 课例15：保护母亲河，我们在行动——"李冰号"智能水质检测船综合
    实践考察探究活动 338

第1章　理性探讨：初中阶段应当为学生提供怎样的STEM教育

1.1　专业与职业：如何用 STEM 吸引你的学生

随着时代的进步，国家间的竞争日益凸显为人才的竞争，科学与科学教育的联系从未有如今这般紧密。从美国的 STEM 教育，到德国的 MINT 教育，再到韩国的整合性人才教育，以科学和工程为核心的跨学科教育承载着在全球范围内打造国家核心竞争力的重大任务。

实现人才培养特别是拔尖人才的培养，需要学校、家庭、社会的共同努力，通过为学生营造真实情境的课程体系，使得学生能够浸润其中。教师在应用课本知识体系的同时，又要注重方法、思维及社会意识的培养，让学生对于专业与职业有所了解，进行生涯规划。

开展以科学与工程为核心的 STEM 课程是落实跨学科教育的核心，可以有效地提升学生的科学与工程素养。对于专业发展的学生而言，他们能够通过跨学科课程形成对科学本质的深刻认识，崇尚求真的科学精神，通晓科学探究的关键方法；或明晰工程设计流程，熟练使用技术手段与工具，有效地发展创造性思维，提升现实问题的解决能力和公共决策能力。对于非专业发展的学生而言，他们能够通过跨学科课程接受完整的科学通识教育，构建完整的科学认知，树立正确的科学思想，发展创新性思维，提升参与公共事务的能力。

STEM 课程是指有意识地将知识、技能、原则或价值观应用于多个学科，并通过一个明确的核心主题、问题、过程、现实经验或专业应用展示出来，进而设计而成的偏理工领域的整合课程。在跨学科教学课程中，科学与工程是核心，技术是手段，数学是基础。

以科学与工程为核心的 STEM 课程旨在落实立德树人的根本任务，是落实中国学生发展核心素养的重要途径，为全体学生的大学学习、职业生涯与终身发展奠定基础。以科学与工程为核心的 STEM 课程还是发展素质教育的重要载体，能够帮助学生树立科学的世界观和正确的价值观，为成为有责任感的社会公民奠定基础。

1.1.1 美国STEM教育的发展历史与我国的STEM教育

1. 美国STEM教育的发展历史

美国国家航空航天局（简称NASA）在推进美国STEM教育的过程中扮演了非常重要的角色，不仅将大量的研究特别是高精尖研究开放给学生进行学习，还专门设立了相关的NASA基金，资助对象包括学校的STEM项目、科学中心、博物馆、天文馆、科学研究机构、公司等。NASA之所以如此重视STEM研究，主要原因有以下几个方面。

（1）**来自于其科研实践背后总结出的相关的规律及需求**。随着国际竞争的深入，美国对于科技人才的需求越来越大，而且高水平的人才不仅仅是单学科的人才，也不仅仅是只注重理论研究而不能将理论转化成实际成果的人才，而应该是具有跨学科能力的人才。如何培养这样的人才，NASA在不断思考、总结之后发现，将教学或者研究与NASA的任务本身相关联，或直接嵌入，或间接模仿，使学生置身于真实的目标环境中学习，学生的学习成效要远超过课程性教学。[1]通过相关的研究与实践，NASA坚定了开展STEM研究的决心与信心，其对于STEM的定义也从原来的对于科学项目研究、工程的实践逐渐扩展到相关的教育实践领域。

（2）**NASA的定位与社会责任**。NASA作为隶属于美国联邦政府的行政性科研机构，一项重要的工作便是进行公众推广与引导公众参与，这也是我们常说的科普工作。《美国国家航空暨太空法案》中明确指出，"通过国家航空航天局之外的教育计划和学术研究计划培养受过训练的科学家和工程师，对于美国民用航天计划的未来至关重要"，在实施过程中"通过短期和长期的基础科学研究与开发以及促进科学、技术、工程和数学教育，能够提升创新能力和经济竞争力"，并"通过促进建设一个强有力的教育基地和培训活动来增进公众对空间资源的理解、评估、发展和应用，广泛而迅速地传播知识和技术"。美国从法律层面规定了NASA的工作职责与定位，从而更有利于STEM教育的推广。

NASA的不断成长推动了技术的不断突破，促进了科学研究的不断进步，扩大了我们对于宇宙的了解，这些成绩的取得都有着共同的起源：科学、技术、工程和数学的教育。在NASA的STEM参与计划中，NASA为美国的年轻人和教育者提供了学习STEM的相关工具及资料。NASA在STEM教育方面的工作内容可以概括为：为学生和公众建立独一无二的机会，使其能够为NASA的探索与发现工作做出相应的贡献；通过让学生与NASA的人员一起工作，结合相关内容在真实的设施中进行真实的学习体验，建立一支多样化的未来STEM员工队伍；通过加强建立公众与NASA任务和工作内容的联系，增强公众的理解。

从《美国国防教育法》和《美国国家航空暨太空法案》等相关的法律条文可以看到，美国在20世纪50年代便提出加强科学、技术、工程、数学和"现代外语"等方面的教育，

---

[1] 向世清. STEM教育之来龙去脉[J]. 中国科技教育，2018（11）：72-73.

而这也是当前 STEM 的雏形。之所以说是现代 STEM 的雏形，主要是当时讨论的大多是高等教育，在大学开展相关的 STEM 教育与研究。随着时间的推移，经验的积累，NASA 相关的 STEM 教育活动也由大学慢慢延伸至中学、小学。

在 20 世纪 70 年代到 80 年代，手机、个人计算机、人工心脏、航天飞机发射、基因重组等先进技术相继出现，这在一定程度上也要归功于对于科技教育的重视。1996 年美国颁布《美国国家科学教育标准》（National Science Education Standards，简称 NSES），这是美国历史上的第一部科学教育标准，旨在为美国科学课程的发展提供指导，并对各州的科学课程提出了最基本的标准和规范，它对于美国的科学教育发展具有深远影响。20 世纪 80 年代末、90 年代初，美国数学教师协会（National Council of Teachers of Mathematics，简称 NCTM）发布了《学校数学的课程及评价标准》（Curriculum and Evaluation Standards for School Mathematics）、《数学教学的职业标准》（Professional Standards for Teaching Mathematics）和《学校数学评价标准》（Assessment Standards for School Mathematics）等一系列数学课程、教学、评价等相关的标准。这一系列科学、数学相关标准的出台为美国教育工作者的课堂提供了指导，帮助老师们制订课程，更好地为 K-12 阶段的学生在 STEM 学习上做好准备。20 世纪 90 年代，美国国家科学基金会，United States 第一次使用首字母缩略词来定义 STEM 主题，最初命名为 SMET，后来在 2001 年将其正式改为 STEM（Science, Technology, Engineering, Mathematics）。至此，STEM 正式登上历史舞台。

2. 我国的 STEM 教育

从 2001 年起，我国在科技教育领域开始对 STEM 教育进行引入与介绍，2006 年制定《全民科学素质行动计划纲要（2006—2010—2020 年）》，2016 年由国务院办公厅印发《全民科学素质行动计划纲要实施方案（2016—2020 年）》，从制度上进一步明确要加强全民科学素质；2016 年教育部在《教育信息化"十三五"规划》中明确提出发展跨学科学习；2017 年教育部印发《义务教育小学科学课程标准》，鼓励教师在教学实践中尝试 STEM 教育；2019 年 6 月 23 日国务院发布《中共中央国务院关于深化教育教学改革全面提高义务教育质量的意见》，提出探索基于学科的课程综合化教学，开展研究型、项目化、合作式学习；2020 年教育部印发《普通高中课程方案和语文等学科课程标准（2017 年版 2020 年修订）》，STEM 多次出现在多个学科中。与此同时，中国教育科学研究院也先后发布《中国 STEM 教育白皮书》《中国 STEM 教育 2029 创新行动计划》《STEM 教师能力等级标准（试行）》等一系列研究报告。

从相关的政策、报告、标准中可以看出，跨学科学习、STEM、项目化、研究化学习已经融入我国的教育教学体系中。那么 STEM 学习究竟可以给学生带来什么呢？在 2017 年颁布的《关于深化教育体制机制改革的意见》中着重提出了培养学生的四大关键能力。

（1）培养认知能力。引导学生具备独立思考、逻辑推理、信息加工、学会学习、语言表达和文字写作的素养，从而形成浓厚的学习兴趣和良好的学习习惯，养成终身学习的意识和能力。

（2）培养合作能力。引导学生学会自我管理，学会与他人合作，学会过集体生活，学会处理好个人与社会的关系，遵守、履行道德准则和行为规范。

（3）培养创新能力。激发学生的好奇心、想象力和创新思维，养成创新人格，鼓励学生勇于探索、大胆尝试、创新创造。

（4）培养职业能力。引导学生适应社会需求，树立爱岗敬业、精益求精的职业精神，培养学生践行知行合一、积极动手实践和解决实际问题的能力。

在《关于深化教育体制机制改革的意见》中提出的四大能力，从学生的认知、合作、创新及未来职业发展四个角度进行了阐述，更加强调了学生需要有独立思考能力、终身学习习惯、合作及创新能力等，这就从课程设计、实施、评价等环节指明了方向。那么目前STEM教育在我国遇到了哪些挑战呢？我们梳理了国内外相关研究并结合自身发展遇到的问题进行了汇总。

（1）缺少STEM教育顶层设计。目前国家对于STEM的整体定位高度仍需提升，而不仅仅是将STEM视为一种教学方法或手段，更应像欧美等发达国家那样，从高等教育、基础教育甚至学前教育设置一套规范的符合国情的体系设计方案，特别是向人才培养、产业升级等方面的倾斜，更加强调综合素质人才培养。

（2）STEM师资匮乏。韩愈在《师说》中曾道：闻道有先后，术业有专攻。在传统教育背景下，需要教师教授以知识点为核心的有体系的课程。但作为跨学科课程，老师鲜有涉猎。在美国，STEM教师的缺乏使得美国政府不断加大资金力量投入到STEM教师的培养中。在我国，从事STEM教学的教师大多为技术类教师，师资的匮乏进一步限制了STEM的发展。

（3）配套资源及社会联动机制不健全。开展STEM教学除了国家的顶层设计、教师培训外，在相关的配套资源方面也凸显劣势，诸如相关设备仪器、教学环境等。各种研究机构、科普机构（如公园、博物馆、科技馆等）、社区甚至家长的参与度较低。同时我国东西部资源分配的不均衡也导致STEM开展难度增加。

（4）缺少完整的STEM课程框架。我国拥有一套体系完备、内容丰富的校内课程体系，也建立了一套科学完整的课程标准，但是在跨学科学习或者STEM课程领域还缺乏完整的课程框架或标准。但是因为标准是需要严格遵守并执行的，适用于常规的课程，对于像STEM这样的跨学科类课程而言，其课程难度、课程知识点、属性等不能用统一的一个标准来衡量，所以我们更加倾向于建立一套课程框架，指导教师如何在课程框架里进行课程设计、教学、评价等。

清华附中从2010年开设"三走进课程"，至2013年创办创客空间，再到2015与当年美国公立高中排名第一的托马斯·杰斐逊科技高中合作建立顶尖的高等项目研究实验室（下文简称高研实验室）以来，积累了丰富的课程资源与素材，搭建了从小学到高中的完善的课程体系，并且从 2017 年开始联合国内外专家、学者共同制定了符合中国特色的 STEM 课程实施规划。

在我国特色的 STEM 课程的实施层面，清华附中也做了诸多尝试。诸如针对师资匮乏，开展"专家请进来走出去"的方式，通过"走班制"的上课方式，快速提升教师特别是年轻教师在 STEM 教学上的理解、实践与反思；针对社会联动问题，该校与高校的各个院系、动物园、博物馆、科技馆等签订战略合作协议，从而调动各方资源。这些尝试和探索对推动我国 STEM 教育的发展特别是拔尖人才的培养有着积极重要的意义。

1.1.2　STEM 教育理念的本质特征

STEM 是由科学（Science）、技术（Technology）、工程（Engineering）及数学（Mathematics）四门学科的英文首字母组合而成的缩略词。

2001 年美国国家科学基金会对 STEM 进行了定义：STEM 不应仅包含数学、科学、工程和技术，还应包括社会行为科学如心理学、经济学、社会学、政治科学等。有的学者认为应当把艺术加入在 STEM 中，成为 STEAM（Science ,Technology, Engineering, Art, Mathematics）。随着研究的愈发深入，越来越多的学科被融入其中。在教学中也会发现解决某一问题往往需要多学科参与，STEM 不再仅仅是将四个学科知识的简单组合，更多的是强调跨学科学习的过程。所以在本书中我们仍将以 STEM 作为核心研究对象，其余的学科理念将以跨学科综合能力的形式进行阐述。

我们可以将 STEM 课程更深层次地定义为有意识地将知识、技能、原则或价值观应用于多个学科，并通过一个明确的核心主题、问题、过程、现实经验或专业应用展示出来，进而设计而成的偏理工领域的整合课程。在之前的描述中，也介绍了作为 STEM 教育重要的推动者的 NASA 为 STEM 教育的走向及发展奠定了基调。那么 STEM 教育具有哪些特征呢？

根据我们的相关研究，STEM 教育理念的本质特征大致可以梳理为以下几个方面。①注重跨学科学习，以工程实践为主线。②基于真实情境的项目或问题的学习。③强调通过合作、探究、实践的方式解决问题。④强调多元评价方式，注重过程性评价。

1.1.3　吸引学生，激发学习内驱力

正是由于 STEM 教育的起源有其历史原因，以及 STEM 教育的本质特征，使得 STEM 具有解决真实问题的专业性以及培养综合性人才的职业特性。在教育教学活动中该如何利用 STEM 教育理念来培养学生的专业能力、规划其职业发展，更好地吸引学生参与，激发其学习内驱力呢？

1. 通过基于真实情境的项目或问题进行跨学科学习

在学科体系日益完善的今天，学生已经系统地接受了多年的学科教学，诸如在人文科学与自然科学教学中，我们常常分为文科、理科教学，其中文科主要包括历史、政治、地理等学科，而理科主要包括物理、化学、生物学等学科，这些基础知识也为日后进入大学学习工、理、文、经、管、法、教、农、医等奠定了基础。随着时间的推移，逐渐发现文、理科教学及评价存在不足，对于学生综合素质的要求越来越高。于是随着中高考改革的不断推进，对于学科的设置、学习的方式、教学的方式、评价的方式等都有了适应新时代潮流要求的改变。其中 STEM 等词语多次在相关的课标、文件中出现，其中的一个原因便是 STEM 跨学科学习的特征。STEM 作为一种以实践为特点的教学方式，能够有效地补充学科教学过程中的实践缺失。在学习实践过程中，鼓励学生能够提出问题、多维度思考问题进而能够解决问题。

STEM 教育本质脱胎于 NASA 并得以实践传播，工程的基因一直镌刻在 STEM 课程之中，从最开始的 NASA 的巨型工程任务需求，到执行项目过程中众多的科学家、工程师跨界进行合作研究，感受到学科融合的重要性与必要性。虽然在 20 世纪 60 年代，一大批新的技术、新的科学发现，以及数学等学科都有了长足的发展，但诸如计算机、航空航天、生物医学等学科是伴随着如 NASA 的登月这样的大型工程才得以跨越式发展。从这一层面来说，提倡跨学科研究的同时以工程实践为主要目标是推动科学技术迅猛发展的重要内驱力。这也是 STEM 课程的基本特征之一。

在 STEM 课程设计中，尽可能地基于真实情境或问题，这个情境或问题可以小到家居生活，大到航空航天，不一而足。STEM 课程不要求一定是高大上的，相反，利用一张纸就可以折叠出纸飞机、纸火箭，用矿泉水瓶就可以制作水火箭等废物利用充斥着整个 NASA 的课程，也从侧面引导孩子节约资源，保护环境。登录 NASA 的课程资源网站可以查看。

通过某一核心主题或任务进行跨学科学习，有助于学生系统了解科学探究与工程实践的流程，掌握科研的基本方法，深刻理解项目背后的专业属性。与此同时，在实践 STEM 课程的过程中，会增加学生学习课本知识的主动性，特别是能够将所学知识实践化，而这正是我国教育目前所欠缺的。例如，在 NASA 的水火箭项目中（图 1-1），通过探究火箭发射，了解掌握火箭工作原理、牛顿定律、动量、平抛、自由落体、物态变化等相关科学知识，利用数学相关技术与知识推演火箭飞行轨迹、预测着陆点等，使用相关的技术手段加工制作一个水火箭，完成一次模拟火箭发射的工程实践。在整个实践过程中，始终围绕着火箭发射这一主题展开。在这一过程中，学生的学习兴趣、主观能动性及探索欲会得到极大提升。在 STEM 课程设计实践过程中，可以用复杂问题简单化、抽象出模型等方法来选择核心主题，从而构建基于真实情境下的 STEM 课程。

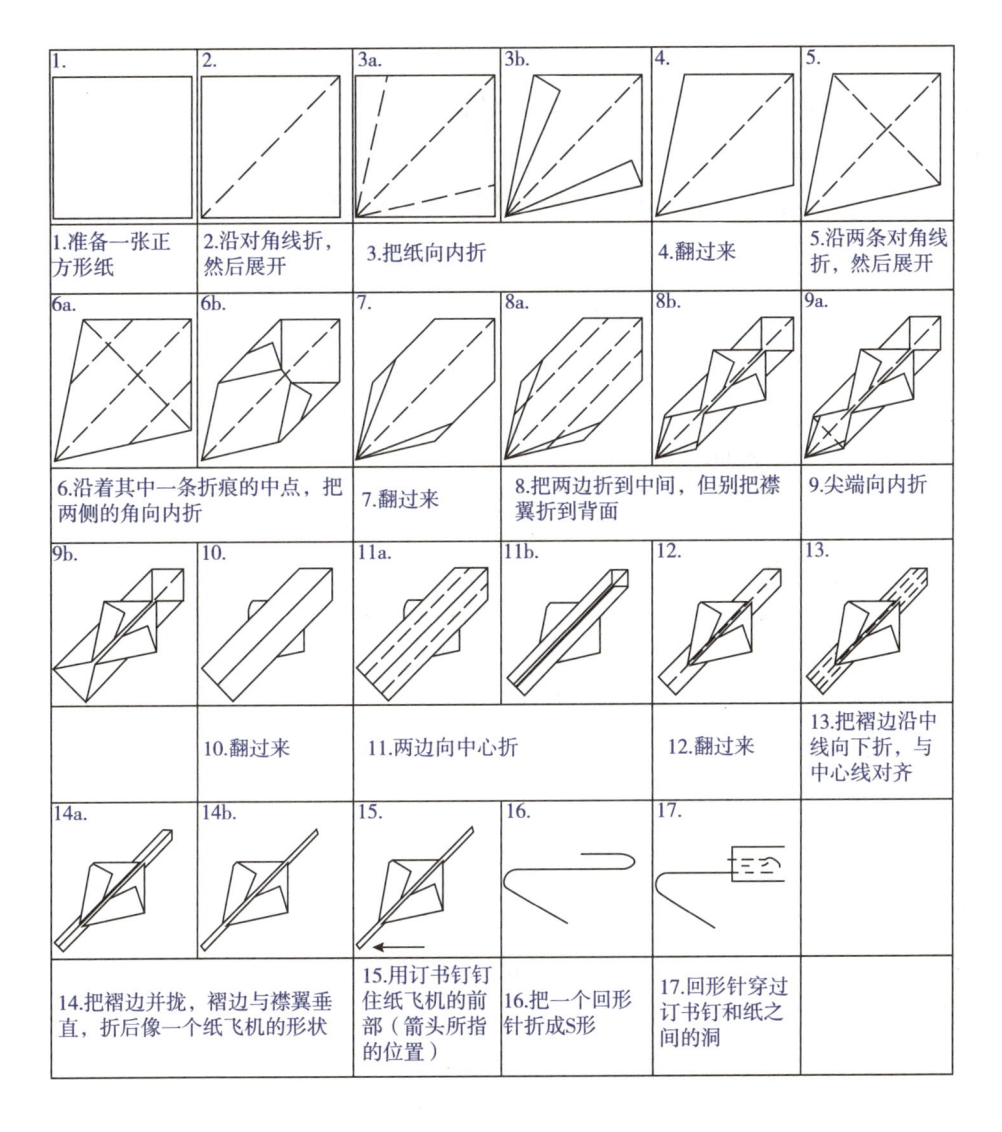

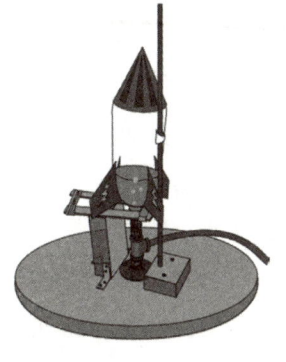

第 1 章 理性探讨：初中阶段应当为学生提供怎样的 STEM 教育　　7

1.	2.	3a.	3b.	4.	5.
1.准备一张正方形纸	2.沿对角线折，然后展开	3.把纸向内折		4.翻过来	5.沿两条对角线折，然后展开
6a.	6b.	7.	8a.	8b.	9a.
6.沿着其中一条折痕的中点，把两侧的角向内折		7.翻过来	8.把两边折到中间，但别把襟翼折到背面		9.尖端向内折
9b.	10.	11a.	11b.	12.	13.
	10.翻过来	11.两边向中心折		12.翻过来	13.把褶边沿中线向下折，与中心线对齐
14a.	14b.	15.	16.	17.	
14.把褶边并拢，褶边与襟翼垂直，折后像一个纸飞机的形状		15.用订书钉钉住纸飞机的前部（箭头所指的位置）	16.把一个回形针折成S形	17.回形针穿过订书钉和纸之间的洞	

图 1-1　NASA 的 STEM 课程

2. 通过沟通、协作、亲自动手实验，能够有效提升学习效果

学习金字塔理论是美国国家训练实验室的研究成果，最早由美国学者埃德加·戴尔（Edgar Dale）在1946年出版的《视听教学方法》(Audio-Visual Methods in Teaching) 一书中提出，其主要对比了不同的学习方法在两周后对所学内容的存留率。从图1-2中可以看出，通过阅读、听讲等学习方式在两周后所存留的学习内容，明显低于做一个印象深刻的现场展示、模仿完成一个真实的实践过程或者做真实的事情/项目等学习方式。

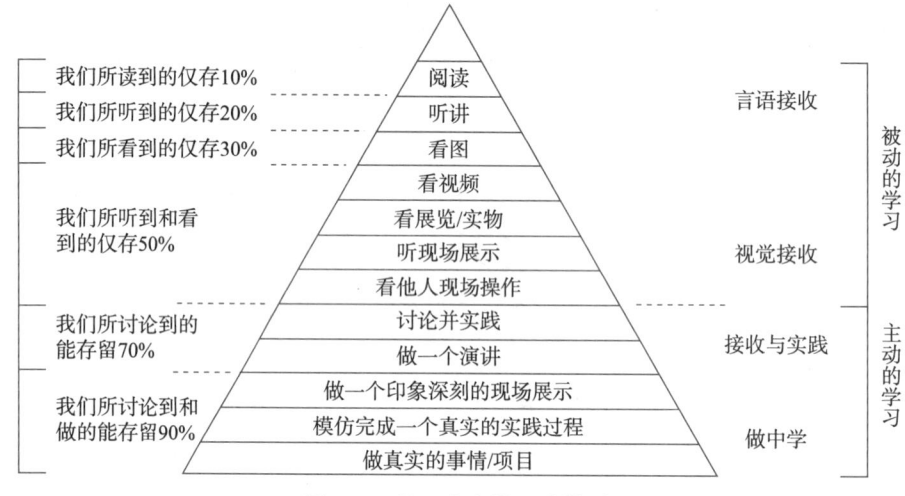

图1-2 学习金字塔理论模型

从学习金字塔理论中可以看出，主动学习所获得的学习收益要远高于被动学习，而这也是STEM课程的魅力之一，通过STEM的教学能够有效地促进学生的主动学习意识，并提高学习效率。

实际上，在科学研究中，包括在STEM课程学习中，不仅需要进行实际的制作，还需要大量的讨论、报告等环节。这时一个人的力量是有限的，需要借助于团队的力量。通过让学生按照小组或团队的方式参与到解决真实问题中，使学生与世界产生关联；引导学生在解决问题过程中学会合作，学会倾听他人的看法，学会表达自己的想法，学会分析并接受相左的意见，从而培养学生的独立思考能力、倾听与表达能力、决策能力及团队领导能力。

在发现问题、解决问题过程中能独立思考，以自己的思考为依据，而非人云亦云。质疑是独立思考的开始，在STEM课程中，特别是团队合作过程中，鼓励学生学会质疑，通过自己的思考来判断所听、所看事物的准确性。

学会倾听与表达。倾听是一种素养，耐心地听完别人的观点，对所收到的信息、建议等进行思考，找到背后支撑的论据与立场并进行加工，进而准确无误地表达出自己的观点，无论质疑还是支持，都是一种进步。

团队在经过一系列的质疑、讨论、头脑风暴后，突然发现眼前有许多种选择或方法，而且每一种看似都非常完美，那么该如何决策呢？都说选择大于努力，方向对了自然事半

功倍。在这里需要简单介绍下"决策",管理学大师彼得·德鲁克在《卓有成效的管理者》一书中定义了"决策"的五个特征。①要确实了解问题的性质。②要确实找出解决问题时必须满足的界限。换言之,应找出问题的"边界条件"。③仔细思考解决问题的正确方案是什么,以及这些方案必须满足哪些条件,然后再考虑必要的妥协、适应及让步事项,以期该决策能够被接受。④决策方案要同时兼顾执行措施,让决策变成可以被贯彻的行动。⑤在执行过程中重视反馈,以印证决策的正确性及有效性。

所以,在前期的讨论交流甚至决策过程中都可以按照这五个特征来思考判断,继而引导学生利用管理学中的方法与技巧进行决策,而这些是在学科学习中学不到的。

一个团队是否优秀,很大程度上取决于团队的凝聚力,而这要依靠组长的领导力与组员的支持。在STEM课程中鼓励采取推选与轮值主席相结合的方式进行团队管理,在学生团队中,不同学生的表现欲、心理、性格都存在不同,采取推选和轮值主席相结合的方式,一方面鼓励更多的学生参与到团队管理中,另一方面也照顾到其他同学。作为团队的领导者,需要把握四个方面:简单明确的团队目标;积极有效的沟通和倾听;充分的信任与授权;及时正确的反馈。所以在STEM课程中,教师除了教授相关知识之外,还要引导学生提升自身综合能力。

通过STEM课程,构建一个近似于真实世界的课堂体系,利用所学知识与技能,通过沟通、分享、协作,亲自动手,共同发现、解决实际问题,吸引学生对于学科、专业甚至某些职业的兴趣,进而激发内驱力。

3. 专业学习与职业规划助力终身学习

NASA在推动STEM课程过程中期望通过让学生与NASA的人员一起工作,结合相关内容在真实的设施中进行真实的学习体验,从而建立一支多样化的未来STEM员工队伍,为未来做好人才储备,且能够辅助做好学生的职业规划也是STEM的重要功能之一。实际上通过STEM的学习,学生能够系统了解所学课程背后的专业特性,进而带动学生以某一角色来感知专业的工作内容,为未来做好职业规划。

然而,目前学生的职业生涯规划教育的缺失使学生在进入大学前选择专业以及未来的就业时都会出现迷茫期。有学者对学生的专业选择、未来就业及职业规划等做了深入研究,研究发现:个人特征、家庭因素和社会环境三类要素均会对专业意向产生影响,具体又包括性别、兴趣能力、家庭背景、家长偏好、就业形势和社会观念六项类属因素。其中,学生的性别、就业形势等因素的影响最大,家庭背景、社会观念等也在一定程度上影响着学生的专业选择[一]。理工科学生希望修读的专业大多集中在计算机类、电子信息类、自动化类等新工科专业,而农学、矿业地质、土木、核工程等专业多为理科学生最希望规避的。[一]结合知乎"网易数读"栏目对本科就业情况进行对比,就业情况相对较好的绿牌专业往往

[一] 孟静怡,郭修敏. 高考志愿中的专业选择及其影响因素研究[J]. 中国考试,2022(7):62-71.

位于新工科专业中，这也印证了学生选择专业甚至未来职业的原因，如图 1-3 所示。

本科专业名称	2017—2021年本科绿牌专业上榜次数	本科专业名称	2017—2021年本科黄、红牌专业上榜次数
信息安全	◆◆◆◆◆ 5次	音乐表演	◆◆◆◆◆ 5次
网络工程	◆◆◆◆◆ 5次	法学	◆◆◆◆◆ 5次
软件工程	◆◆◆◆◆ 5次	应用心理学	◆◆◆◆◆ 5次
数字媒体艺术	◆◆◆◆ 4次	化学	◆◆◆◆◆ 5次
通信工程	◆◆◆ 3次	生物工程	◆◆◆◆◆ 5次
数字媒体技术	◆◆◆ 3次	历史学	◆◆◆◆◆ 5次
电气工程及其自动化	◆◆◆ 3次	绘画	◆◆◆◆ 4次
信息工程	◆◆ 2次	美术学	◆◆◆◆ 4次
物联网工程	◆◆ 2次	生物技术	◆◆◆ 3次
计算机科学与技术	◆ 1次	应用物理学	◆◆ 2次

数据来源：麦可思 2017—2021 年《中国本科生就业报告》

注：绿牌专业指薪资、就业率持续走高，且失业量较低的综合考虑的专业，为需求增长型专业。红牌专业指失业量较大，就业率、月收入和就业满意度综合较低的专业，为高失业风险型专业。黄牌专业指除红牌专业外，失业量较大，就业率、月收入和就业满意度综合较低的专业。

图 1-3　本科就业情况对比

在 STEM 课程中，通过创设情境，以学生的职业体验为切入点，可以很好地让学生对于某些专业或职业有所了解。例如在清华附中的"小小净水工程师——家庭净水计划"STEM 课程中，老师通过模拟招投标的环境，赋予学生水质工程师的角色，让学生根据兴趣分组解决两类问题：第一，设立中国北京 2030 年的家庭用水场景，让他们完成家庭生活污水自净化，以及家庭循环用水的挑战；第二，中国宁夏缺水地区 2030 年的家庭用水场景，让他们完成"母亲水窖"水质净化，或家庭用水自净系统设计的挑战。通过课程设计，学生不仅能够完成净水相关的任务，还能够了解作为水质工程师的职责，进一步理解环境专业的研究内容。所以，通过 STEM 课程可以很好地帮助学生了解专业，做好职业规划。

在 STEM 课程中，如何通过专业的课程设置与职业的发展来吸引学生参与课程当中呢？第一，创设真实情境。第二，将职业角色代入课程中。第三，以真实的任务做驱动。第四，融入专业发展与专业特色，让学生能够尽可能地理解某些学科的认知方式。第五，渗透科学研究与工程实践的流程。

正是 STEM 的课程本质及其工程历史，使其能够更好地满足学生的专业学习需求与职业发展需求，学生能够在课堂上、任务中对于开放性的问题有深入的科学研究与工程实践，也能够对于开放性的问题进行全局性理解，从而更好地改变学生的认知方式，进而吸引学生更好地参与学科知识的学习。

第 1 章　理性探讨：初中阶段应当为学生提供怎样的 STEM 教育　　11

1.2　课程建设点子库：与学科结合紧密的初中 STEM 项目主题有哪些

在这个日新月异的时代，科学技术的融合推动社会不断发展，使得学校中原本严格划分的学科在理论、方法和内容上开始互相渗透，顺应这种跨学科发展趋势的 STEM 教育走上了舞台。在 2022 年 4 月中华人民共和国教育部发布的《义务教育课程方案和课程标准（2022 年版）》（下文简称《新课标》）中，也明确提出了对于跨学科实践活动的要求。作为跨学科整合课程的一种方式，STEM 教育强调通过明确的教学主题、教学目标、教学设计和教学评价，围绕真实的社会或自然的问题情境进行创设、探究和实践，通过科学探究方法获得知识，以工程设计思想制订方案，将内容和实践相结合解决问题。学生通过教师提供的有科学内容的学习情境，亲身参与和实践，提升科学探究能力、创新意识、批判性思维、信息技术能力等未来社会必备的技能和能力。在真实的情境中，科学的各种应用，如医药科学、司法科学、农业科学或工程学等都存在与真实生活的链接，既可以提升学生的兴趣，激发学生自主性、主动性、创造性，又可以为学生将来进行大学专业的选择甚至是职业生涯的选择做好准备。

教师在开展跨学科的 STEM 教育时，遇到的第一个问题是如何设计和选择 STEM 项目主题。由于 STEM 教育的基本理念之一是注重学习与现实世界的联系，因此，教师在设计 STEM 项目主题时不但要着眼于学生在日常生活和学习中遇到的问题，还要关注社会热点问题及科技进展。此外，教师还可以从相关学科知识出发，选择与学科结合紧密的 STEM 项目主题，促进核心素养的落实和达成。本节将介绍来自不同国家和地区的 STEM 项目主题，为大家寻找合适的 STEM 项目主题提供一些参考和借鉴。

1.2.1　与物理学科结合紧密的初中 STEM 项目主题

本书第 2 章提供了以下几个课例供教师参考学习。

（1）**月球基地空气循环系统的设计**：学生通过实践掌握气体定量计算、气体转化的实验探究、空气循环系统的设计与 3D 模拟后搭建气体浓度和气体流动监测系统，使月球基地实现可以自输送和自监测的空气循环系统。

（2）**当能源问题遇上设计思维——自发电夜跑灯的设计制作和推广**：夜跑是很多人喜欢的健身运动，夜跑灯是人们常用的安全警示装备，但市场上的夜跑灯都需要外界提供电能。跑步时会产生大量机械能，引导学生运用设计思维和电学核心知识（电路设计、电磁感应、导体和绝缘体等）设计制作夜跑灯，结合测试改进夜跑灯并进行市场推广。

（3）**寻找犯罪嫌疑人**：在某一作案现场，作为法医的你发现罪犯在案发现场的沙地上留下了凹陷的鞋印，你立刻用石膏浆将其浇注成鞋印模型，以估测出犯罪嫌疑人的身高、体重等。你需要怎么做？依据是什么？学生通过尝试建立模型，掌握并巩固有关概念和规律，体验建立模型过程中的思维过程，并领悟模型建构的意义和价值。

由于每位教师的专业基础不同，知识面不同，故以下课例仅做初步的提示，供读者了解。

（1）鸟瞰地球[一]：以探空气球作为项目载体，以回收探空气球获得相关的大气数据及图像为核心任务，选题内容涉及基础力学、数学、热学、电学、工业设计等学科。

（2）一阶倒立摆系统的仿真与控制研究[二]：学习并掌握在Matlab/Simulink环境下进行建模和仿真，结合相关的物理知识，对一阶倒立摆系统进行精确建模，完成一阶倒立摆系统的模糊控制系统的设计与实现。

（3）基于热敏电阻的测温装置设计与研究[三]：学习电路和半导体的基本知识，了解热敏电阻工作原理，制作包括硬件单片机、显示器件、温度传感器（含热敏电阻）和软件（程序）的基于单片机的简易温度计。

（4）对圆明园古桥的探究[四]：自主参观圆明园古桥并实地勘测，结合力学基础知识进行桥梁结构示意图的绘制，研究古桥的造型、受力情况、材质和承载量，进行残桥复原。

（5）设计云霄飞车[五]：学生在制作吸管火箭和发射器的基础上，理解物体的势能和动能，观察能量形式的转换，并且转换过程中能量不会增加或减少。在此基础上，学生利用给定材料设计和制作一架云霄飞车。

（6）调查日常生活用品（如厨房用品、自行车等）使用中的问题，并提出改进建议，能运用所学知识论证自己所提建议的合理性。[六]

（7）调查生活中（如用电、乘车、住高楼等）存在的安全隐患，提出安全与健康生活的建议。[六]

（8）了解当地空气质量状况，并调查相关原因（例如机动车的尾气排放情况）。[六]

（9）拟定"个人低碳生活行为指南"，对个人节能环保行为提出具体要求。[六]

（10）了解我国古代"龙骨水车"的工作原理，尝试设计相关装置（例如小型风力发电机）。[七]

[一] 北京市科学技术协会. STEM教育理论与实践[M]. 北京：清华大学出版社，2020：115-137.

[二] 方妍. 在行动中理解科学——清华附中校本课程"走进实验室"纪实[M]. 上海：上海科学技术出版社，2017：126-135.

[三] 方妍. 在行动中理解科学——清华附中校本课程"走进实验室"纪实[M]. 上海：上海科学技术出版社，2017：135-141.

[四] 方妍. 在行动中理解科学——清华附中校本课程"走进实验室"纪实[M]. 上海：上海科学技术出版社，2017：147-151.

[五] 培生中国. 培生STEM专题[EB/OL]. (2022-07-04)[2022-07-04]. https://www.pearson.com.cn/special/stem.

[六] 中华人民共和国教育部. 义务教育物理课程标准（2022年版）[M]. 北京：北京师范大学出版社，2022：34.

[七] 中华人民共和国教育部. 义务教育物理课程标准（2022年版）[M]. 北京：北京师范大学出版社，2022：35.

（11）调查物理学在桥梁建筑技术方面的应用案例，体会物理学对桥梁发展的促进作用。[1]

（12）了解物理学在信息记录或传播中的应用。[1]

（13）查阅资料并举办报告会，讨论能源利用对环境的影响，结合对当地能源利用现状的调查，提出改进建议。[1]

（14）了解半导体、超导体的主要特点，展望超导体应用对社会发展的影响。[1]

（15）了解纳米材料等新型材料的主要特点，以及这些新材料技术的应用对社会发展的影响。[1]

（16）了解我国"两弹一星"的成就，体会科技作为国家发展战略支撑的重大意义，梳理科技自立自强的信念；了解和学习赵忠尧、钱学森、邓稼先等科学家的杰出贡献和爱国情怀，发扬勇攀科技高峰的精神。[2]

（17）开发模型，预测和描述热能增减前后微粒运动、温度和纯净物状态的变化。[3]

（18）应用牛顿第三定律设计一个方案，解决关于两个相撞物体运动的问题。[4]

（19）开发一个模型，描述当相隔一定距离相互作用的物体改变位置时，系统中储存的势能就会改变。[4]

（20）应用科学原理设计、制造和检验一个最小化或最大化热传递的装置。[4]

（21）用数学表现方式来描述一个关于"波"的简单模型，其中包括波的振幅是怎样关联波的能量的。[5]

（22）开发和使用模型，描述波在遇到各种材料时被反射、吸收或穿过各种材料的现象。[5]

（23）将定性的科学与技术信息整合起来，论证与模拟信号相比，数字信号是编码和传递信息更可靠的方式。[6]

1.2.2 与化学学科结合紧密的初中 STEM 项目主题

本书第 2 章提供了以下几个课例供教师参考学习。

（1）小小净水工程师——家庭净水计划：学生自主探究水污染现状并讨论保护水资源

---

[1] 中华人民共和国教育部. 义务教育物理课程标准（2022 年版）[M]. 北京：北京师范大学出版社，2022：35.

[2] 中华人民共和国教育部. 义务教育物理课程标准（2022 年版）[M]. 北京：北京师范大学出版社，2022：36.

[3] 美国科学教育标准制定委员会. 新一代科学教育标准 [M]. 叶兆宁，杨元魁，周建中，译. 北京：中国科学技术出版社，2020：56.

[4] 美国科学教育标准制定委员会. 新一代科学教育标准 [M]. 叶兆宁，杨元魁，周建中，译. 北京：中国科学技术出版社，2020：59.

[5] 美国科学教育标准制定委员会. 新一代科学教育标准 [M]. 叶兆宁，杨元魁，周建中，译. 北京：中国科学技术出版社，2020：61.

[6] 美国科学教育标准制定委员会. 新一代科学教育标准 [M]. 叶兆宁，杨元魁，周建中，译. 北京：中国科学技术出版社，2020：63.

的方法，进行水处理技术相关的文献调研，结合市售净水装置的设计原理及效果利用给定的材料设计制作净水装置，按照水质测定方案测定进水和出水的水质。

（2）设计制作再生纸简易笔记本：让学生了解再生纸制造原因、再生纸制造原理等相关的知识。动手设计、制作简易的再生纸笔记本，并进行优化和迭代。

（3）保护母亲河，我们在行动——"李冰号"智能水质检测船综合实践考察探究活动：聚焦成都美丽的母亲河——锦江，其水质状况现在是什么样的？怎么利用现代科学技术进行水体状况调查？为此，我们开展水环境智能检测船的考察探究制作活动。

对于以下课例，教师如需了解更多信息或进一步学习，请根据参考文献查询并自行研究。

（1）海河流域典型地区地下水污染与水化学特征研究[一]：以硝氮、氨氮、溶解性磷酸盐、TOC 作为研究指标，通过化学方法检测其含量来表征地下水水质在南水北调后的变化，设计并改良水样采集器，完成野外采样工作。

（2）微型空气质量"检测站"的组装与使用。[二]

（3）基于特定需求设计和制作简易供氧器。[二]

（4）水质检测及自制净水器。[二]

（5）基于碳中和理念设计低碳行动方案。[三]

（6）垃圾的分类与回收利用。[三]

（7）探究土壤酸碱性对植物生长的影响。[三]

（8）海洋资源的综合利用与制盐。[三]

（9）制作模型，展示科学家探索物质组成与结构的历程。[三]

（10）调查家用燃料的变迁与合理使用。[三]

（11）调查我国航天科技领域中新型材料、新型能源的应用。[三]

（12）开发模型，描述原子是怎样组成简单分子及简单分子的延伸结构的。[四]

（13）开发和使用模型，描述在化学反应中原子总数是保持不变的，因而质量是守

[一] 方妍. 在行动中理解科学：清华附中校本课程"走进实验室"纪实 [M]. 上海：上海科学技术出版社，2017：155-199.

[二] 中华人民共和国教育部. 义务教育化学课程标准（2022 年版）[M]. 北京：北京师范大学出版社，2022：32.

[三] 中华人民共和国教育部. 义务教育化学课程标准（2022 年版）[M]. 北京：北京师范大学出版社，2022：32；62-66.

[四] 中华人民共和国教育部. 义务教育化学课程标准（2022 年版）[M]. 北京：北京师范大学出版社，2022：32；59-62.

[五] 美国科学教育标准制定委员会. 新一代科学教育标准 [M]. 叶兆宁，杨元魁，周建中，译. 北京：中国科学技术出版社，2020：56.

恒的。○

（14）完成一个设计项目，建立、检验和优化一个设备，使之通过化学过程释放或吸收热能。○

1.2.3 与生物学学科结合紧密的初中 STEM 项目主题

本书第 2 章提供了以下几个课例供教师参考学习。

（1）伴 EYE 同行——常见眼病的可视化实物模型：设计、制作眼病可视化实物模型，并在爱眼宣传中演示。学生在实践中认识正常眼球，了解正常视力工作原理；通过分析健康眼球的建模过程，认识模型实质。

（2）智能植物管家：许多学生都养过绿色植物，但是，有时因为学业繁忙、外出等原因无暇照顾导致植物生长状况不健康甚至死亡。为解决生活中遇到的这个问题，团队成员共同设计和制作一款集自动浇水、自动测温、自动测光等于一体的植物管理器，让植物更好地成长。

（3）低碳循环"谐"奏曲——鱼菜共生系统的设计和制作：通过探究鱼菜共生系统原理，设计、制作太阳能鱼菜共生系统，并确保该系统能在极少外界干预的情况下持续稳定地运转下去。

（4）无土栽培：长期使用化肥会导致土壤板结，农作物营养严重不足，农药的大量使用又使农作物农药残留超标，影响人类身体健康。无土栽培技术能够很好地解决此类问题，引导学生依据无土栽培条件，分析并设计无土栽培装置。

对于以下课例，教师如需了解更多信息或进一步学习，请根据参考文献查询并自行研究。

（1）人体义肢○：以设计人体义肢为载体，让学生了解人体骨骼系统和肌肉系统，以及它们之间的关系，了解肌肉的工作原理，利用工程设计过程设计和制作人体上肢，并进行测试与完善。旨在让学生像工程师一样体验完整的探究过程，实现工程思维的发展与综合能力的提升。

（2）水果中的营养○：引导学生通过调研和实践，自主学习完成对营养物质的认识及检测、水果中维生素 C 含量测量及数据分析、食物营养物质测试仪设计及展示。

（3）动物观察和行为改善数据分析及丰容○：实地考察动物园圈养环境对动物的影响，设计并进行丰容，提高动物福利。

○ 美国科学教育标准制定委员会. 新一代科学教育标准 [M]. 叶兆宁，杨元魁，周建中，译. 北京：中国科学技术出版社，2020：56.

○ 培生中国. 培生 STEM 专题 [EB/OL]. (2022-07-04)[2022-07-04]. https://www.pearson.com.cn/special/stem.

○ 北京市科学技术协会. STEM 教育理论与实践 [M]. 北京：清华大学出版社，2020：46-56.

○ 方妍. 在行动中理解科学——清华附中校本课程"走进实验室"纪实 [M]. 上海：上海科学技术出版社，2017：233-246.

（4）制作可调节的眼球成像模型，提出保护眼睛的方法。[一]

（5）制作实验装置，模拟吸烟有害健康（例如自制实验装置，观察香烟中的焦油对草履虫纤毛的影响）。[二]

（6）设计并制作能较长时间维持平衡的生态瓶。[二]

（7）探究栽培一种植物所需的物理和化学环境条件。[二]

（8）探究植物无土栽培条件的控制。[二]

（9）探究影响扦插植物成活的生物和非生物因素。[二]

（10）饲养家蚕，收集我国养蚕的历史资料。

（11）制作水族箱，饲养热带鱼。[三]

（12）收集当地面包酵母菌种，比较发酵效果。[四]

（13）设计简单装置，制作酸奶。[四]

（14）制作泡菜，探究影响泡菜中亚硝酸盐浓度的因素。[五]

（15）开发和使用模型，描述细胞的整体功能以及细胞各个部分为此功能做出贡献的方式。[六]

（16）开发一个模型，描述食物是怎样通过化学反应重新组合成新分子从而支持生长，或这些新物质在生物体中移动的过程中是如何释放能量的。[六]

（17）开发模型，描述一个生态系统中的生物和非生物成分之间的物质循环与能量流动。[七]

（18）评估关于保持生物多样性与生态系统服务的相互竞争的设计方案。[七]

（19）开发和使用模型，描述为什么位于染色体上的基因结构变化（突变）可能影响蛋白质，并可能对生物体的结构与功能带来有害的、有益的或中性的影响。[八]

（20）开发和使用模型，描述为什么通过无性繁殖产生的后代具有相同的遗传信息，而通过有性繁殖产生的后代具有遗传变异。[八]

（21）假定在过去起作用的自然法则在今天也起作用的前提下，分析和解读数据以发现

[一] 中华人民共和国教育部. 义务教育生物学课程标准（2022年版）[M]. 北京：北京师范大学出版社，2022：28.

[二] 中华人民共和国教育部. 义务教育生物学课程标准（2022年版）[M]. 北京：北京师范大学出版社，2022：29.

[三] 中华人民共和国教育部. 义务教育生物学课程标准（2022年版）[M]. 北京：北京师范大学出版社，2022：30.

[四] 中华人民共和国教育部. 义务教育生物学课程标准（2022年版）[M]. 北京：北京师范大学出版社，2022：37.

[五] 中华人民共和国教育部. 义务教育生物学课程标准（2022年版）[M]. 北京：北京师范大学出版社，2022：30；37.

[六] 美国科学教育标准制定委员会. 新一代科学教育标准[M]. 叶兆宁，杨元魁，周建中，译. 北京：中国科学技术出版社，2020：67.

[七] 美国科学教育标准制定委员会. 新一代科学教育标准[M]. 叶兆宁，杨元魁，周建中，译. 北京：中国科学技术出版社，2020：70.

[八] 美国科学教育标准制定委员会. 新一代科学教育标准[M]. 叶兆宁，杨元魁，周建中，译. 北京：中国科学技术出版社，2020：72.

第1章 理性探讨：初中阶段应当为学生提供怎样的STEM教育　　17

化石记录的模式，这些化石记载了地球生命史上生命形式的存在、改变和灭绝。○

（22）分析图形化数据，比较多个物种在胚胎发育上的相似模式，从而识别在完全形成的解剖结构中不显著的关联。○

（23）用数学表现方式支持关于自然选择是如何引起种群特定性状随时间增减的解释。○

（24）细胞工厂○：通过走进细胞屋触摸细胞器模型，了解细胞的结构和功能。

（25）神经系统与信号○：通过神经细胞模型、神经系统展板和互动游戏了解神经细胞结构、神经系统构造及神经传导的过程。

（26）我来克隆多莉羊○：通过展台互动，完成细胞分离、结合、复制的全过程，了解克隆技术的实施过程。

1.2.4　与地理学科结合紧密的初中STEM项目主题

本书第2章提供了以下课例供教师参考学习。

智慧照明，还城市夜的黑：城市生活是有规律的，从节能和降低光污染的角度，可以尽可能地减少不必要的光照。在人工智能和大数据的背景下，按需照明是理想的照明系统。据此，为校门口的留和路设计路灯系统。

对于以下课例，教师如需了解更多信息或进一步学习，请根据参考文献查询并自行研究。

（1）皇家取暖探究○：依托圆明园开展实地考察，围绕"皇家取暖"自主选择探究主题，动手制作简易地炉模型，研究周边山水环境对取暖效果的影响，利用计算机模拟取暖效果，推测皇家宫殿室内的真实温度。

（2）城市热岛效应对玉兰花开花期的影响○：调研国内外城市热岛效应和物候有关的文献，应用物候模型对玉兰花开花期进行预报，针对公园或校内玉兰开花期进行观测验证。

（3）设计环保水坝○：学生将设计并制作一个水坝模型，选用不同的水流量和水深进行实验，观察水坝对上下游地区造成的影响，并推断出水流量的变化会对当地的生物体和生态环境造成怎样的影响。

（4）建造抗震设施○：了解不同类型的地震波运动，利用给定的材料设计并制作一个

○ 美国科学教育标准制定委员会. 新一代科学教育标准[M]. 叶兆宁，杨元魁，周建中，译. 北京：中国科学技术出版社，2020：74.
○ 中国科学技术馆. 体验科学：中国科学技术馆生物实践课[M]. 北京：科学普及出版社，2018：19-22.
○ 中国科学技术馆. 体验科学：中国科学技术馆生物实践课[M]. 北京：科学普及出版社，2018：29-31.
○ 中国科学技术馆. 体验科学：中国科学技术馆生物实践课[M]. 北京：科学普及出版社，2018：97-100.
○ 北京市科学技术协会. STEM教育理论与实践[M]. 北京：清华大学出版社，2020：137-152.
○ 方妍. 在行动中理解科学——清华附中校本课程'走进实验室'纪实[M]. 上海：上海科学技术出版社，2017：118-126.
○ 培生中国. 培生STEM专题[EB/OL]. (2022-07-04)[2022-07-04]. https://www.pearson.com.cn/special/stem.

地震模拟模型,用来测试地震对地面和建筑物的影响。学生通过这种体验式的学习和探索来了解地震。

(5) 设计航天器[1]:通过体验式的学习和探究,学生将了解到太阳系天体的各种地形特征。学生在设计和制作一枚水火箭的基础上,设计和制作一台空间探测车,并测试它能否在行星或卫星的地形条件下自如活动。

(6) 探访"地球之肾"——湿地(地理、生物学、数学、信息科技、体育与健康、艺术等)。[2]

(7) 我的家在这里(地理、历史、美术、道德与法治等)。[2]

(8) 探索太空,逐梦航天(地理、物理、生物学、历史、语文、美术等)。[3]

(9) 二十四节气与我们的生活(地理、历史、语文、生物学、劳动、美术等)。[3]

(10) 应对全球气候变化(地理、生物学、道德与法治等)。[4]

(11) 区域发展(地理、历史、道德与法治等)。[4]

(12) 美化校园(地理、数学、劳动、美术等)。[4]

(13) 开发和使用地—日—月系统模型,描述月相、日月食和季节的周期性模式。[5]

(14) 开发和使用模型,描述引力在星系和太阳系内天体运动中所起的作用。[5]

(15) 开发模型,描述地球物质的循环,以及驱动这一过程的能量流。[6]

(16) 开发模型,描述太阳能和重力势能驱动下水在地球系统中的循环。[6]

(17) 开发和使用模型,描述地球不均衡的受热和自转是怎样引起决定区域气候的大气和海洋环流模式的。[6]

1.2.5 与信息科技、艺术等其他学科结合紧密的初中 STEM 项目主题

本书第 2 章提供了以下几个课例供教师参考学习。

(1) 地下建筑自动闭合防洪堤坝的设计与制作:以河南省郑州市"7·20"特大暴雨灾害为真实情境,学会利用阿基米德原理、物体的浮沉条件、连通器原理、继电器工作原理等,结合 3D 建模技术、平面绘图、手绘效果图、激光雕刻机的使用等技术,针对"地

---

[1] 培生中国. 培生 STEM 专题 [EB/OL]. (2022-07-04)[2022-07-04]. https://www.pearson.com.cn/special/stem.

[2] 中华人民共和国教育部. 义务教育地理课程标准(2022 年版)[M]. 北京:北京师范大学出版社,2022:23-27.

[3] 中华人民共和国教育部. 义务教育地理课程标准(2022 年版)[M]. 北京:北京师范大学出版社,2022:27-30.

[4] 中华人民共和国教育部. 义务教育地理课程标准(2022 年版)[M]. 北京:北京师范大学出版社,2022:56.

[5] 中华人民共和国教育部. 义务教育地理课程标准(2022 年版)[M]. 北京:北京师范大学出版社,2022:57.

[6] 美国科学教育标准制定委员会. 新一代科学教育标准 [M]. 叶兆宁,杨元魁,周建中,译. 北京:中国科学技术出版社,2020:78.

[7] 美国科学教育标准制定委员会. 新一代科学教育标准 [M]. 叶兆宁,杨元魁,周建中,译. 北京:中国科学技术出版社,2020:80.

第1章　理性探讨：初中阶段应当为学生提供怎样的STEM教育　　19

下建筑自动闭合防洪堤坝"技术领域的问题进行要素分析、整体规划，并运用模拟和简易建模等方法进行"地下建筑自动闭合防洪堤坝"工程设计。

（2）**未来生活之地震救援车**：假设突遇地震，有一名小女孩被压在废墟之中，已经48小时未进食，仅有一个小洞可以透进去些许光亮，解放军战士一时间无法救出小女孩。作为救援队的一员，请你利用所学知识，设计、制作一辆具有救援功能的小车，利用小车从缝隙中给小女孩营养的补给和生的希望，坚持到解放军的最后营救。

（3）**为杭州亚运会制作园林电子旅游宣传册**：基于杭州第19届亚运会这一社会热点事件，以吸引亚运会期间到访的各国友人游览杭州园林为真实的问题情境，以"如何准确且生动地介绍事物"为核心概念，要求学生制作出一份吸引人的杭州园林电子旅游宣传册，以此激发学生的创造性和参与社会实践活动的积极性。

（4）**人脸跟随**：学习人脸识别的基本原理和应用。把人脸跟随现象抽象成数学问题，根据变量 left 与 hand 的关系，构建数学模型，实现对学生"计算思维"能力的培养。

对于以下课例，教师如需了解更多信息或进一步学习，请根据参考文献查询并自行研究。

（1）**纸上钢琴**[一]：学生在实践中掌握电容/电阻式触碰检测原理，能够正确应用该原理来制作钢琴琴键。通过自主学习掌握发声的物理原理，并能够利用它实现七音琴的发声。

（2）**制作福特"T"型迷你车**[二]：学生通过实践掌握 Linkboy 编程软件的使用，利用控制器 Arduino Nano 板实现车辆控制以及底盘的组装，并且通过编程调节超声波感应器模拟无人驾驶；利用 Fusion 360 软件实现自主设计车辆外壳。

（3）**走进艺术博物馆**[三]：利用艺术博物馆开设陶瓷艺术、信息艺术、传统手工工艺、数字雕刻、金属工艺等专题课程，融合工程学、艺术、物理、化学、地理等学科知识。以陶瓷艺术课程为例，学生对比考察原料的产地、配比、窑址、烧造温度、釉彩类型、风格样式、时代审美趣味等方面，在陶瓷工艺实验室里通过综合手段将所学知识融合个人审美体验物化为一个实在的作品。

（4）**技术之门（PLTW）**：学生学习使用建模软件进行摄像、设计和测试，同时通过实践学习计算机控制系统、智能机器人和动画等，进一步叠加不同模块的知识后，开展不同的项目。例如，寻找降低能源消耗的创新性方法，生产和利用太阳能、热能和风能；设计、制作和检测滑翔机模型；进行传感设备的电路设计；进行 DNA 犯罪现场分析等。

（5）**互联智能设计**：如无人机互联表演、在线数字气象站、人工智能预测出行等。[四]

[一] 北京市科学技术协会. STEM 教育理论与实践 [M]. 北京：清华大学出版社，2020：56-64.
[二] 北京市科学技术协会. STEM 教育理论与实践 [M]. 北京：清华大学出版社，2020：78-97.
[三] 北京市科学技术协会. STEM 教育理论与实践 [M]. 北京：清华大学出版社，2020：97-115.
[四] 中华人民共和国教育部. 义务教育信息科技课程标准（2022年版）[M]. 北京：北京师范大学出版社，2022：42-43.

1.3　辩证统一：STEM 课程与常规学科课程的关系

20 世纪 80 年代以来，起源于美国的 STEM 教育不断发展，在国际社会中受到了广泛的关注，逐渐成为教育领域的热点方向。以"指向素养培养的跨学科整合"为基调的 STEM 教育在美、英、德等多个发达国家大力推行，被定位为应对 21 世纪全球人才竞争的国家战略。经过数十年的发展，在美国，STEM 教育已经以"必修课"的身份正式嵌入部分校园课程体系建设之中。尽管目前对于 STEM 的具体定义还未有统一意见，但有一些基本内容是大家达成共识的：一是强调科学、技术、工程、数学等跨学科的系统融合；二是强调基于真实问题情境的项目式学习；三是注重对学生科学素养、技术素养、工程素养和数学素养的培养。

国内 STEM 教育研究起步较晚，经历了从经验和概念引进到本土实践探索两个阶段，STEM 教育也逐步被国内所重视。STEM 教育在我国的发展不仅应关注课程开发与实践，还应关注 STEM 课程如何被学校课程体系纳入。就目前而言，STEM 课程在国内校园的位置是校内的选修课程。[一]学科课程的综合化也是目前中学教育发展的方向之一，教育部 2022 年新修订的义务教育课程方案和各学科课程标准中均强调了跨学科实践活动，并规定了其在学科教学中的课时量。STEM 教育与学科教育之间的关系也呈现出融合的趋势。

1.3.1　STEM 课程

1. STEM 课程学什么

STEM 是科学（Science）、技术（Technology）、工程（Engineering）、数学（Mathematics）四门学科英文首字母缩略词，其中科学在于认识世界、解释自然界的客观规律；技术和工程则是在尊重自然规律的基础上改造世界，实现与自然界的和谐共处，解决社会发展过程中遇到的难题；数学则作为技术与工程学科的基础工具。STEM 课程其实是一种跨学科思维系统的建构，课程以现实问题的研究和解决为依托，教学生以科学家或者工程师的视角去综合地、全面地看待并分析、解决问题。综合看待并非是割裂成各个学科，从单一学科角度研究，而是以学科为依托，要求超出单一学科研究的视野，以有明确目的的、整合的研究方法与思维模式去关注复杂问题或课题。[二]这个过程的目的是推动新的认知、新的产品的出现，以完成创新与创造。

[一] 杜文彬. 美国 STEM 教育发展研究 [D]. 上海：华东师范大学，2020.

[二] 朱丽娜. STEM 教育发展研究与课程实践 [D]. 南京：东南大学，2016.

要践行这种观点，STEM 就绝不是简单地将各个学科拼凑在一起，而是通过跨学科的研究性学习，帮助学生形成对科学本质的基本认识，培养并建立学生的分析、评价和创造等高阶思维技能。同时，STEM 课程是从真实社会中的问题出发，学生有责任运用自己的所学去解决问题，在过程中体会科学、技术、工程和数学是如何解决社会中的问题，并通过探索实践深入理解重要概念或原理，真正将知识内化吸收。在这个过程中了解不同学科的职业发展方向，学习过程中也伴随着如何分工合作，从而提升表达与交流能力。

在美国，依托《下一代科学课程标准》，中小学阶段的 STEM 教育要关联科学工程实践、学科核心概念和跨学科共同概念。科学工程实践主要流程要素包括提出疑问/定义问题—建构并使用模型—计划并进行调查—分析并解释数据—运用数学和计算思维建立解释/设计解决方案—用事实论证—获取/评估并交流信息等。而这一套科学工程实践流程要基于学科核心概念，标准中包含物质科学、地球与空间科学、生命科学及工程技术和科学应用四大领域共 13 个大概念，而最后跨学科共通概念则是要求进一步将这些领域深化拆分、提炼总结，《下一代科学课程标准》中将其聚类为模式、因果机制、尺度比例和数量、系统和系统模型、能量与物质、结构与功能、稳定与变化七个概念。综合来说，就是要求 STEM 教育能够依托核心概念，采用系统流程去引导学生理解形成这七种跨学科共通的思维。而达成这些要具备以下七种能力，即视觉读写能力、基于信息类文本的科学阅读能力、科学写作能力、信息收集加工能力、技术操作能力、批判性思考能力和决策能力。

基于上述内容，STEM 课程和基础教育一样，为学生继续学习和发展奠定必要的知识、能力和素养基础。学生通过 STEM 课程，在学习科学探究和工程设计方法的过程中，培养高阶思维、增强社会责任感、激发学习兴趣、增进对社会职业的了解、发展团队合作与交流表达能力。

2. STEM 课程性质与定位

STEM 课程教育是培养学生分析解决问题的能力，发展学生的创新能力，训练科学研究和工程实践的素养。相较于传统的分学科教学，STEM 课程并不关注知识的关联性和递进性，它的评价手段也并不是依靠考试等手段进行知识性测试。此外，STEM 课程目前在国内并没有权威的课程标准，但 STEM 课程的开展是相当必要的。STEM 课程是在学科课程学习之后的一种综合学习，它弥补了学科的知识性教育模式下学生问题解决能力训练不足的问题，其配合学科课程共同承担起学校育人的使命。

就目前而言，STEM 课程相对于国家课程体系一定是作为配角存在的，在一些中学课程体系中多以校本选修课、课外科技兴趣课程或者综合实践课程的一部分来开展。但是这种形式的课程受课时、师资和学校硬件条件的限制，校内学生参与率相对较低，难以像常

⊖ 周玉芝. 基础教育阶段 STEM 教育的性质和路径 [J]. 教学与管理，2020（9）：1-3.

规学科那样保证全体学生参与。一般来说，一门具有STEM性质的选修课程一学期所招收的学生仅为20名左右。此外，部分学校常常把STEM教育与科技比赛关联，作为科技特长生的专属课程。而STEM课程所培养的不应当是未来的科技人才，而应该是培养面向未来的、具有决策能力和适应能力的未来社会的建设者。所以，STEM课程的实施应该尽可能地覆盖所有想参与的学生。

1.3.2 常规学科课程

学科课程是以学科为中心来编订的课程。在学科课程中通过对每门学科知识体系的科学安排，课程内容"由易到难"地进行排列，形成一个逐步递进的连续序列，符合学生的发展阶段特征，易于保证所授知识与技能的完整性、连续性和严密性。一方面，学科课程有助于学习者获得系统连贯的文化科学知识；另一方面，学科课程也有助于教学组织、评价以及教学效率的提升。然而，常规学科课程体系下会出现部分学生的学业负担过重、学习动力不足等问题。此外，学科之间也缺乏有机的联系，不同学科之间割裂孤立，不利于学生综合能力的培养和发展。

目前，我国浙江省初中并未开设物理、化学、生物学、地理等课程，而是通过"科学"课程将这几个领域的内容以整合的方式有机融为一个新的体系。"科学"课程以"科学的统一性"为中心，以"存在的自然—变化的自然—人与自然"为主线架构教材，对生命科学、物质科学、地球和宇宙等领域的课程内容进行整合，凝练了"物质系统的层次、运动与稳定、相互作用、结构与功能、转化与平衡、发展与和谐"六大概念，通过科学主题（自然现象、生活现象、社会现象相关议题）对具体的内容进行整合。围绕"提高学生科学素养"的课程目标，基于综合性学习特征，以"综合、探究、思维"为基本要素，创建了以综合为本、以探究为重、以科学思维为核心的综合科学教学模式。立足综合科学课程，在学生科学素养培育、教师队伍建设和对外课程辐射方面均取得了一定的成果。

基于国家对立德树人、落实学生发展核心素养的要求，《义务教育课程方案（2022年版）》增加了跨学科主题学习，要求以学科内容为主干，开展跨学科综合学习，贴近实际，聚焦真实问题的发现与解决，横向学科有效配合，各门课程用不少于10%的课时量开展跨学科主题学习，培养学生应用知识解决实际问题的能力。

㊀ 范佳午，李正福. STEM融入学校课程体系的途径和策略[J]. 中小学信息技术教育，2021（1）：68-71.

㊁ 周玉芝，基础教育阶段STEM教育的性质和路径[J]. 教学与管理，2020（9）：1-3.

㊂ 王耀村，培育科学素养：初中综合科学课程建设的浙江探索[J]. 全球教育展望，2021（50）：115-128.

1.3.3　STEM 课程与常规学科课程

STEM 课程与常规学科课程并不是割裂存在的。STEM 课程的开展需要学科课程的知识基础，但与有完整的知识体系、课程标准、教材和课本的学科课程相比，STEM 课程并不讲究学科知识的完整性、体系性，而是关注解决问题过程的严谨性和完整性。它依托于知识，但不囿于知识，强调的是在研究问题、探究主题的过程中发展自己解决问题的能力、创新能力和科学研究的素养。这在单独学科课程学习中是难以达到的。同时，STEM 教育既然是依托于学科知识，用到的知识就应与学生现在掌握的知识相匹配，用到的能力和素养也应是学生能够驾驭的。

1. STEM 课程取代学科课程

STEM 课程取代国家学科课程是不切实际的。首先，数学、科学、技术和工程一体化的课程完全取代分科课程教学对教师要求极高，每位教师都有着自身的学科背景和知识结构，全面的跨学科教学对现有教师来说是难以胜任的。其次，不同学科有不同的学科知识结构、学科实践和学科思维，整合的 STEM 课程并不利于学生梳理构建学科的知识结构。[一]最后，目前尚未有能够完整地串联起庞大学科知识概念的课程体系。

2. STEM 课程融入国家课程

STEM 课程若要覆盖到全体学生，就需要融入国家课程。课程标准中提到的跨学科主题学习就与 STEM 教育有许多共通之处。结合各学科课程标准中对跨学科整合的要求，就可以通过创设跨学科的主题或情境、引导学生领悟共通概念、开展学科实践活动等方式融入 STEM 教育。同时，不同学科的实践活动有着不同的学科特色，可以让学生通过融合的 STEM 活动了解不同学科的特点，激发对学科学习的兴趣。对于学科内的 STEM 教育，要以学科核心概念为教学内容的内在主线，融入科学以及工程的实践，同时联系技术和其他学科，帮助学生理解和掌握学科知识和学科思想方法，掌握科学实践和工程实践方法，发展学生的学科素养和 STEM 素养。对于学科外整合化的 STEM 教育，要给学生创设基于真实情境以及更加综合的学习机会，打通课本与社会实践中的界限，从多学科角度全方位解读社会真实问题，寻找解决问题的多种途径。[一]

3. STEM 课程课时安排

在课时安排上，固定的课时安排对于 STEM 课程来说是受限的。STEM 课程通常会根据学生生活中的真实问题设置主题，把相关知识从各门学科中抽离出来，以跨学科整合的项目式学习方式开展。其可以在常规课堂内开展，也可以通过大小课、长短课程开展，甚至可以打破学校围墙，利用社会资源进行实践。同时，不同学生学习特点的群体差异和

[一] 周玉芝. 基础教育阶段 STEM 教育的性质和路径 [J]. 教学与管理，2020（9）：1-3.

学习内容的差别，也会对课时有着不同的要求。与学科课程不同，STEM 课程根据课程目标的不同一般在 8~20 个课时，为保证课堂学习效果，每次 2 课时连堂上课，同时对于学生学习时间并不设限。感兴趣的学生还可以利用课余时间走进实验室，深化自己的课程学习。○

4. STEM 课程不是新的学科

STEM 课程不应与常规学科课程相并列，STEM 课程关注的是不同学科间的联系及影响，它更像是一座沟通不同学科内在联系、沟通科学与社会的桥梁○。STEM 课程鼓励学生运用多学科知识解决问题，从不同的学科视角去认识世界，其内容一定是与学生当前知识能力相匹配的。不同学科老师开发的 STEM 课程也是有着自己的学科背景特点。STEM 课程更强调一种面对复杂问题的分析和解决能力，这是任何学科或者职业都需要的，所以在课程实施过程中更注重对学生过程性和表现性的评价。

5. STEM 课程在校园中的实践

STEM 课程在校本选修课程中的发挥空间很大。校本课程一是要与国家课程互补，二是要满足学生多元个性发展需求。以清华附中为例，清华附中秉持"为领袖人才奠基"的教育使命，坚持"让每位同学都能以最适合自己的方式成长"的学生发展理念，努力为学生的个性发展提供广阔的空间。2013 年清华附中建成全国第一间中学创客空间，2015 年建成六个高研实验室。

在课后服务时间里，清华附中开设了各种各样的选修课程，组织了多种多样的社团活动，涵盖科学探究、设计制作、思维发展等各类 STEM 实践课程。○ 初中学段让学生走进创客空间，通过 STEM 课程、"三走进"课程、创客课程的学习，让学生在做中学，充分发展自己的兴趣和特长，掌握基本的科研素养；到了高中学段，学生可以根据自己的兴趣选择不同的高研实验室继续深入学习，进行为期两学年的项目式研究性学习，为进入大学开展相关课题研究做好铺垫。

根据学校持续十余年的学科评价测试结果，跨学科课后课程能有效发展学生应用课程知识进行定义、分析、解决问题的能力，能够充分发挥学生特长，让学生思考自己未来的职业发展方向。也可以在常规学科教学中促进学生对学科课程内容的理解，有效提升学生的学科成绩。

○ 曹培杰. STEM 教育的关键：跨学科、灵活课时与深度学习 [J]. 中小学管理, 2018（10）: 31-33.

○ 范佳午，李正福. STEM 融入学校课程体系的途径和策略 [J]. 中小学信息技术教育, 2021（1）: 68-71.

○ 王殿军. 新高考背景下的 STEM 教育——清华大学附属中学科技教育的探索与实践 [J]. 现代教育, 2017, 07（20-22）.

1.4 学科与 STEM：如何用 STEM 活动解决课上未完成的学习

2022年4月，教育部印发的义务教育课程方案和课程标准（2022年版）（下文简称为：新课标）中，重点强调了"注重培育学生在真实情境中解决问题的能力""课程内容组织上加强与学生经验、现实生活、社会实践的联系""突出实践育人，注重引导学生参与学科探究活动，开展跨学科实践"等方面。

STEM 课程强调为学生创设真实的问题情境，学生通过整合多个学科知识，自行设计、探索解决问题的跨学科方案，以此培养学生的创新研究精神，发展动手实践能力；激发学生的学习动力，培养团队合作意识，进而全面提高学生的心智，尤其是智力发展。可见，STEM 课程的核心设计理念与新课标的改革方向高度一致。STEM 的课程和活动可以在新一轮课程改革背景下，与学科课程有机结合，解决学生学科课堂上未完成的学习，共同促进学生核心素养的发展。

1.4.1 新课标之核心素养与课程内容框架

本文将新课标中与基础科学、工程技术相关的学科的核心素养和7~9年级课程内容框架做以总结，见表1-1，包括数学、物理、化学、生物学、地理、信息科技、科学等学科。

表1-1 新课标之核心素养与课程内容框架总结表

内容	学科						
	数学	物理	化学	生物学	地理	信息科技	科学
核心素养	1. 会用数学的眼光观察现实世界（主动参与探究活动，发展创新意识）	1. 物理观念	1. 化学观念	1. 生命观念	1. 人地协调观	1. 信息意识	1. 科学观念
	2. 会用数学的思维思考现实世界（问题求解与系统设计）	2. 科学思维	2. 科学思维	2. 科学思维	2. 综合思维	2. 计算思维	2. 科学思维
	3. 会用数学的语言表达现实世界（构建普适的数学模型，表达和解决问题）	3. 科学探究	3. 科学探究与实践	3. 探究实践	3. 区域认知	3. 数字化学习与创新	3. 探究实践
		4. 科学态度与责任	4. 科学态度与责任	4. 态度责任	4. 地理实践力	4. 信息社会责任	4. 态度责任

（续）

内容	学科					
	数学	物理	化学	生物学	地理	信息科技	科学
课程内容框架（7~9年级）	1.数与代数	1.物质	1.科学探究与化学实验	1.生物体的结构层次	1.认识全球——地球的宇宙环境、地球的运动、地球的表层	1.互联网应用与创新	1.物质的结构与性质
	2.图形与几何	2.运动和相互作用	2.物质的性质与应用	2.生物的多样性	2.认识区域——世界、中国	2.物联网实践与探索	2.物质的变化与化学反应
	3.统计与概率	3.能量	3.物质的组成与结构	3.生物与环境	3.地理工具与地理实践	3.人工智能与智慧社会	3.物质的运动与相互作用
	4.综合与实践（重在解决实际问题，以跨学科主题学习为主）	4.实验探究（测量类和探究类）	4.物质的化学变化	4.植物的生活	4.跨学科主题学习（不少于地理学科总课时10%）	4.跨学科主题互联智能设计	4.能的转化与能量守恒
		5.跨学科实践	5.化学与社会·跨学科实践	5.人体生理与健康			5.生命体的稳态与调节
				6.遗传与进化			6.生物与环境的相互关系
				7.生物学与社会·跨学科实践			7.生命的延续与进化
							8.宇宙中的地球
							9.地球系统
							10.人类活动与环境
							11.技术、工程与社会
							12.工程设计与物化

通过表 1-1 的规律，我们不难看出，在立德树人、发展素养教育的总体目标下：

（1）科学思维、探究实践成为各学科重点培养的共同核心素养。其中，物理和化学，同时也着重强调了实验探究；地理学科把地理实践力列为四大核心素养之一。

（2）**解决实际问题、开展跨学科主题学习**，出现在所有学科的课程内容框架中。例如数学学科中，强调用数学的眼光、思维和语言来观察、思考和表达现实世界，同时安排了综合与实践内容。

（3）**创新明确为培养的核心素养之一**。例如，信息科技把数字化学习与创新列入四大核心素养培养范围。

（4）**内容聚焦大概念**。例如，生物学学科的学习内容以大概念、重要概念、次位概念的形式呈现相应的概念体系；科学学科，梳理物质与能量、结构与功能、系统与模型、稳定与变化4个跨学科概念。

以上新课标的要求，可以为有机整合学科课堂及STEM课程提供有效的线索。接下来，我们以具体的STEM课例为例，探讨如何通过STEM活动解决课上未完成的学习。

1.4.2 用STEM活动拓展实验与跨学科实践，以"小小净水工程师——家庭净水计划"为例

水质检测和净水是初中化学学科学习中的一个常见跨学科实验。《义务教育化学课程标准（2022年版）》要求"跨学科实践活动课时不少于化学学科总课时的10%"。

◆在五大学习主题的主题一——"科学探究与化学实验"基本的化学实验技能中，要求学会用酸碱指示剂、pH试纸检验溶液的酸碱性；初步学习使用过滤、蒸发的方法对混合物进行分离。

◆在五大学习主题的主题二——"物质的性质与应用"水和溶液中，要求了解吸附、沉降、过滤和蒸馏是净化水的常用方法。

◆在五大学习主题的主题五——"化学与社会·跨学科实践"中，水质检测及自制净水器为10个推荐的活动之一。

学生在具体实验的实践中，常常会产生如下有趣且有意义又深入的问题。

（1）水中究竟有哪些污染物？

（2）吸附、沉降、过滤和蒸馏等不同工艺到底能去除什么污染物？有交叉吗？怎么选择？

（3）在净水的过程中，这些工艺要组合在一起使用吗？顺序有讲究吗？用量怎么确定的呢？

（4）家庭净水用的是什么工艺？为什么家用净水器在出水前要加一个活性炭滤芯？什么时候更换滤芯？

（5）还有哪些水处理工艺？现在有哪些研究净水的方向或新技术？

（6）TDS（溶解性总固体）笔利用什么原理测水质？能代表水质吗？

（7）怎么判断一个净水系统或净水器的好坏？

要想回答以上问题，涉及多个学科的多个核心知识点，在课时有限的学科课内很难完成。这时，STEM 课程可以助力师生共同解决这些未完成的问题。

"小小净水工程师——家庭净水计划" STEM 课程，围绕饮用水安全这一社会关注热点问题，为初一学生设立中国北京或宁夏 2030 年家庭生活污水自净化及家庭循环用水的真实挑战场景，如图 1-4 所示。

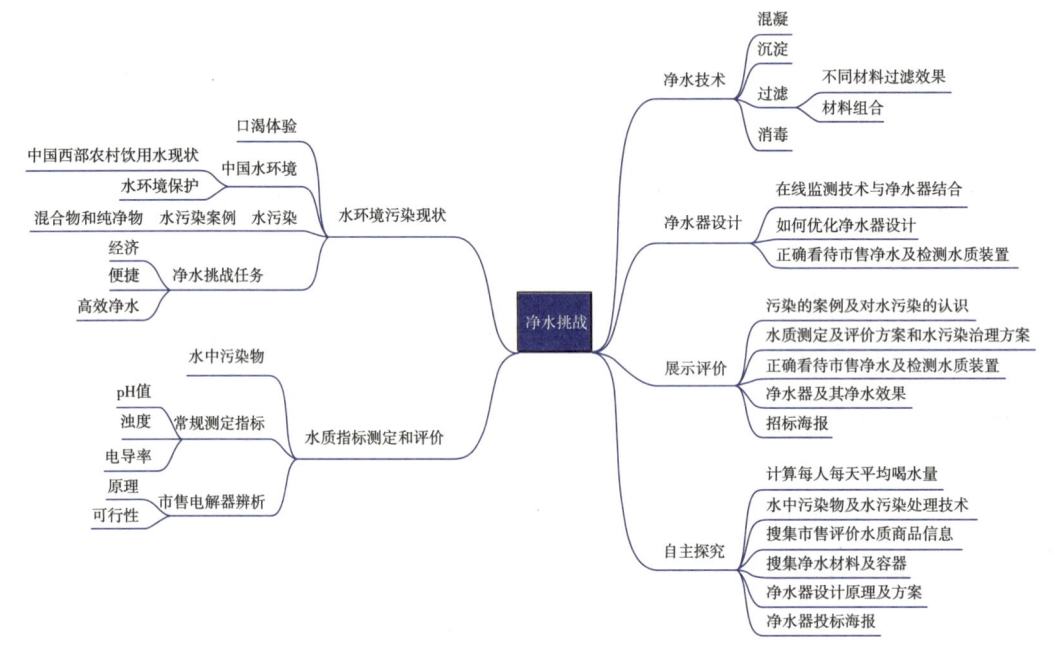

图 1-4 "小小净水工程师——家庭净水计划" STEM 课程结构

该课程把核心挑战性任务拆解为五个子目标：制订北京或宁夏地区的净水目标；学习净水技术；制作家庭净水方案并制作净水装置；测试水质，检验净水效果；模拟召开政府招投标会，评价不同方案和作品。

学生在探索解决实际问题的过程中，需要把物理、化学、生物学、数学等多学科的关于水的形态变化、水循环、酸碱性及酸碱指示剂、硬水与软水、水质评价指标、微生物、常用的净水方法、流量、流速、水力停留时间等核心知识与装置设计、材料选择、工程设计思路等工程设计方法相结合，搭建满足具体净水目标的家用净水装置，并在模拟招投标会中脱颖而出。

学生自行设计、探索解决问题的方案，在探究中习得水污染相关知识，以及净水相关的方法及原理。这个过程不但可以回答前述的七个课堂上无法深入探究的问题，还能深化他们对材料科学、水环境中重要的化学反应、生物作用及生态平衡的认识，增强学生的社会责任感，树立生态环境保护的理念，培养学生建立科学探究的思维。

1.4.3　用STEM活动引导学生有机整合跨学科知识，以"伴EYE同行——可视化常见眼病的可视化实物模型"为例

"眼睛"是生物学与物理学科学习内容的交叉点之一。《义务教育生物学课程标准（2022年版）》中与眼睛相关的学习内容包括：

◆在"五　人体生理与健康"的概念5中，要求学习人体通过眼、耳等感觉器官获取外界信息，科学用眼和用耳能够保护眼和耳的健康。

◆在"五　人体生理与健康"的概念6中，要求能够设计简单的实验，探究有关人体生理与健康的问题；描述眼和耳的结构与功能，阐明视觉和听觉的形成过程，学会科学用眼和用耳，保护眼和耳的健康；在实验探究活动中，建议制作可调节的眼球成像模型；在调查与交流活动中，建议调查班级学生的近视率，分析其原因。

◆在"七　生物学与社会·跨学科实践"的概念9真实情境的问题解决中，建议制作可调节的眼球成像模型，提出保护眼睛健康的方法。

《义务教育物理课程标准（2022年版）》与眼睛相关的学习内容包括：

◆在"二　运动和相互作用"学习主题"声和光"二级主题中，要求了解凸透镜对光的会聚作用和凹透镜对光的发散作用。探究并了解凸透镜成像的规律。了解凸透镜成像规律的应用，例8，了解人眼成像的原理，了解近视眼和远视眼的成因与矫正方法。具有保护视力的意识。

◆在"四 实验探究"学习主题的探究类学生必做实验中，要求探究凸透镜成像的规律，例8，用蜡烛（或F形光源）、凸透镜、光具座、光屏等，探究凸透镜成像时，像的正倒、大小、位置、虚实等与物距的关系，并建议用可变焦距的眼睛模型，演示并说明近视眼、远视眼看不清物体的原因。

从以上的新课标内容中不难看出，在常规的学科课堂上，学生在不同学科的不同单元会学习到相似的主题，制作相似的眼睛模型，但在学习的连贯性和探索的深度上可能会有所折扣。

"伴EYE同行——可视化常见眼病实物模型"STEM课程，以这一跨学科交叉点为契机，结合儿童青少年近视率居高不下，白内障、青光眼、黄斑病、视网膜脱落等发病率逐年上升这一社会热点，以可视化眼病模型实物的设计、制作和演示过程为学习载体，综合各学科知识，调动设计思维和创新思维，选择适合的材料和工具，在工程技术实践过程中不断迭代和优化，最后在6月6日"爱眼日"宣传活动中利用自制模型进行宣传实践。

该STEM课程创设如下挑战性问题：在"爱眼宣传展"上如何通过自制的眼病病理可视化模型，让参展观众真实体验眼部疾病及病因，唤醒爱眼护眼意识？将挑战任务拆解为三个子目标和十个子任务，见表1-2。

表 1-2 "伴 EYE 同行——可视化常见眼病实物模型"STEM 课程核心挑战性任务及拆解

核心挑战性任务	拆解后的子目标	子任务	阶段性成果
设计、制作眼病可视化实物模型，并在爱眼宣传中演示	（一）明确眼病类型并完成模型设计	（1）情境引入——确定项目 （2）科学探究——认识眼球的结构与功能 （3）科学探究——认识视觉形成过程 （4）科学思维——认识模型实质、体验建模过程 （5）设计思维——设计模型方案并优化 （6）设计思维——诊断模型方案	（1）项目任务拆解图 （2）观察报告 （3）学习日志 （4）能量转换电路 （5）模型原理图、结构图和外观图 （6）模型方案
	（二）制作模型并测试性能	（1）工程实践——实施制作 （2）工程实践——进行测试、优化迭代并完成反馈	（1）工程笔记 （2）实物作品
	（三）利用自制模型进行爱眼宣传	（1）社会实践——设计并制作宣传展板 （2）社会实践——推广应用模型完成宣传	（1）眼病知识展板 （2）宣讲会及项目日志

在项目式学习中，学生积极动手实践，用光敏电阻模拟视觉形成中的能量转换，用 3D 打印设备打印出塑料眼球壁，用相机传感器将物像场景演示到计算机大屏幕上，在课余时间自发地到实验室制作模型，在电商平台选择各种补充材料……通过 STEM 活动的探索与实践，学生不仅贯通理解生物学、物理学等原理，也学会了使项目系统化、整体化，同时还直观地了解了眼科相关的医学知识，认识到常见眼病及其危害，唤醒更多学生的爱眼护眼意识，提升预防眼病的能力。

1.4.4 用 STEM 活动促进学生对跨学科概念的深度学习，以"月球基地空气循环系统的设计"为例

"大概念"指处于课程学习中心位置的观念、主题、辩论、悖论、问题、理论或者原则等，是在事实基础上抽象出来的深层次的、可迁移的概念，[1] 能够将多种知识有意义地连接起来[2]。"大概念"有不同的类型，一般认为包括学科内大概念、跨学科大概念以及整合大概念等。[3] 新课标强调聚焦学科大概念优化课程结构，促进核心素养的落实。例如，生物学学科的学习内容以大概念、重要概念、次位概念的形式呈现相应的概念体系；科学学科梳理物质与能量、结构与功能、系统与模型、稳定与变化四个跨学科概念，并以此统摄物质的结构与性质、物质的变化与化学反应、物质的运动与相互作用、能的转化与能量守恒、生命系统的构成层次、生物体的稳态与调节、生物与环境的相互关系、生命的延续与进化、宇宙中的地球、地球系统、人类活动与环境、技术、工程与社会、工程设计与物化等学科

---

[1] 刘登珲, 卞冰冰. 大概念统摄下的 STEM 课程一体化建构策略——STEM Road Map 的实践与启示 [J]. 全球教育展望, 2022, 51(4):101-111.

[2] 李刚. 围绕大概念的 STEM 整合课程建构与应用研究 [J]. 天津师范大学学报 (基础教育版),2022,23(2):64-69.

第 1 章 理性探讨：初中阶段应当为学生提供怎样的 STEM 教育

核心概念。本节内容所探讨的"大概念"主要指跨学科概念或跨学科大概念这一类。

STEM 课程设计，以跨学科大概念为"锚点"统摄全局，可以带动学科内部及学科间知识的有机整合，做到"纲举目张"[⊖]。融入"大概念"的 STEM 课程设计过程，一般包括确定跨学科的大概念、明确大概念下的基本问题及学科概念、把基本问题与真实情境链接起来细化具体的问题链，以及从问题链提供的任务线索进行整合优化从而设计教学活动等。

以"月球基地空气循环系统的设计"这一 STEM 课程为例，其设计思路如图 1-5 所示。

跨学科概念
系统与系统模型、结构与功能

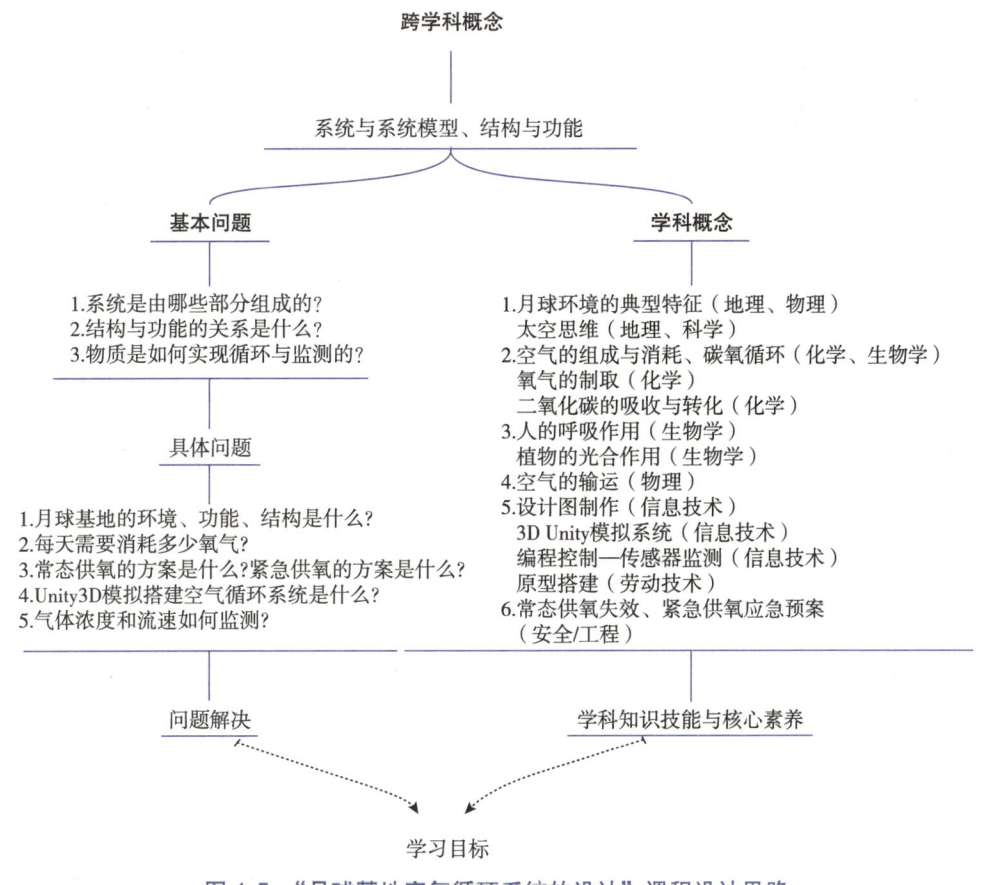

基本问题
1. 系统是由哪些部分组成的？
2. 结构与功能的关系是什么？
3. 物质是如何实现循环与监测的？

具体问题
1. 月球基地的环境、功能、结构是什么？
2. 每天需要消耗多少氧气？
3. 常态供氧的方案是什么？紧急供氧的方案是什么？
4. Unity3D 模拟搭建空气循环系统是什么？
5. 气体浓度和流速如何监测？

学科概念
1. 月球环境的典型特征（地理、物理）
   太空思维（地理、科学）
2. 空气的组成与消耗、碳氧循环（化学、生物学）
   氧气的制取（化学）
   二氧化碳的吸收与转化（化学）
3. 人的呼吸作用（生物学）
   植物的光合作用（生物学）
4. 空气的输运（物理）
5. 设计图制作（信息技术）
   3D Unity 模拟系统（信息技术）
   编程控制—传感器监测（信息技术）
   原型搭建（劳动技术）
6. 常态供氧失效、紧急供氧应急预案（安全/工程）

问题解决 ← 学习目标 → 学科知识技能与核心素养

图 1-5 "月球基地空气循环系统的设计"课程设计思路

课程围绕"系统与系统模型、结构与功能"这些跨学科概念开展，其中最核心的跨学科概念为"系统"。在"如何帮助中国航天局设计与构建月球基地空气循环系统"情境挑战任务的背景下，分析得到三个基本子问题：如何供氧？如何降低二氧化碳浓度？如何让气体流动起来？用一句话概括，即想办法把航天员呼出的二氧化碳变为氧气，再把氧气输送给航天员。根据对基本子问题的思考，构建项目图景，如图 1-6 所示。依据项目图景，把空气循环大系统逻辑上拆解为一系列子系统，例如绿植供氧系统、紧急制氧系统、二氧化

⊖ 刘登珲，卞冰冰. 大概念统摄下的 STEM 课程一体化建构策略——STEM Road Map 的实践与启示 [J]. 全球教育展望，2022, 51(4): 101-111.

碳吸收与浓缩系统、氧气输送系统、气体浓度检测系统、气体流动检测系统等。

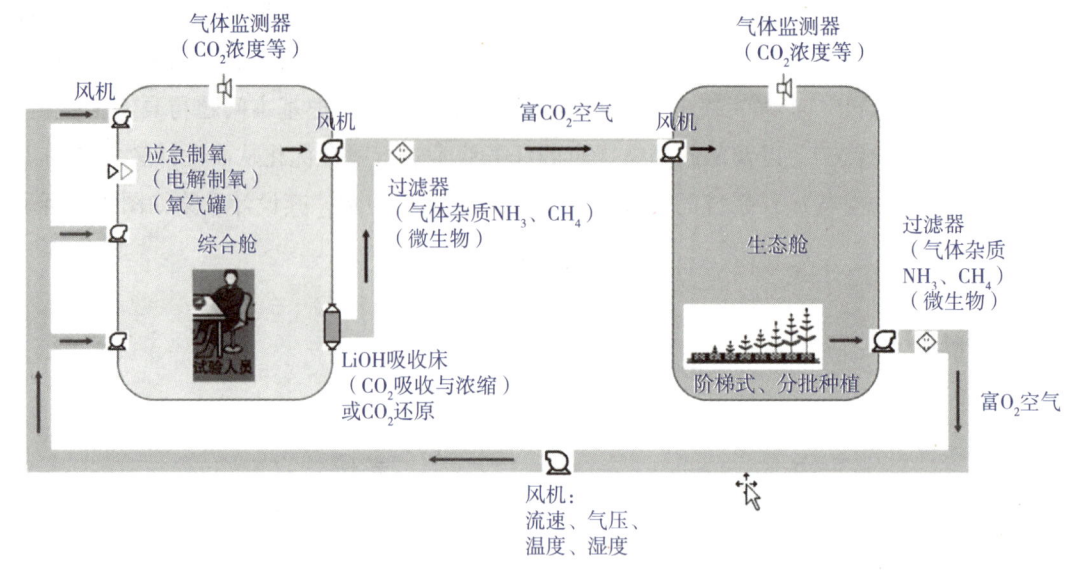

图 1-6 "月球基地空气循环系统的设计"项目图景

在各子系统构建的过程中，自然而然地把数学、物理、地理、化学、信息科技、生物学等学科内及学科间的知识进行了有机整合。学生在探索解决问题的过程中，更加深刻地理解了跨学科概念，不知不觉地把各学科内的知识概念与技术进行了相互链接，促进了深度学习。在此基础上，进一步学会了如何分析、设计、搭建系统，这种能力的内化将有助于其迁移和应用于其他类似问题的解决中。

1.4.5 总结与探讨

通过对义务教育课程方案和课程标准（2022年版）中各学科的核心素养和7~9年级学段课程内容框架的对比，不难看出新课标面向未来的改革趋势，即：在立德树人、发展素质教育的总体目标下，强调培养科学思维、探究实践、创新等核心素养；强调解决实际问题，开展跨学科主题学习；内容聚焦大概念等。这些改革趋势可以为有机整合学科课堂及STEM课程提供有效的线索。

以"小小净水工程师——家庭净水计划""伴 EYE 同行——可视化常见眼病实物模型""月球基地空气循环系统的设计"三个具体的 STEM 课例为例，探讨了 STEM 活动如何从拓展实验与跨学科实践、有机整合跨学科知识、促进学生"大概念"蓝图下的深度学习等方面，帮助和深化学科课程的学习。

STEM 课程在培养人的能力和素养方面有其他任何课程不可取代的独特作用，是学科课堂的有益补充和拓展。如何与学科课堂相配合、如何解决学科课上未完成的学习，还需要研究人员与一线教师做进一步的探索和实践。

1.5 面向未来：初中生通过 STEM 教育能发展哪些技能

在未来，我们需要更多具有应用价值的科技创新成果来推动技术与社会的变革，这就要求我们对学生的培养要顺应这个趋势，去面对来自"不确定的未来"的挑战。2016 年，我国教育部出台了《教育信息化"十三五"规划》，明确提出要着重培养学生的创新力，积极探索 STEM 教育模式。STEM 教育的特点决定了它能够培养兼具科技和人文素养的创新应用型人才，STEM 教育可以让学生在中小学阶段就能够发展创新型、应用型技能，更好地服务于未来。

为了更好地面向未来，2000 年之后，世界教育界进入了重视学生技能与素养培养的时代。美国学者伯尼·特里林（Bernie Trilling）和查尔斯·菲德尔（Charles Fadel）经过多年研究，提出 21 世纪核心技能包括"3R"（读、写、算的能力）和"7C"（批判性思考与问题解决能力，创造与革新技能，协作、团队合作与领导能力，跨文化理解能力，交流、信息与媒体素养，计算与 ICT 素养，职业与学习的自主能力）。此外，还有经合组织（国际经济合作与发展组织）提出的 21 世纪学生核心素养体系，欧盟提出的八大素养，我国提出的学生发展核心素养等。但不可否认的是，在传统的学科教育框架下，技能与素养的培养是教育界公认的难题，跨学科教育的兴起并非偶然，而是希望由跨学科教育解决学科教育解决不了的素养培养问题。STEM 教育将严肃的学术概念与现实生活中的问题解决相结合，学生应用科学、技术、工程学和数学于特定环境中，使学校、社会、工作和全球企业联系起来，发展 STEM 素养，最终提升新经济形势下的竞争力。

在此，我们将学生在 STEM 教育中能够发展的素养和技能进行归纳，包括跨学科读写算、科学探究、工程实践、技术应用以及团队工作技能等五项技能。

1.5.1 跨学科读、写、算技能

读、写、算技能是学生最基本的发展要求，在常规的国家课程教学中也十分强调对这些技能的培养，且贯穿学生从小学到初中、高中的整个过程。STEM 教育对读、写、算技能的要求能够用于补充常规教学的短板，通过应用于实际问题的解决过程，让学生形成更加系统的知识结构。

1. 读

在初中阶段，常规课程教学中的读更侧重于与该学科紧密相关的内容，对阅读技能的训练更多的是为了补充学科知识、增强理解能力。STEM 教育强调跨媒介阅读与科学阅读技能的培养，在初中学段，要求学生在阅读信息类文本时有意识地开展比较与对比、抓取主要观点和详细数据，并能够准确地理解观点、把握主要内容与细节之间的关系。除此之外，还要能对通过阅读获取的信息进行整理和加工。

在课程案例"伴 EYE 同行——可视化常见眼病实物模型"和"设计制作再生纸简易笔记本"中，都要求学生通过阅读的方式做项目背景调查，这也是 STEM 课程中常见的一个步骤。通过有选择性的、与项目相关的科学论文文本或各种媒体信息的阅读，学生能够知道为什么要进行这个项目，了解这个项目对实际生活的意义。在常规教学要求的阅读训练之外，学生能够在 STEM 课程中掌握跨学科阅读的技能，是走向跨学科融合的第一步。目前，我们初步将多学科知识整合在一起，来帮助他们认识世界。

2. 写

在初中学段，传统的基础写作技能以写记叙文、简单的说明文、简单的议论文和常见的应用文为主。STEM 课堂中补充了说服性写作的部分，学生在完成一个项目的过程中往往需要撰写项目计划书、产品说明等文本，通过科学写作的过程分享有关科学或工程的信息。除此之外，使用设计图纸、产品海报等方式展现项目成果也可以视为一种写作，同时也结合了其他方面的技能培养。

STEM 课程中关于对学生跨学科写作技能的培养体现在方方面面，例如在课程案例"月球基地空气循环系统的设计"中要求学生撰写项目计划书，在课程案例"无土栽培"中要求学生绘制设计图和说明图，这些都是对初中生跨学科写作技能的培养。

在美国全国工程师周基金会（National Engineer Week Foundation）发起的一项青少年赛事活动中，学生需要撰写论文来描述他们对城市现存问题提出的解决方案。在这个过程中，初中生开始学习搜索和阅读简单的中文学术论文，撰写一篇不超过 1000 字的说明论文。同时需要在论文中加入说明图片、逻辑框图、产品海报、参考文献等信息。经过三个月的时间，学生能够很好地发展跨学科阅读和写作的技能，能够更加客观地看待问题，并使用科学的方式对自己的观点进行表达。

3. 算

"算"不只是指运算能力，还应该包括数学实践的技能、批判性思维和决策思维。在常规教学活动中，学生鲜少有机会去进行决策。在 STEM 课程中，他们往往需要通过核算成本和预算、分析收集到的数据来为整个项目的运行做支撑。对于初中阶段的学生来说，STEM 课程能够很好地在常规教学活动外延伸计算和运算的广度和深度，让学生能够把从数学、物理、化学、生物学、地理等课程中所学的知识充分应用并解决实际问题。

在课程案例"寻找犯罪嫌疑人"中充分体现了对初中生数学实践技能的要求。在课程中，学生需要测量长度、计算面积，将收集到的数据进行计算后发现规律，从而利用规律解决问题。但是目前很多 STEM 课程大多以科学实验和机器人编程为主，对 S（Science）、T（Technology）、E（Engineering）的体现比较完全，但对 M（Mathematics）的重视程度比较低。在后续 STEM 课程开发时，需要多注重对学生数学实践技能的培养。

批判性思维和决策思维都是基于已知因素和条件下的思维方式，为什么把它们放在跨学科计算和运算的部分呢？因为在进行批判性思考和做决策的过程中，学生需要将已有的数据和信息经过计算、比对后,找到一个最优解,从而进行分析和决策。STEM课程作为常规课程的补充,能够让学生将数学思维运用于解决实际问题当中,通过计算、运算、分析和决策掌握跨学科"算"的技能,拓宽了常规课程教学活动的目标。

1.5.2 科学探究技能

科学探究是人们在研究自然科学现象时所采用的方法,基本任务是探索未知、认识未知、总结规律。科学探究的成果为创造产品、发明技术、更新工艺提供了相应的理论依据。作为基础学科课程的补充,学生在初中学段开始进行实验操作的训练,发展观察、测量、预测、计算等基本探究技能。清华附中STEM课程教研团队在开发《清华附中STEM课程标准》的过程中,将科学探究技能分为三个大类别共26个子项,见表1-3。

表1-3 科学探究技能一览表

类别	子项
基础思维技能	定义、描述、排序、分类、整体和部分、对比、因果、类比
基础探究技能	观察、测量、推理、沟通、预测、熟练操作材料、复现、计算、质疑、使用线索
整合探究技能	建立模型、概括归纳、识别和控制变量、操作性地定义、记录和解释数据、决策、实验、调查

STEM课程大多以项目式学习为主。在一个STEM项目中,学生需要通过科学探究的过程获取科学规律,从而在工程实践中对其进行运用,最终解决一个实际问题。在课程案例"伴EYE同行——可视化常见眼病实物模型"中,教师安排了两个90分钟的科学探究活动,引导学生探究眼球的结构与功能,以及视觉的形成原理。在两个科学探究活动中,学生使用定义、描述等技能制订探究计划;使用观察、测量、实验操作等技能获取眼球结构的信息,搜集相关证据;使用概括归纳、建立模型、解释数据等技能处理获取的信息和证据,从而得出相应的结论。

科学探究技能能够帮助学生认识世界运转的规律,对常见的现象做出解释。STEM课程要求学生像科学家一样思考,探寻事物的本质和规律,更好地了解身边的事物。同时为学生的未来职业发展指明方向。

1.5.3 工程实践技能

工程实践的引入是STEM教育中一个突出的特色,也是当前各国科学课程标准修订的关注点。工程实践基于科学探究的成果进行创新创造,反过来又能够促进科学探究的发展。在初中学段,学生的知识和智力达到一定水平,完全可以做一些小型的工程项目,应用数学、科学和技术领域的概念来系统地解决一些现实世界中的问题。工程绝不是一个独立的部分,它基于学生对科学本质的认识和对技术的掌握,是一个融合了多学科知识和基础技能的工程、一项改造人类实践的活动。

根据常用的工程实践过程，比较了国内外对工程实践环节涉及的技能研究，《清华附中STEM课程标准》中提取出了7个主要的核心技能，包括观察、测量、预测与假设、对比与比较、运用科学解释、使用工具和决策矩阵。

在课程案例"低碳循环'谐'奏曲——鱼菜共生系统的设计与制作"中，学生比较完整地体验了"定义问题—统筹要素—设计方案—试验模型—分析数据—迭代优化—交流评价"的工程实践流程。在定义问题的过程中，需要学生熟练掌握观察和决策矩阵的技能分析并定义问题；在统筹要素的环节中，要求学生整合相关信息，运用科学解释列出鱼菜共生系统的原理图，同时能够依据科学原理进行方案的设计；在试验模型的环节，学生使用工具制作鱼菜共生装置，并通过对比找出系统运转中存在的问题，分析相关的测试数据，通过重新获取信息提出解决方案。接下来，学生基于已有装置进行迭代优化的过程，熟练运用决策矩阵的技能，在限制条件的情况下做出选择，确定最终方案。经过一段时间的运行，学生对他们设计的鱼菜共生系统，采用小组答辩的方式进行交流与互评。

学生通过项目式的STEM课程发展工程实践的技能，能够充分体验到造物的快乐，反过来也促使他们对相关学科产生浓厚的兴趣，进一步激发学生对常规学科课程的学习动力。

1.5.4 技术应用技能

技术应用通常在劳动与技术课程教学中有所体现，《义务教育劳动教育课程标准（2022年版）》中要求初中学段学生能够掌握清洁、烹饪等技能，同时对于金工、木工、电子、艺术等技术与技能也有一定的要求。在学科教学中，学生在发展技术应用技能方面的机会比较少。而在STEM课程中，要求学生能够从要完成的项目需要出发，运用各种装置、工艺方法、知识技能和经验，从而实现一定价值的创造性的实践过程。

通常，一项技术包括运行经验、硬件和软件三个部分，而在《清华附中STEM课程标准》中，是将技术分为经验型技术、实体型技术和知识型技术。

1. 经验型技术

经验型技术主要指经验、技能等主观性的技术要素，包括常用工具和量具的使用、根据图样使用加工工具进行加工的过程等。

经验型技术在初中阶段的STEM课程中主要体现在熟练操作常用工具的环节，学生通常需要使用剪刀、钳子、电烙铁、电子元器件、热熔胶枪等工具进行模型的制作和改进。这些常用的技术手段也能够帮助他们在生活中处理一些简单的问题，例如更换灯具、修理电器、制作简易稳定装置等。

2. 实体型技术

实体型技术主要是指以工具、机器等生产工具为标志的可观性技术要素，例如使用电子表格处理数据、使用网络工具获取信息、使用软件进行绘图和设计、利用简单机械设计制作一个装置等。

在科学技术飞速发展的当下，我们每天都能获取大量的数据和信息，在解决一些问题时，原始的方法费时费力，就需要我们掌握新的技术来解决这些问题。在常规课程教学中，初中生很少有使用数字化技术解决实际问题的机会。而在 STEM 课程中，学生进行科学探究和工程实践时，能够有机会使用数字化技术，例如电子表格、网络工具、绘图软件、编程软件、激光切割、3D 打印、小型加工中心、自动化工具等。学生通过掌握相应的技能对数据进行分析或进行模型的制作，省时省力省工，所见即所得，激发了学生的学习兴趣。

3. 知识型技术

知识型技术听起来比较抽象，我们可以理解为一种对技术的认知，例如某种技术的利弊方面、某类技术的历史与发展、不同技术间的优劣比较等，是从关注技术发展对社会进步的利与弊、了解技术发展对人类和社会的影响等方面对初中生提出的要求。

在常规课程的教学目标中通常有对学生情感态度价值观方面的要求，知识型技术可以理解为在 STEM 课程的教学目标中对学生社会参与素养方面的要求。教育是面向未来的，应当帮助学生获得能够在未来生存的核心技能。知识型技术作为基础，能够让学生正确认识技术发展与人类发展的关系，促进学生在未来能够适应经济全球化水平，以及复杂性和合作性不断增强的大趋势。

1.5.5 团队工作技能

在我们的认知中，STEM 教育能够培养学生的沟通能力、团队合作能力和领导力，编者统称这些为团队工作技能。而在传统的教学中，大多数时间学生都是在自己学习，很少会有需要团队合作来完成的学习任务。我们在实施 STEM 课程时也常常发现很多学生在团队工作中仍然比较喜欢单打独斗，看不到团队分工和协作的过程。

在玛利亚·蒙特梭利博士的理论中提到，12~18 岁的孩子处于人际关系的敏感期。在这个阶段，孩子需要充分地学习如何与他人交流和合作，教育者应当为这些孩子提供适当的环境来促进他们在人际关系方面的发展。学校通常会通过学生社团的方式鼓励学生与志同道合的同学一起工作和学习，但是学生在课堂中的开放性交流和非结构化的合作却不多。

STEM 课程通常使用项目式学习的方法，以学生的问题为中心进行活动的开展。在课堂中，学生需要与一起学习的伙伴沟通如何开展一个项目课题，一起在有限制的条件下进行工程实践，一起评估衡量与决策。通过这样的训练，学生能够逐渐发展在团队工作中所需要的技能，这一点是常规教学中比较不容易达到的。

在团队中工作往往意味着妥协和达成共识。初中阶段的学生能够在团队工作中认识到，想要解决问题，达成共识是非常重要的，这需要团队成员学会倾听他人的想法以及如何进行有效的沟通。一个项目通常会有时间和条件上的限制，团队成员需要在短时间内制订一个行之有效的项目计划，同时涉及人员的分工。这就需要团队成员彼此了解，知道成员们都擅长做的事情。

以上五项技能是 STEM 教育的独特标志。在 STEM 课程开发的过程中，要充分考虑学生是否能够通过这样的活动获取这五项技能。教育的目的是培养人，培养什么样的人是我们作为教育工作者需要深入思考的问题。什么样的技能适合初中生来学习，什么样的技能是学生未来在社会上生存和发展所需要掌握的，这些问题值得我们终身思考。

1.6 环境与硬件：学校可以为 STEM 教育的开展提供哪些有益的支持

STEM 教育的开展，不仅需要特定的教学环境，而且需要硬件和软件的支持。学校作为 STEM 教育实施的主要场所，需要配备一系列用于 STEM 教育的创新实验室，而且每个实验室都有相应的软、硬件设备。本文将以清华附中为例，介绍相关实验室和相应的软、硬件设备。

STEM 教育的实施也离不开老师和学生参与，学校需要建立健全体制机制确保师生有时间、有精力来开展 STEM 教育，为 STEM 教育的开展提供一系列的政策支持和制度保障。

1.6.1 STEM 课程的环境

清华附中为了更好地开展 STEM 教育，创建了清华附中科技创新基地。清华附中科技创新基地主要由 6 个实验室和 6 个教室组成，分别是计算机实验室和计算机教室、机器人实验室和机器人教室、能源实验室和能源教室、地理实验室和地理教室、化学实验室和化学教室、生物实验室和生物教室。教室主要用于课堂教学，而实验室主要用于学生自主研究。

清华附中科技创新基地的建设坚持以人为本和高科技元素相结合的方式，为学生打造了舒适、便捷、适合学习与创作的空间。

STEM 课程通常具有开放性、实践性、协作性和综合性的特点。[1] STEM 课程的实施离不开学习环境的配合与支持。因此，STEM 课程环境也应具有开放性、实践性、协作性、展示性和综合性的特点。

1. 开放性

STEM 教学采用小班授课的模式，学生人数不会很多。STEM 班级有别于传统的班级，班级内的学生来自于不同的行政班级。学校会召集学生报名不同的STEM 课程，当报名人

---

[1] 赵力红. 基于 STEM 教育的创新实验室建设 [J]. 教学仪器与实验，2016(1)：15-18.

数超过一定的数量时会进行选拔录取。在授课过程中，通常会有活动环节，因此 STEM 教室的桌椅不宜排得过满，需要为活动预留出一定的空间。教室整体看上去是一个开放的空间，里面只有少量的桌椅，如图 1-7 所示。

2. 实践性

STEM 活动的实施往往离不开计算机、传感器、导线、单片机、剪刀等科技工具，因此 STEM 教室里通常会有一面工具墙和一些收纳箱。工具墙用于悬挂操作工具，收纳箱则用于收纳小型物品，如 LED 灯、导线、纽扣电池等，如图 1-8 所示。

图 1-7　清华附中机器人 STEM 教室设计图

图 1-8　清华附中能源实验室设计图

3. 协作性

STEM 课程的活动是分小组实施的，小组内成员要进行分工与合作。因此从桌椅摆放上，要以小组为单位，便于组内合作。如图 1-7 和图 1-8 所示的桌椅摆放均体现了协作性的思想。

4. 展示性

在 STEM 课程实施的过程中，展示评价是很重要的环节。因此，需要给学生展示的空间和平台。展示又分为物理展示和电子展示两种。物理展示通常是实物展示、纸张展示或白板展示。白板类似于黑板，用于书写，是整个教室的汇集区域；电子展示是将学生的成果、作品以电子化的形式进行展示，离不开电视、智慧屏等展示设备，通常还需要辅以 UMO 等软件进行配合。从清华附中计算机教室设计图中可以看出，教室内不仅有智慧屏，还有大量的白板区域，如图 1-9 所示。

图 1-9　清华附中计算机教室设计图

5. 综合性

STEM 课程通常是以某一门学科为主，融合其他学科的知识，因此可以将 STEM 教室按学科分为不同的类型。清华附中有计算机 STEM 教室、机器人 STEM 教室、能源 STEM 教室、地理 STEM 教室、化学 STEM 教室和生物学 STEM 教室。每种 STEM 教室根据其学科的不同，都有其各自的特色。这些 STEM 教室应分布于一个 STEM 教学区域内，不应离得太远，以便于 STEM 课程跨学科融合的实施。

1.6.2　STEM 课程的器材

STEM 课程的实施离不开良好的活动环境，更离不开教学器材。教学器材分为两类，一类是专用器材，如 3D 打印机、无人车、无人机等；一类是通用设备，如 A4 纸、矿泉水瓶、水、吸管等。[一]

各个实验室和教室的专用器材会因各自不同的定位而有所不同。计算机与机器人方向的专用器材就不太一样。计算机偏软件，而机器人偏硬件。机器人方向的专用器材会涉及很多硬件加工方面的设备，见表 1-4。而计算机方向的则不会涉及。

表 1-4　机器人方向器材列表

器材	性质
3D 打印机	专用
激光切割机	专用
护目镜	专用
热熔胶枪	专用
电烙铁	专用
热风枪	专用
老虎钳	专用
剪刀	专用
钢板尺	专用

[一] 薛勇军. 论 STEM 教育的三个关键要素 [J]. 中国现代教育装备，2022(3): 41-43.

(续)

器材	性质
卷尺	专用
游标卡尺	专用
计算机	通用
电视	通用

由于储存空间的限制，无论是通用器材还是专用器材，STEM 教室里都只能存放少量。随着时间的推移，设备会出现老化的现象，药品会短缺或变质。因此，要从根本上保证 STEM 课程的器材需求，学校应建立相应的采购机制，保证已有设备的更新迭代以及新鲜药品的纳入。

1.6.3　STEM 课程的政策支持和制度保障

STEM 课程的教学环境的建设情况、配套器材的采购情况都与学校对 STEM 教育的重视程度息息相关。学校对 STEM 教育的重视程度决定了其对 STEM 教育资金的投入情况。清华附中历来重视 STEM 教育，视 STEM 教育为创新人才培养的基石。因此学校投入了大量的资金，用于打造清华附中科技创新基地，建造了国际一流水准的 STEM 教室，每个教室都配有高科技的设备和器材。除此之外，清华附中还制订了一系列的政策和制度，使得老师和学生有时间、有精力开展 STEM 教育。

1. 配备专门的科技教师从事 STEM 教育

STEM 教育的实施离不开学科知识的支撑。清华附中的科技教师都会承担学科的教学任务。清华附中将科技教师工作量的计算方法写进了人事和财务制度。

2. 每个 STEM 方向的实验室配备专门的负责人

清华附中 STEM 实验室分为计算机、机器人、能源、地理、化学和生物学 6 个方向。每个方向有 1 个实验室，每个实验室配备了专门的负责人，进行实验室管理和公共事务的处理。负责人能够享受专门的津贴。

3. 为学生设置固定时间进行 STEM 学习

清华附中在每周二下午放学后为学有余力的学生开设 1.5 小时的 STEM 课程，围绕着生物学、化学、地理、物理等相关学科开展了丰富的 STEM 课程，例如"水果中的营养""跟着贝尔学净水""鸟瞰地球""松花蛋""A4 纸中的科学与数学""未来太空学者"等。"新课标"要求各门课程用不少于本学科总课时 10% 的课时开展综合性的跨学科主题学习，培养学生应用知识解决实际问题的能力。清华附中经过前期面向学有余力的学生的试点，积累了大量的经验，为向全体学生的推广做了充分的准备。

4. 邀请校外专家进行定期指导

清华附中与清华大学等科研机构及高科技公司建立了良好的合作伙伴关系，聘请知名学者及优秀校友作为学生导师；与清华大学车辆学院、钱学森力学班、环境学院、

ICENTER、电子系等院系合作开设相关课程或组织夏令营、冬令营等活动，聘请大学教授为中学生上 STEM 课，指导学生项目开展，评审学生相关课题。

5. 建立健全 STEM 耗材采购机制

清华附中 STEM 耗材的采购具有较为灵活的制度，一千元以下的耗材各实验室负责人可以自主决定，一千元以上一万元以下的耗材需要科技办公室主任批准，一万元以上的耗材需要校级常务委员会批准。

总结：学校不仅可以为 STEM 教育的开展提供良好的环境，而且可以给予政策支持和制度保障。良好的 STEM 的教学环境吸引了大量的学生，STEM 课程的政策支持和制度保障使得老师有时间、有精力从事 STEM 教学工作。学生和教师的积极参与为 STEM 课程的实施提供了人员保障，专业的教具和便于教学实施的环境又为课堂实施提供了物质基础，从而形成良性循环，促进 STEM 教育事业的蓬勃发展。

1.7 与评价结合：STEM 教育与学生综合素质评价

1.7.1 STEM 学习评价是什么

评价是教学中的重要环节，有研究者认为，评价不仅仅是教学参考的目标，还是贯穿整个学习过程的目标。评价可以巧妙地融入学习过程中，从而期待学习者有更好的学习成果产出。STEM 教育对学习者的要求并不只局限于对知识的掌握，更应具备能够应用知识解决问题的素质。[1] STEM 教育在教学设计上具有整合式和跨学科的特点，在教学中会提供真实的学习环境，呈现出以问题或项目为中心导向的特征，常用到项目式学习（Project-Based Learning，PBL）。项目式学习关注生活中真实问题的解决，在用具有挑战性和富有意义的生活情境问题让学生参与设计、解决问题、做决策和共同探究，从而锻炼综合能力。[2] 因此，传统的、只关注学科知识掌握情况的评价方式，并不完全适用于 STEM 学习评价，STEM 教育更关注学生在应对问题时表现出的跨学科整合能力、创新能力、信息分析能力和批判思维等。STEM 学习评价体系的建立应该是基于 STEM 教育核心素养及课程内容体系来设计和选择合适的评价方式、评价主体、评价工具，从而检验学生是否达成 STEM 教育核心素养。[3]

---

[1] VAN DEN BERGH V, MORTELMANS D, SPOOREN P, et al. New assessment modes within project-based education-the stakeholders[J]. Studies in educational evaluation, 2006, 32(4): 345-368.

[2] 江丰光，蔡瑞衡. 国内外 STEM 教育评估设计的内容分析 [J]. 中国电化教育，2017（6）：59-66.

[3] 谢琪，陈晶莹. STEM 教育评价的挑战与对策 [J]. 中小学数字化教学，2020（5）：25-28.

1.7.2　STEM学习评价中的几个要点

1. 教—学—评一致

在多个学科的义务教育课程标准（2022年版）中都提到：强调了要以课程目标为依据，构建素养导向的综合评价体系、强化过程评价、重视"教、学、评"一致，关注学生在探究和实践过程中的真实表现与思维活动。强调了课程目标、教师教学、学生学习与评价保持一致性的重要性。"教、学、评"一致是提升STEM课程开发的核心线索，因此STEM教育的评价是与教学目标及教学活动密不可分的。美国科学教育研究所STEM课程研究员Christina Chin将"教、学、评"一致概括为：在整个课堂教学系统中教师的教、学生的学和学习评价三个因素协调匹配，通过对三个核心要素一致性的把握，将传统分科的灌输式教育拉回到学生自主学习的轨道，让"教、学、评"一致真正为学生发展(课程目标)服务。"一致"不仅体现在将课程目标始终作为一条规约诸要素的线索，贯穿于课程始终，还体现在评价设计匹配上，即评价设计关注教与学(与"学习内容""学生学习特点"相匹配)，且在教学中安排得当(及时反馈，突出过程评价)。[⊖]

因此，在多以项目式、跨学科为主的STEM教育中，保持"教—学—评"一致无疑是对教师的课程设计提出了更高的要求。精准地把握一个项目不同阶段课程设计的教学目标，锚定与之匹配的、想要发展或培养的学生素养或能力，并选择合适的评价设计，离不开教师对教学的深刻理解与掌握。

2. 多元：方式多元、主体多元

许多研究者都曾提出STEM教学的评价应是创新、多元的。其中"多元"既包含评价方式多元，也包含评价主体多元。

（1）**评价方式多元**。评价方式可从两个维度进行分类，如图1-10所示。

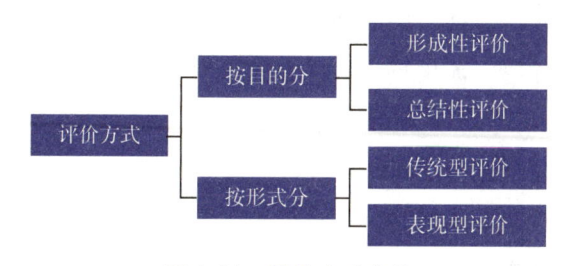

图1-10　评价方式分类

形成性评价：在实践中，形成性评价是一个动态的、互动的过程。教师通过形成性评价可以对学生的学习情况进行持续性监控，并及时调整自己的教学内容，以满足学生的需

⊖ 杜文彬，刘登珲. 走向卓越的STEM课程开发——2017美国STEM教育峰会述评[J]. 开放教育研究，2018，24（2）：60-68.

求。学生提交的课堂作业、教师的课堂观察等都属于形成性评价。教师可以通过形成性评价看出学习者的知识掌握情况在每一次活动中的变化,但无法评价出学习者 STEM 能力的变化。

总结性评价:总结性评价是现今学校中使用最多的一种评价方式。传统的学校考试、学习者完成的作品等都属于总结性评价。总结性评价可以了解教师教学活动的最终成果,也可以检验学生的能力通过教学活动开展是否得到了提高。

如果只用形成性评价,教师不仅可以看到学生的进步过程,也可以了解学生学习的难点在哪里,并及时发现教学的问题并做出相应调整,避免教学出现难度过低或过高的情况。但是教师看不到学习者最后产出的成果,不能给学生一个总体的客观成绩,就无法清楚地定位学生的水平和自己的教学结果。

如果只用总结性评估,教师虽能看到 STEM 课程的实施效果和学生通过 STEM 课程得到的成长,一定程度上为新 STEM 课程的开发奠定了基础,促进良性循环。但在这个过程中,教师看不到学生学习进步的过程,无法了解学生是怎样学习的,不知道学生在学习过程中哪些方面学得轻松、哪些方面学得困难,就无法反思自己的教学在哪方面需要改进,更不能对小组作业中个人的表现进行定位。

传统型评价:是指传统的纸笔测验的评价方式,包括封闭式题型和建构式题型。传统型评价的优点在于教师可以较为直接地掌握学习者的知识接受程度,但缺点是教师无法观测到学习者能力方面的改变。

表现型评价:作为发展和评价核心素养最重要的方式之一,是让学生创造一个作品或完成一次表现,教师在学生的作品或表现中,衡量学生的认知思维和推理能力,以及他们运用知识解决现实和有意义问题的能力。教师可以通过学生完成的表现性任务对学生的核心素养进行有据可依的评价。

同样,如果只用传统型评价,则对学生的实际应用能力发展没有帮助,也不能客观地看到学生多方面能力的发展;如果只用表现型评价方式,则可能忽略学生对基本知识内容掌握的扎实程度。

STEM 教育是一门综合课程,因此其评价方式也应是多元的。在实践中,没有哪一种方式能够进行全面的评价,学生的表现更不是某一种评价方式能够完全判断的。因此,需要形成性评价与总结性评价相结合、传统型评价与表现型评价相补充的方式。这样既能让教师动态观测学生的学习情况并调整教学设计与安排,又能让教师了解和掌握学生的发展与成长情况;既能满足对传统认知能力评估的要求,也能够满足对学生核心素养与能力测量的需求。

---

① 柏毅,庞谦竺,信疏桐. STEM 教育评价的内容与策略 [J]. 中国民族教育,2018(Z1):22-25.
② 江丰光,蔡瑞衡. 国内外 STEM 教育评估设计的内容分析 [J]. 中国电化教育,2017(6):59-66.

（2）评价主体多元。在传统的教学环境中，教师作为评价的主要主体，或根据学生纸笔测验的结果，或根据学生课堂表现进行评价。但有研究者指出，以项目式学习为主的培养学生主动建构知识与培养创新能力的 STEM 教育的评价，除了评价方式需要多元以外，评价主体也需要多元，可分为教师评价、自我评价和同伴评价。

所谓自我评价，是指学生对自己学习过程的判断，尤其是过程的产出和成果的相关表现。在"自我评价"的过程中，学生需要回顾与分析自己的学习过程，并进行自我反思与复盘。除此之外，自我评价也要求学生能够对理想的学习成果有更加清晰的认知，促使其明白自己当前水平与理想水平之间的差距，从而清楚下一步的行动方向。但自我评价时常受限于学生的认知发展水平，其效果在不同水平学生之间有一定的差距，例如会出现自我评价不够客观的现象。

同伴评价，一般是指组内个人评定其他成员的方法。同伴评价最大的优点在于可以展现出学生在同伴交流中的表现，对学生的评估呈现得更加立体。但同伴评价很可能会受组内合作度、同伴关系等因素的影响导致客观性受损。

自我评价与同伴评价更适用于阶段性定性评估，尤其是同伴评价更适合在有小组共同完成的任务中。学生能力的考察应当客观判断，如果只由教师单方面根据作业作答或课堂表现来判定，评价的结果难免片面。学生作为学习主体，如果参与到评估体系的建构，不仅可以促进教育者与受教育者之间的相互交流，还可以促进双方对教育过程的认知，帮助双方对学习目标有不同的认识。这与教育部制定的《义务教育课程方案（2022年版）》中所倡导的"评价促进学习，注重提高学生自我评价、自我反思的能力，引导学生合理运用评价结果改进学习"的理念相吻合。

3. 寻找证据：独立任务指标评估量表

《义务教育课程方案（2022年版）》中关于教育评价的部分也指出了创新评价的方式方法。学生要注重对学习过程的观察、记录与分析，倡导基于证据的评价。文件强调，在评价中应该关注学生真实发生的进步，关注典型行为表现，推进表现性评价。

STEM 教育注重对个人素养的培养，但素养的发展是无法虚构的，不经历真实的复杂的任务，我们就无法得到素养发展的证据。未来的社会需要解决问题的人，而不是纸上谈兵的人，我们需要知行合一的新一代，需要他们在足够丰富真实的经历当中构建自己的素养，以应对充满未知与挑战的未来。

表现型评价要求学习者使用高阶思维技能来创作作品，或完成一次表现来证明自己的能力，这是衡量学生素养的有力方式，也是基于证据的评价。Freda and Koplin 定义表现性评价有两个关键的特征：一个是结构化或开放式的表现型任务，一个是附带的评价单（评价量表）。评价单上的项目即课程目标中定义的表现的构成要素。评价单中是对每一个课程目标要素的不同级别行为表现的具体描述，一般分为尚未或将要符合标准、基本达到标准、完成目标和出色完成目标四个级别。每个等级都有非常详细的阐述，如何操作和记录能达

到该等级都有详细的说明。[一]

如某节课中教师所定的教学目标为：提出问题和口头表达，见表1-5。那么相应的评价单中则会细致地为这两个教学目标所要求的能力水平进行详细的阐述，以确保教学双方都能有共识的且精准的评价标准。教师或学生可以根据完成目标的行为对照相应等级表述，给出较为客观的评价。

表1-5 独立任务指标评估量表案例

目标要素	尚未或将要符合标准	基本达到标准	完成目标	出色完成目标
提出问题	能够基于描述的困难或情形，提出与特定的话题相关的问题	能够基于相关知识，提出与特定话题相关的、可验证的或可研究的问题	能够基于观测到的规律或研究，提出有根据的、可验证的或可研究的问题	能够基于观测到的规律、当前的研究或一个具体的模型或理论，提出有根据的、可验证的或可研究的问题
口头表达	能够与观众进行无规律的眼神交流；能够以较低的音量或单一节奏进行口头表达，给观众的理解带来困难	能够与观众进行眼神交流；在口头表达时，能够使用多种肢体语言辅助表达；能够运用合适的音量与节奏，不给观众的理解造成额外负担	能够与观众进行规律的眼神交流；在口头表达时，能够使用多种合适的肢体语言辅助表达；能够运用合适的音量与节奏，清晰地传递表达内容	能够稳定地控制眼神交流、音量、发音和肢体语言；能够使用一些音量和语调的变化来强调关键点；能够使用一些肢体动作来强调表达

1.7.3 STEM教育与学生综合素质评价

1. 学生综合素质评价

从2014年开始，国务院逐步出台了《关于深化课程改革落实立德树人根本任务》《关于加强和改进普通高中学生综合素质评价的意见》等诸多与加强学生综合素质、综合能力培养与评价的文件，指出了综合素质评价工作的地位、指导思想、基本原则等具体且明确的要求。清华大学附属中学从多年的实践出发，总结教育教学经验，借助技术手段，通过记录体系、评价体系、数据应用体系三大模块，构建了为学生提供全方位行为记录与评价的学生综合素质评价电子平台。[二]围绕学生综合素质发展的五个目标：思想品德、学业水平、身心健康、艺术素养与社会实践，学生综合素质评价系统最终建立了包含九个模块48个维度的评价指标体系，力求全面客观、过程性地记录学生的发展情况，见表1-6。

[一] HUI F, KOPLIN M. The implementation of authentic activities for learning: A case study in finance education[J]. E-Journal of Business Education & Scholarship of Teaching, 2011, 5(1): 59-72.

[二] 杜毓贞，王殿军，潘鑫，等. 学生综合素质评价系统的设计与开发[J]. 现代教育技术，2019, 29（12）: 96-102.

表 1-6 学生综合素质评价体系

	二级维度 （学生记录）	二级维度 （教师记录）
思想品德	诚信道德奖励 社会公益及志愿服务	处分 违法犯罪 班级值日 课程班值日 文明礼貌 集会表现 班级表现
学业水平	学业奖励 创新成果	作业表现 课堂表现 课堂考勤
身心健康	体育奖励 身体机能 运动技能 体育类实践活动	《国家学生体质健康标准》 课间操表现
艺术素养	才艺奖励 艺术成果展示 艺术类实践活动	
组织协调能力	班内任职 校团委、学生会任职 学校社团任职 社会工作	
社会实践	活动实践奖励 党团活动 社团活动 生产劳动 勤工俭学 军训 参观学习 社会调查 生涯发展 综合实践文化考察	活动表现
个人成长	学术志愿及偏好发展 艺术素养及特长培养 体质健康与体育锻炼 感动感悟与交流沟通 读书分享与人文思索 阶段小结与个人反思	
集体奖励		班集体奖励 社团集团奖励
其他	自我陈述报告	学生毕业评价

综合素质评价关注过程的积累和数据的收集与整合，强调过程性、发展性，力求全面客观、过程性地记录学生的发展情况；该评价体系遵循评价主体多元，师生共同提交记录，且记录提交高效简洁，便于实施，在应用中，学生参与的积极性较高；通过综合素质评价，学生能够发现并展示自己的兴趣特长，教师则可以在系统中看到课程评价，改进和优化自己的教学，提高课堂实效性，学校也可以通过详尽的记录，全面了解学生的发展过程和发展状况。

这个学生综合素质评价体系框架性特征显著，从德智体美劳等方面囊括了学生在校期间的大部分学习和成长活动，但在实际操作中仍旧有许多问题需要不断完善。例如，如何结合诸如 STEM 课程这种创新的教育形式和课程去观测和评定？三级或四级指标如何结合不同的学习和活动内容进行预制，以方便教师选用？评定等级划分如何更为细致、科学？如何提高评价的客观性，减少主观性？如何减少教师评价时繁复的工作负担？如何在定性指标和学生行为之间假设易于观测的脚手架，便于教师追踪……为了解决这些问题，我们以比较教育的视角将眼光投向国外寻找启发。

2. Mastery Transcript Consortium，MTC

在探索和尝试学生综合素质评价已有多年历史的许多西方国家，也已经形成了比较完善的综合评价体系。美国作为西方教育的领头人之一，其基础教育长期关注和高等教育的衔接及人才综合素养的培养。值得注意的是，2017 年，由近百所美国顶尖私立高中组成的能力素养成绩单联盟（Mastery Transcript Consortium，MTC）创建了一种全新的学生综合性电子评价体系——A New Model。这种评价方式是针对学生对一些技能（例如分析和创造力、领导能力和团队合作能力、全球视野等）的掌握情况给出学分（不是分数，也不是等级），并且持续地追踪记录、评估学生的各项能力。其包含八大项能力和 60 个小指标，如图 1-11 所示。[①]

MTC 评价体系的优势不仅在于它所评价的内容，还在于评价过程中实现的内容。通过这种评价方式，学生可以基于真实的情境去参与，自我驱动地进行深度个性化的学习。评价体系能够展示学生的知识掌握程度、技能发展程度和性格特点等，同时教师也能够有针对性地指导学生需要改进的地方。学生获得的学分是基于学习过程中每个阶段的证据证实的，学生也可以通过评价更好地了解和回顾自己的经历与故事：他们是谁，他们学到了什么，他们如何成长，他们喜欢什么，以及他们想成为谁。

[①] Mastery Transcript Consortium. https://mastery.org/what-we-do/mastery-transcript/.

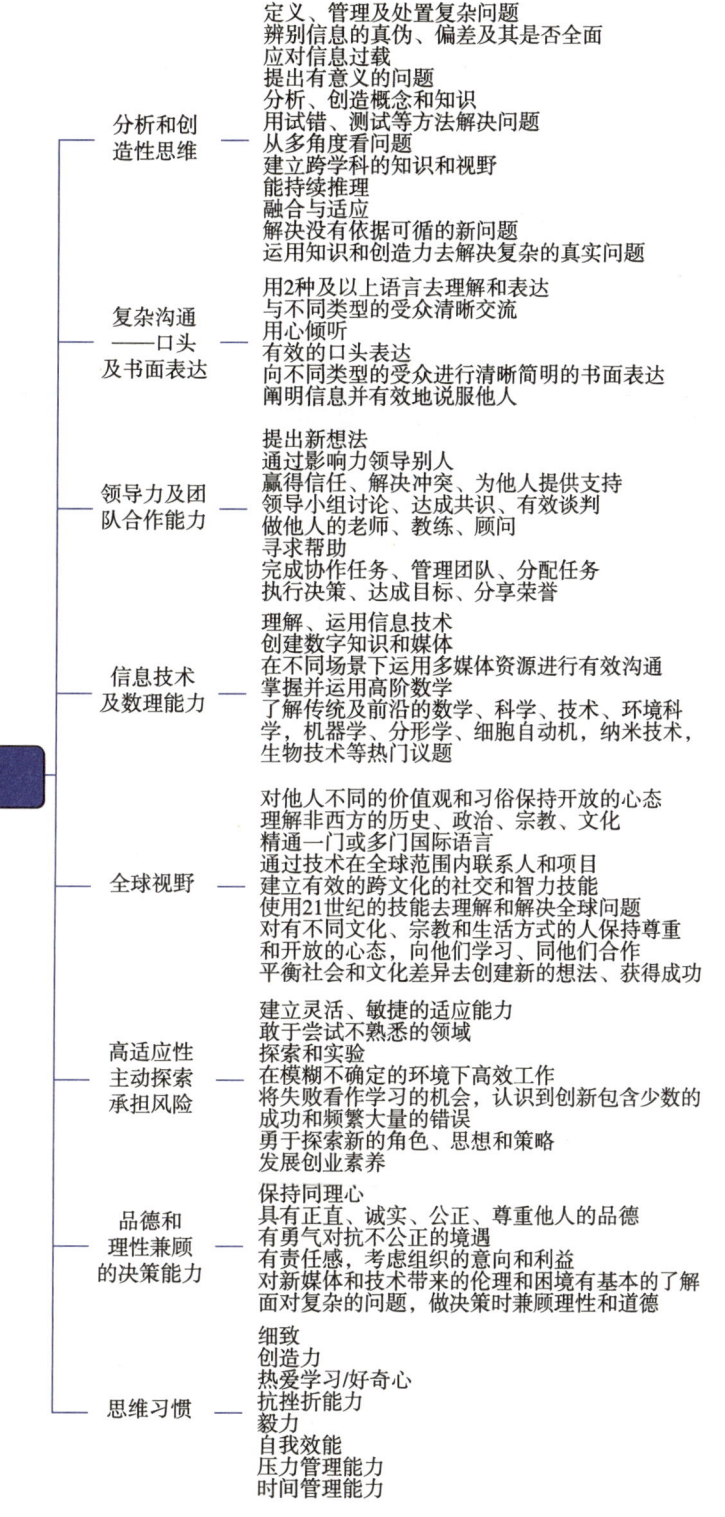

第 1 章　理性探讨：初中阶段应当为学生提供怎样的 STEM 教育

```
                              ┌── 定义、管理及处置复杂问题
                              │   辨别信息的真伪、偏差及其是否全面
                              │   应对信息过载
                              │   提出有意义的问题
                   分析和创   │   分析、创造概念和知识
                   造性思维 ──┤   用试错、测试等方法解决问题
                              │   从多角度看问题
                              │   建立跨学科的知识和视野
                              │   能持续推理
                              │   融合与适应
                              │   解决没有依据可循的新问题
                              └   运用知识和创造力去解决复杂的真实问题

                              ┌── 用2种及以上语言去理解和表达
                   复杂沟通   │   与不同类型的受众清晰交流
                   ——口头  ──┤   用心倾听
                   及书面表达 │   有效的口头表达
                              │   向不同类型的受众进行清晰简明的书面表达
                              └   阐明信息并有效地说服他人

                              ┌── 提出新想法
                              │   通过影响力领导别人
                              │   赢得信任、解决冲突、为他人提供支持
                   领导力及团 │   领导小组讨论、达成共识、有效谈判
                   队合作能力─┤   做他人的老师、教练、顾问
                              │   寻求帮助
                              │   完成协作任务、管理团队、分配任务
                              └   执行决策、达成目标、分享荣誉

                              ┌── 理解、运用信息技术
                              │   创建数字知识和媒体
                   信息技术   │   在不同场景下运用多媒体资源进行有效沟通
MTC学生评价体系 ──┤ 及数理能力─┤   掌握并运用高阶数学
                              │   了解传统及前沿的数学、科学、技术、环境科
                              │   学，机器学、分形学、细胞自动机，纳米技术，
                              └   生物技术等热门议题

                              ┌── 对他人不同的价值观和习俗保持开放的心态
                              │   理解非西方的历史、政治、宗教、文化
                              │   精通一门或多门国际语言
                              │   通过技术在全球范围内联系人和项目
                   全球视野 ──┤   建立有效的跨文化的社交和智力技能
                              │   使用21世纪的技能去理解和解决全球问题
                              │   对有不同文化、宗教和生活方式的人保持尊重
                              │   和开放的心态，向他们学习、同他们合作
                              └   平衡社会和文化差异去创建新的想法、获得成功

                              ┌── 建立灵活、敏捷的适应能力
                   高适应性   │   敢于尝试不熟悉的领域
                   主动探索 ──┤   探索和实验
                   承担风险   │   在模糊不确定的环境下高效工作
                              │   将失败看作学习的机会，认识到创新包含少数的
                              │   成功和频繁大量的错误
                              │   勇于探索新的角色、思想和策略
                              └   发展创业素养

                              ┌── 保持同理心
                   品德和     │   具有正直、诚实、公正、尊重他人的品德
                   理性兼顾 ──┤   有勇气对抗不公正的境遇
                   的决策能力 │   有责任感，考虑组织的意向和利益
                              │   对新媒体和技术带来的伦理和困境有基本的了解
                              └   面对复杂的问题，做决策时兼顾理性和道德

                              ┌── 细致
                              │   创造力
                              │   热爱学习/好奇心
                   思维习惯 ──┤   抗挫折能力
                              │   毅力
                              │   自我效能
                              │   压力管理能力
                              └   时间管理能力
```

图 1-11　MTC 学生评价体系指标

3. 新的探索：课堂行为指标库

（1）**课堂行为指标库是什么**。在借鉴国内外关于基础教育的综合评价方式的基础上，我们的 STEM 教育也可以形成和发展出一套适配于 STEM 教育的综合评价系统作为现有综合素质评价体系的补充。以清华附中为例，在参考学生综合素质评价体系和 MTC 学生评价体系中，融合了 21 世纪核心素养 5C 模型、Summit 学习认知技能量表[1]的基础上，结合清华附中高研实验室的需求，最终形成了一套属于清华附中高研实验室的 STEM 学习评价体系——课堂行为指标库，见表 1-7。

表 1-7 清华附中高研实验室 STEM 学习评价体系

一级指标	二级指标
审辩素养	提出问题
	批判质疑
研究素养	选用资料
	综合多元资料
	组织与呈现信息
	比较与对比
	建模
	链接想法与做出推断
	评价论点
	构建基于证据的解释
写作素养	立论
	叙述
创新素养	分析、创造概念和知识
	从多角度看问题
	多种思维方式
	建立跨学科的知识和视野
	解决没有依据可循的新问题
	运用知识和创造力去解决复杂的真实问题
沟通素养	积极倾听
	有效的口头表达
	向不同类型的受众进行清晰简明的书面表达
	参与对话与讨论
	阐明信息并有效地说服他人
	应用多媒体交流
	精准沟通

---

[1] Summit learning cognitive skills rubric. https://cdn.summitlearning.org/assets/marketing/Cognitive-Skills-Document-Suite.pdf.

（续）

一级指标	二级指标
合作素养	寻求帮助
	为他人提供支持
	愿景认同
	责任分担/角色分担
	执行决策
	团队参与
	荣誉共享
	处理冲突
内在素养	成长性思维
	自我认知
	自我反思
	自我认同
	抗逆力
	意志力
	时间管理
	压力管理

该评价体系共有七个一级指标，41个二级指标，每个二级指标有多种（7~9条）不同水平与程度的详细且具体的描述，教师和学生可以根据每个认知行为、每节课、每个活动、每个项目、每个作品等锚定的教学目标，从评价体系中选择与自己当前水平相吻合的评价描述作为教师评价、自我评价或同伴评价。

以"选用资料"为例，在清华附中高研实验室的STEM学习评价体系中，"选用资料"有以下行为层级，见表1-8。

表1-8 "选用资料"的不同行为层级

选用资料[①]	在面向特定研究问题寻找相关资料时，能够选择具有相关性、可靠性的资料
水平1	只能选用缺乏相关性或可靠性的资源
水平2	能够选用包含了与研究问题相关信息的资源
水平3	（1）能够选择与研究问题基本相关的且大部分具有可靠性的资料源，但资料有可能宽泛而不能完全解决研究问题 （2）在合适的情况下，能够选用一些不同格式、不同角度的资料源
水平4	（1）能够就研究问题选择能够提供充足的、可靠信息的资料源 （2）合适的情况下，能够选用不同格式的、不同角度的资料源
水平5	（1）能够就研究问题选择能够提供有细节的、可靠信息的资料源 （2）在合适的情况下，能够选用不同格式的、不同角度的资料源

---

① Summit learning cognitive skills rubric. https://cdn.summitlearning.org/assets/marketing/Cognitive-Skills-Document-Suite.pdf.

（续）

选用资料	在面向特定研究问题寻找相关资料时，能够选择具有相关性、可靠性的资料
水平 6	（1）能够就研究问题选择能够提供有细节的、综合广泛的可靠信息的资料源 （2）在合适的情况下，能够选用不同格式的、不同角度的资料源
水平 7	（1）能够就研究问题选择能够提供综合广泛而又精致巧妙的可靠信息的资料源 （2）在合适的情况下，能够选用不同格式的、不同角度的资料源 （3）能够呈现资料之间差距或资料本身局限
水平 8	（1）能够就研究问题选择能够提供综合广泛而又精致巧妙的可靠信息的资料源，资料源的细节与复杂度对于文本读者和研究目的是合适的 （2）在合适的情况下，能够选用不同格式的、不同角度的资料源 （3）能够呈现资料之间差距或资料本身局限，并且对资料源讨论了差异与局限的影响

在评价体系中，针对"选用资料"这一行为，有八个不同水平的层级要求。水平 1~水平 3 是较低程度的能力要求，水平 4~水平 6 是中等程度的能力要求，水平 7~水平 8 是较高程度的能力要求。教师或学生参考该量表，为自己的行为进行评价。抑或是在特定的 PBL 任务中，教师选定几种（一般是四个不同水平）结合任务目标进行量表改写，成为合适的评价工具。

（2）**课堂行为指标库与学生综合素质评价的关系**。学生综合素质评价是一个评价体系，涵盖了学生成长的五个维度：思想品德、学业水平、身心健康、艺术素养与社会实践。这些维度为学生评价提供了框架；而课堂行为指标库则是提供了评价内容的脚手架，STEM 学习评价的课堂行为指标库则是更进一步地将评价范围聚焦至 STEM 课程中。同样以"选用资料"为例，在清华附中高研实验室学习评价体系中，"选用资料"在研究素养的维度下，在学生综合素质评价中属于学业水平维度。无论是教师对学生评价，还是学生自评与互评，都可以参考课堂行为指标库中对"学习行为"不同水平的具体描述做出评价。在某种程度上，课堂行为指标库是学生综合素质评价的补充与实施学生综合素质评价过程中的有力工具。在未来，课堂行为指标库的不断迭代和完善，必然能够反哺和推动解决传统学生综合评价体系的问题，让课程、活动与评价结合得更紧密，让学生评价的过程与结果易观测、更客观，让教师评价工作更公平、轻负担。

1.8 他山之石：国外的初中为学生提供了怎样的 STEM 教育

当今世界正在经历百年未有之大变局，新一轮科技革命和产业变革正在孕育。习近平总书记指出，"进入 21 世纪以来，全球科技创新进入空前密集活跃的时期，新一轮科技革命和产业变革正在重构全球创新版图、重塑全球经济结构。""科学技术从来没有像今天这样深刻影响着国家前途命运,从来没有像今天这样深刻影响着人民生活福祉。"⊖

科学技术是当今各国参与国际竞争、促进经济发展的核心因素,各国都将人才竞争提升到国家战略高度,特别是科技人才的竞争。随着数字时代的到来,物联网、云计算、大数据、人工智能和智能制造等产业迅速发展,对人才的需求发生了重大变化。在这种时代背景下,传统教育面临着前所未有的挑战。

各国的教育实践表明,STEM 教育在培养复合式创新人才方面具有很大的优势,受到美国、英国、德国、芬兰等众多国家的推崇。通过 STEM 教育,学生可以获得科学探究与实践能力、创新意识、批判性思维等能力的提升,以应对未来复杂的竞争形势⊜。我们有必要从国外 STEM 教育的发展中博采众长,加速我国 STEM 教育的发展,在未来国际人才的战场上保持优势。

1.8.1 美国 K-12 阶段的 STEM 教育

美国是 STEM 教育的发源地。自 20 世纪 80 年代起,为了培养综合性科技创新人才,保持其世界领先地位,美国采取了系统方式来发展 STEM 教育。可以说美国的 STEM 教育是自上而下发展的,得到了全社会不同力量的共同推进。

1. 政策支持及法律保障

从政策上来看,美国的 STEM 教育最初出现在科研报告中,之后又出现在教育政策报告中。随着国家对 STEM 教育的重视程度加深,STEM 又被写进国家规划和法律条款中,从政策层面保证了美国 STEM 教育的有效实施。美国的 STEM 教育起步于本科阶段,后逐步下沉到 K-12 阶段。美国 K-12 阶段 STEM 教育的政策支持情况见表 1-9。

表 1-9 美国 K-12 阶段 STEM 教育相关政策

发布时间	发布单位	文件名称	主要内容
1986 年	美国国家科学委员会	《本科的科学、数学和工程教育》	被认为是 STEM 教育的开端。强调数学和科学学科的重要性
1996 年	国家科学基金会	《塑造未来:透视科学、数学、工程和技术的本科教育》	快速实现本科教育目标,并指出 K-12 阶段应开展 STEM 教育,强调 STEM 专职教师培养问题⊜
2007 年	美国国家科学委员会	《国家行动计划:应对美国科学、技术、工程和数学教育系统的关键需求》	指出需要构建完整的 STEM 教育体系,从本科拓展到基础教育阶段

⊖ 习近平. 努力成为世界主要科学中心和创新高地 [J]. 共产党员,2021(8):4-7.

⊜ 王素,李正福. STEM 教育这样做 [M]. 北京:教育科学出版社,2019:4-6.

⊜ 郭耀红. 美国 STEM 教育政策发展及其启示 [J]. 科技资讯,2021,19(33):136-139.

（续）

发布时间	发布单位	文件名称	主要内容
2009 年	奥巴马政府	《"竞争卓越"计划》《为创新而教"计划》	拨款 43.5 亿美元以推动中小学 STEM 教育改革，提高学生成绩，提高弱势群体接受 STEM 教育的机会[一]
2010 年	美国科技总统委员会	《培养与激励：为美国的未来实施 K-12 年级 STEM 教育》	提出要重视全体学生接受 STEM 教育，要求联邦政府出台连贯的政策，展现足够的领导力
2011 年	美国国家科学委员会	《成功的 K-12 阶段 STEM 教育：确认科学、技术、工程和数学的有效途径》	提出中小学 STEM 教育三个目标：扩大 STEM 学生人数、扩大 STEM 劳动力队伍，以及增强所有学生的 STEM 素养
2011 年	美国国家研究理事会	《K-12 科学教育框架：实践、跨学科概念和核心概念》	指出科学教育需要面向全体学生，普及科学与工程教育，为学生从事 STEM 专业奠定基础
2013 年	联邦政府牵头	《下一代科学课程标准》	强调科学与工程实践、跨学科概念和学科核心概念，是各州制定 STEM 政策的依据
2013 年	联邦政府	《联邦政府 STEM 教育五年战略计划》	将 K-12 年级确定为五个优先投资的 STEM 教育关键领域。计划增加 STEM 教育毕业生人数和教师数量
2014 年	美国国家工程院和美国国家研究委员会科学教育委员会成立 STEM 整合教育委员会	《K-12 年级 STEM 整合教育：现状、前景和研究议程》	提倡要以更关联的方式进行 STEM 教学，在现实问题情境中教学
2016 年	美国政府	《2026：STEM 教育创新愿景》	提出 STEM 教育要从低龄儿童抓起，让弱势群体加入，从校内走向校外，注重学科交叉融合等[二]
2021 年	美国国家科学基金会	《中小学 STEM 教育》	聚焦四个主题：一是学生在数学和科学中的学习表现；二是数学和科学教师；三是高中结束后向高等教育或就业的过渡；四是 STEM 在线教育，以及受新冠疫情的影响。指出美国要继续在三个方面努力，包括：①所有学生都有平等的 STEM 教育机会；② STEM 教育质量提升；③中小学 STEM 教育具备全球竞争力[三]

2. 支持机构及课程资源

　　STEM 教育的发展除了政策、资金上的支持和法律保障以外，还需要社会各层次的组织机构去推动其发展，提供优质的课程资源。美国的 STEM 教育支持系统比较完善，从国家到地方，从研究机构到各种协会，全面推动着 STEM 教育的发展。

[一] 杨光富. 奥巴马政府 STEM 教育改革综述 [J]. 中小学管理，2014（4）：48-50.

[二] 熊华军，史亚亚. 美国 STEM 教育改革的走向——基于《STEM 2026：STEM 教育创新愿景》的分析 [J]. 当代教育与文化，2020, 12(1)：45-53.

[三] 袁梦飞. 强化中小学 STEM 教育培养面向未来的创新人才——基于美国《中小学 STEM 教育》报告的分析和启示 [J]. 中国科技教育，2021（11）：10-15.

美国联邦政府成立的 STEM 教育委员会是美国国家科学技术委员会下设的一个跨部门的委员会，主要负责政府资助的 STEM 项目。其主要职责是制定美国 STEM 教育的五年计划，并明确政府在 STEM 教育上的投资资金的走向。

STEM 教育联盟是一个由 600 多个机构组成的全国性质的机构，其成立目的是提高政府和民众对于 STEM 教育重要性的认知。

项目引路机构（Project Lead To the Way，简称 PLTW）是一个非营利性质的组织，为目前美国最大的 STEM 课程和项目提供者。该机构与美国领先的企业、教育机构和慈善机构合作，向美国 50 个州和华盛顿哥伦比亚特区的 9000 多所中小学提供种类丰富的 STEM 课程。该机构的课程中，初中阶段属于入门阶段，提供十个课程项目，包括两个基础课程项目和八个进阶课程项目。PLTW 建议该学段可以选择两种不同的实施顺序：一种是顺序实施，从基础项目做起，然后进入专业化项目的学习；一种是根据学校的特色和需求进行特色课程定制，进行课程的二次开发。PLTW 除了向学校提供课程资源，还将协助学校进行 STEM 教师的培训，提供课程所需的软硬件。PLTW 还有一个专门的社区，供参与项目的学校师生进行更多的交流讨论。

以华盛顿州的初中为例，很多学校引进了项目引路机构的课程项目"技术之门（Gateway to Technology）"。该课程面向 6~8 年级学生，包括基础课程和专业化课程两部分。基础课程包括设计与建模、机器人及自动化，专业化课程包括了能源及环境、飞机与太空、电、技术科学和绿色材料。因为该州对这一学段 STEM 课程的主要培养内容为技术设计，主要进行"试误"和"假设—检验"设计与实验，学习科学研究的方法。因此课程的授课内容根据不同的主题围绕活动进行，目标是在技术设计中整合技术、数学、科学和工程四门学科[①]。

随着 STEM 教育在基础教育中的推进，美国各个州也都成立了推动 STEM 教育发展的机构。如俄亥俄州 STEM 学习网络、堪萨斯城 STEM 联盟、奥兰治县 STEM 计划等。这些地方机构为全美各州全面推进 STEM 教育在基础教育阶段的进程中起到了重要作用。

美国 K-12 阶段学生在校外时间占比很大，大量的课余时间也为开展校外 STEM 教育提供了有利条件。2000 年美国课后教育联盟（Afterschool Alliance）正式成立，目的是为了所有学生都能在校外参加有效且高质量的 STEM 放学后项目。STEM 放学后项目实施的主体为社区组织，在家长下班前这段时间，在专业老师指导下进行循序渐进的探究学习，通过动手操作让学生对学科知识产生兴趣。如旧金山加利福尼亚的科学行动俱乐部（SAC），面向 6~8 年级学生，通过探索当地环境，对自然世界进行观察，将数据贡献给真正的科学研究，进行动态和认证。SAC 也同时为其他合作学校提供实施该计划的资源[②]。

---

① 苗轩. 美国华盛顿州 K-12 阶段 STEM 课程体系及其美学视角的分析 [D]. 济宁：曲阜师范大学，2017.
② 杨淞. 美国 K-12 STEM 放学后项目的研究 [D]. 哈尔滨：哈尔滨师范大学，2019.

3. 教师培养

STEM 教师是成功实施 STEM 教育的核心因素。从美国出台的各种 STEM 政策中不难看出，美国非常重视 STEM 教师的培养，力图从数量和质量上提高 STEM 教师的水平。例如在 2006 年出台的《美国竞争力计划》中，倡议增加投入以促进 STEM 教师的发展，吸引新教师加入 STEM 教育，开发基于研究的课程。而各地方组织为教师的发展提供了组织保障。一份名为《缅因州和全国的 STEM 教育政策》的报告指出，缅因州目前有 15 个机构可以提供 STEM 教师的培养机会，其中包括 8 个私立机构和 7 个公立机构，如缅因州科学教师协会、缅因州数学教师协会、缅因州课程领袖协会等。

2009 年，时任美国总统奥巴马发起教育创新运动，阐明国家需要一支 STEM 相关学科的新教师队伍，并设定未来 10 年内，发展 STEM 新教师 10 万人。将本科生、研究生及 STEM 相关行业从业人员设定为新教师的目标发展群体。[一]

美国还建立了完整的 STEM 教师认证标准体系，即 STEM 教师选择性认证制度，以突破 STEM 教师力量不足的困境，为非师范毕业生进入 STEM 教师队伍提供可能。事实证明，通过"教评一体"的认证培训体系、长效的考核机制、洲际联动的认证体系推进，STEM 教师资格认证的质量得到了全面保障。[二]

4. 灯塔社区特许学校的"创意实验室"课程

下面我们来看一所实施 STEM 教育比较成功的学校——灯塔社区特许学校（Lighthouse Community Charter School）。该校位于加利福尼亚州奥克兰市，创建于 2002 年，是一所涵盖了从幼儿园到 12 年级的全学段优质特许学校。该校的 STEM 课程发展经历三个阶段：第一阶段，引入一些创客项目，让学生设计和制作一些技术含量较低的产品，以锻炼动手实操能力。之后逐步将项目式学习融入高中科学课堂。第二阶段，学校高中部于 2009 年开设了一门面向部分学生的机器人选修课程，学生可以根据自己的兴趣设计独立的项目。第三阶段，自 2013 年起，推出面向全体学生的"创意实验室（Creativity Lab）"课程，为全体学生提供 STEM 学习的机会。

"创意实验室"常规的必修课程分为三大类，即以学生自主研发项目为主的开放性课程、以创造为核心的课程、与其他课程融合的课程。除了常规的三类课程作为必修，"创意实验室"也在不同的年级开设不同的选修课。初中阶段有制作课和编程课。制作课如点亮卡片、纸板椅子设计和 3D 打印等。一个课程会涉及两门以上的知识，如数学、工程、物理、科学和艺术等。编程课则教授学生编码和编程知识，利用 Makey Makey 等电子元器件制作纸板机器人、纸质电路等。

[一] 杨淞. 美国 K-12 STEM 放学后项目的研究 [D]. 哈尔滨：哈尔滨师范大学，2019.

[二] 周榕，刘成凤. 美国 STEM 教师选择性认证制度：框架、路径与启示 [J]. 现代远距离教育，2022（5）：70-78.

第 1 章　理性探讨：初中阶段应当为学生提供怎样的 STEM 教育

"创意实验室"十分注重 STEM 教师的培养，他们的教师培训活动既面向校内教师，也面向校外教师。同时，学校还开展每月一次的"创客教育者"聚会，面向全市的 STEM 教师，为他们提供交流机会，促进教师的专业发展。①

1.8.2　英国的 STEM 教育

英国作为传统的工业强国，也是开展 STEM 教育较早的国家。由于 STEM 相关人才的缺口扩大、中学生 PISA 成绩排名下滑等因素，英国政府开始重视 STEM 教育，并从政策、资金和教师培养等方面予以支持。

英国 STEM 教育始源于 2002 年罗伯茨（Roberts）爵士发表的《为了成功的 SET：培养具有科学、技术、工程和数学技能的人才》报告。这份报告指出，英国严重缺乏科学、技术及工程相关的人才，这将严重影响英国的经济发展。③2004 年，教育技能部发布报告《2004—2014 科学与创新投资框架》，该十年计划提出要重点投资 STEM 教育，并提高相关教师综合素质。④之后的几年中，陆续推出了一系列包含 STEM 教育的国家政策，将 STEM 教育从高等教育延伸至基础教育阶段，如图 1-12 所示。

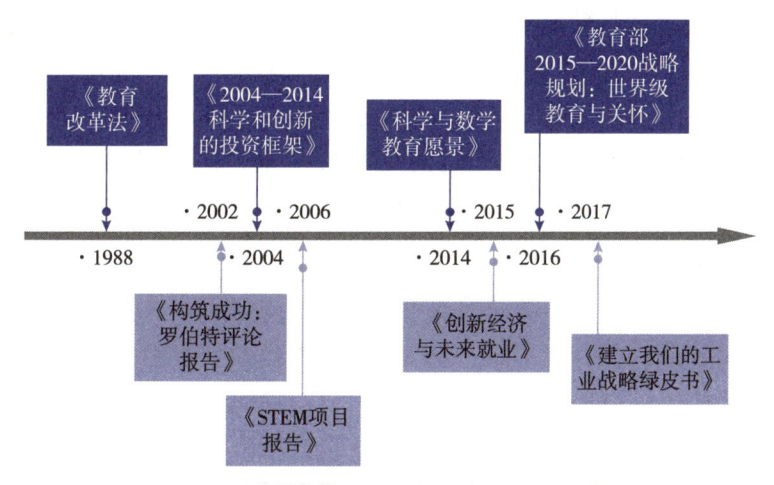

图 1-12　英国 STEM 教育发展路径图⑤

为解决 STEM 项目投资重复、发展不协调等问题，英国政府成立了国家 STEM 战略集团（STEM Strategy Group），由教育部高等教育司和学校董事会共同主持，成员包括教育部、

---

① 李琪琪. 灯塔社区特许学校的"创意实验室"课程 [J]. 上海教育，2019（20）：37-38.
② 吴玮玉. 美国加利福尼亚州创客教育课程决策现状的案例研究 [D]. 南昌：江西师范大学，2016.
③ 谭高贵. 英国中小学 STEM 教育的实施路径及启示 [D]. 喀什：喀什大学，2020.
④ 倪中华. 上升为国家战略的英国 STEM 教育 [J]. 上海教育，2021（32）：70-71.
⑤ 冯冬雪. STEM 教育的国际比较研究 [D]. 新乡：河南师范大学，2018.

财政部、贸易工业部、皇家学会、皇家工程学院等。该集团向政府提供涉及多个方面的行动方案，并且每个方案都由一个机构投资，避免重复投资现象，促进了 STEM 的均衡发展。

社会机构为推动英国中小学 STEM 教育发展也做出了重要贡献。如 STEM 网络推出的"STEM 大使"项目，每年吸引 28000 名志愿者参与到约 10000 项项目中。这些志愿者包括来自各行各业的专家、学者及在校学生。他们以讲座、研讨会、挑战活动等形式对中小学 STEM 教育进行支持。有评估显示，与志愿者接触后，学生更愿意继续学习 STEM 学科。[1]

为了解决 STEM 教师短缺的问题，英国采取多种途径招聘海内外教师。如将科学、技术、工程、数学等学科教师纳入 STEM 教师短缺名单，来降低海外教师进入英国 STEM 课程的门槛。另外还出台不同措施，鼓励英国的中学聘用海外教师。[2]

1.8.3 芬兰 STEM 教育

芬兰的基础教育一直备受国际关注。1996 年，芬兰教育委员会发起 LUMA 计划，经过二十多年的运作，逐步形成本国的 STEM 教育发展模式。LUMA 在芬兰语中是"自然科学和数学"的缩略词，最初成立的目的就是提高青年人对自然科学和数学的兴趣。随着芬兰人才需求的变化，其内涵不断丰富。其发展经历两个阶段：第一个阶段是 1996 年~2002 年，由芬兰国家教育委员会发起国家联合项目，由芬兰国家行政机构主导，涉及高等教育、基础教育等多个领域。第二个阶段是 2003 年至今，依托于芬兰高等院校和科研机构的 LUMA 中心纷纷成立。这些 LUMA 中心由赫尔辛基大学的芬兰国家 LUMA 中心统一协调，开展各具特色的 STEM 教学活动。[3]

LUMA 计划主要面向 3~19 岁青少年，初中阶段的 STEM 教育是其重点的工作内容。为促进学生的 STEM 学科学习，LUMA 与一线教师合作，为青少年提供高质量课程资源，设计和组织中小学的课外活动。活动形式丰富多彩，如 STEM 俱乐部、网络期刊和报纸、露营活动等。同时 LUMA 还发起了多个 STEM 相关的青少年赛事，如创新明星设计等。同时，LUMA 还深度参与了 STEM 教师的培训工作，以科研项目为依托，改革学生培养方式，并通过建设在线资源的方式促进教师的培养。

1.8.4 国外 STEM 教育对我国的启示

我国的 STEM 教育相比上述国家起步较晚，尚处于发展阶段。2001 年起科技教育领域陆续引入 STEM 教育理念。2012 年后，在国家弘扬"双创"的背景下，STEM 教育进入发

---

[1] 谭高贵. 英国中小学 STEM 教育的实施路径及启示 [D]. 喀什：喀什大学，2020.

[2] 王素，李正福. STEM 教育这样做 [M]. 北京：教育科学出版社，2019：9-12.

[3] 赵佩，赵瑛. 芬兰 LUMA 计划对我国基础教育阶段 STEM 教育生态系统构建的启示 [J]. 教师教育论坛，2020，33(8)：74-76.

展的繁荣期。通过梳理其他国家 STEM 教育的发展路径，我们得到如下启示：

1. 促进 STEM 教育的顶层设计

STEM 教育是要解决国家创新人才培养问题，是新时期下国家发展之根本问题，应该从国家层面进行顶层设计。以美国为例，在近 30 年的时间里，美国政府连续发布多项关于 STEM 教育的报告、指导性文件，甚至将 STEM 教育写进法律。这些举措确保了 STEM 教育有充足的资金支持、广泛的社会参与度和高质量的项目设计，为培养 STEM 领域人才做出了重要贡献。我国在 2017 年由中国教育科学研究院发布《中国 STEM 教育白皮书》，2018 年该机构又发布了"中国 STEM 教育 2029 创新行动计划"。

目前我国的 STEM 教育虽然缺少由政府主导的系统性设计，但从 2022 年 4 月教育部发布的《义务教育课程方案和课程标准 (2022 年版)》来看，新的物理、化学、生物学、地理、信息科技、历史等学科课程标准围绕发展学生核心素养，明确设置了"跨学科主题学习"或"跨学科实践"的内容，要求占本学科总课时的 10%。这些改变虽然没用 STEM 的提法，但却突出并强调了跨学科教育的本质和必要性，可以看作是我国 STEM 教育发展的重要进展。

2. 贯通各学段 STEM 培养计划

STEM 最初的目的是解决人才市场的缺口，各国的 STEM 教育大多都是从高等教育起步的。随着发展的深入，人们逐渐意识到创新人才培养是长期而系统的工程，需要各学段整体布局。因此，STEM 逐步从高等教育下沉到基础教育，有些国家甚至下沉到了学前阶段。如芬兰的 LUMA 中心为 3 岁以上的儿童提供丰富的 STEM 课程资源，确保学生从小培养起 STEM 学科的学习兴趣，鼓励孩子将来投身到 STEM 行业中。因此，我国应当完善各阶段的 STEM 课程体系，吸引更多的学生参与到 STEM 学习中来，为更高学段的 STEM 学习乃至 STEM 相关行业的就业打下坚实的人数基础。

3. 动员更多力量构建 STEM 教育生态系统

STEM 教育不仅需要政府和学校的参与，从国外的发展经验来看，社会各界力量应当共同努力，促进 STEM 教育生态系统的建立。

首先，要建立一个由政府或科研院所主导的 STEM 中心，统筹协调各方资源，并为学校提供优质的 STEM 课程。目前我国的 STEM 教育也有一些民间联盟和社会组织，但力量相对分散，不能起到像英国的国家 STEM 战略中心或者芬兰的 LUMA 中心一样的指挥作用。从课程资源来看，目前国内提供 STEM 课程的公司也很多，但其课程质量良莠不齐，也缺乏一定的规范指导。若想要提高 STEM 课程的质量，还需要一些正规科研机构的参与指导，颁布课程设计的标准和规范。

其次，为了丰富 STEM 教育的内涵和形式，除了学校和企业，其他社会资源也应该广泛地加入其中。如博物馆、科技馆和青少年宫等机构也应该成为 STEM 教育的开放空间。

最后，为了扩大 STEM 教育在全民中的影响力和参与度，媒体应当加强宣传和报道，提倡青少年更早地加入 STEM 的相关活动中。

第2章 与学科整合：适合初中开展的STEM项目课例设计

2.1 课例1：伴EYE同行——常见眼病的可视化实物模型

主要涉及学科：生命科学与医学健康。

课例提供团队：北京理工大学附属中学迟利敏、袁小倩、马晓欣、王雾、段庆伟、张国海；中国教育科学研究院博士后李佳；北京市海淀区教师进修学校陈咏梅、张柳、张乃新。

2.1.1 课例的背景、情境及学习目标

1. 课例背景

近年来在全国视力普查中发现，中国儿童、青少年近视率位居全球之首，成为"国病"。此外，白内障、青光眼、黄斑病、视网膜脱落等眼病发病率逐年上升，引起了人们的广泛关注。

近视等眼病会给学生的学习、生活以及今后的职业选择带来诸多不便，严重时会引发失明。引导学生认识常见眼病及其危害，唤醒爱眼护眼意识，是生物学学科教学的责任。"眼与视觉"属于人教版《生物学 七年级下册》的内容，"眼睛与眼镜"属于人教版《物理 八年级下册》的内容，都要求分析视力缺陷及矫正。两学科学习内容的交叉，使跨学科学习有了契合点。

2. 课例情境

北京理工大学附属中学东校区计划在2021年6月6日"爱眼日"开展宣传活动，引导学生爱眼护眼，但是常规眼球模型仅显示结构且刻板、不生动，学生们不喜欢。因此，本项目借助STEM理念，以可视化眼病模型实物的设计、制作和演示过程为学习载体，引导学生在活动中综合相关知识，调动设计思维和创新思维，选择合适的材料和工具，在工程技术实践过程中不断迭代和优化，最后在爱眼宣传活动中利用自制模型，完成新颖、生动的宣传。

3. 学习目标

（1）识别爱眼日宣传目标，各组选取自己最关注的眼病，并转化为模型实例。

（2）运用等比放大、可见光成像、结构病变导致功能异常等原理设计有用物体的工程方法，建构眼病功能模型。

（3）运用适合的材料、工具、规范、指标等形式，实施眼病模型制作。

（4）使用自己制作的眼病模型，执行爱眼日宣传任务，检查模型的宣传效果。

学习重点：**建构眼病模型**。

学习难点：**生成眼病模型**。

2.1.2　课例实施的环境和硬件要求

1. 实施环境

教室桌椅按四人一组摆放，台面需要防护。各组间距足够穿行走动，便于师生交流互动。

2. 硬件要求

电源插座和工具箱。

2.1.3　课例适合的学段

1. 适合的学段

初中学段的学生均适用。

2. 学生已有知识、经验、技能基础情况

会上网查资料，喜欢劳动技术课，有一定的动手实践经验和兴趣，会用电钻、热熔胶枪，接触过光敏电阻、面包板、摄像头传感器等，接触过焊接、电子制作、3D制图及打印等，有基本的工程建模或者计算机建模经验最佳。

3. 学生学习过程中可能遇到的困难

如果学生学习方式单一，思维能力欠缺，对科学论证和质疑的要领不熟悉，运用工程学方法解决问题的思维能力不足，处于游戏或者玩耍阶段，对自身健康与卫生习惯意识淡薄，也没关系。

2.1.4　核心挑战性任务及拆解

1. 挑战性任务

可视化眼病实物模型的设计、制作和演示，任务拆解见表2-1。

表 2-1　任务拆解表

核心挑战性任务	拆解后的子目标	子任务	阶段性成果
设计、制作眼病可视化实物模型并用于爱眼宣传	（一）明确具体眼病并进行建模	（1）情境引入——确定项目 （2）科学探究——认识眼球的结构与功能 （3）科学探究——认识视觉形成过程 （4）科学思维——体验眼病建模过程 （5）设计思维——设计模型方案并优化 （6）设计思维——诊断模型方案	（1）项目任务拆解图 （2）观察报告 （3）学习日志 （4）能量转换电路 （5）模型原理图、结构图和外观图 （6）模型方案
	（二）制作模型	（1）工程实践——制作模型 （2）工程实践——模型的测试迭代	（1）工程笔记 （2）实物作品
	（三）爱眼宣传展	（1）社会实践——设计并制作宣传板 （2）社会实践——推广应用模型完成宣传	（1）眼病知识展板 （2）宣讲会及项目日志

2. 挑战性问题

在"爱眼日"利用自制模型，完成新颖、生动的宣传。

2.1.5　分课时的教学进度规划

分课时的教学进度规划见表 2-2。

表 2-2　教学进度规划表

主题	具体内容	课时数
确定项目	通过调查、访谈等初步认识眼病危害，提出挑战性问题进入项目	1
认识眼球结构与功能	通过观察图解、拆解拼装常规模型并解剖动物眼球等，初步认识眼球结构与功能，理解眼睛的视物成像原理	1
认识视觉形成过程	利用光敏电阻、面包板、导线、发光二极管等材料设计和拼装电路，模拟视网膜光电转换、大脑皮层中电光转换的视觉形成的过程	1
体验眼病建模	分析常规眼球模型、模式图等与实物的关系，聚焦眼球结构与功能的本质特征，尝试为病变眼球建模，抽象出眼病的关键特征	1
设计模型方案并优化	绘制眼病示意图或眼病模型原理图、结构三视图；根据结构设计、已有经验和现实条件设计制作方案，包括选择材料和工具、选择方法、规划制作步骤	1
诊断模型方案	与专家、教师、同学交流，诊断方案的不足，并迭代方案，使各组的设计尽可能合适、简便易行	1
制作模型	根据上述制作方案，实施制作过程，获得可视化的实物成品	1
模型的测试迭代	测试模型的可视化性能，回应同学的质疑并根据反馈提出优化或者迭代设想，并尝试迭代	1
设计并制作宣传展板	学习展板制作的基本要求，选择合适文字及图片素材设计并制作展板	1
推广应用模型完成宣传	"爱眼日"期间，在校园（或其他合适的公共场所）利用可视化模型及展板向同学（或民众）讲解示范眼病的病因，宣传爱眼护眼	1

○ 叶兆宁，周建中，杨元魁. 围绕"大概念"设计 STEM 课程 [J]. 人民教育，2018（7）：59-63.

○ 周安然，柏毅，黄雪莹. 基于工程设计思维的 STEM 课程开发研究及启示——以 NASA"宇宙飞船安全"课程为例 [J]. 东南大学学报（哲学社会科学版），2020，22（S1）：122-126.

第 2 章　与学科整合：适合初中开展的 STEM 项目课例设计

2.1.6　分课时的教学设计

【第 1 次课】

■ **主题名称**

情境引入——确定项目

■ **学习目标**

（1）通过调查、访谈查阅资料等，了解常见眼病类型及危害，从而理解项目情境。

（2）明确本组成员感兴趣的眼病类型，拆解项目任务。

■ **核心问题**

常见的眼部疾病种类及其危害。

■ **评价方案**

评价方式：小组评价，教师评价。

评价工具：本年级同学的双眼视力情况调查记录表（表 2-3），近视的主要诱因调查表（表 2-4），访谈表（表 2-5），"设计、制作眼病模型"项目拆解学习任务单（表 2-6）。

评价结果呈现方式：班级公开展示，学案评分。

■ **本课的重点、难点**

项目任务拆解。

■ **学习活动设计**

环节一：现实生活导入，引发思考	
教的活动 1 说明调查和访谈方法，组织交流和协作。	学的活动 1 设计问卷和访谈提纲，完成课下调查及访谈，分享调查结果并交流访谈情况。
设计意图 STEM 教育强调学生对知识进行情境化的应用，它不是让学生掌握孤立、抽象的学科知识，而是把知识还原于真实的生活情境。因此，首先让学生通过调查与访谈了解家人与同学的视力情况，引导学生关注生活，引起学生的兴趣，从而驱动学生进一步探究。	
环节二：移情体验，确定项目	
教的活动 2 组织学生体验眼病造成的视野模糊、视野缺损、视物变形、失明等对生活的影响。总结挑战性问题，布置挑战性任务。	学的活动 2 完成体验活动，感受白内障、青光眼、黄斑变性等眼部疾病所带来的危害，接受挑战性任务。
设计意图 对于视力好的人来说，患有眼疾的人的生活是无法想象的。通过模拟体验常见眼病症状，了解眼病的危害，加深学生对眼病的认识和理解，唤起爱眼意识，使本项目的挑战性问题转化为学习中的真问题。	
环节三：组建小组	
教的活动 3 公布组长名单，指导学生完成小组组建并明确分工职责——总工程师、总调度师、采购员、制图员、操作员等。	学的活动 3 自选小组，确定组名，协商本小组要模拟的具体眼病，落实小组成员责任分工。

设计意图

STEM项目式学习任务对学生而言具有挑战性，因此需要学生通过小组合作，发挥成员所长，从而达成学习目标，共同攻克挑战性任务。由于STEM教学与以往传统课堂中的小组合作学习学生分工有所差异，因此由教师确定组长并公布分工，有助于学生更合理地组建利于挑战性任务完成的小组。同时通过确定组名等"仪式感"活动，让成员对团队建立归属感，从而更好地驱动小组合作学习。

环节四：项目拆解

教的活动 4	学的活动 4
阐述清楚任务安排，指导学生完成对核心任务的拆解，完成对项目的规划。	小组讨论核心任务的拆解，并在纸上写出来。

设计意图

通过项目任务，形成项目蓝图。

环节五：掌握信息查阅搜集的方法

教的活动 5	学的活动 5
（1）说明要完成本小组的眼部疾病模型需要了解的知识和获得知识的途径。 （2）示范通过"知网""百度学术"等搜索引擎查阅资料的方法。	（1）了解信息查阅专业工具的使用。 （2）确定本小组需要查阅的资料内容，并在小组内部分工完成课下信息收集任务。

设计意图

制作眼病模型对学生而言挑战性很大，需要教师的引导，更需要学生发挥主观能动性去收集获取各种资料，才能创造性完成这一任务。

【第 2 次课】

★ 主题名称

科学探究——认识眼球的结构与功能

★ 学习目标

（1）识别眼球剖面模式图，辨认常规眼球模型，认识眼球各部分结构。

（2）解剖牛眼或猪眼，总结各部分结构的特性，推断其功能。

（3）通过物理光具座探究眼球成像过程，认识眼球成像调节原理、近视和远视的成因及其矫正原理。

★ 核心问题

眼球的基本结构及其功能。

★ 评价方案

评价方式：教师评价。

评价工具：用本课例 2.1.7 分课时的学案设计第 2 次课的学案，实验操作过程表现。

评价结果呈现方式：课堂点评，学案打分及评语。

★ 本课的重点、难点

认识眼球各部分结构正常与功能正常的内在联系。

第 2 章　与学科整合：适合初中开展的 STEM 项目课例设计

★ 学习活动设计

环节一：辨认眼球的基本结构

教的活动 1	学的活动 1
（1）出示资料并讲解。 （2）指导拼装模型。	（1）观看视频、图解，初步认识眼球各部分结构。 （2）参加眼球模型拼装小组赛。

设计意图
　　通过填图逐一认识眼球结构，通过"拼装眼球模型"活动及时巩固学习效果，而比赛的形式又为课堂增添了趣味性。

环节二：解剖牛眼或猪眼，认识真实眼球的结构

教的活动 2	学的活动 2
（1）介绍牛眼的解剖与观察实验步骤，播放录制好的解剖过程视频。[1] （2）介绍解剖用具和材料及工具使用方法。	完成解剖，认识眼球的结构、真实感知动物眼球的结构的特点及大小比例。

设计意图
　　通过解剖与观察实物，真实感受到了角膜的坚韧、巩膜的柔韧，看到玻璃体的状态、视网膜的结构、盲点的位置等，切实辨认眼球内部的结构，体验探究的愉悦，认识各部分结构的特性及比例大小，让后期模型制作时的选材及模型制作更加科学。

环节三：推断眼球的功能

教的活动 3	学的活动 3
指导学生利用物理光具座探究眼球成像的原理。[2]	（1）借助光具座认识眼球成像的过程。 （2）探究眼球成像调节原理，认识眼睛看清近物与远物的原理并记录实验数据。

设计意图
　　在认识眼球结构的基础上，利用科学探究的方法和数学方法理解晶状体在视觉形成中的作用。通过探究实验，理解眼球成像的原理及特点，加深对眼球各主要结构的认识。学生在实验过程中读取和收集数据，进而提高学生分析结果和得出结论的科学探究能力，收集到的数据可为后期制作模型提供数据支撑。

环节四：探究近视与远视的原理及矫正

教的活动 4	学的活动 4
教师指导学生进一步探究近视及远视的成因并模拟矫正。	完成探究活动，并结合经历说一说导致近视与远视的不良眼习惯有哪些，总结保护视力的科学用眼方法。

设计意图
　　围绕问题，通过物理实验模拟探究近视与远视的成因。

【第 3 次课】

★ 主题名称

科学探究——认识视觉形成过程

★ 学习目标

（1）描述视网膜将光信号转化为电信号，以及电信号经过视神经传递至大脑皮层产生

---

[1] 陈坤，徐广宇. 基于创新实验的"眼和视觉"的探究 [J]. 生物学通报，2021，56(9):34-37.

[2] 洪从兵. 强化学习体验，培养科学思维——以《照相机与眼球　视力的矫正》教学设计为例 [J]. 教育研究与评论（中学教育教学），2017(7)：89-91.

视觉的信息转换与传递过程。

（2）说出视觉形成过程。

（3）利用光敏电阻、发光二极管、导线制作一个模拟视觉形成过程的电路。

★ 核心问题

视觉是怎样形成的。

★ 评价方案

评价方式：小组评价，教师评价。

评价工具：模拟视觉形成过程电路。

评价结果呈现方式：等级评语。

★ 本课的重点、难点

模拟视觉形成的电路制作。

★ 学习活动设计

环节一：概括视觉形成过程	
教的活动 1 　　教师播放视频，引导学生分析视网膜的功能，并总结出视觉形成的过程。	**学的活动 1** 　　观看视频，思考并说出视觉形成的过程。
设计意图 　　认识视觉形成过程中的能量和信息转换。	

环节二：制作简单电路	
教的活动 2 　　（1）介绍面包板的使用方法、发光二极管的功能和接法，引导学生设计电路。 　　（2）组织学生连接电路。	**学的活动 2** 　　认识电子元器件，完成简单电路设计。在面包板上连接简单电路，二极管发光，代表连接成功。
设计意图 　　掌握电子元器件的原理及有关技术，为下一环节模拟视觉形成提供基础知识与技能准备。	

环节三：模拟视觉成像过程	
教的活动 3 　　（1）介绍光敏电阻的特性及连接方式。 　　（2）引导学生思考提供的电子元件与眼球相关结构的对应模拟关系。 　　（3）指导学生利用提供的电子元件完成视觉形成过程的模拟实验。	**学的活动 3** 　　（1）设计电路模拟视觉形成过程。 　　（2）模拟视网膜收集光信号并把光信号转换为电信号，大脑皮层感知电信息。用光敏电阻模拟视网膜光电转换，用导线模拟视神经，面包板模拟大脑皮层，用二极管发光模拟形成视觉。[1]
设计意图 　　通过这一模拟活动，深入理解视网膜的功能及视觉形成过程。	

---

[1] 毛银芹，冯洁，李红梅，等．"眼睛与眼镜"演示仪的设计与制作 [J]．物理教师，2019，40(4)：60-62．

第 2 章　与学科整合：适合初中开展的 STEM 项目课例设计

【第 4 次课】

★ 主题名称
科学思维——体验眼病建模过程

★ 学习目标
（1）辨别屈光不正、白内障、黄斑病等常见眼病的病因。
（2）分析眼球病变的结构与功能障碍的联系，说明导致上述疾病的病变原因。
（3）基于正常眼球结构与功能示意图，绘制病变眼球结构与功能示意图。
（4）认识模型本质，发展科学思维能力。

★ 核心问题
如何通过图纸体现病变的眼球与正常人眼球在结构功能上最本质的差异？

★ 评价方案
评价方式：组间评价，教师评价。
评价工具：教师或专家针对学生的模型图纸给予评语。
评价结果呈现方式：专家评语，图纸综合性评语。

★ 本课的重点、难点
绘制眼病示意图与模型原理图。

★ 学习活动设计

环节一：解释模型的本质	
教的活动 1 （1）引导分析已有眼球模型，体验建模过程。 （2）做一做，猜一猜：教师随机分发四类细胞的显微镜下实物图片（植物叶肉细胞、神经细胞、大肠杆菌、酵母菌），每个小组只能看到自己组的图片。 （3）根据图片用橡皮泥在 5 分钟内设计制作模型，能最快让其他组识别出原型的小组获胜。	学的活动 1 （1）分析常规眼球树脂模型、自制眼球模型，思考这些模型的优缺点。 （2）模型并不是原型的复制，而是出于一定目的对原型概括性的、简化性的描述，它没有包括原型的所有特征，但是能反映出原型的本质特征。[1]
设计意图 通过比较和归纳，认识这几种模型都是物理模型，进而说明物理模型是指以实物或者图画的形式，直观地表达认识对象特征的模型。	
环节二：评价建模过程	
教的活动 2 议一议：模型体现了原型的全部特征吗？为何只选择这些特征进行模拟？	学的活动 2 思考、总结结构类模型的实质。
设计意图 通过这个思维过程，将结构类模型的实质凸显出来，聚焦挑战性任务。	
环节三：模拟视觉成像过程	
教的活动 3 设问眼病模型与眼球模型的关键区别，组织绘出眼病示意图。	学的活动 3 思考眼病的实质在于结构病变导致视觉障碍，完成绘图。

---
[1] 李红. 普通高中新课程生物模型建构研究 [J]. 课程教育研究：新教师教学，2014 (8)：35.

设计意图
通过思维活动，揭示本项目要制作的模型既要模拟眼球的结构，又要模拟眼球的功能。

环节四：专家反馈

教的活动 4	学的活动 4
眼科医生对学生的方案给予评价和建议。	聆听反馈并修改眼病示意图。

设计意图
通过专家点评，促进对原型的深入理解，保证科学性。

【第 5 次课】

★ 主题名称

设计思维——设计模型方案并优化

★ 学习目标

（1）分析相应病变结构的原理及模拟方法。

（2）绘制相应眼病的结构简图和三视图。

（3）分析模拟患病眼球各部分结构材料及获取材料的途径。

（4）设计制作方案。

★ 核心问题

如何根据已有知识与经验，初步设计可视化眼病模型方案？

★ 评价方案

评价方式：组间评价，教师评价。

评价工具：模型制作方案。

评价结果呈现方式：评语。

★ 本课的重点、难点

（1）根据眼病的模拟方法、眼球结构的特点选择适合的模拟材料。

（2）绘制相应眼病的结构简图和三视图，编制模型制作方案。

★ 学习活动设计

环节一：聚焦眼病的病变原理

教的活动 1	学的活动 1
组织学生小组讨论聚焦本组选择的眼病的病变原理。	小组讨论并交流。

设计意图
为模型制作奠定原理基础。

环节二：聚焦眼病可视化方法

教的活动 2	学的活动 2
组织小组讨论，引导学生说出制作多种眼病可视化模型的思路。	运用教师下发的资料及课前搜集到的信息，小组内讨论制作可视化模型的方法，进行构思设计。在此过程中鼓励学生尽量用精练的语言来表述想法，多方面地获取方法；小组内及组间交流互助，组长汇总小组内各个组员的想法，按照"少数服从多数"的规则进行排序筛选。

第 2 章　与学科整合：适合初中开展的 STEM 项目课例设计

设计意图	
为模型制作奠定基础，激发创新思维。	
环节三：提出模型制作的方案	
教的活动 3 （1）组织全班同学进行头脑风暴，引导学生尽可能多地说出可以用来模拟眼球各部分结构与功能的材料用具，以及将部分结构连接起来的方法和所需的材料用具。 （2）讲解方案筛选的原则，引导学生聚焦问题，确定小组最后方案。	**学的活动 3** （1）思考并公开说出自己认为可以用于模拟眼球结构的材料。 （2）小组完成方案 1.0 设计的草稿。
设计意图 方案是工程实践的纲领，学生完成模型方案设计，为模型制作做好准备。同时设计方案是工程设计过程的核心环节，需要让学生经历完整的工程设计过程，发展工程思维。	
环节四：分享交流，方案迭代	
教的活动 4 教师组织各组学生进行汇报交流，组间成员相互点评，提出改进建议。学生根据相互评价点评的结果进行方案调整、修改。	**学的活动 4** 进行方案汇报，并根据其他同学的建议修改方案，形成 2.0 版本方案草稿。
设计意图 采用个体、小组、班级多种教学组织方式，为学生提供同伴、教师两种观点反馈视角，促进方案的迭代优化。	
环节五：绘制图纸	
教的活动 5 （1）提出三视图的绘制方法和要求。 （2）指导学生依据方案完成本组眼病的结构简图和三视图的绘制。	**学的活动 5** 学习绘图方法，完成绘图。
设计意图 通过绘图促进思维的外显，同时借助绘图帮助学生实现模型的可视化。	

【第 6 次课】

★ 主题名称

设计思维——诊断模型方案

★ 学习目标

（1）检查眼病模型方案的可行性和科学性。

（2）评价可视化模型的结构固定和选材搭配。

（3）设计模型制作方法。

★ 核心问题

可视化眼病模型方案存在哪些不足？如何根据反馈改进方案？

★ 评价方案

评价方式：组间评价，教师评价，专家评价。

评价工具：课堂展示，优化后的模型设计方案。

评价结果呈现方式：整体性评语。

★ 本课的重点、难点

（1）各小组向专家讲解本组的设计方案并记录专家反馈，迭代设计方案。

（2）领会专家的点评和建议，并根据反馈优化方案，形成最终方案。

★ 学习活动设计

环节一：聚焦眼病的病变原理	
教的活动 1 　　由教师和眼科医生、模型工程师组成的专家组倾听学生汇报，记录要点。	学的活动 1 　　学生汇报讲解本组眼病可视化模型的三视图，介绍材料及连接方法的选择。
设计意图 　　引导学生展示方案，暴露设计的不足。	
环节二：交流互动、完善设计	
教的活动 2 　　与学生互动交流，指出他们设计的优势与不足，指导学生改进的方法。	学的活动 2 　　学习修图方法，完善图纸。
设计意图 　　为学生提供专家视角的反馈建议，帮助学生进行方案的迭代优化。	

【第 7 次课】

★ 主题名称

工程实践——制作模型

★ 学习目标

（1）执行设计方案，分别制作各部分结构模型。

（2）执行设计方案，连贯各部分结构模型为整体。

★ 核心问题

如何利用适当的材料和工艺制作可视化的眼病模型？

★ 评价方案

评价方式：小组评价，教师评价。

评价工具：模型制作自我核查表（表 2-9），可视化模型实物。

评价结果呈现方式：整体性评语及评分。

★ 本课的重点、难点

工具的使用和成品的制作。

★ 学习活动设计

环节一：基本工具的使用	
教的活动 1 　　介绍热熔胶枪、钻头等工具的使用方法，讲解丙烯颜料、乳胶等材料使用的注意事项。	学的活动 1 　　倾听、学习各种工具和材料的使用方法和注意事项。
设计意图 　　了解制作模型所需的工具和材料的使用方法及注意事项，保证模型顺利制作的同时，避免制作模型过程伤害事故的发生。	

第 2 章　与学科整合：适合初中开展的 STEM 项目课例设计

环节二：挑选材料制作模型

教的活动 2	学的活动 2
组织指导学生完成模型制作。	根据选择的方案选择所需的材料动手制作模型。组内建立完善的分工机制，保证人人参与、人人动手。

设计意图
将方案转化为实物，完成模型制作。

【第 8 次课】

★ 主题名称
工程实践——模型的测试迭代

★ 学习目标
（1）完成展示和互动，检验各自模型的性能、展览的效果，完成互评。
（2）宣讲、说明模型的制作过程，说明自己的优势与不足，完成自我评价。
（3）专家点评，评价项目成果的可行性、适用性、创新性和局限性，给予建议。

★ 核心问题
模型还有哪些不足，如何改进？

★ 评价方案
评价方式：组间评价，教师评价。

评价工具：模型评价量表（表 2-11）。

评价结果呈现方式：专家点评，各小组提出问题及建议，累计次数贴纸。

★ 本课的重点、难点
通过模型推介测试模型性能，找到迭代方向。

★ 学习活动设计

环节一：模型测试

教的活动 1	学的活动 1
（1）介绍角色职能、互换规则，介绍评价量表和评价办法。 （2）组织角色扮演及互换。	（1）展示规则：各组轮流公开演示本组模型的结构与功能和制作过程，与观众互动并回答观众的质疑。每组展示 3~5 分钟，互动 2~3 分钟。 （2）观众先听讲解，再提出自己的思考和质疑。双方在互动中学习如何提出、支持、评估和修改观点，并使用证据来支持他们的观点，能够针对他人的主张表达自己的观点，评估他人的观点或意见，改善思维能力。 （3）角色互换完成展示和交流。

设计意图
这一环节是落实项目目标的第一个关键环节，从工程学角度来看这一环节本质上是在测试模型。

环节二：评价模型

教的活动 2	学的活动 2
出示量表，发放标签，组织评价。	小组协商，选出"可行性""影响力"和"技术性"三个维度的"示范级"小组。

设计意图

从工程学角度看，这一环节本质上是在评价分析模型的优点和局限性，进行产品的迭代升级，这对于学生的工程学思维发展至关重要。

环节三：模型迭代

教的活动3	学的活动3
组织学生完成模型的迭代升级与交流。	汇总观众质疑，优化设计方案，改进制作，测试和分享改进的方案与效果。

设计意图

这一环节是上一环节的延续，主要目的是引导学生分析测试环节收集的信息，回到初始的需求分析，将自己在模型展示环节的成果与需求一一对应，本质上属于迭代改进环节，继续为评价学习过程收集证据。

【第9次课】

★ 主题名称

社会实践——设计并制作宣传展板

★ 学习目标

（1）设计并制作展板。

（2）检查展板的可读性、科学性和新颖性。

★ 核心问题

如何制作宣传爱眼护眼的展板？

★ 评价方案

评价方式：小组评价，教师评价。

评价工具：展板设计电子稿。

评价结果呈现方式：改进建议及等级。

★ 本课的重点、难点

完成展板的文字、图片及结构布局设计。

★ 学习活动设计

环节一：明确展板要求

教的活动1	学的活动1
教师说明展板要求、设计规范和评价方案，出示示范展板。	了解要求、规范及评价标准。

设计意图

明确展板的要求。

环节二：选择素材、完成设计

教的活动2	学的活动2
指导学生选择素材。	选择合适的素材，完成搭配设计。

设计意图

设计展板，为最终的宣传做准备。

第 2 章　与学科整合：适合初中开展的 STEM 项目课例设计　　73

环节三：设计宣传方案

教的活动 3	学的活动 3
组织学生讨论如何更好地利用自制模型开展宣传、做宣传前的准备、选择宣传方式。	小组内部设计宣传方案、撰写宣传稿。

设计意图
为完成下一环节的挑战任务做准备。

【第 10 次课】

★ 主题名称
社会实践——推广应用模型完成宣传

★ 学习目标
（1）利用模型在校园内开展宣传活动，介绍常见眼病的病因，呼吁爱眼护眼。
（2）体验模型的性能，并宣传使用效果。

★ 核心问题
如何利用可视化模型宣传爱眼护眼？

★ 评价方案
评价方式：观众评价。
评价工具：爱眼日校园宣传展板。
评价结果呈现方式：观众点赞小贴纸。

★ 本课的重点、难点
完成展板的文字、图片及结构布局设计。

★ 学习活动设计

环节一：进行宣传

教的活动 1	学的活动 1
联系场地，协调人员，组织"爱眼宣传展"。	利用模型及展板向其他同学宣传爱眼护眼知识。

设计意图
举办宣传展，将项目成果回归生活，产生社会影响。

环节二：总结表彰

教的活动 2	学的活动 2
回顾整个项目，师生共同梳理出工程任务的解决方案和工程产品的实现过程。 表彰优秀个人、小组及成果。	回顾思考：理解生物体的结构与功能是相适应的，生命活动的系统性，以及生命系统是自身因素与环境因素相互作用的结果。分析各种眼病成因，建立生命观念。

设计意图
通过回顾得出工程任务的解决方案和工程产品实现的一般流程，巩固项目学习内容，实现知识经验的积累与迁移。同时从学科大概念层次去分析各种眼病成因，形成生命观念，进一步激发爱眼护眼意识。

2.1.7　分课时的学案设计（部分）

【课前准备】

眼睛是人类最重要的感觉器官之一，人体近 80% 的信息都由眼睛获取，拥有良好的视力十分重要。

1. 请你组织几个同学一起调查一下本年级同学的双眼视力情况，并填写表 2-3。

表 2-3　本年级同学的双眼视力情况调查记录表

班级	左眼平均视力	右眼平均视力	眼病患者人数	近视人数				远视人数	白内障人数	其他眼病人数
				轻度近视	中度近视	高度近视	重度近视			
1 班										
2 班										

2. 调查本班患近视的同学，推测其近视的主要诱因，填写表 2-4。

表 2-4　近视的主要诱因调查表

主要诱因	读写姿势不正确	眼保健操不规范	学习时光线不适宜	过度使用计算机、手机等电子产品	先天性因素	其他
人数						
百分比						

3. 你的亲朋好友中有眼病患者吗？请对他们进行访谈，了解病因及患病困扰，填写表 2-5。

表 2-5　访谈表

班级	姓名	左眼视力	右眼视力	是否患有眼病（眼病是指散光、近视、远视、白内障等疾病）	可能的患病原因

第 2 章　与学科整合：适合初中开展的 STEM 项目课例设计　　75

【第 1 次课】"设计、制作眼病模型"项目拆解学习任务单

"设计、制作眼病模型"项目拆解学习任务单见表 2-6。

表 2-6　"设计、制作眼病模型"项目拆解学习任务单

小组_____　　姓名_____					
核心任务：设计并制作一种可视化眼病模型，用它在爱眼宣传展上宣传爱眼护眼					
发现问题 （头脑风暴）	请你至少提出两个与"设计并制作眼病模型"有关的问题，你可以天马行空…… 1. 2.				
核心问题					
拆解问题	为了完成本项目核心任务，我们需要具备哪些知识和技能？自己先独立思考，每人至少写出二个问题				
^	所需知识和技能	将知识和技能转化成驱动性问题			
^	示例，眼球的结构	示例，眼球的结构是由哪几部分组成的			
^	1.	1.			
^	2.	2.			
^	3.	3.			
^	4.	4.			
产品制作路径	任务拆解	1.0 草图	2.0 草图	设计图终稿	初始实物模型	测试迭代模型
^	所用材料					
^	示意图					

【第 2 次课】探究眼球的结构与功能学习任务单

任务一：认识眼球的结构

1. 根据眼球基本结构，写出图中各标号所示结构名称，如图 2-1 所示。

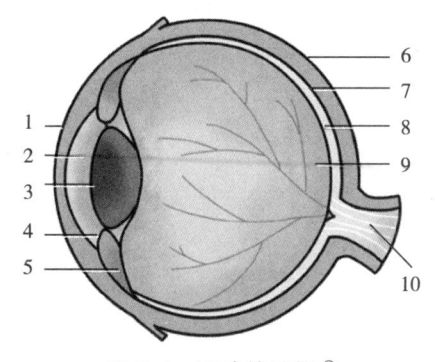

图 2-1　眼球的结构[①]

（1）_____　（2）_____　（3）_____　（4）_____　（5）_____
（6）_____　（7）_____　（8）_____　（9）_____　（10）_____

---

① 本图由北京大学第三医院栗梓绘制。

2. 观察模型，辨认眼球的空间结构，并将下列结构的编号填入表2-7相应空格内。

①角膜　②巩膜　③虹膜　④睫状体　⑤脉络膜　⑥视网膜　⑦晶状体　⑧玻璃体

表2-7　辨认眼球的空间结构

空间结构		前面 —— 后面
眼球壁	表层	
	中层	
	里层	
内容物		

3. 将眼球各部分结构与其对应的功能用直线连接起来。

虹膜　　　　　　无色透明，可透过光纤

角膜　　　　　　有色素，中间的小孔叫瞳孔

睫状体　　　　　像双凸透镜，折射光线

巩膜　　　　　　有对光线敏感的细胞

视网膜　　　　　调节晶状体曲度

✎ **任务二**：解剖牛眼（或其他家畜的眼球）

注意：因解剖刀及解剖剪十分锋利，使用时请注意安全。

1. 把新鲜牛眼置于托盘内，用剪刀除去表面的白色脂肪组织。
2. 仔细观察牛眼，眼球后白色的条状结构是视神经，注意不要把它剪断。

（1）你认为视神经连接到什么部位？

（2）用手指轻压眼球外壁，它是否坚韧？

3. 用解剖刀在角膜中央上轻划一刀，然后用剪刀沿图中虚线剪开角膜，如图2-2所示。
4. 仔细观察，你会看到虹膜和瞳孔，利用镊子掀开虹膜，注意不要破坏晶状体的结构。你会看到虹膜后面的晶状体，如图2-3所示。请你观察一下，晶状体的形状是_____。

图2-2　解剖牛眼——剪开角膜

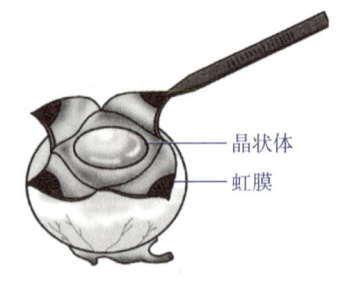

图2-3　解剖牛眼——掀开虹膜

5. 继续剪开角膜，你会看到晶状体附在啫喱状的玻璃体上，如图2-4所示。

○ 本图由北京大学第三医院栗梓绘制。

第 2 章　与学科整合：适合初中开展的 STEM 项目课例设计　　77

（1）取出晶状体，将其放于报纸上，透过其观察报纸上的字，你发现字有什么变化？
（2）用手指轻压晶状体，晶状体的厚薄容易变化吗？
（3）轻压晶状体后再次观察报纸上字的大小、清晰度有变化吗？
6.移出玻璃体，可观察到眼球的最内层——视网膜，如图 2-5 所示。

图 2-4　解剖牛眼——观察晶状体　　图 2-5　解剖牛眼——观察视网膜

任务三：探究眼球成像的原理

1.操作活动：模拟眼球成像原理及近视、远视成因。
将蜡烛、凸透镜、光屏依次放在光具座上，如图 2-6 所示。

图 2-6　模拟眼球成像原理及近视、远视成因装置示意图

（1）点燃蜡烛后，调节凸透镜和光屏的高度，使它们的中心与烛焰中心大致在同一高度。
（2）把蜡烛放到较远的位置，调整光屏和凸透镜间距，使蜡烛在光屏上成像清晰。
（3）观察这个像的形状和大小。
（4）用牛眼的晶状体替换凸透镜，观察蜡烛能否在光屏上成像以及像的形状和大小。
2.操作活动：体验眼球的成像过程和屈光不正的矫正。
（1）更换上焦距较小的凸透镜，观察光屏上的成像变化，记录此时的光屏位置。
（2）前后移动光屏直到成像清晰，记下此时的光屏位置。
（3）将光屏移至最初的位置，在凸透镜与蜡烛间加近视镜片，调整位置，观察成像变化。
（4）保持光屏不变，更换上焦距较大的凸透镜，观察成像的变化。
（5）保持其他装置的位置不变，用近视镜片替换凸透镜，调整近视镜片位置，观察成

○　本图由北京大学第三医院栗梓绘制。

○　本图由北京理工大学附属中学何加乐绘制。

像变化。

（6）保持其他装置不变，用远视镜片替换凸透镜，调整远视镜片位置，观察成像变化。

（7）尝试使用其他焦距的凸透镜重复以上实验，并将实验数据记录在表 2-8 中。

表 2-8　实验数据记录表

蜡烛与凸透镜的距离	凸透镜的焦距	光屏与凸透镜的距离

3. 讨论：在光屏上成的像有何特点。

（1）眼睛的成像原理与_____相同，其中晶状体和角膜的共同作用相当于_____，而视网膜相当于_____，通过晶状体的角膜在视网膜上成一个_____、_____、_____的物像。

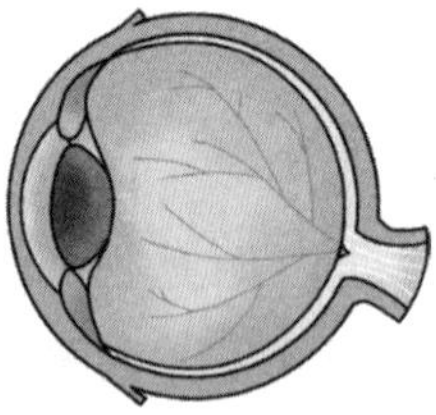

图 2-7　人眼球基本结构示意图[○]

（2）请在图 2-7 中绘出正视眼成像光路图，明确眼球成像原理。

（3）近视的症状：能看清近处的物体，但看不清远处的物体。

（4）近视的病因：由于晶状体较_____，折光能力太_____，或眼球在前后径较_____，导致远处物体的物像聚焦在_____，如图 2-8 所示。

（5）近视的矫正：利用凹透镜能使光线_____的特点，在眼球前方放一个曲度适宜的_____，如图 2-9 所示。由此说明，在光学原理上，近视患者佩戴的近视镜实质属于_____镜。

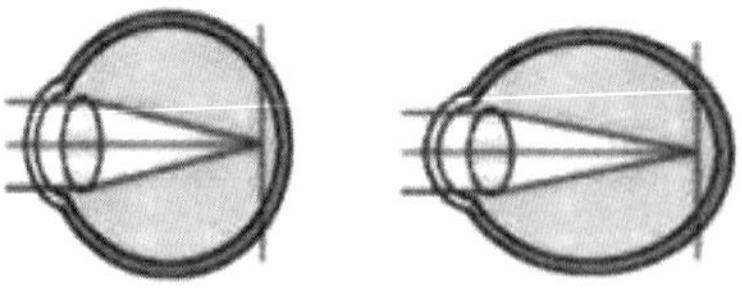

图 2-8　近视成像　　　　图 2-9　凹透镜矫正的近视成像

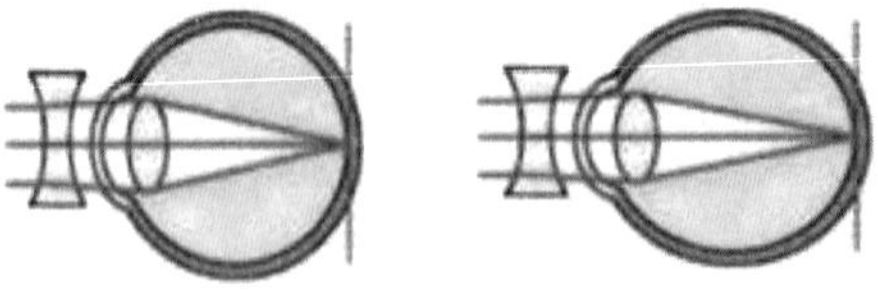

（6）远视的症状：能看清_____的物体，看不清_____的物体。

（7）远视的病因：由于晶状体较_____，折光能力太_____，或眼球在前后径

○ 本图由北京大学第三医院栗梓绘制。

○ 本图由北京理工大学附属中学何加乐绘制。

第 2 章　与学科整合：适合初中开展的 STEM 项目课例设计　　79

较_____，导致近处物体的物像不能聚焦在_____，如图 2-10 所示。

（8）远视的矫正：利用凸透镜能使光线_____的特点，在眼球前方放一个曲度适宜的_____，如图 2-11 所示。由此说明，在光学原理上，远视患者佩戴的远视镜实质属于_____镜。

图 2-10　远视成像
图 2-11　凸透镜矫正的远视成像

（9）散光的症状：看物体有重影。

（10）散光的病因：由于角膜的弧度异常_____，或晶状体曲度异常，或眼球的上下径和左右径不相同，导致水平面的物像聚焦与垂直面的物像聚焦不在_____，而出现重影。

（11）散光的矫正：利用柱镜能改变光线聚散度的特点，在眼球前方放一个柱面适宜的_____。

【第 4 次课】体验眼病建模学习任务单

任务一：观察眼球的模型，思考其模拟了眼球的哪些结构与功能，如图 2-12 和图 2-13 所示

模拟的眼球结构：

模拟的眼球功能：

该模型的优点及不足之处：

图 2-12　模型一

模拟的眼球结构：

模拟的眼球功能：

该模型的优点及不足之处：

图 2-13　模型二

───────
⊖　本图由北京理工大学附属中学何加乐绘制。

小结：你认为模型的本质是什么？模型与原型有何区别？

✐ **任务二**：通过学习下发资料和自行网络查阅后，在图2-14和图2-15中绘出本组所要模拟的病变眼球模式图（尽可能绘制出所有眼球结构，完整体现眼部功能，注意科学性）

图 2-14　病变眼球结构模式图　　　　　图 2-15　病变眼球功能模式图

小结：本小组模拟的眼部疾病是_____。患有该种眼部疾病的人眼病变的结构是_____，与正常人眼结构上最显著的区别是_____；患有该种眼部疾病的人眼与正常人眼功能上最显著的区别是_____。

✐ **任务三**：在任务二基础上，在图2-16和图2-17中尝试抽象出病变眼球结构及功能简图（重点体现病变眼球结构和功能的关键特征）

图 2-16　病变眼球结构示意图　　　　　图 2-17　病变眼球功能示意图

思考：在制作模型时，我会在模型中体现患病眼球的哪些结构特征？哪些结构是无须模拟的？我的判断依据是什么？我如何模拟患病眼球功能的改变？

【第7次课】模型制作自我核查表

模型制作自我核查表见表2-9。

表 2-9　模型制作自我核查表

检查维度	具体要求	核对
科学准确	模型对象的各关键要素完整	
	各要素的大小、比例、相对位置准确	
	模型能够动态展现各要素之间的关系	
	模型可以模拟眼球的功能	
材料使用	所用材料能够准确反映模拟对象特征	
	材料环保、创新	
视觉效果	外形精致、美观	
	做工精细，各零件连接牢固	

第 2 章　与学科整合：适合初中开展的 STEM 项目课例设计

【第 8 次课】观众思考支架

1. 关于"观点（主张）"：_____组所展示的眼病及病因是否清晰？你对此有何疑问？
2. 关于"证据"：_____组的模型是否能清晰演示对应的眼病？你有什么疑问？
3. 关于"推测（论证）"：_____组认为怎样预防这种眼病？你有何疑问？
4. 关于建议：你受到什么启示？对他们有什么建议？

各小组收集观众及其他小组的质疑和建议，进行汇总和反思，并改进策略和方法，见表 2-10。

表 2-10　小组模型反思表

其他小组提出的质疑、建议汇总	针对问题的改进策略、方法
……	……

【第 9 次课】展板示范

小组组号_____　　小组名称_____

文字 1		
文字 2		文字 3
文字 4	制作方法	
文字 5		
文字 6	活动照片	

2.1.8　终结性评价方案

评价方式：小组评价，组间评价，教师评价。

评价工具：模型评价量表（表 2-11）。

评价结果呈现方式：评语及评分。

表 2-11　模型评价量表[1]

评价内容	评价标准				小组评价	组间评价	教师评价
	改进级 （0-3分）	合格级 （4-6分）	良好级 （7-8分）	优秀级 （9-10分）			
科学性	□不能反映眼病特征 □材料与结构的相适度不高，各结构的形态、比例、相对位置等有明显错误	□体现了模拟眼病的最重要特征，结构不完整，各结构的形态、比例、相对位置、特点基本准确 □基本能模拟相关的功能障碍，但是未能很好结合结构与功能的模拟	□能基本反映眼病结构特征，有少许遗漏，各结构的形态、比例、相对位置、特点比较合适、准确 □能准确模拟相关的功能障碍，体现模拟眼病的本质特征	□能准确反映眼病结构特征，包含所模拟眼病的所有重要结构，体现本质特点。各结构的形态、比例、相对位置、特点合适、准确 □能创新模拟相关功能障碍，体现了结构与功能相适应			
艺术性	□材料不够环保，制作粗糙，形象不佳	□材料环保，能够运用合理的制作手段制作，认真工整	□材料环保易得，运用多种技术手段制作，制作精美	□材料环保、创新独特，运用多种技术手段制作，精巧美观			
展示性	□各结构几乎无说明，表意不清 □观众无法理解	□核心结构有清晰的说明，有少许错误或遗漏 □有演示重点，展示无创新性 □观众基本能够理解	□多数重要结构有清晰的说明，无错误 □演示重点明确，手段合理 □语言准确，观众理解效果比较好	□各重要结构有清晰而准确的说明 □演示重点明确，形式新颖 □语言形象生动，吸引观众，观众理解效果好			
模型迭代	□无迭代设计，仅展示最终设计或原型未重新定义	□有迭代设计 □介绍原型如何被优化	□迭代设计合理 □能展示模型设计的主要思路和迭代优化过程	□迭代设计有创新性、可实施性 □能展示模型设计的完整思路和迭代优化过程，能给予他人启发与借鉴			
总分							

2.1.9　课例实施建议与反思

1. 实施建议

（1）STEM项目的设计与实施需要使项目系统化和整体化，并融合生物学、技术、工程、数学、物理、医学等学科知识，这对任课教师的挑战非常大。因此在本项目设计和完成过程中，老师也在不断地学习各种新知识。为了保障课程的顺利实施，本项目邀请了物理老师、技术老师加入团队。同时借助年级家长委员会的力量获得眼科医生和工程师的协助，为同学们讲授专业知识，并在模型的设计与制作过程中提供专业反馈。强有力的指导团队最终保障了学生的学习效果。

因此对于实施本项目的教师，建议提前储备知识。如，工程学方面，需要了解工程学的流程；技术方面，需要了解电钻、热熔胶枪、丙烯颜料的使用方式；物理学方面，需要了解眼球成像原理及矫正和光敏电阻等光电转换知识，从而帮助理解视觉模拟形成过程；

---

[1] 林亚. 巧用评价量规指导模型制作[J]. 生物学教学，2019，44（6）：3.

数学方面，需要了解数学三视图的画法、比例有关知识，为模型的绘图打下基础。如果有条件邀请专家参与，为同学们提供指导，那么效果会更好。

（2）对于初中生而言，模型的零件完全通过独立设计和制作显然时间不足，难度也过大。因此在实施时，教师可以网购一些部件，如水透镜、塑料球、泡沫球、椰子壳、瞳孔模拟器等，为学生创建材料库，帮助学生实现模型构想。同时，不同的眼部疾病成因复杂，病变类型多样，学生眼科学知识缺乏，在选择模拟的眼病类型时容易偏难、偏笼统，所以需要教师利用专业知识帮助学生聚焦目标。另外，同时模拟病变的结构与功能并且可视化，对学生而言是一个结构不良的复杂工程问题，需要教师提供脚手架，并通过群体力量，激发个人智慧。同时，教师也需预见到学生在完成任务时易有挫败感，应及时鼓励、帮助。

（3）本案例于2021年实施，当时的义务教育课程标准对此类项目的指导性内容较少。《义务教育生物学课程标准（2022年版）》在主题七概念9"模型制作类跨学科实践活动"中提供了选择的项目——制作可调节的眼球成像模型，提出护眼健康的方法及实施建议，该跨学科项目与本STEM项目可打通实施。此外，《义务教育物理课程标准（2022年版）》《义务教育化学课程标准（2022年版）》都对跨学科实践进行了规定，《义务教育科学课程标准（2022年版）》则对工程、技术、工程设计与物化做了详细的规范指导。这些都是进一步完善实施本案例的指导文件，并为下一步的项目改进提供了参照。

2. 课后反思

由于教师前期知识储备的原因，本项目未做项目前测，存在对学生的引导和帮助不系统的问题。同时，第8次课"工程实践——模型的测试迭代"是作为观摩课向全国直播，实施时学生只是讲解了迭代思路，而未对模型进行现场迭代优化。建议教师下一步在课堂教学时将这两个环节关联，引导学生动手验证迭代思路。

2.1.10 专家点评

本STEM课程主题为"伴EYE同行——常见眼病的可视化实物模型"，并在"爱眼日"进行项目的展示，它与现实生活关联紧密。本课程是依据国家课程标准开发和设计的，课程整合生物学、物理、工程学等多学科知识，学生在完成工程学任务的过程中，建构和运用学科概念。教师在课程的实施过程中，为学生创设了丰富的学习活动，设计了学习支架和评价内容。学生通过科学探究，认识眼球的结构与功能和视觉形成过程，运用科学思维建立模型；通过设计模型方案并优化、评价模型方案等，建立设计思维；通过形成初步产品、改进设计和物化成果，提升工程思维；通过设计并制作宣传展板，提高交流、表达和合作能力。本STEM课程的内容均指向学生的高阶思维能力。希望可以将本课程设计的思路和方法迁移到其他项目，从而设计更多的STEM课程内容。还可以进一步将项目进行精简，尝试规划学科内的项目学习，将STEM课程与义务教育课程标准中的跨学科学习主题内容进行整合。

北京市海淀区教师进修学校创新教育研究中心 STEM 教研员　张柳

2.2 课例2：智能植物管家

主要涉及学科：初中科学，信息科技，语文，高中通用技术等。
课例提供团队：浙江省宁波外国语学校张莉莉、蔡立维、陈赛玲、徐超。

2.2.1 课例的背景、情境及学习目标

1. 课例背景

学校教学楼窗台上，每位同学都有一盆属于自己的植物，学校希望他们在初中三年能够养一盆植物，既美化校园环境，也丰富校园生活。但是，许多同学因为学业繁忙、周末回家等原因无暇照顾自己的植物，当猛然想起窗台的专属植物时，有些植物已经"奄奄一息"了，想再去补救，也悔之晚矣。也有些同学虽然日日精心呵护，却眼见着自己的植物一天天没了"精神"，不知原因何在。

思及此，同学们决定好好研究各自的植物，并为此设计和制作一款集自动浇水、自动测温、自动测光等功能于一体的植物管理器，做好植物主人——同学们的小助手，让窗台植物更好地成长。

2. 课例情境

同学们面临着想养护好自己的专属绿色植物与养护时间不够、养护经验不足之间的矛盾，于是确定开展"智能植物管家"项目学习，设计驱动性问题："请为同学们设计、制作一款智能植物管家，协助照料教学楼窗台上的植物，让我们的植物保持生命力，以解放我们的双手，解决管理难题。"

通过对植物与水分、光照、空气之间关系的理解，学生能用所学科学知识解释生活和生产中的有关问题。通过设计和制作一款集自动浇水、自动测温、自动测光等功能于一体的植物管理器，形成基于科学思维、计算思维、工程思维和设计思维的问题解决方案，能将简单的控制系统应用于生活和生产的相关场合。

本项目是跨学科项目化学习，以科学、信息科技为主驱动学科，以通用技术、语文为辅助学科，以"控制系统"为核心概念，经历提出控制系统需求、确定控制系统设计、实现控制系统制作、进行控制系统展示等环节。

3. 学习目标

学科核心概念：科学学科的科学探究、生命系统；信息科技学科的信息素养、计算思维；通用技术学科的工程思维、创新设计；语文学科的语言表达、沟通交流。

跨学科概念：合作学习、创造性问题解决、创意物化能力、沟通交流、批判性思维。

在合作学习、迭代改进、交流表达、评价反思的过程中逐步学会学习、学会合作、学

会表达，提升批判性思维等能力。

（1）描述植物体对水分的吸收、利用和散失过程；描述光合作用的原料、条件、产物及简要过程；描述植物的呼吸作用，说明光合作用过程中物质和能量的转化及其重要意义。

（2）运用植物是与外界环境不断进行物质和能量交换的开放系统的原理，整合生物学常用的一些测量和实验技能，学习通过探究性实验得出科学结论的基本方法，能设计和论证简单探究实验，用所学科学知识解释生活和生产中的有关问题。[1]

（3）能利用信息科技获取、处理信息，支持其他课程的学习，并开展自主学习、合作探究，跨学科解决问题，完成任务；了解常用算法，了解计算思维过程，能基于计算机解决现实问题；能够选择恰当的开源硬件、相关材料组件，完成作品制作。[2]

（4）能根据现实需要制订控制系统的设计方案，绘制设计图，初步理解过程与控制原理，理解反馈的作用；了解感应器、控制器、执行器的功能，并能根据设计方案搭建装置，学会调试运行，优化设计，改进方案。[3]

（5）能针对研究主题，制订简单的研究计划，学会多途径查找获取资料，讨论分析问题，能够独立或合作写出简单的研究报告。会阅读科技作品，领会科学精神和科学思维方法，写简单的说明文。

（6）会判断自我表达和他人的观点。能准确理解他人的观点和意图，会积极选用恰当的表达方式，合理安排内容，条理清晰地表达。

2.2.2 课例实施的环境和硬件要求

1. 实施环境
多媒体教室或创客教室，4~6人小组合作桌椅。

2. 硬件要求
多媒体投影、计算机（每组1台）、智能硬件（每组1套）、适量辅材（根据设计）。

2.2.3 课例适合的学段

1. 适合的学段
八年级。

---

[1] 中华人民共和国教育部. 义务教育科学课程标准（2022年版）[M]. 北京：北京师范大学出版社，2022：58-59.

[2] 中华人民共和国教育部. 义务教育信息科技课程标准（2022年版）[M]. 北京：北京师范大学出版社，2022：6.

[3] 中华人民共和国教育部. 义务教育信息科技课程标准（2022年版）[M]. 北京：北京师范大学出版社，2022：30.

2. 学生已有知识、经验、技能基础情况

（1）八年级学生已经在初中科学课中初步掌握了植物与环境（水分、光照、氧气等）的知识，掌握了通过探究性实验得出科学结论的基本方法。

（2）八年级学生已经在初中信息科技课中初步掌握了信息获取、使用开源硬件等方法，对项目有较强的实践愿望。

（3）八年级学生总体对现实世界充满好奇心和求知欲，已经具备一定的逻辑思维能力。

3. 学生学习过程中可能遇到的困难

（1）**体验与综合**：八年级学生缺少对生活的观察和体验，缺少在真实情境中对知识的迁移和应用，缺少将分科知识技能应用于综合性、复杂性问题的机会。

（2）**设计与制作**：八年级学生能提出植物管家的智能管理需求，但缺少结构、流程、系统和控制的基本概念和基本原理储备，运用计算思维解决现实问题能力较弱，需要教师提供必要的知识支架和材料支架，以助力学生完成设计与制作。

（3）**合作与反思**：八年级学生习惯了长期的独立学习和短暂的合作探究，但缺少长时期就一个项目进行合作探究。期间会产生对分工、时间、观点等各方面的分歧，可能会经历项目的失败。

2.2.4 核心挑战性任务及拆解

1. 挑战性任务

请为同学们设计、制作一款智能植物管家，协助照料教学楼窗台上的植物，让我们的植物保持生命力，以解放我们的双手，解决管理难题。任务拆解见表2-12。

表2-12 任务拆解表

核心挑战性任务	拆解后的子目标	子任务	阶段性成果
请为同学们设计制作一款智能植物管家，协助照料教学楼窗台上的植物，让我们的植物保持生命力	[发现问题]窗台植物出现枯萎等状况是个别现象吗	（1）学习调研的方法，制订调研方案，用访谈法、问卷法或文献法实施调研，使用信息工具分析调研数据，得出调研结果 （2）使用恰当方式展示研究数据和研究成果，将调研结果成果化	（1）调研方案 （2）访谈提纲/问卷 （3）访谈数据 （4）调研报告
	[定义问题]可能是哪些原因影响植物生长	（1）获取信息（实地调研、网络搜集、整理汇编等），分享植物名牌（植物信息、习性、养护要求等） （2）讨论窗台环境特点和植物生长特点，提出可能影响窗台植物生长的因素，并确定小组探究的问题 （3）记录研究过程，提出研究结论，展示研究成果	（1）学习笔记 （2）实验方案 （3）实验记录 （4）实验报告/KT板海报

第 2 章　与学科整合：适合初中开展的 STEM 项目课例设计

（续）

核心挑战性任务	拆解后的子目标	子任务	阶段性成果
请为同学们设计制作一款智能植物管家，协助照料教学校走廊窗台上的植物，让我们的植物保持生命力	[制订方案]如何让智能植物管家实现这些功能	（1）开展头脑风暴，依据研究结果和现实需求，列出植物管家的功能需求清单 （2）能简单制订控制系统的设计方案，简单画出控制系统的设计图，了解其中的感应器、控制器、执行器的功能，并能根据设计方案制作一个控制装置 （3）能使用头脑风暴法提出创意，学会结合循环问诊法、PMI 评价和雷达图评估的方式评估和筛选创意，提出合理建议	（1）需求清单 （2）设计草图
	[模型制作]如何制作智能植物管家	（1）能根据设计方案制作一个控制装置，学会调试运行 （2）能够通过作品的制作，学习相关工具的使用，完成搭建制作	（1）植物管理器（装置） （2）过程记录
	[测试改进]如何改进智能植物管家	（1）测试完成的初产品，记录存在的问题 （2）明确优化关键点，并通过讨论更改部分设计或制作，尝试解决所遇到的问题 （3）提出可行的改进意见并进行改进尝试，使产品功能得以实现或优化	（1）植物管理器（装置） （2）评估报告
	[营销发布]如何介绍你们制作的智能植物管家	（1）撰写说明文档，通过使用说明，能够让老师和同学了解我们的植物管理器 （2）对外发布产品，让更多的老师和同学认可我们的植物管理器	（1）产品说明书 （2）产品发布会

2. 挑战性问题

发现窗台植物枯萎的问题，分析影响植物生长的因素，确定智能植物管家需要具备的功能，设计制作一款能实现这些功能的智能产品。

2.2.5　分课时的教学进度规划

教学进度规划见表 2-13。

表 2-13　教学进度规划表

主题	具体内容	课时数
[发现问题]窗台植物出现枯萎等状况是个别现象吗	（1）学习调研的方法，制订调研方案，用访谈法、问卷法或文献法实施调研，使用信息工具分析调研数据，得出调研结果 （2）用恰当方式展示研究数据和研究成果，将调研结果成果化	1

（续）

主题	具体内容	课时数
[定义问题]可能是哪些原因影响植物生长	（1）获取信息（实地调研、网络搜集、整理汇编等），分享植物名牌（植物信息、习性、养护要求等） （2）讨论窗台环境特点和植物生长特点，提出可能影响窗台植物生长的因素，并确定小组探究的问题 （3）记录研究过程，提出研究结论，展示研究成果	1
[制订方案]如何让智能植物管家实现这些功能	（1）开展头脑风暴，依据研究结果和现实需求，使用KANO模型分级列出植物管家的功能需求清单 （2）能简单制订控制系统的设计方案，了解常用算法，理解输入、控制、输出环节，能基于计算机解决现实问题 （3）能绘制简单设计图，初步理解过程与控制原理，理解反馈的作用；了解感应器、控制器、执行器的功能，并能根据设计方案制作一个控制装置 （4）能使用头脑风暴法提出创意，结合循环问诊法、PMI评价和雷达图评估的方式评估和筛选创意，提出合理建议	1
[模型制作]如何制作与改进一个智能植物管家	（1）能根据设计方案制作一个控制装置，学会调试运行 （2）能够通过作品的制作，学习相关工具的使用，完成搭建制作	1
[测试改进]如何改进智能植物管家	（1）测试完成的初产品，记录存在的问题 （2）明确优化关键点，并通过讨论更改部分设计或制作，尝试解决所遇到的问题 （3）提出可行的改进意见并进行改进尝试，使产品功能得以实现或优化	1
[营销发布]如何介绍你们制作的智能植物管家	（1）撰写说明文档，通过使用说明，能够让老师和同学了解我们的植物管理器 （2）对外发布产品，让更多的老师和同学认可我们的植物管理器	1

2.2.6 分课时的教学设计

【第1次课】

★ 主题名称

我的植物怎么了

★ 学习目标

（1）学习调查研究的常用方法，设计问卷和访谈提纲。

（2）使用信息技术手段——问卷星和Excel表格分析统计数据，解决调研出的窗台植物现状的问题。

（3）能够观察植物的生长情况。

第 2 章　与学科整合：适合初中开展的 STEM 项目课例设计

（4）学会解释现象、定义问题、合作探究。

（5）用说明性语言准确清晰描述步骤与特征，分享表达观点的能力。

★ 核心问题

窗台植物出现枯萎等状况是个别现象吗？

★ 评价方案

评价方式：小组评价，教师评价。

评价工具：略。

评价结果呈现方式：调研报告。

★ 本课的重点、难点

重点：学会用恰当的调研方法明确问题现状。

难点：对待问题能从感性认识过渡到理性认识。

★ 学习活动设计

教的活动	学的活动
引入现实的问题情境，引发基于现实需求设计、制作智能植物管理器的内驱力。	交流各楼层窗台植物在学期初的状况与当前窗台植物现状，多方面调研窗台植物存在的问题。

环节一：引入真实情境

教的活动 1	学的活动 1
展示：（1）学期初各教学楼不同楼层校园窗台植物生机勃勃的场景（照片、视频）。 （2）一幅当前枯萎植物的照片。 提问：窗台植物出现枯萎等状况是个别现象吗？	回顾交流当前窗台植物状况，引发共鸣，产生解决问题的内驱力。

设计意图

引发共情，产生问题解决的内驱力。

环节二：明确问题现状

教的活动 2	学的活动 2
提供观察植物生长情况的角度，设计观察植物生长状况的调研表格，发布调研任务。	小组观察、思考、交流：窗台植物生长情况如何，存在哪些问题？

设计意图

明确问题现状，引发思考，为下一步探究植物生长因素奠定基础。

环节三：了解调研方法

教的活动 3	学的活动 3
提供知识与方法支撑：介绍常见的调研方法；介绍问卷星的使用方法；说明调研报告的撰写方式。	探讨怎样才能找到植物出现当前问题的根源；学习、了解调研问题缘起途径、方式和常用工具的使用方法。

设计意图

形成科学探究问题的意识，了解使用科学工具解决问题的方法。

环节四：实践开展调研

教的活动 4	学的活动 4
引导学生开展实地调研、访谈和问卷等不同方式的调研，探究问题存在的现状。	（1）以小组为单位制订调研方案、设计调查问卷、确定访谈提纲。 （2）小组分工合作开展实践调研。 （3）汇总分析调研数据，形成调研报告。

设计意图
体验调研的过程，初步掌握通过多种途径、借助信息工具调研问题的方法。

【第 2 次课】

★ 主题名称

是什么影响了我的植物的正常生长

★ 学习目标

（1）掌握科学探究的步骤与方法。

（2）学会基于现状分析提出合理假设。

（3）学会利用控制变量法设计对照实验，通过小组答辩的形式，汇报、展示实验设计并逐步完善。

（4）学会科学记录事实现象，并讨论得出实验结论。

（5）初步明确影响窗台植物正常生长的因素。

★ 核心问题

影响窗台植物正常生长的因素有哪些？

★ 评价方案

评价方式：组间评价，教师评价。

评价工具：KT 板海报。

评价结果呈现方式：便利贴评价，小组答辩。

★ 本课的重点、难点

重点：理解阳光、温度、水分、空气等因素对植物生长的影响。

难点：能将科学知识迁移，并应用到现实（窗台植物）中。

★ 学习活动设计

环节一：探究教学，引导示范

教的活动 1	学的活动 1
回顾科学探究的步骤与方法，通过视频微课示范探究实验的设计与实施：探究光照对绿豆苗正常生长的影响。	完善探究实验框架，总结科学探究的步骤与方法。

设计意图
回顾科学探究实验的步骤与方法，为小组设计影响窗台植物正常生长因素的实验做引导性铺垫。

第 2 章　与学科整合：适合初中开展的 STEM 项目课例设计

环节二：提出问题，大胆假设	
教的活动 2 （1）展示窗台植物，邀请学生分享养护心得。 （2）共同寻找窗台的环境特点和植物生长特点。	**学的活动 2** （1）植物名牌分享（植物信息、习性、养护要求等）。 （2）讨论窗台环境特点和植物生长特点，提出可能影响窗台植物生长的因素，并确定小组探究问题。
设计意图 尽可能引导学生通过科学观察、客观描述，分享窗台植物养护过程中的心得体会。根据实际现象提出探究问题。	
环节三：设计实验，交流评估	
教的活动 3 （1）组织学生进行小组讨论，在 KT 板上以图文的形式共同设计本组科学探究实验。以项目研究启动会的形式，组织小组开题答辩。 （2）评估各小组实验设计的科学性、可行性，提出改进建议。	**学的活动 3** （1）小组讨论，共同设计本组科学探究实验。 （2）项目研究启动会：各组详细阐述实验设计的意图和注意事项，互动猜想可能的结果，互相评估实验设计的科学性和可行性。
设计意图 以项目研究启动会的形式，组织学生体验科研项目立项的全过程。通过答辩互动的形式，推动小组完善探究实验的设计，在碰撞中产生更新、更深的思考。	
环节四：实施研究，得出结论	
教的活动 4 组织学生进行实验探究，引导各组分工做好实验现象的记录。	**学的活动 4** 根据实验设计方案，实施探究，做好实验记录。初步得出实验结论，讨论植物管理器的功能需要。
设计意图 通过真实的实验探究，得出影响窗台植物正常生长的因素，进一步讨论植物管理器的功能需要。	

【第 3 次课】

★ 主题名称

我的植物管家有哪些功能

★ 学习目标

（1）开展头脑风暴，依据研究结果和现实需求，使用 KANO 模型分级列出植物管家的功能需求清单。

（2）能简单制订控制系统的设计方案，了解常用算法，理解输入、控制、输出等环节，能基于计算机解决现实问题。

（3）能绘制简单设计图，初步理解过程与控制原理，理解反馈的作用；了解感应器、控制器、执行器的功能，并能根据设计方案制作一个控制装置。

（4）能使用头脑风暴法提出创意，结合循环问诊法、PMI 评价和雷达图评估的方式评估和筛选创意，提出合理建议。

★ 核心问题

如何实现智能植物管家的功能？

★ 评价方案

评价方式：小组评价，组间评价。

评价工具：PMI 评价工具，用本课例 2.2.7 分课时的学案设计第 5 次课的学案。

评价结果呈现方式：便利贴书写，交流讨论，从实用性、美观性和操作便利性等各个维度进行 5 分制赋分。

★ 本课的重点、难点

重点：实现智能植物管理器的控温、控水、控氧等功能。

难点：能制订恰当的问题解决方案，寻购需要且适配的智能硬件（传感器、控制器、执行器、被控对象等）。

★ 学习活动设计

环节一：明确问题，确定功能需求	
教的活动 1 　　提供学案，抛出问题：智能植物管家需要具备哪些功能？	**学的活动 1** 　　基于调研结果分析和实验探究开展头脑风暴，小组依据功能需求的迫切程度讨论并列出产品功能需求清单。
设计意图 　　明确组内设计植物智能管理器的核心诉求，明确期望达成的目标。	
环节二：头脑风暴，提出设计方案	
教的活动 2 　　明确标准、面临的限制条件。拓展功能实现的途径，实例补充工程控制系统案例。	**学的活动 2** 　　小组头脑风暴，依据确定的功能需求，提出设计植物管家的控制方案，让植物管家能够控制水分、光照和温度等。
设计意图 　　形成发散性思维，尝试用系统工程的思维方式解决问题。	
环节三：求证方案可行性，绘制设计草图	
教的活动 3 　　明确设计图绘制标准。	**学的活动 3** 　　绘制设计草图，标注关键信息。
设计意图 　　绘制控制系统的设计图，会结构化、形象化表达设计。	
环节四：循环问诊，方案优化	
教的活动 4 　　明确评估、循环问诊方法。	**学的活动 4** 　　组内、组间评估筛选创意。
设计意图 　　进一步明确标准，参与评价。	

【第 4 次课】

★ 主题名称

我该如何制作智能植物管家

★ 学习目标

（1）能根据设计方案制作一个控制装置，学会调试运行。

第 2 章　与学科整合：适合初中开展的 STEM 项目课例设计

（2）能够通过作品的制作，学习相关工具的使用，了解基本的搭建技巧。

（3）能在制作过程中培养良好的与人沟通的技巧，尝试合作互助，养成独立思考和兼容吸纳他人合理建议的习惯。

（4）培养学生从整体、真实的角度去认识周围的事物，进一步感受科学、技术、社会生活与环境息息相关，形成参与公共事务的意识。

★ 核心问题

如何制作智能植物管家？

★ 评价方案

评价方式：小组评价，组间评价，教师评价。

评价工具：（略）。

评价结果呈现方式：植物管理器（装置）。

★ 本课的重点、难点

重点：能够搭建简单的能够实现一定功能的控制系统。

难点：实现多个功能的控制器的组合与调试。

★ 学习活动设计

环节一：搜索资料，收集模块	
教的活动 1 　　提供通用技术中常见的控制系统的组件，说明实现其功能的原理。	学的活动 1 　　根据设计图和功能需求，匹配适合的控制系统模块，并调整设计，准备制作。
设计意图 　　为学生解决问题提供必要的知识与方法的支架。	

环节二：组装搭建，测试控制系统功能	
教的活动 2 　　（1）指导了学习工具安全规范及常用工具（热熔胶枪、美工刀、钢丝钳等）的使用方法。 　　（2）提供必要的智能硬件的选用建议和相关的课程资源，引导分工协作，拆解任务。 　　（3）进小组进行指导。	学的活动 2 　　（1）合理分工、选择合适的智能硬件、材料和工具，完成智能管理器框架的搭建，尝试初步实现一定功能。 　　（2）记录制作的步骤、耗时及遇到的困难。
设计意图 　　形成决策的认知策略，能互相探讨，选择性接受组内建议，确立选择规则并根据规则对不同的方案进行筛选。	

【第 5 次课】

★ 主题名称

我的智能植物管家怎么样

★ 学习目标

（1）通过对作品的不断测试、分析诊断和改进，发展学生在科学探究、科学与技能方面的知识，培养学生动手、动脑解决实际问题的能力。

（2）通过对智能植物管理器的制作、测试和改进，让学生形成接受生活中的"不完美"的意识，发展学生面对困难的韧劲。建构学生追求更好品质的精神。

（3）通过学生之间的自评、互评，让学生学会较客观地看待自己和他人，发展学生与人合作、与人和谐相处的态度和品质，为学生的未来发展奠定基础。

★ 核心问题

如何改进智能植物管家？

★ 评价方案

评价方式：小组评价，组间评价，教师评价。

评价工具：PMI 评价工具，用本课例 2.27 分课时的学案设计第 5 次课的学案。

评价结果呈现方式：便利贴，任务单，植物管理器（装置）。

★ 本课的重点、难点

重点：能够对组装完成的智能植物管理器进行测试，通过现象观察、数据记录和整理，评判是否达到了预设的功能。

难点：通过分析、讨论、归因、决策等方式，对产品进行迭代优化。

★ 学习活动设计

环节一：测试初产品

教的活动 1	学的活动 1
提供 PMI 量表，让学生根据量表进行初产品的测试和自我评价。	测试完成的初产品，记录存在的问题并通过讨论更改部分设计或制作，尝试解决所遇到的问题。

设计意图
通过测试初产品，从实用性、美观性和操作便利性等多个维度对产品进行观察、记录，提出现实问题并合力、合理解决，培养学生动手、动脑相结合解决实际问题的能力。

环节二：迭代优化

教的活动 2	学的活动 2
抛出问题：如何让我们的植物管理器更好地实现预设功能？（更美观、更便捷）	明确优化关键点，提出可行的改进意见并进行改进尝试，使产品功能得以实现或优化。

设计意图
通过对初产品的改进优化，从实用性、美观性和操作便利性等多个维度对产品进行迭代，培养学生动手、动脑相结合解决实际问题的能力。

环节三：反思总结

教的活动 3	学的活动 3
比较制作完成的产品与预想的产品，明确已经达成的功能和尚未达成的设想。	实事求是记录产品的各项指标，在理想与现实的对比中进行归因分析，并进行自我评价。

设计意图
通过切身实践、归因与分析等方式，促使学生进行深入思考，寻找想到与做到的现实差距，培养学生接受"不完美"，但同时力求更完美的精神。

第 2 章　与学科整合：适合初中开展的 STEM 项目课例设计

【第 6 次课】

★ 主题名称

介绍我的智能植物管家

★ 学习目标

（1）通过产品发布会，引导学生回顾设计、制作全过程，总结项目过程中的经验方法和独特感受。

（2）通过师生、家长综合评价，激励学生对设计以及制作工艺进行不断改进。

（3）通过产品展示和互动提问，发展学生团队合作、沟通交流和语言表达能力。

★ 核心问题

如何向大家发布智能植物管家？

★ 评价方案

评价方式：小组评价。

评价工具：管理器自评雷达图（如图 2-18 所示），智能植物管理器分级评价细则（略）。

评价结果呈现方式：5 分制赋分，记录学生自评得分情况，此次得分为课程最终得分的部分来源。

★ 本课的重点、难点

重点：能够清晰陈述智能植物管理器的使用说明。

难点：通过产品发布，激励学生进行可持续的产品设计，培养其产品迭代思想。

★ 学习活动设计

环节一：撰写使用说明	
教的活动 1 　　抛出问题：我们要如何让更多的老师和同学了解并使用我们的植物管理器？（制作使用说明）	**学的活动 1** 　　明确展示关键点，凸显团队设计的植物管理器的优势。小组分工协作，同步进行产品使用说明的制作和发布会布置。
设计意图 　　通过发布会，引导学生回顾设计、制作全过程，总结项目过程中的经验方法和独特感受，通过产品发布会的形式综合评价小组成果，激励学生对设计以及制作工艺进行不断改进。	
环节二：进行产品发布	
教的活动 2 　　组织全年级教师与学生参加发布会。	**学的活动 2** 　　引导教师与学生观看智能植物管家实际效果，介绍设计与制作的过程，回答观众提问。
设计意图 　　让更多的人参与、评价，促使学生继续思考，激励他们继续优化产品。	

2.2.7　分课时的学案设计

【第1次课】

一、小组讨论并记录观察到的窗台植物现状

二、窗台植物生长状态调研

1. 制订调研计划

【调查时间】_____

【调查地点】_____

【调查方式】_____

【调查分工】_____

2. 调研方法：文献法

信息检索的渠道（文献法）与要点摘要

3. 调研方法：访谈法

访谈提纲（问题链）

4. 调研方法：调查问卷

调研目的：_____

核心问题：_____

调查对象：_____

预期目标：（1）完成_____人次的调研（样本数量）。

（2）_____

设计问卷，完成表2-14。

表2-14　设计问卷

1. 进度安排与分工
2. 明确问卷目的
想通过问卷收集哪些数据？
3. 问卷设计
标题：
卷首语：
正文：
（1）
（2）
（3）
……
结束语：

三、经过我们的调研，我们认为窗台植物的生长状态是：_____

第 2 章　与学科整合：适合初中开展的 STEM 项目课例设计

【第 2 次课】探究光照对绿豆苗正常生长的影响

【实验目的】

（1）了解绿豆苗正常生长的指标。

（2）了解幼苗生长对光照的适应性。

（3）学习观察、对照和控制实验条件等方法。

【实验器材】

大小饱满度相似的绿豆种子若干、规格相同的透明培养皿若干、不透光纸盒、镊子、烧杯、量筒、胶头滴管。

【实验方案设计】

1. 提出问题：_____？

2. 做出假设：_____？

3. 制订计划（文字叙述或图文并茂）

4. 实施计划

照片记录并完成表 2-15。

表 2-15　实验现象记录表

实验处理		实验现象记录							
		第 1 天	第 2 天	第 3 天	第 4 天	第 5 天	第 6 天	第 7 天	第 8 天
对照组	绿豆苗+光照								
实验组	绿豆苗+黑暗								

5. 得出结论

6. 表达与交流

【思考讨论】

（1）通过文献查阅和现场观察，讨论得出绿豆苗正常生长的不同形态特点。

（2）将装有绿豆苗的培养皿：一个放在有光处，一个做遮光处理。采用这种方法是为了进行_____，这是科学实验经常采用的方法。采用这种实验方法，两个培养皿的材料和大小应_____，培养皿中的绿豆苗数量、初始状态、土壤状况、每日浇水/施肥量应_____。这个实验主要研究_____因素对绿豆苗正常生长的影响。

【探究分析】

（1）小组头脑风暴，填写表 2-16。

表 2-16　影响窗台植物正常生长的因素及理由

影响窗台植物正常生长的可能因素	因素分类（环境、人为、植物本身……）	理由	合理性分析
			☆☆☆☆☆
			☆☆☆☆☆

（2）通过组间讨论，对假设的合理性进行分析，挑选本组认为最有可能的因素，并在 KT 板上完成实验设计。

（3）开展实验探究，记录实验现象，初步得出实验结论，并讨论如何更好，更智能地实现窗台植物的正常生长。

【第 3 次课】

一、组内头脑风暴

组内讨论产品需要的功能。先尽可能多地提想法，再小组一起想实现方式，最后删除不可能实现的想法，并填写表 2-17。

表 2-17　产品的功能及实现方式

产品功能	你认为可行的实现方式

二、组内意见汇总

（1）请梳理各项功能优先级，填写到 KANO 模型中，见表 2-18。

表 2-18　KANO 模型

第二象限 必备功能（理所应当）	第一象限 期望功能（多多益善）
第三象限 次要功能（无关紧要）	第四象限 魅力功能（喜出望外）

（2）请绘制功能实现示意图（简要绘制）。

三、绘制设计草图

素描板

为你的设计画一个草图。

要求包含：名称、草图全貌、标注细节、确定尺寸、制作材料与工具。

设计草图：
列出完成设计所需的材料：

第 2 章　与学科整合：适合初中开展的 STEM 项目课例设计

四、画出算法流程图

【第 4 次课】

记录制作过程，填写表 2-19。

表 2-19　植物管理器的制作过程

制作步骤	耗时（分钟）	遇到的困难

【第 5 次课】

一、设计方案分享与评价

小组代表分享小组设计方案，其他同学注意倾听并根据以下维度（PMIQ 评价工具）对分享的方案进行评价，并及时进行总结和记录，以帮助小组改进设计方案。

Plus（优点）：_____

Minus（缺点）：_____

Interesting（兴趣点）：_____

Questions（存在的问题）：_____

二、改进设计明确制作准备

吸收评价建议，改进设计，完善方案，对本组智能植物管理器进行得失及优缺评价。

【第 6 次课】

一、小组自评

对自己小组的作品进行相关维度评价，并连接得分的四个点，如图 2-18 所示。

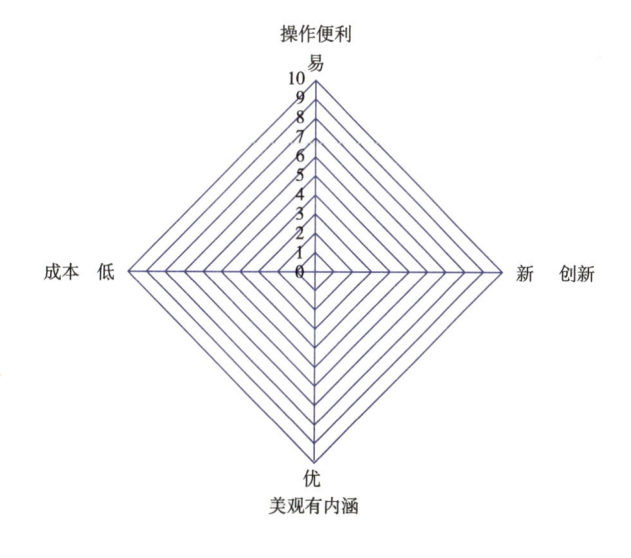

图 2-18　管理器自评雷达图

二、撰写使用说明

请设计制作一份具有创意的植物管理器的产品说明书。

2.2.8 终结性评价方案

评价方式：小组评价，组间评价，教师评价。
评价工具：评价结果表（表2-20）。
评价结果呈现方式：评分。

表2-20 评价结果表

评价内容		评价标准					小组评价	组间评价	教师评价
		0~1分	2分	3分	4分	5分			
创造力	解决问题（工程）	几乎没有或只完成少量	完成少于50%，多于25%	完成50%	完成80%	智能植物管理器全部制作完成			
		智能植物管理器过于不完整或缺失	有尝试但未达到设计要求	达到预期功能：达到1项	达到预期功能：达到2项	达到预期功能：至少能达到3项			
	设计纲要：有说明	设计纲要完成少于25%，或丢失	设计纲要完成少于50%，多于25%	设计纲要完成了50%	设计纲要完成了80%	设计纲要包含必要信息，包括设计说明、设计条件、成品			
	设计图：创新，细节完善	极少或没有设计图痕迹	没有完成设计图	遗漏一半以上细节要素，设计图较粗糙	1~2个设计图没有完成，重要信息有遗漏，包括未标记。没有一个创新点	完成所有设计图且注释说明所有重要信息。设计有创新且全部完成			
	管理器设计改进	没有任何尝试改进的努力	尝试改进的努力很少	作品不能改进，缺乏创新点	设计能在原来基础上进行改进	使原装置得到有效改进，在产品性能、产品创新、产品实用性上有较大提升			
	调查研究：有据可循	在课堂笔记中几乎找不到依据	几乎没有调查研究，只能在课堂笔记中找到依据	调查研究随意性较高，缺少可靠依据	调查研究的多数主题有证明依据，有1~2项没有恰当引用依据	调查研究有据可循，能以2种以上的形式证明			
	审美趣味：艺术美化	产品无外包装	产品有外包装，但并没有美化方面的体现	产品有外包装，并至少体现了1项美化	产品制作过程有绘画、文学等艺术元素的体现，至少2项	产品制作过程有绘画、文学等艺术元素的体现，至少3项			

(续)

评价内容		评价标准					小组评价	组间评价	教师评价
		0~1分	2分	3分	4分	5分			
批判性思维	科学概念（科学）	模型设计中没有体现对科学概念的理解、渗透	模型设计中有一些对科学概念的理解	对科学概念有一定理解，尝试应用到模型设计中	对科学概念有一定理解并应用到模型设计中	对科学概念充分理解，并有效地应用到模型设计中			
	数据分析（数学）	在做决定时会想到一些已有数据	在做决定时明显参考了一些已有数据	参考探究所得数据而做出决定	决定是基于对探究所得数据的逻辑分析与思考	决定是基于超出课堂探究的更广泛的数据分析与逻辑思考而得出			
	可行性测试（科学）	未进行测试	有简单的测试雏形	测试简单，小组成员有合作	测试简单，小组成员通力合作	测试合理，小组成员通力合作			
沟通能力	设计理念陈述（技术）	有对设计过程与原理的解释	有努力尝试对设计给出简单的解释	有对作品设计关于技术方面的基本解释	作品的设计与特色可以清晰且有逻辑性地解释	可以有技巧地解释作品的设计与特色且有说服力			
	有效沟通	几乎没有合作交流，没有按时完成项目	总是不倾听，不尊重不同意见，没有有效交流想法和意见，不愿妥协	有时出现以下情况：不倾听，不尊重团队成员的意见，不交流想法和意见，不愿妥协	能倾听团队成员的意见，能尊重不同的意见，能较有效地交流想法和意见，但不愿妥协	会仔细倾听团队成员的意见，能充分尊重不同的意见，有效地交流想法和意见，并进行妥协			
合作能力	集体参与	小组内所有成员参与管理器制作工作不积极，大家不能形成共识和合力	小组内只有1~2位成员始终参与管理器制作工作，其他成员参与不积极	小组内有1~2位成员参与管理器制作过程中常有游离现象	小组内只有1位成员没有有效参与管理器制作工作，或参与过程有游离现象	所有成员参与管理器的制作、改进、记录、反思和建议献策			
	评估决策	评估决策是不合适或缺失的，最后的项目决策不能被证明	评估决策缺少评价标准，决策由组内核心人员决定	评估决策的标准是随机的，决策并不是使用标准来解释的	能互相探讨，选择性接受组内、组间建议，筛选标准开放，每个成员都可以为最终的决定辩护	能互相探讨，选择性接受组内、组间建议，根据PMI评价工具对不同的方案进行筛选，每个成员都参与决策			
总分									

2.2.9　课例实施建议与反思

1. 实施建议

以植物为主题的项目化学习和STEM学习案例有许多，共同特点都是在认识植物基础上的扩展学习和深入学习。本项目实施对象是八年级学生，实施时要注意以下几点。

（1）明确核心任务和问题链，始终围绕核心任务开展项目，围绕问题链开展课时教学。

（2）通过实验和实践对植物与水分、光照、空气之间的关系生成理解，学生能用所学科学知识解释生活和生产中的有关问题，而不是从已有结论中获得植物相关的内容，如图2-19所示。

（3）通过选择和试验控制系统组件进行智能植物管理器的设计和制作，学生能将简单的控制系统应用于生活和生产的相关场合,而不是简单搭建既定组件,如图 2-20 所示。

图 2-19　窗台植物

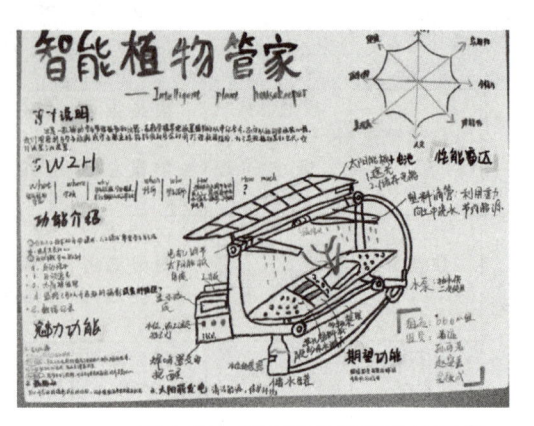

图 2-20　智能植物管家设计图

2. 课后反思

该项目的需求来源于真实的观察调研,能充分调动学生实践和创意的积极性,但是学生的设计和创意与真实能力间存在鸿沟,定性的问题解决方案和定量的问题解决方案之间也存在鸿沟,项目的迭代实践过程是心理和能力双重成长的过程,他们会重复经历失败与妥协,会努力寻求解决办法。在问题的提出、创意的实现、问题的解决过程中,教师作为学生的学习支持者,协助学生发现并解决问题,实现师生在项目实践过程中共同成长。

2.2.10　专家点评

该项目设计的挑战性任务基于学生真实的学校生活需求,学生在养护植物、欣赏植物的过程中,一定程度上缓解了学业带来的压力,同时也增进了学生对学校和班级的认同感,并将德育教育融入项目学习,值得老师们借鉴。课程设计引导学生依据"智能植物管理器"的功能,拆解任务,逐步完成结构设计,有助于学生系统思维的建构。课程内容拓展建议:教师组预期学生在本项目中能够设计和制作出集自动浇水、自动测温、自动测光等功能于一体的"智能植物管理器",属于"定性"的范畴,是否可以融入"定量"相关内容?以"水分"为例,不同的植物可能需求量不同,因此在设计过程中需要建立不同植物与水分的相关性等内容,拓展学生对"度、比例和数量"跨学科概念的建构,"温度""光照"等因素同理。

北京市八一学校课程与教学中心副主任　原牡丹

⊖　本图片由宁波外国语学校蔡立维拍摄。

⊜　本设计图由宁波外国语学校潘远等绘制。

2.3 课例3：低碳循环"谐"奏曲——鱼菜共生系统的设计和制作

主要涉及学科：生物学。

课例提供团队：山东省东营市教育科学研究院杨守菊，山东省东营市利津县凤凰实验中学李瑞，山东省东营市育才学校梁海燕，山东省东营市东营区实验中学王淑青。

2.3.1 课例的背景、情境及学习目标

1. 课例背景

鱼菜共生（Aquaponics）是一种新型的复合耕作体系，它把水产养殖(Aquaculture)与水耕栽培(Hydroponics)这两种原本完全不同的农耕技术，通过巧妙的生态设计，达到科学的协同共生，从而实现养鱼不换水而无水质忧患，种菜不施肥而正常成长的生态共生效应。这种现代化生态农业生产体系中所蕴含的基本原理，其实在我国初中生物学、化学、物理等课程中均已有所涉及，尤其与初中生物学中生态系统的内容关系最为密切。那么能否通过相关STEM课例的设计，实现学生知识获取方式的改变，学会探寻方法和使用工具解决问题，打通学习知识到实践应用的"最后一公里"，是摆在我们面前的一个重大课题。

在此背景下，我们在前期研究的基础上，根据已有的STEM教育经验，结合初中生物学教学实践，开发并实施了"低碳循环'谐'奏曲——鱼菜共生系统的设计和制作"STEM项目。

2. 课例情境

身处高楼大厦包围之中的人们，既渴望亲近自然、颐养身心、陶冶情操，也期盼美味营养、安全卫生、绿色无污染的健康食材。能否设计制作一套家用装置，在学习知识的同时，不仅可以吃到新鲜、放心的蔬菜和鱼，又能够创意扮靓居家环境，还能满足参与生产劳作的内心渴望呢？家庭小型鱼菜共生系统无疑是解决以上问题的一种优质方案。

本STEM项目式学习目的是设计并制作一个太阳能鱼菜共生系统，该系统能实现在较少外来干预的情况下自行稳定运转。该项目预设五个挑战性任务目标：鱼菜共生系统的原理探究；鱼菜共生系统的设计与实施；鱼菜共生系统的迭代升级；鱼菜共生系统的展示评价；大型共生系统的创意设想。

本项目的开展需要学生以小组为单位进行。项目实施过程中会用到多种制作材料和工具，对学生的安全存在一定的风险。教师需要给予学生理论和流程上的指导，对所用到的工具和器材进行使用培训，并在项目实施过程中提供必要的协助。

3. 学习目标

（1）通过学习鱼菜共生系统的原理，明确本系统中各成分在生态系统中的地位和作用，

理解生态系统中的能量流动和物质循环，进一步树立物质与能量观。

（2）通过解决鱼菜共生系统存在的问题，学习虹吸现象、气压、能量转化、物质变化、化学表达式等物理、化学学科知识，体验跨学科实践中知识的综合利用。

（3）通过分析鱼菜共生系统水质变化数据，比较太阳能供电系统使用前后耗电量的变化，锻炼应用数学知识解决实际问题的能力。

（4）通过设计并制作鱼菜共生系统，初步学会工程草图的绘制、实物的制作，提升工程学素养。

（5）在项目实施过程中，培养严谨求实的科学态度，提升创新精神和实践能力，提高团结协作意识。

2.3.2　课例实施的环境和硬件要求

1. 实施环境

教室需要有朝阳的大型窗户，以便系统能接受阳光照射；应有实验台，便于放置各种实验用具、器材和小组进行交流讨论；应有多媒体设备，便于学生展示和交流。

2. 硬件要求

教室前部放置多媒体投影、展台、黑板，中部为实验操作区，两侧为实验器具、材料放置区，后部有医疗箱放置区。

教室内须准备以下器具：蓄电逆变器、太阳能电池板及支架、植物生长灯、电线（带插头）、潜水泵、各种型号PVC管若干、PVC工具刀、刻度尺、虹吸软管、透明保鲜箱、矿泉水瓶、连接软管、电动打孔器、陶粒、火山石；叶菜类蔬菜、鱼等。

2.3.3　课例适合的学段

1. 适合的学段

初中学段的学生均适用。

2. 学生已有知识、经验、技能基础情况

初中生已经初步具备了一定的数学、生物学、物理、化学等相关知识，对新鲜事物有较强的探究欲望，具有一定的科学探究能力。他们精力旺盛，思维活跃，善于表现，学习独立性逐渐加强；以形象思维为主，抽象思维虽已形成，但尚未成熟，认知水平和分析能力有一定的局限性；动手能力较弱，工程学能力和素养亟待提高。

3. 学生学习过程中可能遇到的困难

（1）综合分析能力不足。实施本项目需要综合运用生物学、物理、化学等相关学科知识，学生在解决实际问题中知识的迁移运用、分析解决问题的能力相对欠缺。

第 2 章　与学科整合：适合初中开展的 STEM 项目课例设计

（2）**实际动手能力不够**。本项目在工程制作中需要学生进行大量的操作，从材料的选择再到工具使用，学生的实际动手能力明显不够。

（3）**工程设计能力不强**。初中阶段的学生对工程设计接触较少，认知相对有限，工程草图的设计与绘制具有较大挑战性。

2.3.4　核心挑战性任务及拆解

1. 挑战性任务

设计并制作太阳能鱼菜共生系统并确保该系统能在极少外界干预的情况下持续稳定的运转下去，任务拆解，见表 2-21。

表 2-21　任务拆解表

核心挑战性任务	拆解后的子目标	子任务	阶段性成果
设计并制作太阳能鱼菜共生系统	探究鱼菜共生系统原理与绘制工程草图	（1）探究鱼菜共生系统的原理，表述系统中各种物质的变化 （2）设计鱼菜共生系统工程草图	（1）鱼菜共生系统设计工程草图 （2）项目日志
	制作鱼菜共生系统装置	（1）选择合适的材料和器具，制订详细的制作方案 （2）小组合作，制作鱼菜共生系统装置	（1）制订的鱼菜共生系统方案 （2）制作鱼菜共生系统装置 （3）项目日志
	迭代升级鱼菜共生系统装置	（1）分析鱼菜共生系统装置运转存在的问题，探寻解决策略 （2）设计并制作升级后的太阳能鱼菜共生系统	（1）迭代后的鱼菜共生系统草图 （2）项目日志
	制作太阳能鱼菜共生系统	（1）制作升级后的太阳能鱼菜共生系统 （2）探究光质、光强对叶菜类蔬菜生长的影响 （3）监测水质变化，分析检测数据，对新系统运行进行改进	（1）太阳能鱼菜共生系统装置 （2）探究实验报告 （3）项目日志
	展示评价及大型鱼菜共生系统创意设想	（1）汇报展示并评选最佳太阳能鱼菜共生系统装置 （2）创意设想大型、规模化鱼菜共生系统并绘制工程草图 （3）设计宣传推广文案	（1）鱼菜共生系统的汇报材料 （2）最优鱼菜共生系统装置 （3）大型鱼菜共生系统设计草图 （4）项目日志

2. 挑战性问题

问题链设置为：鱼菜共生系统原理是什么？⟶如何绘制鱼菜共生系统工程草图？⟶怎样制作鱼菜共生系统装置？⟶如何实现鱼菜共生系统的能量"自给"？⟶如何实现鱼菜共生系统装置的迭代升级？⟶如何设计大型鱼菜共生系统？⟶如何设计宣传推广文案？

2.3.5 分课时的教学进度规划

分课时的教学进度规划见表 2-22。

表 2-22　教学进度规划表

主题	具体内容	课时数
探究鱼菜共生系统原理并绘制工程草图	（1）探究鱼菜共生系统的原理，并绘制思维导图 （2）尝试用化学表达式的形式，表述系统中各种物质的变化 （3）设计鱼菜共生系统工程草图	1
制作鱼菜共生系统装置	（1）选择合适的材料和器具，制订详细的制作方案，并说明理由 （2）小组合作，制作鱼菜共生系统装置 （3）观察系统运行情况	2
迭代升级鱼菜共生系统装置	（1）分析鱼菜共生系统装置运转存在的问题，探寻解决策略 （2）针对问题，进行系统的迭代升级设计	1
制作太阳能鱼菜共生系统	（1）制作升级后的太阳能鱼菜共生系统 （2）探究光质、光强对叶菜类蔬菜生长的影响 （3）监测水质变化，分析检测数据，对新系统进行改进	2
展示评价与大型鱼菜共生系统创意设想	（1）汇报展示系统的制作及运转情况 （2）评选最佳太阳能鱼菜共生系统 （3）创意设想大型、规模化鱼菜共生系统并绘制工程草图 （4）设计宣传推广文案	1

2.3.6 分课时的教学设计

【第 1 次课】

■ ★ 主题名称

探究鱼菜共生系统原理并绘制工程草图

■ ★ 学习目标

（1）通过查阅相关文献，了解鱼菜共生系统的原理。

（2）分析讨论鱼菜共生系统的各部分在生态系统中扮演的"角色"及作用。

（3）运用化学表达式表示鱼菜共生系统中物质的变化情况。

（4）通过小组合作探究，绘制鱼菜共生系统原理思维导图。

（5）通过相关资料的查阅和组内讨论，学习并绘制鱼菜共生系统工程草图。

■ ★ 核心问题

如何绘制鱼菜共生系统工程草图？

第2章　与学科整合：适合初中开展的STEM项目课例设计

★ 评价方案

评价方式：课堂展示。

评价工具：工程草图评价量表（略）。

评价结果呈现方式：等级加整体描述。

★ 本课的重点、难点

学习并绘制鱼菜共生系统工程草图。

★ 学习活动设计

环节一：了解鱼菜共生系统的原理	
教的活动1 （1）聚焦真实生活问题：如何在家中既能拥抱自然又能享用自己种植的食材？引发学生讨论并引出鱼菜共生的概念。 （2）展示鱼菜共生系统的优势与广阔运用前景。 （3）引导学生阅读相关资料，尝试分析鱼菜共生系统的原理，明确其各部分分别对应生态系统的哪些成分。	**学的活动1** （1）小组讨论，并展示讨论结果。 （2）阅读相关资料，讨论并分析鱼菜共生系统中各部分对应生态系统的哪些成分及承载的功能。 （3）以小组为单位讨论、分析鱼菜共生系统的基本原理并记录。
设计意图 项目以生活中真实问题作为切入点，使学生能迅速进入角色，激发其探究欲望，诱发学生参与项目实施的强大内驱力，变"要我学"为"我要学"。小组合作式的学习方式，降低其畏难情绪，能有效提升学生的参与热情。	

环节二：展示、讨论成果并尝试运用化学表达式的形式表示物质的变化	
教的活动2 （1）引导学生以小组为单位对成果进行展示汇报并开展组间互相点评。 （2）设计相关问题，引导学生查阅相关资料，运用化学表达式的方式表示鱼菜共生系统各组成成分中物质的变化。	**学的活动2** （1）以小组为单位展示"环节一"的成果，并开展组间互评。 （2）分析相关资料，尝试运用化学表达式表示物质的变化过程，并展示。
设计意图 通过成果展示，加深学生对生态系统相关知识的理解；通过师评、组评、互评等评价方式，纠正学生的错误认识，达成共识；采用化学表达式的形式表示物质变化过程，为后续鱼菜共生系统的设计与制作打下基础。	

环节三：绘制鱼菜共生系统原理思维导图	
教的活动3 （1）通过问题驱动，引导学生进行鱼菜共生系统思维导图的绘制。 （2）巡视并帮助学生解决学习过程中存在的问题和疑问。 （3）引导学生进行课堂展示并完善思维导图。	**学的活动3** （1）以小组为单位，通过分工合作探究绘制鱼菜共生系统思维导图。 （2）小组展示绘制的思维导图，回答老师和其他小组同学的提问并尝试完善思维导图。 （3）认真倾听并给予其他小组修改建议。
设计意图 思维导图有助于学生对鱼菜共生系统原理的深度理解，通过小组合作探究和对思维导图的绘制、提问、修改等环节的设置有助于学生明确鱼菜共生系统原理并为之后的选材和制作奠定了基础。	

环节四：学习并绘制鱼菜共生系统工程草图

教的活动 4	学的活动 4
（1）引导学生查阅相关资料，学习工程草图绘制的一般要求。 （2）引导学生选择适当的制作材料并绘制鱼菜共生系统的工程草图。 [注：有两点需重点解决，其一为栽培植物种类和所养鱼类的问题（因分解者及原料的原因，应选择多需氮肥植物和相适应鱼类）；其二为植物根缺氧的问题（引入虹吸原理，引导学生通过虹吸原理解决问题）] （3）引导学生展示工程设计草图，并进行多元化评价。 （4）引导学生根据评价反馈，对草图进行修改。	（1）小组合作学习工程草图绘制方法。 （2）小组讨论选择适当材料。 （3）分工合作，绘制鱼菜共生系统工程草图。 （4）小组汇报展示草图，并根据相关建议进行修改完善。 （5）记录项目日志。

设计意图
通过学习工程设计草图的一般要求，培养学生的工程思维，体验像工程师一样的工作方式。在相关资料中，融入物理学知识：虹吸现象和连通器原理。引导学生根据相关知识内容，解决植物栽培过程中根部需氧等问题，实现了学科融合。

【第 2 次课】

★ 主题名称

制作鱼菜共生系统装置（上）

★ 学习目标

（1）以小组为单位，展示完善后的鱼菜共生系统工程草图，并对其他组的成果提出建议。

（2）通过小组合作探究，选择适当的器材进行鱼菜共生系统的制作。

★ 核心问题

如何完善并根据工程草图选择适当的器材进行鱼菜共生系统的制作？

★ 评价方案

评价方式：课堂展示。

评价工具：工程草图评价量表（略），器材选择评价量表（略）。

评价结果呈现方式：等级加整体描述。

★ 本课的重点、难点

制作鱼菜共生系统。

★ 学习活动设计

环节一：展示并分析完善后的鱼菜共生系统工程草图

教的活动 1	学的活动 1
（1）引导学生以小组为单位，以答辩的形式，展示修改后的鱼菜共生系统工程设计草图。 （2）引导学生根据修改后的工程草图，确定制作所用的材料、工具，并进行适当的指导和帮助。	（1）以小组为单位展示鱼菜共生系统的工程设计草图。 （2）对工程设计草图及所用材料、工具进行具化和调整。

第 2 章　与学科整合：适合初中开展的 STEM 项目课例设计

设计意图

完善并细化鱼菜共生系统的工程设计草图，选择适合的材料和器具，为鱼菜共生系统的成功制作做好铺垫。根据设计草图，引导学生从实用性、经济性角度出发，选择并确定主要制作材料为：透明塑料保险箱、PVC 管、饮料瓶等，为后续的装置制作打下基础。

环节二：鱼菜共生系统的制作

教的活动 2	学的活动 2
（1）引导和协助学生依据工程设计草图进行鱼菜共生系统的制作。 （2）指导和协助学生正确、合理地使用各种工具，保障制作过程的顺利进行，保证学生的安全。	（1）选择合适的项目器材进行鱼菜共生系统的制作，必要时可进行补充和调整。 （2）确保安全的情况下，小组分工合作，进行装置制作。 （3）记录项目日志。

设计意图

根据现有的实验工具和材料进行鱼菜共生系统的制作。在项目的实施中，让学生体会劳动的艰辛，培养其不怕失败、勇于挑战的品质。对于部分工具的使用，应以学生讨论后提出要求、教师准备和辅助下进行操作为主要模式，特别要注意工具的正确使用及确保学生操作时的安全。

环节三：小结

教的活动 3	学的活动 3
（1）引导学生汇报小组制作进度。 （2）引导学生对存在问题进行交流并提出建议，同时对制作草图和所用材料进行优化指导，确保下节课的制作顺利完成。	（1）以小组为单位，汇报小组制作进度。 （2）提出小组碰到的问题，并尝试进行组内、组间交流、分析、解决。 （3）记录项目日志。

设计意图

实践出真知。在真正进行制作的过程中，学生会遇到很多没有预想到的问题。因此，本环节的设置，汇总学生遇到的问题并组织学生相互讨论探究，尝试寻找解决的办法。必要时教师可给予建议和帮助，并统一各小组的制作进度，确保后续活动的顺利进行。

【第 3 次课】

★ 主题名称

制作鱼菜共生系统装置（下）

★ 学习目标

（1）通过小组分工合作，依据工程设计草图，完成鱼菜共生系统的制作。

（2）在亲身制作的实践过程中，提升工程学素养。

★ 核心问题

如何根据工程设计草图完成鱼菜共生系统的制作？

如何安装鱼菜共生系统使之运转，并组织学生进行观察？

★ 评价方案

评价方式：课堂展示。

评价工具：鱼菜共生系统装置评价量表（略）。

评价结果呈现方式：等级加整体描述。

★ 本课的重点、难点

根据工程设计草图制作鱼菜共生系统。

★ 学习活动设计

环节一：继续制作鱼菜共生系统装置

教的活动 1	学的活动 1
（1）引导学生依据上节课优化的方案进行鱼菜共生系统的制作。 （2）协助学生进行鱼菜共生系统的制作。 （3）协助学生正确地使用各种工具，保证学生安全。	（1）继续进行鱼菜共生系统装置的制作并对装置进行优化。 （2）记录项目日志。

设计意图

教师根据已解决的问题，引导并协助学生完成鱼菜共生系统的制作。在此过程中，确保学生使用工具的合理性和安全性，并记录好项目日志。指导并协助未完成装置制作的小组解决问题，以加快进度，力争完成以上操作。

环节二：测试鱼菜共生系统装置

教的活动 2	学的活动 2
（1）引导学生完成装置的测试，确定鱼和菜的种类和数量，明确装置安放的位置。 （2）引导学生制订科学、合理的观察方案。 （3）对学生提出的共性问题进行建议和指导。	（1）小组讨论，合作完成装置的测试。 （2）针对碰到的问题，尝试进行分析解决。 （3）制订观察方案。 （4）记录项目日志。

设计意图

实践是检验真理的唯一标准。至此，大部分小组已完成装置的制作。本环节引导已完成小组讨论并确定：鱼菜共生系统放置在哪里？如何确定鱼和菜的种类和数量？装置能否按预期运转？如何安排观察方案？指导并协助未完成装置制作的小组解决问题，以加快进度，力争完成以上操作。

环节三：项目小结

教的活动 3	学的活动 3
（1）组织学生汇报展示装置测试情况。 （2）引导学生分析所遇到的问题的可能成因，进行建议和指导。 （3）指导学生课下对装置运转进行进一步的观察。	（1）小组汇报展示装置测试情况。 （2）小组讨论，分析所遇到的问题的可能成因，并尝试进行解决。 （3）记录项目日志。

设计意图

基于项目的学习具有巨大的挑战性，在此过程中，虽然问题和困难层出不穷，但通过创新和合作是可以克服和完成的。组织汇报展示装置测试情况，分析并解决问题，检验装置的有效性，感悟工程设计实施的一般过程，培养学生严谨、求实的科学态度。

【第 4 次课】

★ 主题名称

迭代升级鱼菜共生系统装置

★ 学习目标

（1）了解太阳能等清洁能源和植物生长灯原理及作用，并尝试将它们运用于鱼菜共生系统。

（2）设计并绘制太阳能鱼菜共生系统装置工程草图。

★ 核心问题

如何绘制太阳能鱼菜共生系统装置工程草图？

第 2 章　与学科整合：适合初中开展的 STEM 项目课例设计

★ 评价方案

评价方式：课堂展示。

评价工具：工程草图评价量表（略）。

评价结果呈现方式：等级加整体描述。

★ 本课的重点、难点

设计并绘制太阳能鱼菜共生系统装置工程草图。

★ 学习活动设计

环节一：系统运行存在的问题展示及原因分析	
教的活动 1 （1）引导学生对系统运转中存在的问题进行汇报，并引导其进行原因分析。 （2）针对"如何使此系统实现低碳循环运转？"进行组内讨论，引导学生利用所学知识、阅读或查阅相关资料提出解决方案。	**学的活动 1** （1）对系统运转中存在的问题进行表述、尝试进行原因分析。 （2）利用所学知识、给定资料或查阅相关资料提出利用"清洁能源"解决能量供应问题的可行性方案。
设计意图 通过观察和探究，找出系统运行过程中存在的问题，并尝试找到原因和解决方案。在此过程中，引导学生从"低碳、循环"的角度自行讨论，尝试解决能耗问题，为后续系统的迭代升级打好基础。	

环节二：引入太阳能与植物生长灯	
教的活动 2 （1）组织学生总结并展示"清洁能源"类型，并讨论选择合适的类型纳入自己的鱼菜共生系统中。 （2）由光合作用的原理入手，寻找植物昼夜生长问题的可行性方案。 （3）引导学生探寻植物生长灯夜间能量来源的最优方案。	**学的活动 2** （1）小组合作，总结并展示"清洁能源"类型，并探讨鱼菜共生系统的迭代方案。 （2）小组合作，通过查阅资料，得出需在共生系统中加入植物生长灯的方案。 （3）尝试在设计迭代鱼菜共生系统中加入太阳能供电系统。
设计意图 从"低碳、循环"的目标出发，在减少能耗和提高产量两方面引导学生进行思考和探究。在此过程中总结初代鱼菜共生系统存在的问题，引入新的原理和器械，实现跨学科知识的融合运用。	

环节三：设计太阳能鱼菜共生系统	
教的活动 3 （1）引导学生以小组为单位设计迭代升级的鱼菜共生系统，必要时提供帮助。 （2）依据所种菜的类型，合理选择植物生长灯，并控制好成本。 （3）引导各小组通过潜水泵、植物生长灯功率计算确定所需太阳能供电系统的规格。	**学的活动 3** （1）绘制太阳能鱼菜共生系统工程草图。 （2）确定合适的植物生长灯。 （3）通过计算确定太阳能供电系统的规格。 （4）记录项目日志。
设计意图 基于真实问题，利用生物学中的光合作用原理、物理学中的能量转化的相关知识，通过严密的数学计算，确定植物生长灯的功率和太阳能供电系统的规格，合理地利用多学科知识解决实际问题，充分凸显 STEM 教育的跨学科属性。	

【第 5 次课】

★ 主题名称

制作太阳能鱼菜共生系统（上）

★ 学习目标

（1）绘制并展示太阳能鱼菜共生系统工程设计草图。

（2）根据工程设计草图制作太阳能鱼菜共生系统。

★ 核心问题

如何根据工程设计草图制作太阳能鱼菜共生系统？

★ 评价方案

评价方式：课堂展示。

评价工具：工程草图评价量表（略）。

评价结果呈现方式：等级加整体描述。

★ 本课的重点、难点

制作太阳能鱼菜共生系统。

★ 学习活动设计

环节一：分组展示工程设计草图	
教的活动 1 （1）引导学生以小组为单位绘制工程设计草图。 （2）组织小组展示装置工程草图，并进行多元点评。 （3）引导学生进一步完善工程草图。	学的活动 1 （1）以小组为单位绘制工程设计草图。 （2）展示小组装置工程草图，并进行评价。 （3）进一步完善工程草图，使设计更具有可行性。
设计意图 完善工程草图，并引导学生修改，使之后的制作顺利进行。本环节重点考虑工程草图设计是否合理、所用材料是否适当、是否具有可操作性，意在进一步培养学生的工程学思维。	
环节二：制作太阳能鱼菜共生系统	
教的活动 2 （1）协助学生以小组为单位，利用各自所选器材制作太阳能鱼菜共生系统。 （2）协助学生使用工具，注意安全。	学的活动 2 （1）小组分工合作，制作太阳能鱼菜共生系统装置。 （2）记录项目日志。
设计意图 充分放权，让学生按照工程设计草图进行太阳能鱼菜共生系统的制作，并在制作过程中进一步熟练各种器具的使用，掌握必备的生活技能。在制作过程中，修正设计中存在的问题，力争制作出科学、实用性强兼具艺术性的鱼菜共生系统，提升学生 STEM 素养。	
环节三：小结	
教的活动 3 （1）组织学生汇报小组进度。 （2）对学生提出的问题进行建议和指导。 （3）指导尚未完成的小组赶上进度。	学的活动 3 （1）汇报小组绘制进度。 （2）分析小组碰到的问题，并尝试提出解决方案。 （3）记录项目日志。
设计意图 引导学生找出问题，并讨论解决。对尚未完成的小组进行指导，确保项目的顺利实施。器材选取不当的，应协助其修正，并重新准备器材。在项目制作的过程中，教师应准确定位，做学生学习过程中的组织者和协助者。	

第 2 章　与学科整合：适合初中开展的 STEM 项目课例设计

【第 6 次课】

★ 主题名称
制作太阳能鱼菜共生系统（下）

★ 学习目标
（1）根据工程设计草图制作完成太阳能鱼菜共生系统。

（2）通过探究光质、光强对叶菜类蔬菜生长的影响及监测水质变化的实验，提升学生科学探究的能力。

（3）通过计算安装太阳能供电系统前后能耗变化，树立"低碳、节能、环保"意识。

★ 核心问题
如何完成装置制作并进行相关问题探究？

★ 评价方案
评价方式：课堂展示。

评价工具：太阳能鱼菜共生系统装置评价量表，见表 2-23。

评价结果呈现方式：等级加整体描述。

★ 本课的重点、难点
设计相关探究实验方案。

★ 学习活动设计

环节一：制作太阳能鱼菜共生系统	
教的活动 1 （1）协助学生利用器材继续完成太阳能鱼菜共生系统装置的制作。 （2）协助学生使用工具，注意安全。	**学的活动 1** （1）小组分工合作，完成太阳能鱼菜共生系统装置的制作。 （2）记录项目日志。
设计意图 小组分工合作，充分发挥每个人的特长优势，按照工程设计草图完成太阳能鱼菜共生系统的制作，培养团队协作意识，让每个参与者在项目实施过程中体验成功感和获取价值所在。	

环节二：探究光质、光强对植物光合作用的影响	
教的活动 2 （1）以问题驱动，引导学生设计光质、光强对植物光合作用影响的探究实验方案。 （2）引导学生制订详细的观察计划。 （3）组织学生以小组为单位，分配实验变量（即不同组探究不同的要素，如，使用不同颜色、不同功率的植物生长灯或给植物套上不同颜色的塑料袋，实现光质、光强的不同等），降低实验难度。	**学的活动 2** （1）制订利用二氧化碳或氧气传感器探究光质、光强对植物光合作用影响的探究实验方案。 （2）将太阳能鱼菜共生系统装置放置在合适的地方并实施探究方案。 （3）制订植物生长观察情况记录表。 （4）记录项目日志。
设计意图 通过本环节的探究，引导学生通过实验探究光质和光强对绿色植物光合作用的影响，进一步提升学生的科学探究意识和科学思维能力。通过持续的观察，培养学生崇真务实的科学态度及持之以恒的品质。	

环节三：太阳能鱼菜共生系统装置稳定性监测

教的活动 3

（1）以问题"如何监测鱼菜共生系统稳定运转与否"，引导学生设计、实施探究实验方案。

（2）学生以小组为单位，查阅相关资料，制订详细的探究计划。（利用水质检测仪，从 pH 值、氨氮、盐度等方面对水质进行检测，从定量的角度体现鱼菜共生系统的稳定性）

（3）组织学生进行后续观察，并做好记录。

学的活动 3

（1）设计太阳能鱼菜共生系统监测方案。

（2）将太阳能鱼菜共生系统放置在合适的地方，并实施探究方案。

（3）制订观察计划，并进行观察记录。

（4）记录好项目日志。

设计意图

利用水质监测仪实施定量监测，通过数学数据直观呈现太阳能鱼菜共生装置的稳定性，体现科学技术服务于生产实践的巨大优势。同时，培养学生基于证据和逻辑进行判定的科学探究品质。

环节四：计算鱼菜共生系统的节电量

教的活动 4

（1）引导学生根据潜水泵、植物生长灯的功率，计算太阳能供电系统对于鱼菜共生系统的节电量。

（2）通过相关数据转换，认同太阳能鱼菜共生系统的绿色、低碳、环保性能。

学的活动 4

（1）根据潜水泵、植物生长灯的功率，计算太阳能供电系统对于鱼菜共生系统的节电量。

（2）通过相关数据的转换，体会太阳能鱼菜共生系统的绿色、低碳、环保的性能。

（3）记录项目日志。

设计意图

通过耗电量的计算和相关数据的转换，感悟数学的价值，体验数学的魅力，帮助学生树立低碳、环保意识，引导学生践行绿色生活理念，养成节约能源、珍爱资源、厉行节约的生活习惯。

【第 7 次课】

★ 主题名称

展示、评价与大型鱼菜共生系统创意设想

★ 学习目标

（1）通过展示交流探究实验结果，进一步培养学生的科学探究意识。

（2）通过展示评选最佳太阳能鱼菜共生系统装置，增强学生的成就感。

（3）通过尝试设计并宣传推介大型鱼菜共生系统装置，感悟 STEM 教育的魅力。

★ 核心问题

如何设计一个大型太阳能鱼菜共生系统？

★ 评价方案

评价方式：小组得分。

评价工具：评价量表（略）。

评价结果呈现方式：评价打分，最佳鱼菜共生系统装置和最佳推广方案。

★ 本课的重点、难点

尝试设计大型鱼菜共生系统。

第 2 章　与学科整合：适合初中开展的 STEM 项目课例设计

★ 学习活动设计

环节一：展示与评价

教的活动 1
（1）组织学生汇报交流探究实验结果。
（2）分小组展示太阳能鱼菜共生系统装置。
（3）引导学生按照评价量表对产品进行评价。
（4）组织学生评选最佳产品。

学的活动 1
（1）通过实物、PPT 等形式展示太阳能鱼菜共生系统。注意体现光质、光强对植物的影响、水质检测曲线、耗电量等重要数据。
（2）按照评价量表进行产品评价。
（3）做好项目日志。

设计意图
产品完成后，引导学生针对产品进行评价，提升学生的成就感。通过探究实验方案的制订与实施引导学生将课上学习的探究实验的相关知识真正运用到生活中，解决真实问题，体验探究的乐趣。

环节二：大型鱼菜共生系统的创意设想

教的活动 2
（1）引导学生针对大型鱼菜共生系统进行组内讨论，制订初步方案。
（2）组织小组绘制工程草图。

学的活动 2
（1）讨论并制订大型鱼菜共生系统的初步方案。
（2）根据所需器材、工具，绘制工程草图。

设计意图
通过大型鱼菜共生系统装置的设计，让教学走出狭小的教室，走向广阔的生活和社会，感悟学科融合的价值。培养学生的社会责任感和担当意识，彰显 STEM 教育的真正价值。

环节三：总结升华

教的活动 3
组织学生分享交流在整个项目式学习过程中的感悟体会。

学的活动 3
以小组为单位，从项目开展情况、个人参与情况、小组合作情况等方面，对整个项目学习过程进行回顾总结，交流自己的感悟和收获。

设计意图
也许学生的产品不够完美，但参与过程是学生成长道路上不可或缺的宝贵财富。在这个相对漫长的历程中，习得的知识、获得的技能、历练的品质、精神的收获对学生的一生都是不可估量的。这也正是 STEM 教育的魅力和意义所在。

2.3.7　分课时的学案设计

项目名称：低碳循环"谐"奏曲——鱼菜共生系统的设计和制作

（1）**内容方面**：主要包括鱼菜共生系统的原理、生态系统的组成、能量流动和物质循环，以及工程设计草图的绘制等。

（2）**设计方面**：产品设计科学合理，具有长期稳定性；产品科学美观，材料易得，坚固耐用。

（3）**文字方面**：文字表达科学准确，通俗易懂；文笔流畅，生动具体。

（4）**时间方面**：把握创作节奏，6 周完成。

（5）**其他事宜**：充分利用所含资料包，也可通过网络搜索等方式获取创作素材。

为了帮助你更好地开展活动，下面这份项目学习单会助你一臂之力，马上行动起来吧！

任务一：探究鱼菜共生系统原理并绘制工程草图

活动1：各小组查阅给定材料或其他资料，根据生活经验、生物学、化学等相关知识，了解鱼菜共生系统的原理并绘制思维导图。

要求：思维导图要全面、准确地体现出鱼菜共生系统的原理；系统中应具有哪些生物，各自扮演的角色；运用化学表达式科学、准确地表述系统中各种物质的变化。

活动2：根据给定资料或查阅相关资料，各小组设计鱼菜共生系统工程草图，形成系统设计。

要求：介绍材料应包涵文字描述和工程设计草图。其系统设计应合理，操作简便；系统结构图布局合理，表意清晰；所用材料耐用、易得；图文结合要精当、科学、准确、生动。

任务二：制作鱼菜共生系统装置

活动1：汇报本组的系统设计，并对所存在的问题进行修改和完善。组间针对存在的问题进行互相提问并回答。

要求：汇报以答辩的形式进行。汇报小组以PPT的形式简要、准确地展示系统设计和工程设计草图，其余小组根据其设计存在的问题进行组间的提问，汇报小组回答。答辩完成后，汇报小组针对问题进行修改。

活动2：根据完善后的装置设计，各小组进行鱼菜共生系统的制作。

要求：制作过程依据工程草图进行，小组分工合作，必要时可申请教师的指导和帮助。相关工具的使用一定要注意安全。

任务三：迭代升级鱼菜共生系统装置

活动：根据给定资料和已有的相关知识，开展小组合作，针对鱼菜共生系统存在的耗能问题进行优化，实现对产品的迭代升级。

要求：以工程草图形式呈现。鱼菜共生系统装置设计应合理，操作简便；系统结构图布局合理，表意清晰；修改科学、合理且具备可操作性；迭代升级后系统能达到降低能耗的目的。

任务四：制作太阳能鱼菜共生系统

活动：小组分工合作，进行太阳能鱼菜共生系统装置的制作。

要求：依据修改后的工程草图进行装置制作；迭代升级后系统能达到降低能耗的目的，结构简洁、牢固、美观，并能长期保持稳定性；期间的方案修改、工具使用、器材调换，可查阅相关资料，必要时申请教师帮助。

任务五：展示、评价与大型鱼菜共生系统创意设想

活动1：分小组展示项目产品，师生依据共同建立的评价标准对各组的产品进行评价，

第 2 章　与学科整合：适合初中开展的 STEM 项目课例设计　　117

提出建议。

要求：展示项目产品时，应以答辩形式进行。PPT 内容应包涵项目实施过程，以及产品创新性、艺术性、稳定性等相关内容。评价应全面、客观、准确。

活动 2：尝试设计一个大型的鱼菜共生系统

要求：根据已有的设计经验，以小组为单位实施，结果以文字和工程设计草图的形式呈现。

2.3.8　终结性评价方案

评价方式：小组评价，组间评价，教师评价。
评价工具：太阳能鱼菜共生系统装置评价量表，见表 2-23。
评价结果呈现方式：小组得分，等级加整体描述。

表 2-23　太阳能鱼菜共生系统装置评价量表

评价内容	评价标准 1 分	评价标准 2 分	评价标准 3 分	小组评价	组间评价	教师评价
科学性	所做装置不能达成鱼菜共生的目的，植物的长势和鱼的生长状态差，鱼菜共生系统不能保持稳定	所做装置基本能达成鱼菜共生的目的，植物的长势和鱼的生长状态一般，鱼菜共生保持时间不足 5 天	所做装置能达成鱼菜共生的目的，植物的长势和鱼的生长状态良好，鱼菜共生系统能长期保持稳定			
实用性	装置无鱼菜产出，设计不合理，无可操作性、实用性	装置单位面积内鱼菜产量一般，设计基本合理，结构牢固性一般，可操作性、实用性一般	装置单位面积内鱼和菜产量高，设计合理，结构精致、牢固，可操作性、实用性强			
艺术性	所做装置简单、单调，无美感	用简单的素材对所做装置进行装饰	能准确运用形象、色彩、空间等视觉表达形式对装置进行美化，反映出作者有一定的审美能力			
创新性	装置和选材循规蹈矩，缺乏创新性	所做装置和选材有所创新，但设计没有新意	装置设计新颖，有独特性。器材选择简单易得，设计有创新之处			
总分						
建议：						

2.3.9 课例实施建议与反思

1. 实施建议

本项目式 STEM 课例，创设了"设计并制作太阳能鱼菜共生系统"的真实学习情境，以系统的设计、制作、迭代为探究线索，以学生的自主、合作、探究为学习方式，以问题为引领，引导学生学习并综合运用多门学科知识，由了解原理、进行设计、制作系统、迭代升级等基本环节组成。本课例我们具体设计了"探究鱼菜共生系统原理并绘制工程草图——→制作鱼菜共生系统装置——→迭代升级鱼菜共生系统装置——→制作太阳能鱼菜共生系统——→展示、评价与大型鱼菜共生系统创意设想"等五个任务环节。在实施的过程中，本课例广受学生欢迎，取得了良好的学习效果。

2022 版义务教育课程标准的颁布标志着我国基础教育全面进入了核心素养时代。《义务教育生物学课程标准（2022 年版）》在主题七"生物学与社会·跨学科实践"提供了可供选择的项目："设计并制作能较长时间维持平衡的生态瓶""探究栽培一种植物所需的物理和化学环境条件"以及"制作水族箱，饲养热带鱼"。本 STEM 项目式学习课例可以作为三种探究活动的有机整合，基于真实情境，真正地实现了与数学、物理、化学、工程、技术等跨学科知识的深度融合。在教学实践的过程中，可以择机调整时间，利用生物学实验课或课外实践活动课组织学生实施。

STEM 课程突出了科学、技术、工程和数学四门学科的融合，不是将原本分散的四门学科简单地集合在一起，而是以翔实的脑科学、认知科学和教育科学研究为基础，强调四门学科领域之间的关联，形成有目的、有方法、有系统的融合。[一] 这些特点需要教师引导学生进行本 STEM 项目式学习时，不断地学习并运用各个学科知识，确保学生的学习效果。在授课前，教师应储备以下知识，包括但不限于：科学方面有生态系统、压力与压强、化学反应式等相关概念和原理；工程方面有工程学草图的设计和绘制；技术方面有掌握电烙铁、PVC 管、切刀、太阳能电池板、逆变器等器材工具的原理和使用方法；数学方面通过计算完成草图绘制、定量计算装置节电量等。本课例适用于初中学生，其虽已储备了部分学科知识，但在学科概念以及跨学科概念的理解深度、运用程度方面与本 STEM 项目式学习的要求存在差距，需要教师耐心指导。尤其是在工程和技术方面的素养不够，因此在工程草图绘制过程中，可能存在较大失败的风险，需要指导教师从细节上引导、在精神上鼓励，确保环节的圆满完成。另外，在使用工具完成装置制作的过程中，需要指导老师参与，提供指导和保护，提升学习效果，如图 2-21 和图 2-22 所示。

[一] 叶兆宁，杨元魁. 集成式 STEM 教育：破解综合能力培养难题 [J]. 人民教育，2015（17）：62-66.

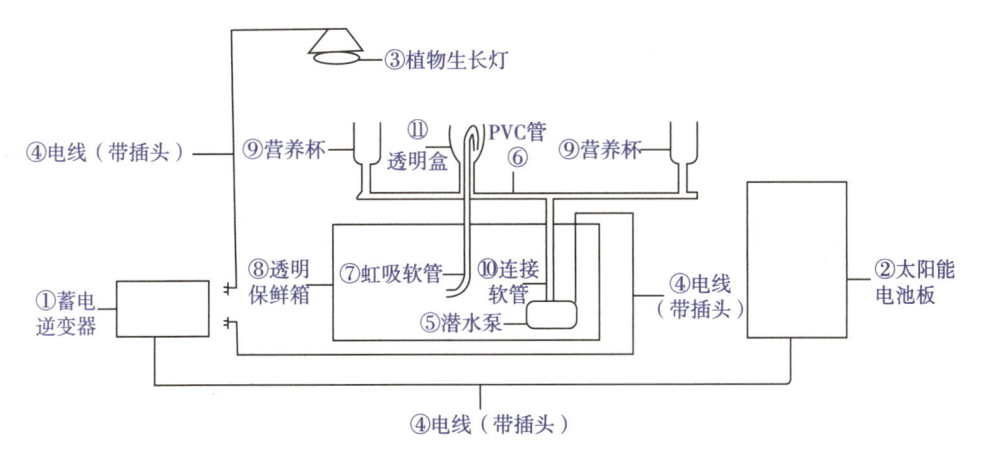

图 2-21　太阳能鱼菜共生系统装置结构图

图 2-22　太阳能鱼菜共生系统装置效果图

2. 课后反思

通过本 STEM 课例的设计与实践，我有以下三点收获。

（1）**这是一次真学习**。"学习是对未知世界的探索，是好奇心驱动的自主行为。"传统分科式的教学重视单一学科知识体系建构，但所探究的问题与生活实际联系不紧密，不能充分激发学生的探究欲望。本 STEM 项目式学习以真实问题"如何在家中可以吃到新鲜、放心的蔬菜和鱼，又能够创意扮靓居家环境，还能满足参与原始生产劳作的内心渴望？"作为出发点，激发学生的兴趣并进行探究。以五个核心任务为驱动，以学生为主体，以小组为单位，自主学习，合作交流，综合运用多学科知识，动手操作，尝试不同的思路，在试错过程中发现问题、分析问题、解决问题，实现真正学习，体验探究乐趣，培养核心素养。

（2）**这是一次真感悟**。这是一次相对完整的 STEM 项目式学习：鱼菜共生的应用前景吸引着学生积极参与；小组合作式的学习方式提高和保持了学生的参与率和专注度；自主探究式的学习模式给予学生自由发挥的空间；制作过程中各种器具的使用，帮助学生掌握了必备的生活技能；感悟工程设计实施的一般过程培养了学生严谨求实的科学态度；作品制作成功后的成就感给予学生充分的自信和继续探究的勇气。完整地参与一次 STEM 项目学习，不仅是一次知识的学习，更大的意义在于引导学生像真正的工程师一样去思考，综合运用各学科知识解决真实问题、探索真世界，获得真感悟！STEM 项目式学习在我们的实际教学中大有可为！

（3）这是一次真成长。尽管对于本项目式学习中可能碰到的困难做好了预案，但在实施过程中我们依然碰到了一些意想不到的困难。例如，学生综合获取、运用知识能力不足，导致课上"物质变化""工程图的画法"等环节花费了大量的时间和精力；学生动手能力差，导致使用工具时需要教师仔细地讲解和帮助才能完成后续的制作；课例持续时间长，部分学生的学习探究热情随着课例的进行有所下降等。虽然在此过程中问题和困难层出不穷，但在真实问题情境的探究中，学生是可以通过创新和合作克服完成的。也许学生的产品不够完美，但参与过程是学生成长道路上不可多得的宝贵财富。在这个相对漫长的历程中，学生习得的知识、获得的技能、历练的品质对其一生的作用不可估量。这种真正的成长也正是 STEM 教育的魅力和意义所在。

本项目式学习可以从以下几点进行更深入的探究：①可通过化学方程式的配平及计算，得出大致可以养多少鱼、多少菜。②通过太阳能电池板参数计算，引导学生合理选择逆变器等器具的规格。③微生物对水内有机物进行分解时，产生的哪些物质对鱼有害，有哪些危害，应选择怎样的鱼，应如何处理等。④植物生长灯的制作可作为本课例的延伸，从设计电路图、选择并购买材料到组装依次进行。⑤太阳能鱼菜共生系统可以作为一个产品，组织学生开展成本测算、DIY 定制、调研、定价及销售环节。

由于个人水平有限，本课例中还是存在一些问题。例如，在进行迭代升级的过程中，太阳能的引入方式有待商榷，任务问题的设计可以优化提升，最后一个任务问题设计上有待继续探讨，希望各位老师批评指正。

2.3.10 专家点评

本项目的挑战性任务是引导学生设计并制作一个太阳能鱼菜共生系统，符合现在国家倡导的低碳生活理念。从自身实际生活的角度，以点带面促进学生对"碳中和""碳达峰"等相关内容的近距离接触和初步了解，能够增强学生的社会责任感及对"构建人类命运共同体"和"生态文明"的理解。在本项目的学习过程中，数学的"身影"无处不在，体现了 STEM 设计理念中的"M"。例如利用水质检测仪，以定量的角度从多个指标检测太阳能鱼菜共生系统装置的稳定性；通过耗电量的计算和相关数据的转换，计算鱼菜共生系统的节电量。这些教学活动促使学生将学科与真实世界进行联系，引导学生以数学的角度看问题，并指导学生进行生产、生活实践，感悟数学学科的魅力，这是本项目的亮点。课程内容拓展建议：建议设计太阳能鱼菜共生系统观察周期相关内容，随着周期的延长，系统是否存在"失去稳态"的可能性，可针对出现的情况进行分析，并对自身系统进行改良。

北京市八一学校课程与教学中心副主任　原牡丹

第 2 章　与学科整合：适合初中开展的 STEM 项目课例设计　　121

2.4　课例 4：无土栽培

主要涉及学科：生物学，通用技术（3D 打印）。
课例提供团队：吉林省长春市第三十中学谷斯曼、孙佳楠、胡彩莲。

2.4.1　课例的背景、情境及学习目标

1. 课例背景

初中生物学按照生物种类的学习主要分为动物、植物和微生物，其中以植物特征、分类、生长、生殖等方面的学习为重点，而学生通过对无土栽培条件的了解，对生长后无土栽培植物的观察则有助于解决此类问题。另外，为了培养学生解决真实问题的设计思维与能力，本课题为依据无土栽培条件，分析、设计、使用与改进无土栽培装置。

2. 课例情境

长久以来，土地作为农业的命脉、植物生长的必要条件，一直制约着设施农业的发展。特别是化肥的长期使用导致土地板结，农作物营养严重不足。而无土栽培技术的兴起恰好能够很好地解决此类问题。如何将无土栽培技术推广并普及起来是亟待解决的农业难题。因此，本课题从微型无土栽培装置的设计开始，旨在通过微型装置的设计与试验，展示无土栽培技术的优点。

3. 学习目标

（1）**思维目标**：在分析土壤在植物生长过程中起到的作用时，运用科学探究的方式与生活经验，初步形成科学思维；在撰写调查报告的过程中，体验数据可视化的过程，形成数学思维；在无土栽培装置的设计、改进与展示的过程中，逐步形成设计与工程思维。

（2）**能力目标**：通过实验方案的设计，初步形成科学探究能力；通过实验方案的实施与无土栽培装置的制作，提高动手操作能力；通过创设真实问题情境，形成解决真实问题的能力；在无土栽培装置的制作与改进过程中，使用 3D 打印技术；通过小组合作完成项目的过程，提升人际协作能力。

（3）**知识目标**：通过无土栽培代替土壤的理论分析，概括植物生长的条件；通过无土栽培环境中植物生长的观察，描述植物生长的一般过程。

2.4.2　课例实施的环境和硬件要求

1. 实施环境

多媒体教室、计算机教室（创客教室）。多媒体教室如图 2-23 所示。

图 2-23　多媒体教室示意图

2. 硬件要求

多媒体互动大屏、3D 打印机、计算机。

2.4.3　课例适合的学段

1. 适合的学段

七年级。

2. 学生已有知识、经验、技能基础情况

七年级的学生已经对部分植物有所感知，注意到了植物的生长等现象，对植物生长所需的条件已经有了初步的认识和了解，且已经具备了分析问题、解决问题的逻辑思维与基本能力。

3. 学生学习过程中可能遇到的困难

（1）说明植物生长所需的条件时，容易忽视植物的根系除了需要水和无机盐之外，也需要一定的空气。

（2）分析土壤对植物生长所起到的作用时，容易忽略土壤对植物的固定作用。

（3）绘制无土栽培装置草图时，难以绘制出三视图或标注出具体的长度。

（4）改进无土栽培装置时，难以实现多种条件控制的自动化。

（5）设计探究无土栽培环境能否替代土壤的实验时，难以将自变量、无关变量、因变量等因素考虑全面。

（6）在撰写调查报告以及简易标书的过程中，难以做到严谨科学的表述。

（7）由于培育植物是一个长周期的过程，学生往往无法完整记录植物生长的状况。

2.4.4　核心挑战性任务及拆解

1. 挑战性任务

设计、评价与改进微型无土栽培装置，任务拆解见表 2-24。

第 2 章　与学科整合：适合初中开展的 STEM 项目课例设计

表 2-24　任务拆解表

核心挑战性任务	拆解后的子目标	子任务	阶段性成果
设计、评价与改进微型无土栽培装置	（1）说明植物生长的条件 （2）分析土壤对植物生长的作用	（1）根据生活经验与教师讲解，明确植物生长所需的物质与能量条件 （2）根据生活经验，推测土壤对植物的作用 （3）在无土栽培环境中进行实验探究，探究其是否能代替土壤	（1）学习笔记，思维导图 （2）实验探究方案
	分析常见的无土栽培装置的工作原理	（1）评价该装置是如何使根系获得水分和无机盐的 （2）评价该装置是如何使根系获得充足空气的 （3）评价该装置是如何固定植物的 （4）评价该装置在上述三个方面中的优缺点	（1）学习笔记，思维导图 （2）评价记录
	设计并绘制微型无土栽培装置草图	（1）结合上述案例，设计出符合要求的无土栽培装置草图 （2）调整，改进	设计草图（初稿、修改稿、最终稿）等
	利用 3D 打印技术，将理想中的装置打印出来	（1）简单了解 3D 打印软件的使用 （2）打印出自己设计的无土栽培装置	打印出的无土栽培装置
	检验并改进无土栽培装置	（1）从储水、通气、固定等方面检验无土栽培装置，分析出现问题的原因 （2）针对检验出的问题提出解决办法，对装置加以改进，尝试加入自动化的设计	评价记录
	通过模拟竞标活动，体验产品的诞生过程	（1）根据无土栽培装置的优缺点以及在生产中的应用，撰写简易的产品说明书 （2）结合项目背景、具体需求、生产流程等方面，撰写简易标书，并进行模拟竞标	（1）产品说明书 （2）简易标书

2. 挑战性问题

（1）土壤在植物生长中有什么作用？

（2）无土栽培技术与传统种植相比有何优点？

（3）怎样的环境能够代替土壤？

（4）如何设计与改进微型无土栽培装置？

2.4.5　分课时的教学进度规划

分课时的教学进度规划见表 2-25。

表 2-25　教学进度规划表

主题	具体内容	课时数
【子任务 1】	分析土壤对植物生长的作用，探究无土栽培技术是否能够代替土壤	2
【子任务 2】	进行背景调查，分析常见无土栽培装置优缺点	0.5
【子任务 3】	设计并绘制微型无土栽培装置草图	0.5
【子任务 4】	使用 3D 打印技术制作无土栽培装置	1
【子任务 5】	检验并改进无土栽培装置	1
【子任务 6】	通过模拟竞标活动体验产品的诞生过程	1

⊖ 本表提供的样例改编自北京市海淀区教师进修学校郭晓丽团队的《潜水艇》案例。

2.4.6 分课时的教学设计

【第 1 次课】

★ **主题名称**

为土壤困境提出解决方案

★ **学习目标**

（1）通过对土壤现状的分析，提出无土栽培的方法。

（2）分析土壤在植物生长中起到的作用。

（3）通过实验探究的方式，判断无土栽培环境能否代替土壤。

★ **核心问题**

无土栽培环境能否代替土壤让植物正常生长？

★ **评价方案**

评价方式：小组评价，组间评价。

评价工具：评价表（略）。

评价结果呈现方式：以等级呈现。

★ **本课的重点、难点**

重点：土壤对植物生长的作用，无土栽培技术是如何代替土壤的。

难点：探究无土栽培环境如何代替土壤的实验设计。

★ **学习活动设计**

环节一：分析土壤在植物生长中的作用	
教的活动 1 根据图片资料——"植物在土壤中生长"，以及视频资料——"比较玉米幼苗在蒸馏水和土壤浸出液中的生长状况"，引导学生思考：土壤在植物生长中起到的主要作用。	学的活动 1 观看图片与视频，根据资料内容，分析得出土壤在植物生长中起到了固定植物、提供水分和无机盐的主要作用。同时，土壤中的缝隙也为植物根系的生长提供了空气。
设计意图 教师通过出示图片与视频资料，引导学生运用观察与分析的方式获取生活中常见现象中的隐含信息，提升学生的深度思考能力。	
环节二：实验设计——探究无土栽培能否代替土壤	
教的活动 2 （1）结合土壤在植物生长中的作用，引导学生给出代替方式。 （2）引导学生依据科学探究的基本原则进行实验设计。	学的活动 2 （1）各小组学生经过讨论提出土壤的代替方式。 　　固定作用——借助支架或者填充物。 　　水和无机盐——配置好的营养液。 　　缝隙中的空气——实验装置适当通气。 （2）结合代替方式，进行探究无土栽培能否代替土壤的实验设计。 　　对照组：土壤栽培的多株绿萝。 　　实验组：完全使用营养液培养的多株绿萝。

第 2 章　与学科整合：适合初中开展的 STEM 项目课例设计

设计意图

本环节是建立在学生已经了解土壤在植物生长中的作用的基础上，运用已有的材料代替土壤并进行实验设计的过程。在设计实验的过程中，提升学生的科学探究与合作交流能力。

环节三：方案分享——探究无土栽培能否代替土壤

教的活动 3	学的活动 3
教师组织各小组学生分享本组的实验设计方案，并在这一过程中设计以下问题，引导学生进行自评与互评。 （1）自变量的控制能否达到目的？ （2）无关变量的考虑是否全面？ （3）因变量的检测方法是否适宜？ （4）怎样避免实验结果具有偶然性？	各小组分享本组的实验方案，根据教师所提出的问题进行自评与互评，在评价中获取有必要的建议，并加以改进。

设计意图

根据这一环节，学生能够更深入地体会科学探究的原则在实验中的应用，有助于进一步提高学生的科学探究水平。

环节四：实验实施——探究无土栽培能否代替土壤

教的活动 4	学的活动 4
教师组织学生将上述方案转化为现实，运用一切可以选择的物质、器材完成实验。 布置课后活动——各小组学生搜集无土栽培技术与应用的相关资料，根据搜集到的资料撰写调查报告。	学生分组操作，在教师的适当指导下完成完全营养液的配置、实验装置的连接与安装。

设计意图

通过实验实施过程，提升学生的动手操作能力。而布置的课后活动，既培养了学生搜集整理资源的能力，也加深了各组学生对于无土栽培技术的理解。

【第 2 次课】

★ 主题名称

无土栽培的可行性分析与验证

★ 学习目标

（1）通过对无土栽培代替土壤的实验结果分析，确认无土栽培的可行性。

（2）通过学生自主撰写的调查报告，了解无土栽培的行业发展与技术发展情况。

★ 核心问题

无土栽培是否具有进一步扩大规模的可行性？

★ 评价方案

评价方式：小组评价，组间评价。

评价工具：评价表（略）。

评价结果呈现方式：以等级呈现。

★ 本课的重点、难点

重点：无土栽培代替土壤的实验结果分析。

难点：调查报告的分享与评价。

⭐ 学习活动设计

环节一：无土栽培替代土壤实验的现象观察与记录	
教的活动 1 　　教师引导学生运用多种观察工具，如放大镜、直尺、电子天平等对植物生长状况进行观察与记录。	**学的活动 1** 　　运用放大镜、直尺、电子天平等工具对植株高度、根系长度、叶面积等指标进行测量与计算，并在表格中记录多组实验相关的数据。
设计意图 　　提高学生的动手能力，引导学生亲身体会植物生长的过程与状况，在实践中培养观察的技能与方法。	
环节二：无土栽培替代土壤实验的数据整理与分析	
教的活动 2 　　针对学生记录的数据，引导学生运用恰当的方法进行整理，如求平均值、进行 T 检验等，并适当进行数据可视化处理等操作，以便于更清晰地得出实验结论。	**学的活动 2** 　　学生依据实验分析的需求，进行适当的数据处理。
设计意图 　　通过对实验数据的如实记录与整理，培养学生的数学思维，引导学生运用多种统计学手段解析数据背后的含义。	
环节三：无土栽培代替土壤实验的结论归纳与总结	
教的活动 3 　　教师组织学生将各小组的数据上传，并进行快速汇总。通过数据可视化等操作，引导学生观看各类数据，并得出一定的结论。	**学的活动 3** 　　学生将整理好的数据进行分组上传，使之展示在大屏幕上。通过分析数据，得出结论——无土栽培技术代替土壤是具备可行性的。
设计意图 　　在实验结果的基础上，引导学生将数据结果转变为一般规律，建立学生对于无土栽培技术可行性的认识。	
环节四：总结无土栽培可行性及优点	
教的活动 4 （1）教师组织学生分组进行调查报告的分享与评价。 （2）通过对无土栽培调查报告的分享，引导学生总结这些技术是如何实现无土栽培的。 （3）通过学生对无土栽培的了解，教师提出问题：为什么现代农业主要以无土栽培为主？从投入的成本、时间、人力和物力等角度上思考，无土栽培相较于传统的农业有什么优点？	**学的活动 4** 　　各组学生按照教师要求的顺序进行汇报，说明无土栽培的类型包括水培、基质培。番茄㊀以及草莓等作物的栽培（具体栽培的亩产量对比如图 2-24 所示）㊁，有利于发展反季果蔬种植、设施农业与太空农业等。 图 2-24　无土栽培与土培作物产量对比 学生对无土栽培技术进行深入思考，发现其优点如下： （1）能更好地解决水气矛盾，从而实现高产应用场景多样化，适合栽培蔬菜、花卉和果木等植物。目前主要应用于番茄种植。 （2）省水、省肥、省力，降低了人力与物力所带来的成本。 （3）病虫害少，产品卫生健康。
设计意图 　　通过对无土栽培技术的介绍，使学生对无土栽培这一现代农业技术有更深刻的认识，理解大规模无土栽培技术的使用对于农业生产的重要意义，以便后续对无土栽培装置的设计更能贴近生活实际。	

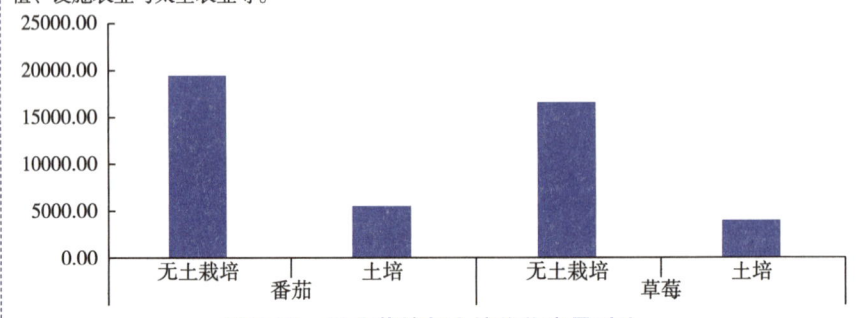

㊀ 北京日报. 拥有京津冀最大单体智能温室，老奶牛场蝶变农业创新工场 [A/OL]. (2022-04-02) [2022-07-03]. https://wap.bjd.com.cn/news/2022/04/02/10064131.shtml.

㊁ 中华人民共和国农业农村部. 探访京津冀最大单体智能温室——"番茄森林"首批产量将达 700 吨 [A/OL]. (2022-04-08) [2022-07-03]. http://www.moa.gov.cn/xw/qg/202204/t20220408_6395729.htm.

第 2 章　与学科整合：适合初中开展的 STEM 项目课例设计

【第 3 次课】

★ 主题名称
设计微型无土栽培装置

★ 学习目标
（1）了解无土栽培技术的优点。
（2）根据无土栽培装置的制作要求，评价常见的无土栽培装置的优缺点。
（3）设计并绘制微型无土栽培装置草图。

★ 核心问题
如何通过简易装置的设计实现校园内的无土栽培？

★ 评价方案
评价方式：小组评价，组间评价，教师评价。
评价工具：学生评价量表见表 2-26。
评价结果呈现方式：评分。

表 2-26　学生评价量表

内容	小组评价	组间评价	教师评价
自主学习效果（3 分）			
已有装置评价（3 分）			
设计参与程度（4 分）			
总分			

★ 本课的重点、难点
重点：评价与设计微型无土栽培装置。
难点：微型无土栽培装置的设计，并在设计过程中初步形成设计思维。

★ 学习活动设计

教的活动	学的活动
引导学生复习上节课的无土栽培基础知识。	学生复习上节课的无土栽培基础知识。

环节一：设置情境，分析需求

教的活动 1	学的活动 1
（1）教师设计情境：暑假的时候，小明去乡村游玩，发现很多农民伯伯仍然在面朝黄土背朝天地耕作，而新兴的无土栽培技术可以让农民伯伯减轻工作量。你能设计一个微型无土栽培装置来证明这一观点吗？ （2）引导学生对微型无土栽培装置进行需求分析。	利用同理心换位思考，确定微型无土栽培装置的设计需求。基于事件背景，设身处地为问题的核心对象着想。

设计意图

通过引导学生对微型无土栽培装置进行需求分析，在需求分析的基础上，使学生明确设计产品的一般思路，提升学生的设计思维。

环节二：评价常见无土栽培装置的优缺点

教的活动2	学的活动2
运用教学平台，向学生发布常见的无土栽培装置的设计图文资料。	各小组针对常见的无土栽培装置，结合图文并茂的背景资料，从使用场景、制作难度、实用性、创新点、美观程度等角度进行优缺点评价。

设计意图

学生在初步了解无土栽培的相关资料后，虽然掌握了进行无土栽培需要的条件，但是无土栽培装置的设计对学生来说仍很抽象。通过观察其他人设计的装置，学生再结合无土栽培的原理，来分析这些装置的优缺点，为后面小组内设计无土栽培装置做铺垫。

环节三：设计并绘制无土栽培装置草图

教的活动3	学的活动3
提示学生在明确需求的基础上，尽量体现上述装置的优点，规避缺点。指导每个小组设计无土栽培装置，并观察设计的过程。	头脑风暴：各组成员平等自由地表达自己的观点，为小组草图的绘制献计献策。 组内研讨：组长对各个有冲突的观点组织投票，确定最终采纳的观点。 在头脑风暴和组内研讨的基础上，形成小组最终设计方案。

设计意图

小组成员之间分工合作、相互配合，可以培养学生的合作意识和团队精神。根据无土栽培原理设计出自己的装置图，不仅开发了学生的想象力，给学生自由发挥的空间，又提升了学生的设计思维。在这个过程中，学生能感受到团队合作的力量，设计出自己的装置图，体验了收获的喜悦。

环节四：评选优秀无土栽培装置

教的活动4	学的活动4
教师组织各个小组进行交流、展示与汇报，组间进行点评与投票。学生点评过程中，教师进行记录，最后予以总结。	（1）各小组成员负责设计草图的讲解与展示。 （2）通过各小组的讲解，全体学生进行客观公正的投票（不可投自己组的成果），选出你心目中的优秀无土栽培装置设计图。 （3）对于组间点评问题比较多的小组，应对绘制的草图进行仔细的修改，便于第4次课的3D打印。

设计意图

学生通过组间的交流与评价，能够发现自己小组装置设计的优点与不足。同时，优秀设计草图的评选也对学生设计思维的发展起到了激励作用，学生能够更全心地投入微型无土栽培装置的设计。

【第4次课】

★ 主题名称

使用3D技术制作微型无土栽培装置

★ 学习目标

（1）掌握拉伸、抽壳、浮雕、草图绘制等命令。

（2）制作微型无土栽培装置。

（3）综合运用3D打印知识，解决生活实际问题。

第 2 章　与学科整合：适合初中开展的 STEM 项目课例设计

★ 核心问题
运用 3D 打印技术发挥创意，并分析微型无土栽培装置的可行性。

★ 评价方案
评价方式：小组评价，组间评价。
评价工具：评价表（略）。
评价结果呈现方式：利用围绕着美观性、实用性、制作的时间成本与材料成本的量表，以等级形式呈现。

★ 本课的重点、难点
重点：学生掌握拉伸、抽壳、浮雕、草图绘制等命令。
难点：综合运用所学知识，制作生活中用到的无土栽培装置。

★ 学习活动设计

教的活动	学的活动
教师引导学生观察绘制的无土栽培装置草图有什么特征。	学生观察草图。
环节一：学生观察	
教的活动 1 教师引导学生分析如何利用 3D One 软件制作这样的装置，可以用到哪些命令？	**学的活动 1** 学生回答有可能会用到的命令。回忆之前学过的知识，温故知新。
设计意图 学生基于自己小组设计的草图，对其进行深入的观察，因为任何一个设计都不应该仅仅停留在纸笔的层面。因此，利用 3D 打印技术，将草图中的设计变为现实，更能让学生体会到设计必须要符合实际，便于后续学生设计思维的逐步深化。	
环节二：学生操作实践	
教的活动 2 教师巡回指导，对于学生出现的问题及时给予帮助和指导。	**学的活动 2** 学生根据以前学过的知识进行创作，绘制基本实体——六面体，通过特殊功能—"抽壳"命令将装置保持中空状态，通过"特征造型"—"圆角"命令，将六面体边缘进行圆角装饰，使无土栽培装置更加美观。
设计意图 学生通过回忆之前学过的知识，对 3D 打印更易上手操作，可提高学生的动手能力、设计思维及解决问题能力。	
环节三：学生装饰无土栽培装置	
教的活动 3 教师进入各个小组中，深入了解各小组的制作情况，根据具体情况予以操作上的指导。	**学的活动 3** （1）学生依据之前所做的草图，结合生活中看到的无土栽培装置，为装置设置固定植物的小孔。 （2）常见命令如下："草图编辑"→"圆形/椭圆形"命令；"阵列工具"→"复制"命令；"拉伸"→"减运算"命令等。 （3）运用上述命令可以对无土栽培装置进行一些基础的设置，使该装置具备固定植物、储存水分、流通空气等特点。 （4）个性设计：学生运用"草图绘制"→"预制文字"→"特殊功能"→"浮雕"命令等功能对无土栽培装置进行美化与个性化设计。

设计意图

　　学生在设计微型无土栽培装置的过程中，不断改进自己的设计理念，经过几次更正才能制作出符合3D打印要求的微型无土栽培装置，对学生设计思维的形成有重要的作用。

环节四：打印试验

教的活动4	学的活动4
（1）教师引导学生将完成的模型打印成型，让学生到切片工具中进行操作，观察如何能够在最短时间内进行打印，并且效果最好。 （2）教师提示学生应将制作好的装置进行测试，观看可行性。	（1）学生在制作完成无土栽培装置之后，将作品经过切片工具操作，并传输到3D打印机中，进行打印。 （2）利用制作好的微型无土栽培装置进行简单的无土栽培，通过植物生长的状况和投入的成本，体现出无土栽培技术的优越性。

设计意图

　　本阶段属于实践阶段，让学生将自己的想象成为现实。从观察到草图绘制最后到成品，让学生将自己的作品打印成型，培养了学生的创作思维、创新思维及综合运用知识的能力。

【第5次课】

★ 主题名称

检验3D打印无土栽培装置并改进

★ 学习目标

（1）在初次检验3D打印无土栽培装置的过程中，体会工程思维。

（2）在设计检验装置通气情况方法的过程中，初步形成科学探究能力。

（3）在装置的迭代和改进过程中，了解3D打印技术与编程软件的基本使用方法。

★ 核心问题

通过多种标准的分析，尝试对微型无土栽培装置进行迭代。

★ 评价方案

评价方式：小组评价，组间评价，教师评价。

评价工具：学生评价量表见表2-27。

评价结果呈现方式：评分。

表2-27　学生评价量表

内容	小组评价	组间评价	教师评价
已有装置评价（3分）			
改进措施（3分）			
自动补水装置（4分）			
总分			

★ 本课的重点、难点

重点：总结在装置设计制作过程中有哪些不足，并且能够进行改进。

第 2 章 　与学科整合：适合初中开展的 STEM 项目课例设计

难点： 在原有功能基础上，能否利用编程软件进行设计，实现自动浇水或营养液补给。

★ 学习活动设计

教的活动	学的活动
引导学生观察并通过实验检验上节课制作的无土栽培装置是否满足现有需要，是否需要改进。	学生通过将营养液放入到无土栽培装置中，再将植株移植到装置中，并观察装置是否漏水。

环节一：观察无土栽培装置是否漏水

教的活动 1	学的活动 1
教师引导学生观察上节课打印出来的无土栽培装置，验证无土栽培装饰是否漏水。	学生以小组形式将容器装满营养液，将植株小心地移动到固定孔位上，让其充分与营养液结合，再将无土栽培装置放到干净水平的位置静置，半小时后观察是否漏水。

设计意图

在学生利用学过的 3D 打印知识制作完无土栽培装置后，需要验证它的可用性，比如装置是否漏水。3D 打印默认密度是 20%，所用材料是 PLA，中间可能会有缝隙。在调整抽壳厚度时，厚度指数选择 "-2"，可能会有容器壁比较薄的情况，这就需要在验证后及时对装置进行调整。

环节二：检验装置通风情况

教的活动 2	学的活动 2
引导学生集思广益，运用多种方法检验无土栽培装置的透气性是否良好。	在单一变量的原则下，不同小组的学生通过讨论，总结出具有特色的检验方法，并利用教师提供的多种器具进行检验。 例如，某小组学生想出了将装置放置在教室内受自然风影响较小的位置，在其左侧用相同功率的电吹风吹动空气，右侧则放置固定好的小风车，观察小风车的转动速度，从而评估装置内的空气流通情况。

设计意图

在制作装置过程中，有的学生多放几个空洞可能会导致植株间隙距离比较近，这样会造成通风透气不好。在观察验证之后，可以减少空洞，或者加大两侧的孔洞半径，增强它的透气性。

环节三：分析原因，改进措施

教的活动 3	学的活动 3
引导学生根据实际观察到的情况，改进无土栽培装置。	各小组的学生针对上述检测中出现的问题，有针对性地进行改进本组的无土栽培装置。

设计意图

本环节让学生在第一次制作完装置后，自己进行验证，自己寻找问题，进而自己解决问题，强化了学生对于 3D 打印操作步骤的熟悉程度，并且对无土栽培装置的了解也更加深入了。

环节四：进一步验证，并实现浇水功能

教的活动 4	学的活动 4
（1）在学生再一次打印出新的无土栽培装置后，进一步进行验证，并引导学生能否利用学过的编程软件，例如 mBlock 可视化编程软件制作一款能够自动补充水分及营养液的程序（本部分属于分层次任务，不要求全员参与）。 （2）布置课后活动——结合教师发布的"招标要求"，学生使用改进后的无土栽培装置，运用水培法或者基质栽培对植物进行培养，观察并记录植物生长的规律，从中体会本组无土栽培装置的优缺点，并据此撰写简易标书。	学生验证改进后的装置的透水透气性，判断是否还需要进一步改进，并利用学过的编程软件设计一款能自动补水和营养液的程序。在之前的学习过程中，有的学生可以利用编程软件以及光传感器对植物进行补光，如果进行补水可以利用湿度传感器来实现。

设计意图

学生的基础参差不齐,所以在学生完成3D打印制作装置之后,给学生提出进一步的要求,提出分层任务——能否利用编程软件制作出自动补水装置。同时,通过课后的观察活动,引导学生对生活中的常见现象加以关注,并从中体会植物生长的一般过程,继而运用产品思维对无土栽培装置在这一过程中的表现加以审视,最终以标书的方式呈现学生对该装置的理解、设计与改进。

【第6次课】

★ 主题名称

无土栽培装置的展示与分享

★ 学习目标

(1)通过标书的撰写与分享过程,概括无土栽培装置的优点与问题。

(2)通过营造真实情境——模拟竞标,初步形成学生的产品思维。

★ 核心问题

根据校内无土栽培场地情况,对水培区、基质栽培区分别进行方案设计与模拟竞标。

★ 评价方案

评价方式:小组评价,组间评价。

评价工具:评价表量表(略)。

评价结果呈现方式:以等级呈现。

★ 本课的重点、难点

重点:对本组的无土栽培装置进行合理的设计与分析,使之符合招标要求。

难点:结合之前学习的经验与体会,在竞标中形成产品思维。

★ 学习活动设计

教的活动	学的活动
出示招标要求:学校准备建设一块无土栽培的实验区,包含水培区与基质栽培区两部分,并分别竞标,场地具体情况见表2-28。	学生阅读招标要求,准备竞标。

表2-28 无土栽培场地情况

现有空间	校内可用于无土栽培场地面积共计32m²				
长度	4m	宽度	8m	面积	32m²
种植与设计要求					
水培区	该区域为16m²				
基质栽培区	该区域为16m²				

环节一:宣布开标纪律

教的活动1	学的活动1
教师宣布开标的纪律、规则以及各小组的开标顺序。	学生聆听相关纪律与规则,明确开标顺序。

第 2 章 与学科整合：适合初中开展的 STEM 项目课例设计

设计意图
将真实竞标的流程引入课堂，使竞标活动更具真实感。

环节二：水培区竞标

教的活动 2	学的活动 2
教师组织学生按照开标顺序，依次进行竞标。在此过程中，参与基质栽培区竞标的小组对此进行评分。	参与水培区竞标的小组将重点放在了装置设计与分布上，运用不同的形式呈现自己的设计成果，如思维导图、三维设计图、立体模型、水培植物展示等。

设计意图
通过引导学生主动参与竞标过程，在此过程中应用产品思维来设计校园的水培区，培养学生的创新能力和设计思维。

环节三：基质栽培区竞标

教的活动 3	学的活动 3
教师组织学生按照开标顺序，依次进行竞标。在此过程中，参与水培区竞标的小组对此进行评分。	参与基质栽培区竞标的小组详细介绍了所用的基质种类及采集成本，运用不同的形式呈现自己的设计成果，如思维导图、手绘三维设计图、立体模型等。

设计意图
各小组学生积极参与竞标与评价过程，用各种不同形式的成果展示自己对无土栽培装置的设计与分布的深入理解，从而提升学生的语言表达能力。

环节四：宣布中标结果

教的活动 4	学的活动 4
结合各组学生的表现、组间互评以及教师评价的结果，教师宣布中标小组。 教师组织不同小组的学生对该项目的实施过程与结果进行回顾、分享与评价。	经过小组讨论后，由各小组派出一名代表谈谈在无土栽培这一项目中的感想与体会，并进行自评与互评。

设计意图
通过最后一个项目总结与小组分享的环节，引导学生回顾这一过程中所经历的困难、问题以及解决方法，从中获得可以迁移的知识与技能，为本次项目画上圆满的句号。

2.4.7 分课时的学案设计

【无土栽培相关知识学案】

（1）植物生长的条件，完成图 2-25。

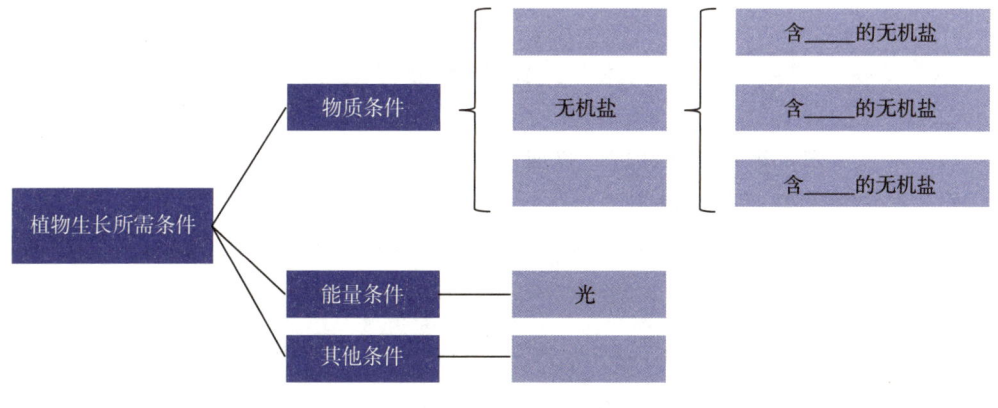

图 2-25 植物生长的条件

（2）常见的无土栽培技术，完成表 2-29。

表 2-29 常见的无土栽培技术

常见的无土栽培技术	满足水的需求	满足无机盐的需求	满足空气的需求	如何固定植物

【无土栽培装置设计课学案】

无土栽培装置评价与设计

评价维度：

A. 该装置能否满足植物对水的需求？它是如何做到的？

B. 该装置能否满足植物对无机盐的需求？它是如何做到的？

C. 该装置能否满足植物对空气的需求？它是如何做到的？

D. 该装置能否固定植物？它是如何做到的？

在该框内绘制出你的设计草图，并指出该装置如何代替土壤。

2.4.8 终结性评价方案

评价方式：小组评价，组间评价，教师评价。

评价工具：评价表（表 2-30）。

评价结果呈现方式：项目结束后，统一进行最终评价，以分数形式呈现。

第 2 章　与学科整合：适合初中开展的 STEM 项目课例设计　135

表 2-30　评价表

评价内容	评价标准 1~5 分	评价标准 6~10 分	评价标准 11~15 分	评价标准 16~20 分	小组评价	组间评价	教师评价
无土栽培设计图完成情况	设计图不准确	设计图基本符合要求，但只有草图，缺乏尺寸标注	设计图初步体现出创新思维，对大小、细节有标注，但不具体	设计图充分体现出创新思维，对大小、细节标注清楚			
无土栽培装置完成情况	装置无法代替土壤，无法实现植物的无土栽培	装置能够按照设计图进行无土栽培	装置能大致代替土壤功能，进行无土栽培	装置能代替土壤，充分实现无土栽培			
资源的运用与时间管理	缺乏对时间的管理能力与资源的运用能力	对资源的运用欠缺，部分任务不能按时完成	能合理运用各项资源，能按预期完成任务	能合理运用各项资源，在预期之前完成任务			
无土栽培装置的模拟竞标	在模拟竞标工作中，较少参与小组合作	在模拟竞标工作中，承担了小组合作中的次要任务	在模拟竞标工作中，承担了小组合作中的主要任务	在模拟竞标工作中，承担了小组合作中的关键任务			
团队合作	只有少部分成员能够参与并完成设计、制作和展示过程	部分成员能够参与并完成设计、制作和展示过程	大部分成员能够参与并完成设计、制作和展示过程	各成员分工明确，所有成员都参与到任务完成的过程中			
总分							

2.4.9　课例实施建议与反思

1. 实施建议

整体的教学设计都围绕着无土栽培装置的设计，以其设计为核心，凸显了基于设计思维的 STEM 教学这一主题。在学生从分析需求到根据需求设计、从模仿到创新再到简单的创造的过程中，发展了学生的设计思维，体现了 STEM 教育解决真实问题的重要思想。

从学习目标来看，本节课的学习目标较为简单。对于初中生来说，达成的难度较低，教学活动中的设计流程遵循了一般的设计思维，从知识基础的构建到设计制作的实施，比较符合学生的学习逻辑，整个教与学的活动能够基本达到 STEM 教育的教学目标。同时，为支持学生自主学习、合作学习，教师布置了学习支架单，引导学生根据教师提前准备的资料进行自学，充分发挥学生学习的主体性。在调查报告和标书的撰写中，教师引导学生充分利用网络中的信息资源，在此过程中培养学生对于网络资源的甄别能力，充分发挥信息时代的优点，使 STEM 教学活动开展得更加深入。

2. 课后反思

在教学实施过程中，对于科学问题的解决，整体采用了两种方式，一是通过教师讲解与视频讨论等方式，建立基本的知识基础，二是在完成无土栽培装置的设计后，通过探究实验的方式，引导学生从实验结果中获得感性认识，进而升华为理性认识；对于数学思维的培养，主要体现在对无土栽培装置大小的设计、营养液的配比、调查报告数据的处理等方面，在实施过程中，这部分活动出现了一些问题，由于教师在事先没能提醒学生根据想要栽培的植物大小，设置装置的大小，从而造成了很多小组对无土栽培装置大小的设计出现了较大的偏差，在下次教学时，应该提前进行强调，以免出现此类问题；对于各类技术的使用，在设计与改进微型无土栽培装置的过程中，学生主要用到了 3D 打印以及编程等技术，在真实情境中学习并使用技术，大大提高了学习效率，另一方面，由于受学校 3D 打印设备所限，学生设计的草图想要打印出来需要再三地调整，以保证打印的成功率，而这一部分的试错能让学生感受到设计与实现的距离，体会将设计图转化为实物的不易，在下次教学时，教师也应当提前向学生予以介绍，降低学生修改草图的次数，节省教学时间，提高教学效率。

总的来说，通过本项目的学习，学生在自主学习、合作学习、逻辑推理、科学创造等方面的能力都有了一定的提高。但在该项目实施过程中，在对无土栽培装置进行更进一步的改进时，碍于教师本身的能力，无法对学生的方案给出比较精准的改进意见，导致试错次数相对较多。

2.4.10 专家点评

本项目将"依据无土栽培条件，分析、设计、使用与改进无土栽培装置"作为挑战性任务，教师组在基于分析现有农业生产中土壤板结、农作物营养不足、农药残留等现实困扰后，提出问题，引导学生运用科学探究的方式开展土壤在植物生长中起到的作用等活动的探讨，并逐步解决问题，助力科学思维的形成；装置从原型设计到物化实现的过程，充分体现了工程思维的有效落地。教学活动拓展建议：课程入项时，建议加入传统农业生产与无土栽培生产的优缺点比较，通过比较引导学生对无土栽培的"优点"形成共识，如有效防止土壤连作障碍和土传病害、自动化节约了劳动工时、不受自然条件的限制、有些作物品种能提高单产等，这是本项目得以立项的意义所在；无土栽培的方法有水培、雾培、基质培等，学生可以通过几种培养方法的对比研究，综合分析选择在现有条件下的可行性方案进行实践。

北京市八一学校课程与教学中心副主任　原牡丹

2.5 课例5：智慧照明，还城市夜的黑

主要涉及学科：科学，地理，信息科技。
课例提供团队：浙江省杭州外国语学校张鹏峰。

2.5.1 课例的背景、情境及学习目标

1. 课例背景

植物和动物依靠地球每天昼夜的循环更替来控制和维持生命的行为，如繁殖、营养、睡眠等。

科学证据表明，长时间、大量的人工照明会导致植物花芽的过早形成，干扰植物的冬眠和落叶等生长节律。某些波长的人造光影响了鸟类的定向能力，抑制了鸟类和哺乳动物类褪黑素和生殖激素的分泌。褪黑素有抗氧化特性，可促进睡眠，增强免疫系统等功能。不良的灯罩结构设计和不合理的光照强度还会导致眩光，可能引起眼疲劳，存在交通安全隐患。

2. 课例情境

项目的目标是为校门口的留和路设计黑暗友好型照明系统。项目任务涉及研究留和路的区位因素，包括地理位置、天气情况、车流量、路两边的植物和鸟类等，这些因素是设计留和路路灯系统的限制条件。

光源的选择是照明系统设计中的重要一环，但是因为光谱检测设备价格昂贵，且没有条件按需生产光源，所以项目任务只对光源提出选择的要求。

光污染的主要成因之一是光照角度过大，甚至直射天空。调整光照角度的主要装置是灯罩，灯罩的合理设计能防止眩光，并让光照到需要的地方。因此灯罩的设计是项目的重要任务之一。学生需运用三维软件进行设计，并结合劳动技术课上所学技能进行制作。

城市生活是有规律的，从节能和降低光污染的角度，可以尽可能地减少不必要的光照，在人工智能和大数据的背景下，按需照明是理想的照明系统。因此，根据情境需求设计合理的控制系统也是项目的重要任务之一。初中学生在信息科技课上学习了编程和开源硬件，具备了设计和制作控制系统的能力。

如果教学时间紧迫，三个主要的任务也可以分组由不同的学生完成，但需加强小组间的沟通协调，以免设计不能服务于同一个场景。

3. 学习目标

（1）知道光污染对植物、动物和人的生存产生的危害。
（2）理解危害产生的原因，能够从地理、科学的视角进行解释。

（3）分析留和路路况和区位因素等条件，明确合理的设计目标。

（4）综合运用编程、物理、数学、信息科技等知识进行灯罩结构和控制系统的设计与制作。

2.5.2 课例实施的环境和硬件要求

1. 实施环境

最好周边是计算机、中间是空地（可用于模型测试）的实验室。本项目主要在机房和木工房完成。

2. 硬件要求

计算机：可上网，有三维建模和编程等软件；木工房：有电锯、电钻、木板；电子设备：电子元器件、开源硬件、数字万用表。

2.5.3 课例适合的学段

1. 适合的学段

八年级和九年级。

2. 学生已有知识、经验、技能基础情况

学生已在科学课上学习了物理和地理的相关知识，在信息科技课上学习了三维设计、编程和开源硬件的使用，在劳动技术课上学习了基础的木工操作，因此已具有相关的科学知识，以及良好的编程和技术运用能力。

3. 学生学习过程中可能遇到的困难

对学生的跨学科思维能力提出挑战。项目式学习以解决问题为导向，学生需基于真实情境调用各个学科的知识。学生习惯了从单一学科视角思考问题，综合运用不同学科知识，给学生的认知带来负担。

对学生的工程思维能力提出较高要求。真实问题面临着现实的各种约束，区位因素、设计标准、资金、人力等，学生往往忽视这些书本上看不到的知识，而直接套用理论上的数理模型解决问题，难以解决真实的不良结构问题。

学生的设计与制作能力有待提高。因为有弧度等不规则结构，设计的灯罩很难用已有的实验室设备进行物化。大量线路的铺设，电路的安装需要有清晰的规划能力和线路标识意识，方便线路的调试和维修。

2.5.4 核心挑战性任务及拆解

1. 挑战性任务

设计合理的照明系统。需综合分析区位因素、路灯设计标准等方面的限制因素，选择

第 2 章　与学科整合：适合初中开展的 STEM 项目课例设计

合适的光源；设计灯罩结构和灯光控制系统，任务拆解见表 2-31。

表 2-31　任务拆解表

核心挑战性任务	拆解后的子目标	子任务	阶段性成果
根据场景设计合理的照明系统，控制灯光照射的方向和时间	了解光污染对动植物和人类生活的危害，理解危害产生的机理。在现实环境约束条件下，选择合适的光源	**根据场景选择光源** （1）搜索过度照明（包括方向不集中、照度过强、时长过长等因素）对动植物和人类生活的危害主要有哪些 （2）通过理解危害产生的机理，学习地理、科学相关知识。认知色温、光谱、照度等科学概念，阐释光的波长、频率与能量之间的关系 （3）应用所学知识，分析不同光源对动植物和人类生活的影响 （4）查阅留和路的区位因素（地理位置、气候、生态等），运用所学知识，分析基于留和路的区位因素，路灯设计有哪些限制条件 （5）根据留和路的区位因素，选择合适的光源	（1）理解光污染带来危害的机理 （2）分析基于留和路的区位因素的路灯设计限制条件，形成数据表 （3）学习笔记，思维导图
根据场景设计合理的照明系统，控制灯光照射的方向和时间	根据黑暗友好型照明系统的设计要求和路灯设计标准，设计灯罩结构	**设计灯罩结构** （1）了解路灯的行业设计标准 （2）综合路灯设计标准、区位因素和黑暗友好型照明系统的设计要求，分析路灯灯罩的要求 （3）学习黑暗友好型灯罩结构，研究不同灯罩结构对光照强度和照射方向等因素的影响 （4）通过 Scratch 进行光学数理建模，分析在规定路灯高度和路灯间距下，实现防眩光应选择的合理照射角度 （5）实验测试常用的灯罩材质对透光率的影响 （6）结合程序模拟结果和实地场景对结构牢固、美观等方面的要求，通过 3D 软件建模设计灯罩结构	（1）实验方案，实验记录，实验报告 （2）需求分析报告 （3）灯罩设计方案 （4）灯罩的模型 （5）工程笔记或项目日志
	学习控制系统的设计原理，设计适合场景的照明控制系统	**控制系统的设计** （1）认知智慧照明系统的组成 （2）了解传感器的类型及用途 （3）学习开源硬件 （4）路灯模型的设计与制作 （5）根据情境设计相关控制系统	（1）道路模型设计与制作 （2）电路的设计与安装 （3）控制算法的设计 （4）控制系统设计方案及模型

2. 挑战性问题

过度照明会对动植物和人类生活产生哪些危害，产生危害的机理是什么？良好的照明系统需要考虑光谱、色温、光照强度，选择合适的光源。智能控制系统需要解决路灯什么时候亮，照向哪里的问题。

2.5.5 分课时的教学进度规划

分课时的教学进度规划见表 2-32。

表 2-32 教学进度规划表

主题	具体内容	课时数
根据场景选择合适的光源	（1）理解光污染影响动植物及人类生活的机理，查阅学校旁边的留和路的相关区位因素（地理位置、气候、生态等），基于区位因素分析留和路的路灯设计限制条件 （2）学生在教师的指导下认识常见光源的光谱，学习光的色温概念以及波长、频率与能量之间的关系。并综合上一阶段所学知识，分析留和路光源的特征，选择合适的光源	1
设计符合黑暗友好型照明要求的灯罩	（1）讨论分析黑暗友好型照明系统对光照方向、照度、色温和控制系统等方面的要求 （2）学生综合路灯设计标准、区位因素、黑暗友好型照明设计要求等各种限制条件，明确路灯的设计要求	1
	学生通过学习黑暗友好型灯罩结构，进行光学数理建模和程序动画模拟，设计灯罩的照射角度，并对灯罩结构进行三维建模	1
	学生运用木工工艺的知识与技能，设计并制作灯罩	1
智能照明控制系统的设计与制作	学生通过学习智慧照明系统的组成，了解传感器的类型和用途，学习开源硬件的使用	1
	根据不同场景对照明的时长和亮度的需求，设计并制作基于开源硬件的控制系统，包括道路模型、电路设计安装以及控制算法的设计	3

2.5.6 分课时的教学设计

【第 1 课时】

★ 主题名称

光污染对动植物和人类生活的危害及预防

★ 学习目标

（1）理解光污染对动植物和人类生活产生的危害，以及产生危害的机理。

（2）理解光照射在一个物体上时，会被反射、吸收或穿过物体，这取决于物体的材料和光的频率。

（3）理解波长较短的电磁波辐射会对生物细胞造成损害。

（4）理解城市热岛效应。

（5）理解道路照明系统的设计与其区位因素有关。

（6）从系统角度分析和解决问题：地理环境影响气候和生态，所以生态环境和人类的活动习惯是路灯照明系统设计的限制因素。

★ 核心问题

基于留和路的区位因素选择合适的路灯光源以减少光污染。

第 2 章　与学科整合：适合初中开展的 STEM 项目课例设计

★ 评价方案

评价方案见表 2-33。

表 2-33　评价方案（一）

评价内容	评价方式	评价工具
理解光污染的危害	诊断性评价	口头汇报
阐述危害形成的机理	形成性评价	随堂测试
理解道路的区位因素	结果性评价	成果汇报
运用知识分析路灯的设计要求	结果性评价	研究报告

评价量表见表 2-34。

表 2-34　评价量表（一）

评价内容	评价标准 水平 1（0~2 分）	水平 2（3 分）	水平 3（4 分）	水平 4（5 分）	教师评价	小组评价
信息收集能力和分析能力	收集一方面信息，且途径单一	收集多方面信息，途径单一	收集多方面信息并部分整理，途径多元	收集并分类整理多种信息，途径多元		
抽象思维能力	只能够记忆相关知识	能够由已知推理较近的未知	能理解知识间的相互联系	能够进行知识的迁移		
运用知识解决问题的能力	选择与示例相同的解决方案	思考问题的角度单一，只能解决部分问题	从多方面思考问题，但是无法实现有机整合	从多方面思考问题，从系统角度合理权衡决策		
总分						

★ 本课的重点、难点

重点：理解光影响动植物和人类生活的机理。

难点：分析区位因素对照明系统的限制。

★ 学习活动设计

环节一：认知光污染的危害
教的活动 1　　教师通过图片引导学生思考光污染的危害，组织学生讨论和汇报。	**学的活动 1**　　学生搜集相关资料，了解更多关于光污染的信息。
设计意图　　教师提供一些网站，学生搜索相关资料并整理，增加学生主动探究的机会，加深理解。
环节二：理解光危害发生的机理
教的活动 2　　（1）教师总结归纳学生搜集的信息，整理出学生可以理解的几方面光危害。　　（2）教师讲解光影响动植物和人类生活的机理。	**学的活动 2**　　（1）听课、做笔记。　　（2）理解光影响动植物和人类生活的科学机理。
设计意图　　在学生搜集资料的基础上，整理出地理、科学相关知识，有利于学生基于真实情境的学科学习，有利于深度学习，激发学习动机。

环节三：了解留和路的区位因素	
教的活动 3 （1）教师提出留和路区位因素概念，请学生通过百度地图等工具搜索相关资料。 （2）组织学生讨论交流。	**学的活动 3** 搜集留和路周边的动植物，及人类活动等区位因素。
设计意图 校园旁边的道路学生较为熟悉，搜索资料、调查研究较为方便。区位因素分析对道路路灯设计有个性化的要求，学生通过资料搜集加深对研究对象的认知。	
环节四：分析区位因素对照明系统的限制	
教的活动 4 教师整理学生搜集的资料，请学生根据所学知识分析区位因素对留和路照明系统的限制条件。	**学的活动 4** （1）运用所学知识分析区位因素对留和路照明系统的限制条件。 （2）分享交流。
设计意图 学生运用所学知识，分析留和路区位因素对道路路灯设计的个性化要求，培养学生对跨学科知识的理解和运用知识解决问题的能力。	

【第 2 课时】

★ 主题名称

照明系统的设计——灯罩设计

★ 学习目标

（1）综合分析各种因素的影响，学会权衡和基于目标选择最优化的决策。

（2）通过光学的数理建模分析灯罩照射角度和照射范围。

（3）对一项设计任务的标准和约束条件定义得越精确，设计方案越可能获得成功。对约束条件进行说明，需要思考可能方案涉及的科学原理，以及社会生活等其他方面的知识。

（4）学会分析和解读数据，参与基于证据的论证。

（5）通过提出问题和定义问题，指出变量间的关系，阐明论证和模型，培养学生的工程思维。

★ 核心问题

从节能和防眩光的角度设计灯罩的结构。

★ 评价方案

评价方案见表 2-35。

表 2-35 评价方案（二）

评价内容	评价方式	评价工具
综合分析各因素，设计合理的照明要求	诊断性评价	阶段成果汇报
光学数理建模的合理性	诊断性评价	作品展示与答辩
三维建模尺寸和结构的合理性	结果性评价	成果汇报
运用实物测试材料透光率的实验步骤的合理性	诊断性评价	实验报告

第 2 章　与学科整合：适合初中开展的 STEM 项目课例设计

评价量表见表 2-36。

表 2-36　评价量表（二）

评价内容	评价标准				教师评价	小组评价
	水平 1（0~2 分）	水平 2（3 分）	水平 3（4 分）	水平 4（5 分）		
综合分析各类信息权衡决策的能力	分析多方面信息，但无法实现有机整合	分析多方面信息，实现部分信息间的整合	能整合信息，但合理性欠缺	会运用系统思维，清晰阶段性目标，合理取舍信息		
科学地进行数理建模的能力	明晰影响复杂现实问题的关键因素，但无法将原因与结果间建立数理关系	有将结果与影响因素建立数理关系的意识，但合理性上欠缺	能够抽象出影响因素与结果之间的数理关系，但缺乏公式使用条件的论述	能够抽象出影响因素与结果之间的数理关系，并清晰阐述模式适合的条件		
三维设计能力	图形完整	尺寸比例准确	结构美观协调	结构精确，布局合理		
物化能力	能够选择合适的材料和加工工具	加工流程合理，有规划意识	结构设计合理，用已有的工具可以完成	能够利用简单工具完成复杂结构，产品完成度高		
总分						

★ 本课的重点、难点

重点：综合各因素分析路灯的设计要求。

难点：根据光学原理进行数学建模和编程。

★ 学习活动设计

环节一：综合各种因素明确设计要求	
教的活动 1 （1）教师带领学生查阅路灯设计行业标准。 （2）综合各种因素，明确路灯设计要求。 （3）引导学生思考灯罩角度、路灯安装的位置、路灯的间距等要素的设计要求。	**学的活动 1** 　　综合路灯设计标准、区位因素和黑暗友好型照明系统的设计要求，分析路灯设计的要求。
设计意图 　　基于真实的复杂情境，学习权衡和系统化思考各因素对照明系统的限制，在约束下求解。	
环节二：研究黑暗友好型灯罩的特征	
教的活动 2 　　教师以黑暗友好型灯罩的典型案例，对比不友好型灯罩，启发学生理解、思考友好型灯罩的特征。	**学的活动 2** 　　分析黑暗友好型灯罩结构，研究不同灯罩结构对光照强度和照射方向等因素的影响。
设计意图 　　学习前人的经验，少走弯路。基于友好型灯罩特征进行设计，结合实际情境做合理优化。	
环节三：设计灯罩的基本结构尺寸	
教的活动 3 （1）科学教师对学生进行数理建模指导。 （2）指导学生的实验过程。 （3）指导学生撰写设计实验报告。	**学的活动 3** （1）通过 Scratch 进行光学数理建模，分析在规定路灯高度和路灯间距下，实现防眩光应选择的合理照射角度。 （2）实验测试常用的灯罩材质对透光率的影响。

设计意图

培养学生数理建模的能力和基于真实情境建模的编程能力;实验测试阶段培养学生用数据进行分析论证的思维能力。

环节四:三维设计和实物制作

教的活动 4	学的活动 4
(1)在学生设计制作中提供技术支持。 (2)指导学生撰写成果报告。	(1)结合程序模拟结果和实地场景对结构牢固、美观等方面的要求,通过3D软件建模进行灯罩结构设计。 (2)由于条件限制,实物模型制作只能根据设计的灯罩照射角和已有的灯带长度进行。

设计意图

通过道路模型和照明系统的三维建模,可视化直观理解尺寸比例关系,为后续实物的设计制作提供基础。实物的制作受限于加工水平和材料无法实现三维设计的结构,但可以培养学生的动手能力。

【第 3 课时】

★ 主题名称

照明系统的设计——控制系统设计

★ 学习目标

(1)了解控制系统的组成。

(2)了解传感器的使用及根据场景进行合理选择。

(3)根据场景约束设计合理的控制方案,解决真实问题。

(4)物化基于路灯模型的控制方案。

★ 核心问题

基于留和路的环境和不同时段的车流量设计路灯控制系统。

★ 评价方案

评价方案见表 2-37。

表 2-37 评价方案(三)

评价内容	评价方式	评价工具
对智能控制系统的理解	诊断性评价	课堂测试
路灯模型的制作	形成性评价	产品展示
控制电路的连接	诊断性评价	实验测试
控制方案的合理性	结果性评价	成果展示

评价量表见表 2-38。

表 2-38 评价量表(三)

评价内容	评价标准				教师评价	小组评价
	水平 1(0~2分)	水平 2(3分)	水平 3(4分)	水平 4(5分)		
运用知识分析生活中已有控制系统的能力	能够描述控制系统的功能	能够阐述控制系统的工作过程	明白控制系统各个装置的作用	能够结合场景阐述控制系统的设计原理		

第2章 与学科整合：适合初中开展的 STEM 项目课例设计

（续）

评价内容	评价标准				教师评价	小组评价
	水平1（0~2分）	水平2（3分）	水平3（4分）	水平4（5分）		
电路设计与搭建能力	电路连接不完整	电路连接完整，但局部有断线和连接错误	电路连接完整、准确	电路布线美观，线有标识，方便查看		
基于问题解决的控制方案设计能力	能实现一个传感器控制一盏灯的简单控制	能根据场景选择合理的传感器，并实现信息的输入输出	能根据场景，设计单输入多输出的控制系统	能根据场景实现合理的控制，且为多输入多输出的复杂控制系统		
物化能力	能够选择合适的材料和加工工具	加工流程合理，有规划意识	布线合理，有标识，但局部绝缘有隐患	结构完成度高，布线合理，清晰有条理，连线安全牢固		
总分						

★ 本课的重点、难点

重点：理解控制系统的组成。

难点：根据场景设计合理的控制系统。

★ 学习活动设计

环节一：认知智能照明系统的组成	
教的活动 1 通过教室智能照明系统的设计案例，让学生理解照明系统包括传感器、控制装置、电子开关等设备，以及信息在系统间传输的过程。	**学的活动 1** （1）听课、讨论。 （2）搜集现代社会已有的智能照明系统及未来发展趋势。
设计意图 让学生从对控制系统的感性认知上升到理性认知，便于后续控制系统的分析与设计。	
环节二：了解传感器的类型及用途，学习开源硬件	
教的活动 2 （1）整理学生搜集的控制系统，启发学生思考有哪些传感器，以及不同传感器的功能和适用场合。 （2）通过案例教授 Arduino 的基本串口功能和程序设计的规则，以及学习 Arduino 的网络资源。	**学的活动 2** （1）通过案例理解蓝牙模块、红外测距模块、人体红外模块的引脚功能及使用条件和适用的场合。 （2）通过案例学习 Arduino 的编程规则。通过网络资源扩大知识面。
设计意图 学生通过实际操作掌握基于 Arduino 的控制系统设计，掌握传感器的使用，为后续设计制作控制系统打下基础。	
环节三：路灯模型的设计与制作	
教的活动 3 （1）加强组与组之间的沟通交流，保证不同组之间使用相关数据的统一。 （2）电动工具的使用及安全规范。 （3）结构设计和连接方式上的指导。	**学的活动 3** （1）依据灯罩组提供的数据设计路灯的三维模型，包括路面宽度、灯杆高度、灯杆间距等。 （2）学生根据路灯的三维模型，进行实物等比例的设计与制作。 （3）实物模型的制作用到了榫接结构，在满足稳固性的同时，更加美观整洁。 （4）灯杆的角度与水平面成 15° 夹角，学生在现有的实验室条件下，设计合理的结构和加工流程。

设计意图
为了使控制系统在设计阶段有场地进行测试，以及更好地展现控制效果，需要实物路灯模型。学生在实物场景中完成实验，提高解决方案的有效性。模型的设计与制作培养了学生的动手能力和结构设计能力。

环节四：根据情境设计相关控制系统	
教的活动 4 （1）在电路连接上提供指导。 （2）启发学生思考控制方案的合理性。 （3）测试方案的指导。	学的活动 4 （1）在实物模型上连接 16 盏灯的控制电路。 （2）根据前面总结的设计要求，设计合理的控制方案。 （3）程序编写，通过实物测试，调整程序。

设计意图
学生经历从基于真实情境的控制方案设计，到实物模型上的电路连接，最后实现控制效果的完整过程。培养了学生解决实际问题的能力，让学生感受到科技可以让人的生活更美好。

2.5.7 分课时的学案设计

第一阶段：光污染的危害及产生机理
光污染都会带来哪些危害，产生这些危害的机理是什么
留和路的区位因素调查（包含地理位置、气候条件、生态等）
请你结合所学知识分析留和路的区位因素对路灯系统设计的约束

第二阶段：根据场景选择合适光源	
自然光光谱	常规光源的光谱示例

两种光源的区别是（包含光的成分、含量、波长等）：

根据场景选择合适的光源

场景	色温	色谱	照度

第三阶段：黑暗友好型照明系统的设计要求
你认为黑暗友好型灯罩的结构特征是：

第 2 章 与学科整合：适合初中开展的 STEM 项目课例设计

第四阶段：照明系统的设计——以留和路的路灯设计为例
请你记录路灯设计标准中的关键数据（主干道还是次干道，道路宽度对应灯杆的高度，灯杆间距，路面照度要求等关键信息）
请你在进行路灯设计时，综合考虑留和路的区位因素、路灯设计标准和黑暗友好型照明的设计要求三个方面的因素。
灯罩设计（请你阐明以上三个方面的因素，你都考虑了哪些？产生眩光的原因是什么？为达到防眩和照度的要求，你从哪些方面进行设计？请你画出实验装置，记录实验数据）
控制系统的设计（请你阐明以上三个方面的因素，你都考虑了哪些？基于以上因素的约束条件，你将设计哪些控制方案？将采用什么传感器？）

2.5.8 终结性评价方案

评价方式：小组评价，教师评价，相关专家点评。

评价工具：总结性评价量表（表 2-39）。

评价结果呈现方式：以分数形式呈现。

表 2-39 总结性评价量表

评价内容	评价标准				教师评价	小组评价
	水平 1 （0~2 分）	水平 2 （3 分）	水平 3 （4 分）	水平 4 （5 分）		
明确照明系统设计的约束条件和设计要求	设计要求只考虑了区位因素或设计标准等因素中的单一因素	设计要求考虑了多个影响因素，但是在因素间有矛盾时，无法权衡并做出决策	设计要求考虑了多个影响因素，且有基于目标整合信息的意识，但合理性欠缺	设计要求运用系统思维，统筹兼顾，做到了整体目标最优化		
基于问题解决的方案设计能力	方案考虑约束条件不足，解决了部分问题，但是缺乏创新，借鉴他人方案居多	方案考虑了部分约束条件，具有一定的创新性，且解决了部分问题	方案原创，考虑了关键约束条件，解决了大部分问题，但基于测试阶段的迭代不足	方案原创，权衡各约束条件，通过测试不断优化迭代很好地解决了问题		
工程思维	有意识运用科学知识解决问题，但是约束分析欠妥，数学建模能力不足	有意识分析约束条件和数学建模，但缺乏实践检验，解决方案的有效性不足	权衡分析多方面约束，根据情境合理取舍，数学建模计算结果与实际情况吻合	权衡分析多方面约束，数学建模计算结果与实际情况吻合，并能根据场景变化进行方案迭代		

(续)

评价内容	评价标准				教师评价	小组评价
	水平 1 （0~2 分）	水平 2 （3 分）	水平 3 （4 分）	水平 4 （5 分）		
物化能力	能够选择合适的材料和加工工具	加工流程合理，有规划意识	结构设计合理，布线合理，受限于实验条件，产品完成度不够高	能够利用简单工具完成复杂结构，布线清晰有条理，便于后续的检查与维修，产品完成度高		
总分						

2.5.9　课例实施建议与反思

1. 实施建议

学习目标的设计包含三个维度：知识目标、技能目标和素养目标。学习目标的确定基于对光污染问题的分析、学科教学目标和学生的学情。知识目标包含与真实情境相关的地理知识、科学知识、生物学知识和技术知识，在问题分析和解决中实现跨学科知识的整合。技能目标包含学生学习木工工具的使用、榫接结构的设计与加工、开源硬件的应用，以及电路的搭建。从三维制图、木工到电子，技能涵盖面广。素养目标包含学生通过搜集资料、综合分析资料、数理建模等学习活动，培养运用知识解决问题的能力。

子任务的拆解基于对真实问题的理解：了解光污染的危害及产生原因，才能消除问题产生的根源；照明系统的组成包含光源、灯具和控制系统，因此在学情和学校实验室条件允许的情况下，从三个方面设计基于学情的合理地解决问题的路径。

（1）问题串的设计是引导学生思考深度和广度的思维工具。教师通过任务分解指引学生学习的方向；在灯罩和控制系统的设计中，教师通过提问促使学生思考真实情境下的相关限制因素，提醒学生看清约束条件。从学生作品的完成度方面来看，学生思考较为全面，也有部分问题设计过于宽泛，例如在确定道路的区位因素对道路照明的限制条件的过程中，因涉及内容知识面过宽，学生在设计时不聚焦。

（2）在教与学活动设计中，总体上实现了知识学习和问题解决的融合，课例基于课程标准和真实问题解决进行设计。前期教师通过知识讲解打开学生的视野，后期以学生主动思考为主，教师在局部问题上进行指导并按学生需求提供工具和相应的资源。

（3）在工程思维培养中，学生在确定设计目标时，需要权衡分析多个维度的约束。在灯罩设计阶段，学生通过数理建模、软件模拟和三维设计，做到数据来源有依据，数据分析符合科学原理。控制系统的设计要基于真实测试状况，不断进行控制方案的优化。

2. 课后反思

项目前期教师团队需结合实际情境进行周密、细致的整体规划。学生刚开始进行灯罩设计时，没有考虑到路灯设计标准，造成很多数据需要重新计算。

第 2 章　与学科整合：适合初中开展的 STEM 项目课例设计　　149

在照明系统设计阶段，因为每个小组的任务不同，每项任务只有一组学生做，缺乏思想的碰撞和多方案的产生。当很多学生参与到活动中时，同学间的相互学习、相互竞争，是深度学习能够发生的催化剂。

2.5.10　专家点评

　　课例的情境设置与学生生活场景高度契合，选题能够匹配科学、信息科技与劳动技术课程教学内容，落实了新课标跨学科教学实践的相关要求。课例的挑战任务拆解逻辑清晰，子任务的任务目标及涉及重点学科规划得当，并具有一定的挑战性和开放性，能够激发学生的自驱力和创造性。本课例反思部分提及课例学习目标设置包含知识目标、技能目标和素养目标，并将评价前置，落实"教—学—评一致性"，并设计多种评价方式，实现对学生的全过程、多角度评价。各课时学习目标可进一步按知识目标、技能目标和素养目标进行梳理、分类，并对应优化教学评价部分内容。同时，可将素养目标按关键能力和必备品格进行细化。

中国教育科学研究院比较教育研究所博士后　袁野

2.6 课例6：未来生活之地震救援车

主要涉及学科：科学，技术，工程，数学，艺术等。
课例提供团队：吉林省长春净月高新技术产业开发区华岳学校张梦辉、郭尚泽。

2.6.1 课例的背景、情境及学习目标

1. 课例背景

华岳学校以"体验科技 创生智慧"为办学特色，制订了"爱科学 懂技术 会创造"的STEM教育目标。跨学科融合的主题课程则是实现这一目标的重要载体，在制订课程主题时，也充分兼顾学校条件与学生需求。华岳学校所在城市有中国第一汽车集团、汽车博物馆等汽车相关资源，被誉为"汽车之都"。因此将STEM教育主题定为"未来汽车"不仅有地域优势，能够提供丰富的校外资源，而且学生对汽车的兴趣与熟悉程度都比较高。基于学校整体课程框架与课程主题，将七年级课程内容设定为功能型汽车模型的设计制作。

2008年5月12日汶川地震，虽然已经过去15年，但当时的地震画面仍然历历在目……在灾难面前，我们深刻体会到生命的脆弱与宝贵。在未来生活中，灾难救援一定是逃不开的话题。因此，我们将课例主题定为地震救援车的设计制作。

2. 课例情境

假设突遇地震，有一名小女孩被压在废墟之中，已经48小时未进食，仅有一个小洞可以透进去些许光亮，解放军战士一时间无法救出小女孩。你作为救援队的一员，请你利用所学知识，设计制作一辆具有救援功能的小车。利用小车从缝隙中给小女孩营养的补给和生的希望，坚持到解放军的最后营救。要求救援车要包括营养学、手工制作、摄影内容，车体尺寸不超过30cm×25cm×15cm，载重量达到100g以上，制作材料不限，提倡使用废旧材料。

3. 学习目标

（1）进行团队合作，设计绘制模型设计图，并选择合适的材料，制作一辆救援车模型，关注身边的人、事、物，提升社会参与意识和社会责任感。

（2）能够辨别并联电路和串联电路的区别，并利用一种连接方式为自己的救援车提供动力。

（3）经历完整的工程项目流程："明确问题——约束条件——设计出解决方案——绘制模型图——制作模型——测试改进——宣传营销"，归纳制作模型的方法，并能够为自己的救援车制作模型。

2.6.2 课例实施的环境和硬件要求

1. 实施环境

科创教室，有便于4~6名学生讨论、实践的操作台。

第 2 章　与学科整合：适合初中开展的 STEM 项目课例设计

2. 硬件要求

多媒体黑板，平板电脑。

胶枪，壁纸刀，剪刀，手钻，台钳，手锯，水彩笔。

A4 大小瓦楞纸板，吸管，毛根，超轻彩泥，气球，雪糕棍，彩色卡纸，马达，瓶盖，竹签，海报纸，学生也可自由选择一些废旧材料（一次性筷子、一次性饭盒、化妆品盒等）。

2.6.3　课例适合的学段

1. 适合的学段

七年级。

2. 学生已有知识、经验、技能基础情况

学生已经能够自主选择材料表达自己的设计，能够熟练使用上述工具。在之前的学习中，学习了一些汽车模型制作的方法，比如轮轴的制作方法、电机的使用方法、小车转向的几种方式等。

3. 学生学习过程中可能遇到的困难

（1）学生在创意物化的过程中，尤其是智能化的部分还存在困难，现有认知和掌握的技能不能匹配自己的创意，需要教师的帮助。

（2）在串联电路和并联电路的理解和连接上也可能遇到困难，因为涉及八年级的物理知识。

2.6.4　核心挑战性任务及拆解

1. 挑战性任务

按照尺寸和功能要求，设计制作一辆地震救援车，任务拆解见表 2-40。

表 2-40　任务拆解表

核心挑战性任务	拆解后的子目标	子任务	阶段性成果
设计制作一辆地震救援车	确定问题，制订方案，进行可行性分析	体会主人公处境，明确核心问题，约束条件，制订方案，分析可行性	方案书
	绘制模型图	（1）知道绘制模型图的意义，学习绘制模型图的方法 （2）绘制模型设计图	救援车模型设计图
	制作救援车模型	（1）学习串、并联电路的连接方法 （2）制作救援车模型	（1）实物电路图 （2）第一版救援车模型
	测试、改进救援车模型	测试、改进救援车模型	改进版救援车模型
	产品宣传与营销	为自己的作品绘制宣传海报并进行营销	宣传海报

2. 挑战性问题

根据任务及要求，以小组为单位制作一辆地震救援车模型。

2.6.5 分课时的教学进度规划

分课时的教学进度规划见表 2-41。

表 2-41　教学进度规划表

主题	具体内容	课时数
【子任务 1】	明确问题和约束条件，制订可行的方案	2
【子任务 2】	学习绘制模型图，并绘制模型图	2
【子任务 3】	解决汽车模型动力，制作模型	4
【子任务 4】	测试、改进救援车模型	2
【子任务 5】	绘制宣传海报，分享展示	2

2.6.6 分课时的教学设计

【第 1 次课】

★ **主题名称**

救援小车设计方案

★ **学习目标**

（1）明确核心任务与约束条件。

（2）能够根据任务组建救援工程队，并就问题进行方案设计和可行性分析。

★ **核心问题**

明确问题和约束条件，制订可行的方案。

★ **评价方案**

评价方式：小组评价，组间评价，教师评价。

评价工具：评价量表（表 2-42）。

评价结果呈现方式：以等级呈现。

表 2-42　评价量表（一）

评价内容	评价等级 ☆	评价等级 ☆☆☆	小组评价	组间评价	教师评价
是否积极参与讨论	否	是			
是否对方案提出有效改进	否	是			
是否倾听他人的分享	否	是			
总评					

第2章　与学科整合：适合初中开展的STEM项目课例设计

★ 本课的重点、难点
清晰、明确核心任务、约束条件，并给出合理解决方案。

★ 学习活动设计

环节一：情境创设

教的活动1	学的活动1
播放汶川地震的视频资料，引出核心问题： 突遇地震，有一名小女孩被压在废墟中，48小时未进食，仅有一个小洞可以透进去一些光亮，解放军战士一时间无法救出小女孩。请利用小车从缝隙中给48小时未进食的小女孩输送食物与生的希望。运用所学知识制作一辆功能型救援小车。要求设计的小车包括摄影（能够看清楚小女孩周围的情况）、手工制作（带去生的希望，给予精神安慰）、营养学（适合48小时未进食的小女孩食用）内容。要求小车尺寸不超过30cm×25cm×15cm，承重100g以上，材料不限（建议使用废旧材料）。除此之外，也可以进行自我创新，添加更多的功能，用于地震中的救援。	（1）感受灾难面前人类的渺小，引发同理心，明确核心任务。 （2）明确任务与约束条件，进行思考。

设计意图
本环节是情境创设，通过还原事故，引发学生的同理心，激发学习兴趣，通过讨论明确约束条件。

环节二：组建救援工程队

教的活动2	学的活动2
（1）组建救援工程队。要求4人一组，组成救援工程队完成本次任务。进行一次团队建设，为自己的团队起个名字并想一句口号。 （2）头脑风暴。组织学生进行头脑风暴，针对相应的要求给出解决方案，并引导学生记录有用的信息。	（1）根据任务，组建救援工程队，并进行团队建设。 （2）围绕主题，小组讨论，并进行头脑风暴，记录有用的信息。

设计意图
这个环节是一个准备环节，为后续整个项目的顺利进行奠定了基础。

环节三：可行性分析

教的活动3	学的活动3
小组讨论、筛选头脑风暴中的想法，形成最终方案。	（1）分类筛选头脑风暴中的想法。 （2）形成最终方案。

设计意图
通过分析、讨论，将头脑风暴中的想法进行筛选，形成最终的可行性方案书。

环节四：展示评价

教的活动4	学的活动4
（1）组织学生展示自己的最终方案任务单。 （2）组织学生相互评价，提出意见和建议。	（1）学生以小组为单位展示方案任务单。 （2）同学间相互评价，提出修改意见。 （3）对得到的反馈信息进行筛选，并进行修改迭代。

设计意图
弱化教师的评价，利用同学间的评价进一步优化方案，逐步提升学生信息筛选能力和迭代意识。

【第2次课】

★ 主题名称
救援小车模型设计图

★ 学习目标
（1）了解并能够用自己的话说出建立模型的意义。
（2）能够利用建立模型的方法，绘制出救援小车的模型图。

★ 核心问题
学习并绘制模型图。

★ 评价方案
评价方式：小组评价，组间评价、教师评价。
评价工具：评价量表（表2-43）。
评价结果呈现方式：以等级呈现。

表2-43 评价量表（二）

评价内容	评价等级 ☆	☆☆	☆☆☆	小组评价	组间评价	教师评价
是否所有人参与设计绘制	1个人独立完成	2个人参与	全部参与			
救援小车模型图与方案是否相匹配	否		是			
救援小车模型图是否有详细的文字说明	否		是			
总评						

★ 本课的重点、难点
清晰、明确地绘制出救援小车模型设计图。

★ 学习活动设计

环节一：情境创设

教的活动1 出示学生详细方案书的照片，即使最详细的方案书也没办法想象出模型的样子。	学的活动1 思考如何解决。

设计意图 本环节是情境创设，利用贴近学生的详细方案书，引起学生注意。即使提出再详细的方案书也无法想象出模型的样子，该如何解决？引发学生的思考，也为后续介绍建立模型的意义提供逻辑线索。

环节二：介绍建立模型的意义和方法

教的活动2 （1）播放"秒懂百科"中的视频，讲解建立模型的意义。 （2）利用图示，讲解如何绘制模型图。 （3）让学生用自己的语言描述建立模型的方法。	学的活动2 （1）通过视频和教师的讲解了解建立模型的概念，体会建立模型的意义，学习建立模型的方法。 （2）用自己的语言描述建立模型的方法。

第 2 章　与学科整合：适合初中开展的 STEM 项目课例设计

设计意图

本环节为准备环节，模型图绘制是工程项目中非常重要的一个环节。以前学生在画设计图时往往过于草率，或不能清晰地表达，因此设计了此环节。通过视频、图片、示例等方式让学生知道什么是建立模型，为什么建立模型和怎么建立模型。尤其是如何建立模型图是非常重要的。通过利用学生熟悉的物品、以往学生的作品等方式，降低建立模型图的复杂性，帮助学生完成后续的模型图绘制。让学生用自己的语言来描述建立模型的方法，也落实了学习目标。

环节三：绘制模型图

教的活动 3	学的活动 3
（1）发布绘制任务和要求。 （2）组员先分别或分工进行绘制，组长进行汇总，确定最终的救援小车模型图。	（1）小组成员分工绘制模型图，如图 2-26 所示。 （2）组长汇总方案，确定最终的救援小车模型图。

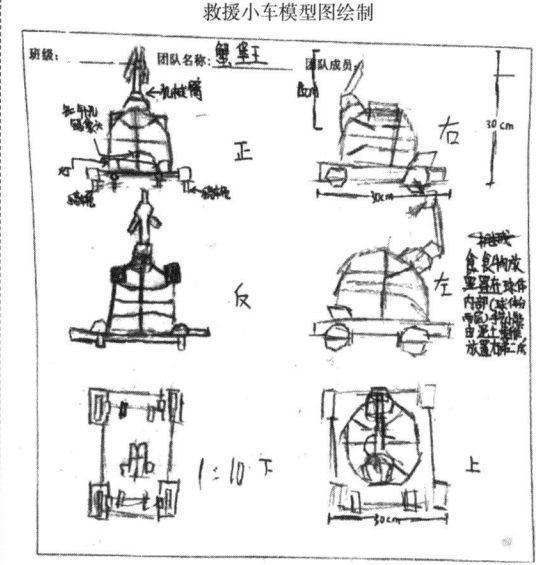

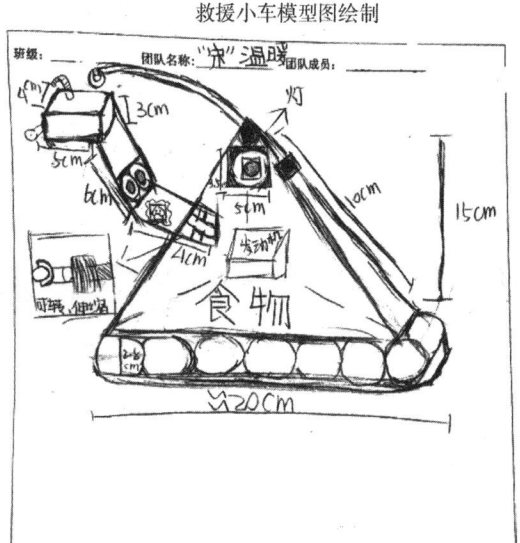

图 2-26　学生绘制的模型图

设计意图

本环节是实操环节，通过学习和讲解，学生将自己的创意和方案图示化。为了让每个学生都能够参与其中，我们采用小组成员都先完成自己的部分或想法，而后汇总出最终方案的方式。本环节也是检测学生理解和掌握建立模型方法的情况，是学习目标的可视化过程。

环节四：展示评价

教的活动 4	学的活动 4
（1）教师利用希沃助手，帮助学生展示作品。 （2）让学生利用"……非常好，值得我借鉴。""如果……那就更好了。"等句式相互进行评价。 （3）将学生的意见和建议汇总、筛选，并进行修改。	（1）学生以小组为单位展示，相互评价。 （2）对得到的反馈信息进行筛选，并进行修改迭代。

设计意图

展示和评价环节是非常重要的环节，鼓励学生利用礼貌的语言相互评价，也是相互反馈的过程，很好地培养了学生的批判性思维。最后的改进环节，小组要综合考虑同学们的意见和建议，进行改进，从而锻炼了学生的信息筛选、沟通、抉择等能力。

【第 3 次课】

★ 主题名称

救援小车模型动力

★ 学习目标

（1）能描述并联电路和串联电路的区别。

（2）能够运用一种方式连接电路。

（3）能够清晰、准确地绘制出实物电路图。

★ 核心问题

解决救援小车模型动力问题。

★ 评价方案

评价方式：小组评价，组间评价，教师评价。

评价工具：评价量表（表 2-44）。

评价结果呈现方式：以等级呈现。

表 2-44　评价量表（三）

评价内容	评价等级 ☆	评价等级 ☆☆☆	小组评价	组间评价	教师评价
能说出串、并联电路的区别	否	是			
能通过视频学习正确连接电路	否	是			
绘制的实物电路图清晰准确	否	是			
总评					

★ 本课的重点、难点

能够运用一种方式连接电路，并能够绘制出实物电路图。

★ 学习活动设计

环节一：情境创设
教的活动 1 　　驱动性问题：我们制作的救援小车模型，动力问题如何解决？	**学的活动 1** （1）根据已有经验，说出自己的想法。 （2）在教师的引导下，选择利用电机进行驱动。
设计意图 　　提出驱动性问题，整节课围绕这个问题进行探究式学习。
环节二：串并联电路
教的活动 2 （1）将导线、电机、电池盒、开关等元器件的使用方法制作成 PPT 或视频，提供给学生，学生按照需求进行学习。 （2）讲解串并联电路的连接方式，用实物连接的照片帮助学生直观地感受和理解。 （3）提供相应元器件，让学生尝试连接串并联电路，并绘制实物电路图。 （4）探究电机转动方向与电池正负极间的关系。	**学的活动 2** （1）利用平板电脑，自主学习各元器件的使用方法。 （2）通过讲解和参照实物照片，尝试连接串并联电路。 （3）绘制实物电路图。 （4）探究电机转动方向与电池正负极间的关系。

第 2 章　与学科整合：适合初中开展的 STEM 项目课例设计　　157

> **设计意图**
> 　　此环节为知识、技能准备环节，目的是让学生学会电路的连接，了解串联电路和并联电路的区别，掌握串联电路和并联电路的连接方法。同时为学生提供实践的机会，从直观上体验串并联电路的不同，也可以检测学生的掌握情况。由于串并联电路是八年级物理学科内容，因此采用绘制实物电路图的方式来降低难度。在实际制作的过程中，还是会有很多学生因为电机转动方向不一致而导致救援小车不能顺利运行的情况。因此设计探究任务，找到解决办法。
>
> **环节三：展示分享**
>
> | 教的活动 3 | 学的活动 3 |
> |---|---|
> | （1）请学生展示自己的电路和电路图，其他组同学予以评价。
（2）评价标准参见表 2-44。
（3）最后进行小组评价。
（4）留下一个思考：串联电路和并联电路在提供动力的过程中，哪个更有效？ | （1）展示自己的电路和电路图。
（2）通过提建议的方式进行口头式相互评价。
（3）利用表 2-44，完成自我评价。 |
>
> **设计意图**
> 　　分享学习成果，起到相互学习、评价的作用，培养学生的批判性思维。

【第 4 次课】

★ 主题名称
救援工程队开工

★ 学习目标
能够选择适当的材料，通过小组合作完成一辆救援小车模型的制作，要与模型图具有一定匹配性，逐步提升工程素养、创意物化能力。

★ 核心问题
制作地震救援小车模型。

★ 评价方案
评价方式：小组评价，组间评价，教师评价。

评价工具：评价量表（表 2-45）。

评价结果呈现方式：以等级呈现。

表 2-45　评价量表（四）

评价内容	评价等级 ☆	评价等级 ☆☆	评价等级 ☆☆☆	小组评价	组间评价	教师评价
救援小车外形美观、整洁、胶水不外露	只有一项符合要求	有两项符合要求	全部符合要求			
能够达到承重要求	50g 以下	50~100g	100g 以上			
外观尺寸符合要求	否		是			
作品与模型图的差异	没有按照模型图制作	基本按照模型图制作	完全按照模型图制作			
能根据制作情况及时调整策略	否		是			
能够有创意地表现约束条件，并展示出解决问题的方法	没有表现约束条件且没有展示出方法	有表现约束条件但没有展示出方法	有创意地表现约束条件并展示出方法			
团队合作	某个成员独立完成	个别成员没有参与	所有成员合作完成			
总评						

★ 本课的重点、难点

能够制作与模型图具有一定匹配性的救援小车模型。

★ 学习活动设计

环节一：制作救援小车模型

教的活动 1	学的活动 1
（1）组织学生根据自己的设计方案，选择材料进行制作。 （2）着重指导在电路连接、外形设计方面有困难的学生。	（1）选择合适的材料，通过加工，小组成员合作制作出救援车模型，如图 2-27 所示。 （2）选择适合的电路连接方式，保证救援小车动力充足并能够正常行驶。

图 2-27　学生制作的救援小车

设计意图

此环节是创意物化过程，为避免材料浪费，采取以填写材料申请单的方式，进行有计划的材料申请。

环节二："世界咖啡"活动

教的活动 2	学的活动 2
（1）组长留在组内讲解展示自己小组的作品，其他组员提出意见和建议，学习好的经验与做法。 （2）组内组员将所获信息整理、筛选，选择可实施部分，进行第一轮改进迭代。	（1）组长留在组内进行作品展示讲解，收集改进信息。 （2）小组讨论，整理、筛选可实施做法，进行第一轮改进迭代。 （3）没有解决动力问题的小组，可以寻求他人帮助。

设计意图

通过相互借鉴、学习、讨论等开放、相对自由的活动，激发学生更多的想法。

环节三：分享评价

教的活动 3	学的活动 3
（1）组织学生分享在制作过程中遇到的问题是否解决。 （2）组织学生对照评价量表，进行自评。	（1）分享在制作过程中遇到的问题是否解决。没有解决的问题可以寻求帮助；若已经解决，可以分享经验。 （2）对照评价量表，进行自评。

设计意图

分享未解决问题，又是一次学习过程。

【第 5 次课】

★ 主题名称

救援小车测试改进

第 2 章　与学科整合：适合初中开展的 STEM 项目课例设计

★ 学习目标
能够通过测试，分析数据，找出问题产生的原因，并进行改进。

★ 核心问题
测试、改进救援小车模型。

★ 评价方案
评价方式：小组评价。

评价工具：便利贴投票。

评价结果呈现方式：略。

★ 本课的重点、难点
能够制作与模型图具有一定匹配性的救援小车模型。

★ 学习活动设计

环节一：测试改进	
教的活动 1 （1）测试救援小车是否能顺利运行。 （2）尝试找到不能顺利运行的原因，并进行分析。 （3）讨论串并联电路对动力的影响。 （4）改进救援小车模型。	学的活动 1 （1）测试救援小车是否能够顺利运行。 （2）尝试分析原因。 （3）讨论串并联电路对动力的影响。 （4）改进自己的救援小车模型。
设计意图 此环节是工程项目中必不可少的部分，学生在不断测试、改进的过程中，提高解决问题的能力。相互分析和分享不能运行的原因，也是相互学习的过程。	
环节二：总结原因	
教的活动 2 组织学生尝试总结救援小车模型不能运行的原因。	学的活动 2 根据分析的结果，总结救援小车模型不能运行的原因。
设计意图 通过总结的过程，为没有成功的学生提供帮助。	
环节三：画廊漫步	
教的活动 3 （1）将自己的作品摆放在桌子上，大家随意走动参观，但不交流。 （2）选择你认为最好的作品投票，并写出投票原因。	学的活动 3 参观、学习、投票。
设计意图 这是一个评价与反馈的环节，这种方式简单、快速、可操作性强，适合大班授课，还可以培养学生的批判性思维。	

【第 6 次课】

★ 主题名称
救援车宣传营销

★ 学习目标
（1）了解营销海报所包含的基本信息。

（2）通过设计海报，学会用图画和文字来宣传和介绍自己的产品，逐步提升产品意识、艺术素养。

★ 核心问题

绘制宣传海报，分享展示。

★ 评价方案

评价方式：小组评价，组间评价，教师评价。

评价工具：便利贴投票，评价量表（表2-46）。

评价结果呈现方式：以等级呈现。

表2-46　评价量表（五）

评价内容	评价等级 ☆	评价等级 ☆☆	评价等级 ☆☆☆	小组评价	组间评价	教师评价
海报主题醒目	否		是			
海报设计内容完整、外观设计图美观、功能介绍清楚	达到一项	达到两项	达到三项			
宣传语言积极向上	不符合	比较符合	非常符合			
总评						

★ 本课的重点、难点

能够绘制一幅内容完整的宣传海报。

★ 学习活动设计

环节一：情境创设	
教的活动1 学期末会进行大型的嘉年华展示活动，将邀请全校师生参观救援小车模型作品，请为你的作品设计绘制一幅宣传海报，以更好地展示作品。	**学的活动1** 听取教师讲解，明确本节课任务。
设计意图 通过大型展示活动的公布，激发学生的学习热情。	
环节二：绘制海报	
教的活动2 （1）出示产品营销海报照片。 提问：一张好的营销海报需要包含哪些要素？ （2）发布绘制要求。 ①有必要的设计者信息 ②有外观图 ③有功能介绍 ④有宣传语 （3）分发材料，组织绘制。	**学的活动2** （1）观察海报照片，说出营销海报的要素。 预设：优惠价格、产品名称、产品图、功能、优势…… （2）根据海报要求，绘制一张宣传海报，如图2-28所示。

第 2 章 与学科整合：适合初中开展的 STEM 项目课例设计

图 2-28 学生绘制的宣传海报

设计意图
介绍营销海报的绘制方法，为自己的作品绘制一幅宣传海报。

环节三：展示评价

教的活动 3	学的活动 3
（1）请学生展示自己的海报和作品。 （2）如果有人喜欢某件作品，就为它投上一票，并说出投票的原因。 （3）利用评价量表，对自己的表现进行评价。	（1）展示自己的海报和作品。 （2）选择自己认为好的作品投票。 （3）评价自己的表现。

设计意图
评价展示环节，提升学生的批判性思维和艺术素养。

2.6.7 分课时的学案设计

【第 1 次课】救援车设计方案任务单

1. 组建救援工程队（表 2-47）

表 2-47 组建救援工程队

职务	姓名	职责	要求
组长		统筹规划项目进度，遇到困难时冲锋，面对选择时分析。总之，我是团队的灵魂	有较强的组织能力和责任心
设计工程师		项目设计时，我绘制蓝图；项目实施前，我提供清单；实施操作中，我记录数据。总之，我是团队的支柱	有较强的绘画能力和执笔能力
材料管理员		负责材料的准备、分配、整理，提醒队友提前做好准备。总之，我是团队的保障	有较强的解决问题能力和执笔能力
新闻发言人		设计海报，设计宣传语，以最佳的配置安排队员的发言，并做好排练。总之，我是团队的招牌	有较强的语言表达能力和协调能力

2. 最终设计方案

救援小车设计方案

班级：_____　　团队名称：_____　　救援小车名字：_____

团队成员：_____

最后方案 $\begin{cases} 车体： \\ 摄影： \\ 手工制作： \\ 营养学： \\ 其他： \end{cases}$

救援小车车体的主体材料：

实现功能的辅助材料：

【第 2 次课】救援小车模型图任务单

班级：_____　　团队名称：_____　　团队成员：_____

请你将救援小车模型图绘制在下面。

【第 3 次课】救援小车模型动力任务单

班级：_____　　团队名称：_____　　团队成员：_____

请你绘制你所连接的实物电路图：

1. 串联电路

2. 并联电路

【第 4 次课】救援工程队

班级：_____　　团队名称：_____　　团队成员：_____

1. 救援小车模型制作材料清单（表 2-48）　　材料管理员：_____

表 2-48　救援小车模型制作材料清单

材料名称	申请数量	发放数量	归还数量

第 2 章　与学科整合：适合初中开展的 STEM 项目课例设计　163

2. 救援小车模型制作过程记录　　　记录人：_____

在制作过程中，与模型图相比，我们做了哪些修改？（例如材料更改、尺寸更改、位置的修改……）

在制作过程中，遇到哪些困难？是怎么解决的？填写表 2-49。

表 2-49　制作过程中遇到的困难及解决办法

遇到的困难	解决办法	是否成功解决
		是□　否□
		是□　否□

3. 评价

评价量表见表 2-50。

表 2-50　_____小组救援小车模型制作评价量表

评价内容	评价等级 ☆	评价等级 ☆☆	评价等级 ☆☆☆	教师评价
救援车外形美观、整洁、胶水不外露	否		是	
能够达到承重要求	50g 以下	50~100g	100g 以上	
外观尺寸符合要求	否		是	
作品与模型图的差异	没有按照模型图制作	基本按照模型图制作	完全按照模型图制作	
能根据制作情况及时调整策略	否		是	
能够有创意地表现约束条件，并展示出解决问题的方法	没有表现约束条件，也没有展示出方法	有表现约束条件但没有展示出方法	有创意地表现约束条件并展示出方法	
团队合作	某个组员独立完成	个别组员没有参与	所有组员合作完成	
总评				

【第 5 次课】救援小车测试改进

沿用第 4 次课的学案。

2.6.8　终结性评价方案

评价方式：

（1）过程性评价与终结性评价相结合。

（2）自评与他评相结合。

（3）表现性评价与结果性评价相结合。

评价工具：评价量表（表 2-51），投票小程序。

评价结果呈现方式：

（1）每节课的评价量表。

（2）学期末的综合评价。

（3）嘉年华后的产品评奖。

依据华岳学校 STEM 课程总目标，从三个维度，以小组为单位进行评价，见表 2-51。通过 12 个条目进行评价，每一个条目按照五级评价等级，分别是 5 分、4 分、3 分、2 分、1 分，并最终形成雷达图。

表 2-51　评价量表（六）

STEM 课程目标	评价维度	具体条目	教师评价
爱科学	合作与倾听	合作意识	
		合作技能	
		合作效果	
		倾听能力	
懂技术	表达与工具使用	制图能力	
		分享的互动性	
		工具使用情况	
		评价自己和他人	
会创造	探究与创意物化	创造能力	
		分析能力	
		物化能力	
		营销能力	
总评			

2.6.9　课例实施建议与反思

1. 实施建议

（1）学生在制作模型的过程中遇到困难时，会忘记记录，或不知道记录什么。因此可以在每节课结束前 5 分钟，给学生一点时间书写整理，并由 2~3 组进行分享。通过分享，让学生知道都有哪些困难，哪些值得记录与分享。

（2）对于七年级的学生而言，电路的连接仍然是一个难点，需要教师给予针对性的指导和更多的自主学习、实践的机会。

2. 课后反思

亮点：

（1）**子任务拆解的逻辑**。本课例是按照完整的工程设计的流程进行设计。从明确问题、约束条件开始，到建立模型、制作、测试、改进、营销，每一环节都有任务、有支架、有操作、有反馈。例如建立模型一课，首先是介绍了什么是建立模型，然后是为什么要建立模型，最后是如何建立模型；在理论学习后，建立模型，属于实操部分，也是学习目标达成的可视化过程；而后会有展示、互评、改进。又例如在制作救援车模型一课，先进行了准备知识的学习——串并联电路的连接方法，学习后有展示、有评价；在掌握了一定技能后，进行制作，制作的过程也注重规则的制订，先申请材料，而后动手制作，制作后再测试、迭代。在这节课后会有大型的展示活动，学生通过海报、作品、任务单等过程性材料和终结性产品的展示，获取同学、教师的投票，从而得到反馈与评价。整个课程环节呈闭环，在大的工程设计流程中又有小的流程在支撑。

（2）学习目标。本课例已经超越了学科的界限，利用了数学、物理、信息科技等学科的知识来解决一个复杂的问题，最重要的是整个项目采取工程设计的流程，无论是绘制模型图还是设计、制作、测试、迭代，再到最后的营销推广，都充分体现了 STEM 的理念，提升了学生对跨学科知识的运用能力，培养了学生的工程思维。通过一学期的完整项目学习，学生能够像工程师一样思考，提升了解决问题的能力。在相互评价与提出建议的过程中，逐步提升了批判性思维。

（3）教学资源与学习支架。本课利用教师自行设计录制的视频、照片等资源给学生提供必要的学习支架，例如如何建立模型、各元器件的使用方法、串并联电路的连接方法等，有理论学习，有实践操作。为学生提供实践的机会，学以致用。给学生提供相对应的元器件，练习连接，让学生进一步理解，随后要求绘制实物电路图，检验理解程度。

每节课的任务单和评价单也是很好的学生学习的支架，在制作的过程中，养成随时记录的好习惯。每次也会将评价标准前置，确保学生明确每一节课的评价标准，从而有努力的方向。

不足：在学生的终结性评价量表中，条目的细致化、科学性等方面还需要改进。另外，目前是以小组为单位进行评价，如何在大班教学中对每个学生进行评价，还有待解决。

2.6.10 专家点评

STEM 课程的主题突出区域特点，在"汽车之都"开展"未来汽车"STEM 学习主题内容。课程创设了引人入胜的情境，教师带领学生进行驱动性问题的拆解，符合解决真实问题的逻辑顺序。课程的学习目标凸显工程思维，涉及多学科知识，整体项目任务涉及确定问题、制订方案、绘制模型图、制作模型、测试和改进模型，以及宣传产品与营销等工程学任务。学生绘制的模型图和宣传海报质量高，课程有完整的评价方案和量表设计。教师为学生提供了丰富的教学资源，教师的课例实施建议与反思比较深刻。希望教师可以在下一轮次的教学中，更加充分地分析学情，预设学生的学习困难，提供更加全面和充分的指导及学习支架。

北京市海淀区教师进修学校创新教育研究中心 STEM 教研员　张柳

2.7 课例 7：小小净水工程师——家庭净水计划

主要涉及学科：物理，化学，生物学，数学等。
课例提供团队：清华附中付静、申大山、孙振杰。

2.7.1 课例的背景、情境及学习目标

1. 课例背景

饮用水安全是近些年来社会关注的热点，也是人类对未来生活的基本需求。每个人都有权利享受到洁净安全的饮用水。随着经济的发展，城市自来水厂、污水厂水处理技术和设备不断完善，家用净水器也日趋成熟，大部分人都能享受到洁净安全的饮用水。同时，生活污水的污染问题，水资源的枯竭问题也不容小觑，未来生活中如何让水资源得到更好的利用，在家庭生活中如何净化污水，提高水资源的循环利用率，是全人类面临的挑战。

此外，在经济不发达地区，特别是缺水地区，如何获取洁净安全的饮用水是他们在未来生活中面临的挑战之一。比如我国西北黄土高原的部分地区极度缺水，人工蓄积有限的雨水几乎是当地人用水、畜用水的唯一来源。"母亲水窖"是一项集中供水工程，主要以家庭为单位帮助缺水地区建设集雨水窖。如何净化储蓄的水是"母亲水窖"顺利运行的一大挑战。本课程从选题和内容上横跨多个学科：物理、化学、生物学、数学等。

2. 课例情境

本课程赋予学生净水工程师的角色，让学生根据兴趣分组解决两类问题：①设定中国北京 2030 年的家庭用水场景，完成家庭生活污水自净化，以及家庭循环用水的挑战。②设定宁夏缺水地区 2030 年的家庭用水场景，完成"母亲水窖"水质净化，或家庭用水自净系统设计的挑战。

限制条件：尽可能利用当地资源，因地制宜解决问题。

可用资源：尽量切合当地资源，选择家庭常用物品，或在使用过程中不会产生危害的废弃物或其他必要的资源。

风险：要根据净水需求制订净水方案，为避免饮用水安全风险，考虑微生物污染。

3. 学习目标

图 2-29 以思维导图形式呈现"小小净水工程师——家庭净水计划"的学习目标。

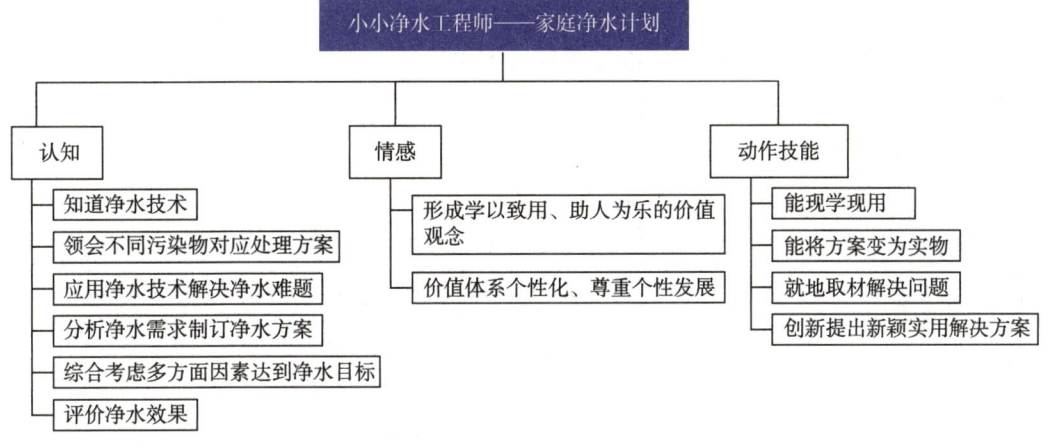

第 2 章　与学科整合：适合初中开展的 STEM 项目课例设计　　167

```
                    小小净水工程师——家庭净水计划
        ┌──────────────────┼──────────────────┐
       认知                情感               动作技能
   ├ 知道净水技术      ├ 形成学以致用、助人为乐的价值   ├ 能现学现用
   ├ 领会不同污染物对应处理方案    观念              ├ 能将方案变为实物
   ├ 应用净水技术解决净水难题  ├ 价值体系个性化、尊重个性发展  ├ 就地取材解决问题
   ├ 分析净水需求制订净水方案                       └ 创新提出新颖实用解决方案
   ├ 综合考虑多方面因素达到净水目标
   └ 评价净水效果
```

图 2-29　"小小净水工程师——家庭净水计划"的学习目标

2.7.2　课例实施的环境和硬件要求

1. 实施环境

把学生的桌子每 4 张拼一起，方便小组讨论和制作。

2. 硬件要求

教室里最好有水池和电源，方便后期用仪器测试水质。

2.7.3　课例适合的学段

1. 适合的学段

七年级。

2. 学生已有知识、经验、技能基础情况

七年级学生在小学阶段上过科学课，对环境保护、水资源保护、水污染、水的净化等均有定性的了解，知道环境保护的重要性，有一定的动手能力。初步具有数据记录和分析的意识，部分学生可能有组装简易净水器的经历。

3. 学生学习过程中可能遇到的困难

部分学生不会思考，解决问题的方法欠缺。对西部地区水资源匮乏情况了解不够，对不同净水技术和净水材料的适用范围容易混淆。部分学生动手能力和数学计算能力较弱，缺乏数据可视化表达的逻辑性、归纳演绎的思想及证据意识。

2.7.4　核心挑战性任务及拆解

1. 挑战性任务

（1）设定中国北京 2030 年的家庭用水场景，让他们完成家庭生活污水自净化，及家庭循环用水的挑战。

（2）设定中国宁夏缺水地区 2030 年的家庭用水场景，让他们完成"母亲水窖"水质净化，或家庭用水自净系统设计的挑战。

任务拆解见表 2-52。

表 2-52　任务拆解表

核心挑战性任务	拆解后的子目标	子任务	阶段性成果
制作家庭净水系统	制订北京或宁夏地区的净水目标	（1）了解水环境保护，特别是水资源保护的现状和方法，以及水资源短缺的现状和应对措施，绘制水环境保护宣传画 （2）了解水污染现状，绘制水污染现状图 （3）畅想北京 2030 年的家庭用水场景或宁夏缺水地区 2030 年的家庭用水场景，了解各自净水需求及污染，确定具体净水目标。具体要分析出哪些水需要净化以及净化到什么程度，哪些水不需要处理等，后续再引导学生根据需求学习不同水质、不同污染物的净化方法和技术	（1）水环境保护宣传画 （2）水污染现状图 （3）水污染原理图 （4）具体净水目标
	学习净水技术	（1）根据净水需求和目标确定目标污染物 （2）学习常用净水技术 （3）预实验，找到净水材料合适的组合方式	（1）学习笔记，思维导图 （2）目标污染物对应的处理方法
	制作家庭净水方案，对所选技术进行预实验，设计并制作净水装置	（1）设计净水方案 （2）对所选技术进行预实验 （3）制作净水装置	（1）净水方案 （2）净水装置 （3）预实验成果：不同净水技术的净水效果
	测试水质，检验净水效果。优化改进净水装置	（1）学习水质指标及监测方法，制订检测和评价水质的方案 （2）用装置处理水，测定进出水各项指标 （3）评价水质 （4）优化改进净水装置	（1）检测和评价水质的方案 （2）测试数据及调整方案 （3）水质评价报告 （4）净水装置优化方案 （5）优化改进的净水装置
	模拟召开政府招投标会，评价不同方案和作品	（1）制作净水系统宣传海报 （2）演示净水效果 （3）答辩展示净水原理及优势等	（1）宣传海报 （2）净水装置 （3）答辩展示 PPT 等

2. 挑战性问题

如何用简易材料净化雨水？

2.7.5　分课时的教学进度规划

由于本课例完整课程需要 12 课时完成，这里选取关键的 3 个子任务来阐述，见表 2-53。且教学中根据学生选择的不同情境分类教学，本次方案侧重选择宁夏农村未来净水需求。

第 2 章　与学科整合：适合初中开展的 STEM 项目课例设计

表 2-53　教学进度规划表

主题	具体内容	课时数
【子任务 1】	学习不同污染物的净水技术	2
【子任务 2】	设计净水方案并制作净水装置	2
【子任务 3】	测定进出水各项指标，评价进出水水质，并优化净水方案	2

2.7.6　分课时的教学设计

【第 1 次课】

★ **主题名称**

净水技术知多少

★ **学习目标**

了解水中常见的污染物，能根据污染物的特点选择相应的处理技术，能设计出合理的净水装置。

★ **核心问题**

水中有哪些污染物？不同净水技术净水原理是什么？

★ **评价方案**

评价方式：知识挑战赛评分，净水方案初步设计图评分。

评价工具：知识挑战赛评分表（表 2-54）和设计图评价表（表 2-55）。

评价结果呈现方式：评分。

表 2-54　知识挑战赛评分表

小组名：

储水环节得分	净水环节得分	总分	出题质量	表现突出组员

表 2-55　设计图评价表

小组名：

设计完整性	可行性	创新性	总分	表现突出组员

注：每一单项满分 10 分，分数由高到低依次表示优、良、及格、不及格、差。期末汇总每一小组各环节总分，根据总分选出终极 STEM 大奖。（本课例表格无特殊说明外，均与此相同。）

★ 本课的重点、难点

学生对不同净水技术和净水材料的适用范围容易混淆。

★ 学习活动设计

环节一：任务情境引入	
教的活动 1 　　恭喜同学们已经学会了一些水质测定及评价方法，作为一名水质工程师，我们要明确净水目的和目标污染物，以寻找合适的净水技术。 　　目前有两个净水场景：中国北京 2030 年的家庭用水场景，请设计家庭生活污水自净化，及家庭循环用水的方案；中国宁夏缺水地区 2030 年的家庭用水场景，请设计"母亲水窖"水质净化系统，或家庭用水自净系统。 　　大家在制订方案和选择技术时要考虑因地制宜。例如，"母亲水窖"的潜在用户是中国西部严重缺水地区的农民。 　　不同净水技术所能去除的污染物不同，基于中国西部严重缺水地区的实际情况，说出他们的饮用水源中污染物有哪些？针对水中不同种类污染物，应采用什么方法或技术进行处理？ 　　今天我们举办储水、净水知识挑战赛，请大家积极回答问题。	**学的活动 1** 倾听、思考。
设计意图 　　让学生迅速进入任务情境，从而使学生对所学知识更有目标性。	

环节二：储水、净水知识挑战赛	
教的活动 2 　　教师汇总学生出的题目，举办知识挑战赛。 　　（1）挑选主持人、记分员、计时员、监察员。 　　（2）将所有问题和答案（标明出题人姓名）提交上来，由主持人宣读题目，其他学生（除出题人及其小组成员外）抢答。 　　（3）由出题人公布答案，记分员按照 0~10 分记分，监察员监督（作答时间为每题 1.5 分钟），得分最高组有奖励。 　　（4）观察学生的比赛过程和倾听他们的总结，提出问题并补充必要的知识。 　　（5）给优胜组和个人颁奖。	**学的活动 2** （1）参加知识挑战赛。 （2）做笔记。
设计意图 　　让学生迅速掌握必要的储水、净水知识，加强同学间的互相学习，找到相关知识的薄弱环节，明确下一步学习目标。	

环节三：净水材料展示及分析	
教的活动 3 　　教师要求每组学生展示他们准备的净水材料，必要时向学生提供准备的净水材料，让学生讨论这些材料的净水原理，以及其他的净水技术。每组学生分享限时 3 分钟，再用 5 分钟讨论分享和教师点评。教师点评时可穿插放映"贝尔大冒险——净水""生命吸管""1L 水照明计划"视频。 　　教师准备的材料：按每组 4 人准备，每组需提供至少 5 个 500 mL 矿泉水瓶或其他容器（大小可以不同，优先使用学生自己搜集的瓶子）、0.2 kg 不同粒径石子和沙子（鼓励学生自己准备）、1 卷医用脱脂棉、1 卷医用纱布、0.2 kg 活性炭（粒径较小）、1 盒 pH 试纸（pH=0~14）、1 卷胶带、1 把美工刀、1 卷厨房卫生纸、1 张 A3 白纸、1 瓶 500mL 被泥土和红墨水污染的脏水、1 瓶 1L 自来水、1 套水质分析仪、1 张"单一净水材料净化性能报告表"（注意：如果学生材料准备充分，教师尽量不提供材料，鼓励学生发掘不同材料的优缺点及可能用途）。	**学的活动 3** （1）向同学和老师介绍并展示准备的净水材料。 （2）观察并学习教师和其他同学准备的净水材料。 （3）观看视频，记笔记，思考和提问。
设计意图 　　逐步引导学生设计净水系统，鼓励他们因地制宜解决问题，就地取材，废物利用，认识并利用身边的材料。	

第 2 章　与学科整合：适合初中开展的 STEM 项目课例设计

环节四：检验不同材料的净水效果

教的活动 4

有学生发现"母亲水窖"的水浑浊且有颜色，里面都有哪些污染物呢？我们该如何处理呢？大家可以通过实验来检验一下。

给每组学生各发 1 瓶 500mL 被泥土和红墨水污染的脏水、1 瓶 1L 自来水。要求学生用自己和老师准备的净水材料净化脏水，对比水质净化效果。启发他们思考如何准确评价水质净化效果、水质测定指标有哪些、如何测定等问题。

学的活动 4

（1）做实验，对比不同净水材料净化脏水的效果。
（2）数据记录、分析。

设计意图

让学生通过实践感知不同净水材料的净水效果，了解净水方法或材料不是万能的，应该合理组合、取长补短来解决问题。同时，应该根据目标污染物的特点选择合适的净水方法和材料。

环节五：净水器设计

教的活动 5

我们已经了解了水中常见的污染物及其处理方法，你们要解决什么场景下的净水问题呢？中国宁夏缺水地区水的污染物是什么？当地人们的净水需求是什么？你们的净水目标是饮用水还是景观水，还是能直排到江河的水？

请各小组学生分组讨论，选定北京或宁夏的净水场景，根据他们的净水需求，选出自己认为最合适的净水材料设计净水器，要求至少要用 3 种材料组合净水，画出详细的设计图纸，并在图上标明设计原理。在设计时必须满足人平均每人每天饮水需求，并要求学生计算净水装置单位时间内处理的水量，以及估算其使用寿命、材料更换频率等参数。

如时间足够，先让他们展示讨论，互相评价，自发优化实验设计，并在后续的实践中发现错误，不断优化反思。

学的活动 5

（1）组内讨论，拟出初步设计方案。
（2）设计净水系统，画出详细的设计图纸，并标明设计原理。
（3）与教师或其他组同学沟通，优化设计。
（4）如有时间可以制作模型检验设计效果。

设计意图

让学生在真实设计中体会工程设计的思路，学会发现问题并不断优化的方法。在此环节强调数学思维的重要性，让学生在考虑解决净水装置供水量的前提下，理解数据统计、流速、水力停留时间等因素。

环节六：布置作业

教的活动 6

教师布置课下作业：
（1）调研家人或身边的朋友对净水装置的具体需求，优化设计方案，准备设计方案讲解的 PPT，下节课展示、讨论，并制作净水器。
（2）要求每组学生下节课至少准备 5 个空矿泉水瓶或其他瓶子和至少 3 种可以净水的材料（最好是废物利用，如用过的活性炭口罩）。

学的活动 6

（1）倾听记笔记，提问。
（2）小组讨论、分工。

设计意图

调动学生的积极性，让每个学生都参与到净水装置的设计和组装中来。让他们充分利用课余时间了解用户产品需求，根据需求优化设计方案，观察、思考身边物品，寻找合适材料解决问题。

【第 2 次课】

★ 主题名称

设计净水方案并制作净水装置

★ 学习目标

根据设计图纸制作净水器，并根据其净水效果对其进行改进和优化。

★ 核心问题

净水器的工作原理是什么？

★ 评价方案

评价目标：判断学生能否设计出图纸，并根据图纸制作一个完整的净水装置。

评价方式：设计图评价，净水装置评价。

评价工具：设计图纸评价表（表2-56）和净水装置评价表(表2-57)。

表2-56　设计图纸评价表

小组名：

设计完整性	可行性	创新性	总分	表现突出组员

表2-57　净水装置评价表

小组名：

装置完整性	美观性	净水效果	净水速率	造价	表现突出组员

★ 本课的重点、难点

如何将设计落地为实物？部分学生动手能力弱，在装置连接过程中出现漏水、易倾倒等问题。

★ 学习活动设计

环节一：引入 + 净水器方案展示

教的活动1

在工程实践中，我们经常需要看懂别人的设计图纸，并参照图纸进行装置的搭建。这就要求我们在设计图纸时，必须清晰明了，别人能看懂，不能给人造成误解。大家设计的图纸能否让别人看懂呢？

要求学生将设计方案张贴在黑板上，先让大家观察这些设计，然后以小组为单位，每组限时3分钟，每个学生均上台向大家说明本组的设计理念、方法、原理及预期的效果等，再用5分钟的时间大家互相讨论听了介绍后对方案的理解和仅看图纸时理解的偏差，指导学生改进方案设计。

学的活动1

（1）倾听，思考，记笔记。

（2）展示实验设计，分组演讲设计原理等。

（3）给其他组或本组提建议或改进方案。

（4）根据大家的建议修改设计方案，优化设计。

设计意图

引导学生体会工程设计的方法，让他们意识到团队合作的重要性。让学生知道通过优化设计方案，能够提高设计的可行性。

环节二：净水器制作

教的活动2

引导学生根据设计图，每一小组制作1个净水装置。教师在旁边提供咨询建议，并检查学生的完工情况。要求小组成员明确分工，并记录在小组贡献表上。

教师提供备用材料，按每组4人准备，每组需提供至少5个500 mL矿泉水瓶或其他容器（大小可以不同，优先使用学生自己搜集的瓶子）、0.2kg不同粒径石子和沙子（鼓励学生自己准备）、1卷医用脱脂棉、1卷医用纱布、0.2 kg活性炭（粒径较小）、1盒pH试纸（pH=0~14）、1卷胶带、1把美工刀、1卷厨房卫生纸、1张A3白纸、1瓶被泥土和红墨水污染的脏水（500mL）、1L自来水、1套水质分析仪、6个黑板磁力贴。

学的活动2

（1）根据设计图纸制作净水装置。

（2）记录小组贡献表。

（3）发现问题，动脑思考，尝试解决。

第 2 章 　与学科整合：适合初中开展的 STEM 项目课例设计

设计意图

锻炼学生的动手能力，使学生能在设计——动手制作——验证效果环节中认识到工程设计的思路。使学生学会如何综合性地评价水质，并锻炼他们科学表达的能力。

环节三：净水器检验及优化

教的活动 3	学的活动 3
让我们来检验一下我们制作的净水器的净水效果吧！ 要求学生根据自己选定的净水场景，自制有相应污染物的模拟脏水，并用自制净水器净化该脏水。观察净化前后水质变化及装置是否漏水、使用是否便捷、净水量是否满足平均每人每天饮水量、能否满足净水计划需求。找出装置的缺点，尽一切可能优化改进该净水器。	（1）用自制净水装置净化脏水，观察净水效果。 （2）思考除了观察澄清度外，还可以怎么评价水质？ （3）总结记录装置存在的问题，小组讨论，想办法解决问题。

设计意图

学生在对比不同净水装置净水效果时，不知道如何判断两个差不多品质的水的优劣，借机引导学生思考自来水厂是如何评价水质的？启发他们自学相关知识。

环节四：布置作业

教的活动 4	学的活动 4
要求学生利用课余时间： （1）继续优化净水器。 （2）调查水质评价指标，制订水质测定方案。	（1）倾听，记笔记，提问。 （2）小组讨论、分工。

设计意图

引导学生自学水质测定指标和方法。鼓励学生在实践中发现问题，意识到相关知识的薄弱环节，有目的地寻找解决方法。

【第 3 次课】

★ 主题名称

测定常规水质指标，并评价水质

★ 学习目标

让学生自己探究出基本水质指标的参数价值及测定原理，探究市售电解器的使用原理及判断水质好坏的可行性。用自制的净水器处理统一受污染的水体，检验净水器的净水效果。

★ 核心问题

如何评价水质？

★ 评价方案

评价目标：判断学生能否正确评价水质变化。

评价方式：观察学生测定水质过程中的表现，水质变化情况。

评价工具：水质评价评分表（表 2-58）。

评价结果呈现方式：评分。

表 2-58　水质评价评分表

小组名：				
水质测定方案	水质测定方法	水质变化表	总分	表现突出组员

★ 本课的重点、难点

学会使用浊度仪、水质分析仪等仪器，准确记录数据并分析实验结果。

★ 学习活动设计

环节一：观察水质测定仪

教的活动 1	学的活动 1
要求学生观察水质测定仪，并学习其说明书，了解水质评价指标。让学生讨论水质评价的方法原理，制订水质评价方案。可以让他们用计算机查阅资料。	观察水质测定仪并学习其说明书，小组讨论。

设计意图
让学生认识水中的污染物，学会测定和评价水质。

环节二：水质评价方案展示

教的活动 2	学的活动 2
前面的课程中，我们已经制作出了简易的净水装置，我们的净水装置能不能用，净化后的水水质如何，我们如何评价面前这两杯水呢？（教师事先选择两组不同净水器净化后的水，向学生展示这两杯看着透明度类似的水） 教师准备材料：按每组 4 人准备，需向每组提供一套水质测定仪，一套电解器、一包 pH 试纸、一杯自来水、一杯去离子水、一杯乙醇、一杯饱和食盐水（每杯约 100mL）。 要求每组学生汇报水质测定方案，并说明方案中涉及的每一个测定指标的意义和测定方法。鼓励小组成员分工合作，每人负责 1~2 项指标。要求每个学生都要发言，以小组为单位向大家展示水质测定方案，每组限时 3 分钟，再用 5 分钟进行教师点评，以及同学互评。	（1）分组汇报水质测定方案，并说明方案中涉及的每一个测定指标的意义和测定方法。 （2）给其他组或本组提建议或优化方案。 （3）根据教师或同学的建议修改测定方案。

设计意图
让学生理解并会使用常见水质指标和净水术语：浊度、硬度、电导率、pH、溶解氧、总有机物、微生物、重金属、污染物等。

环节三：水质测定

教的活动 3	学的活动 3
让学生根据刚才的方案测定水质，评价不同材料对脏水的净化效果，将测定结果填写在水质分析表格中。将每组学生的测定结果贴在黑板上展示，让大家对比结果，并分析误差来源。 注意引导学生对比单一材料净水效果和多材料组合净水效果。观察他们如何设计实验，记录他们实验中出现的问题，在课堂上带领学生讨论并演示这些问题，启发他们找到解决办法。 注意观察学生如何记录数据、分析数据，适当让学生对比反思如何更好地设计测试方案，如何记录数据，如何分析数据。引导学生思考活性炭、细沙用量对净水效果的影响，制订探究实验方案。	（1）学习不同指标的测试方法。 （2）根据方案测定水质。 （3）记录水质分析报告。 （4）展示测试结果，分析误差来源。

第 2 章　与学科整合：适合初中开展的 STEM 项目课例设计

设计意图

引导学生互相学习，对比反思。学生在对比不同净水装置净水效果时，了解沉淀、过滤、吸附等常见净水方法的有机融合与应用，以及其净水的优缺点；通过净水效果指标的确定来培养学生的证据意识。鼓励学生互相学习，并通过分析、反思，综合运用物理、化学等多学科知识，改进并提高净水效果。

环节四：探究活性炭、细沙用量对净水效果的影响

教的活动 4	学的活动 4
（1）引导学生做探究活性炭、细沙用量对净水效果影响的实验。 （2）引导学生分享实验结论，并总结学生回答，启发学生对比活性炭、细沙优缺点，思考如何才能达到双赢。	（1）分工、实验。 （2）分析、总结实验结论并分享。 （3）思考综合运用活性炭、细沙优缺点设计净水系统。

设计意图

引导学生学会用单一因素变量法做探究实验，树立证据意识，理解物质用途和性质的关联。引导学生思考滤料类型及性能、滤料用量、滤料填充方式等因素决定了这个模型的"最优解"，为达目标，如何平衡滤速、成本、寿命，构建他们寻找工程最优解的认知。

环节五：进阶优化引导

教的活动 5	学的活动 5
（1）启发学生思考模型长期运行可能会出现的新问题，以及如何应对。 （2）总结补充学生回答，引出微生物降解延长寿命、蓝藻暴发等问题的思考。 （3）启发学生继续思考模型潜在的问题及解决方案。	思考并回答模型长期运行可能会出现的新问题及应对方案。

设计意图

鼓励学生在实践中发现问题，意识到工程实践需要不断更新、优化设计，针对性地寻找解决方法。学习依据证据证明或证伪假设，学习运用定性与定量结合的认识方式研究化学问题。通过分析、反思，综合运用物理、化学等多学科知识，改进并提高净水效果。树立环保意识，增强社会责任感。

2.7.7　分课时的学案设计

【单一净水材料净化性能报告】（表 2-59）

（第 1 次课教学设计 主题名称——净水技术知多少　环节三）

表 2-59　单一净水材料净化性能报告表

测试员：＿＿＿＿＿＿

水质指标	净化前 污水水样	净化后					
		材料： 用量：	材料： 用量：	材料： 用量：	材料： 用量：	材料： 用量：	材料： 用量：
TDS							
pH							
浊度							
气味							
颜色							

实验条件：测试水温 20℃。

【团队工作记录单】

（第 2 次课教学设计 主题名称——设计净水方案并制作净水装置）

1. 我方团队组成及分工表（可兼职），见表 2-60

表 2-60　团队组成及分工表

职位	人员	工作内容
工作组长		协调组织团队，确保按时完成任务
研究员		制订和调整实验方案，设计记录表格，总结结论
工程师		搭建实验设备，解决技术问题
测试员		根据研究方案进行实验测试，记录实验数据
宣传员		在大纸上绘制美观的记录表格，演讲展示结果

2. 投标方案设计

方案连线，如图 2-30 所示。

模拟污水水样					
混合液（泥土、铁锈、发酵淘米水、可乐）					
净水用途		水质指标		净水材料	价格
灌溉农田		TDS		活性炭	5元/cm³
洗车		pH		沙子	0.1元/cm³
洗手洗菜		浊度		色母片	1.5元/片
直接饮用		气味		麦饭石滤材	2元/g
		外观颜色		PP棉	2元/片
				石英砂	1元/cm³

图 2-30　方案连线

文字说明

3. 测试数据记录

设计数据记录表格并填写：

实验过程中发现的问题：

2.7.8 终结性评价方案

评价方式：教师评价，教师对个人和小组进行评价。
评价工具：课堂表现记录表（表 2-61）。
评价结果呈现方式：以分数形式呈现。

这门课对学生成绩的给定标准是：30% 的课堂展示、40% 的净水装置设计与产品制作、30% 的广告及答辩展示。在每节课上，教师都针对学生的课堂表现进行详细的记录。

表 2-61 课堂表现记录表

组名	学生姓名	第1次课 小组得分	第1次课 个人得分	第2次课 小组得分	第2次课 个人得分	第3次课 小组得分	第3次课 个人得分
A	A1						
A	A2						
B	B1						
B	B2						
C	C1						
C	C2						
D	D1						
D	D2						
备注							

2.7.9 课例实施建议与反思

1. 实施建议

本课例职业场景和政府招投标的教学设计，充分适应了初一学生的好奇心，满足了初中学生学以致用、助人为乐的教育目标，从第一节课开始就激发了学生对课程的兴趣。本课例较系统地使学生体验了科学探究过程，还体验了解决问题的完整过程。习得知识的同时，提高了他们的创新思维和解决问题的能力，以及社会责任感。同时，本课程还促进了学生的团队合作能力，增进了同学间相互学习的意识。开阔了学生的思路，提高了学生的表达能力，也使得学生看待问题的角度更加多元化。

2. 课后反思

本课例的研发过程经过很多轮的迭代，学习目标由最初的制作净水系统模型作品，进阶为提升学生 STEM 素养。整个课例设计以学生为中心，关注了学生认知发展的障碍点，并对课堂上学生出现的问题进行归类，聚焦核心问题，用实验探究的方法解决该问题。

整个课例从真实问题解决的角度去尝试解决问题，充分体现了构建证据意识的科学探究过程，提升了课程深度。同时注重教评一体，师生共创评价维度和量表。量规伴行，共同促进学生成长。

在课例实施过程中，我发现学生感兴趣的点很多，有很多地方都值得继续深入探究。

这也是 STEM 课的一个特点，涉及的内容很广泛，在教学过程中如何把握教学重点、如何取舍是一个难题。本课例我的教学目标是：使得学生在探究中习得水污染的相关知识，以及净水相关的方法及原理，习得工程设计和科研的思维，树立起生态环境保护的理念，增强社会责任感，培养学生建立科学探究的思维。教学重点是：科学探究和工程设计思维。所以，在本节课上我很注重对学生工程思维的培养，引导学生从真实应用角度考虑自己设计的装置可能出现的问题。而对于引导学生自主提炼真实情境下"物质的分离与提纯"的解决思路的办法，在本节课上没有过多涉及。在后续复盘总结时，带领学生着重总结"物质的分离与提纯"的解决思路。

2.7.10 专家点评

课程情境和任务来自于宁夏缺水地区的真实需求，学生以设计师的角色解决净水器的净水效果问题，经历了完整的问题解决过程，这是一个典型的工程实践过程。以净水材料的选择、用量、铺装顺序为变量，以 5 个指标为测试净水效果的标准，学生需要设计、制作一个模型进行多次测试调整，获得大量数据，并对数据进行分析来优化净水器模型，让学生认知工程思维，理解方案优化、模型优化是基于数据获取与分析来进行的，是基于证据的真实问题解决。

建议：除了可以深入"物质的分离与提纯"的探究，还可以把数据做更深入的获取与分析。例如，从某种净水材料的铺装厚度的变化带来的某个水质指标的变化规律，进而得出更优化的结论。此外，这个项目如果可以从简单装置模型的实践，拓展为制作一个真正的产品原型，会更能体现出科学探究与工程实践有机融合的价值。

北京市海淀区教师进修学校创新教育研究中心副主任　陈咏梅

第 2 章 与学科整合：适合初中开展的 STEM 项目课例设计

2.8 课例 8：寻找犯罪嫌疑人

主要涉及学科：物理。

课例提供团队：北京市十一学校宋新国、王东颖、郭东芳、王诗竹。

2.8.1 课例的背景、情境及学习目标

1. 课例背景

当前，响应时代要求，实现从教师如何"教"向学生如何"学"的转变，实现从"做题"到"做事"、从"解题"到"解决问题"、从"具体性知识学习"到"核心观念建构"的转变，是现代教育教学领域共同的话题。人适应现实并有所作为的关键在于其能否发现、识别和处理各式各样的实际问题。人毕生中所面临的种种实际问题绝大部分都不是简单地照搬书本知识便可解决的，真实问题往往是结构不良问题，条件和目标不明确，解决途径也不明确，面对不充分的信息，问题解决者需要筛选、比较和整合，根据具体情境采取适当而灵活的解决办法。[1]真实问题的解决往往要依靠群体的力量，本课例为多体联动解决问题提供了平台。探索真实情境下"问题解决指向"的课堂教学，凸显出了学生的主体地位和主动性，以学生的"学"为中心，旨在提高学生适应现实世界且为社会做出更大贡献的能力，迎合了综合型高素质人才的培养需要。[2]这一探索，打破以教师的"教"为中心的传统模式的桎梏，有利于全面提高教育教学质量，促进教育教学体制创新改革的进一步发展。

2. 课例情境

压强是初中物理课程力学部分知识结构的重要概念之一，与社会实际生活紧密相连，引导学生运用压强解决实际问题是教与学的重点，而从真实情境中建构出物理模型并恰当解决问题是难点。为此，本课例中创设的学习情境是：在某一作案现场，作为法医的你发现罪犯在案发现场的沙地上留下了凹陷的鞋印，你立刻用石膏浆浇注成鞋印模型，以便估测出犯罪嫌疑人的身高、体重等。你需要怎么做？依据是什么？这一情境的创设还原了刑侦民警破案的关键过程——利用脚印推断出犯罪嫌疑人。旨在让学生了解这一职业的严谨性，也让学生通过尝试建立模型，掌握或巩固有关概念或规律，体验建立模型过程中的思维过程，并领悟模型建构的意义和价值，实现从知识解析到促进认识的转变和发展，实现从知识结论到彰显知识的价值。[3]

---

[1] 陈勃，申继亮. 指向问题解决的教育思路 [J]. 教育理论与实践，2000，20（5）：51-53.

[2] 高恩静，阿曼达·S. 卡雷恩，马努·卡普尔. 真实问题解决和 21 世纪学习 [M]. 杨向东，许瑜函，鲍孟颖，译. 长沙：湖南教育出版社，2020：19-42.

[3] 孙萍. 基于深度学习理论的物理教学情境创设的探索 [J]. 物理之友，2020，36（3）：20-22.

3. 学习目标

经过本课例的学习，学生会持续性理解：

（1）经过探究，学生能发现物理量之间存在相关性，可以定性或定量地描述出它们的规律，并能用其做出合理预测。

（2）经过交流与分享，学生能发现科学探究没有统一的路径和方法。过程和方法往往影响科学探究的结果，通过优化科学探究的过程和方法，可以逐渐逼近较为真实的结果。

（3）解决问题往往不是一蹴而就的，需要将复杂问题简单化，建构模型，选择合适的器材，采集数据，形成证据，做出决策，甚至要不断反复修正。

通过本课例的学习，学生需达到以下几个目标：

（1）会用刻度尺测量物体的尺寸，会估测不规则物体的底面积。

（2）通过调查研究，学生能展示出一种数据处理的方法，寻找并归纳出人的身高、体重之间的关系。

（3）能够结合给定素材，或提供证据，或理论演绎，或分析论证，以及对其他小组的方案设计做出评价。

（4）学生能记录、积攒、形成证据并不断修正，能阐述清楚修正的起因、经过和结果。

（5）学生能用二力平衡和压强等知识解决相关问题。

2.8.2 课例实施的环境和硬件要求

1. 实施环境

满足 4 人小组的实验桌或者拼桌，方便小组之间方案研讨、测量等。

2. 硬件要求

需要的实验素材：细沙、石膏粉、拉压测力计、体重计、米尺、刻度尺、长方体金属块、网格纸、电子天平等。

2.8.3 课例适合的学段

1. 适合的学段

八年级。

2. 学生已有知识、经验、技能基础情况

学生经过前期的物理学习初步了解了一些物理现象，学习了一些基础的物理知识，例如物质的尺度及测量、力、力的作用效果、弹力、重力等，初步掌握了图像法处理实验数据的基本技能，初步掌握了控制变量法、比值定义法等科学思想方法，具备了初步的学习方法。他们的思维活动正处在由形象思维向抽象思维发展的转折期，在进一步学习较抽象

第 2 章　与学科整合：适合初中开展的 STEM 项目课例设计　　181

的理论知识时，还需要有直观形象和表象的支持。

3. 学生学习过程中可能遇到的困难

压强对学生来说是一个全新的概念。学生在学习这部分知识时，容易把压力和压强的概念相混淆。在解释实际问题时，把压力的变化等同为压强的变化，不能准确建立压强的概念。这其中折射出的是学生面对多种物理量时，往往容易割裂地看待，系统性的思考不够。

建构合理物理模型，运用恰当的物理原理解决物理问题，是物理学重要的方法，但学生在解决物理问题时原理使用不熟练，概念较为模糊。

2.8.4　核心挑战性任务及拆解

1. 挑战性任务

在某一作案现场，作为法医的你发现罪犯在案发现场的沙地上留下了凹陷的鞋印，你立刻用石膏浆浇注成鞋印模型，请你和你的团队估测出犯罪嫌疑人身高、体重等信息。任务拆解见表 2-62。

表 2-62　任务拆解表

核心挑战性任务	拆解后的子目标	子任务	阶段性成果
对脚印或脚印模型做必要测量或模拟测试，合理地推测出罪犯的身高、体重等信息	学生会用工具正确测量并记录结果	（1）用石膏制作犯罪嫌疑人的鞋印模型并测量鞋印的长度、面积等 （2）测量并记录小组所有成员的身高、脚长、鞋印面积、体重的数据	（1）实践成果 （2）选择工具 （3）测量结果
	学生寻找到身高—脚长、体重—脚长等数据间的规律	（1）利用作图法统计归纳出身高—脚长、体重—脚长等数据间的规律，并借助网络或书籍查验规律 （2）利用人的身高—脚长、体重—脚长等数据间的规律推测犯罪嫌疑人的身高、体重等信息，并做误差分析	实验方案，实验记录，实验报告
	学生会综合运用二力平衡和压强解决问题	（1）探究压力的作用效果与压力和受力面积的关系 （2）利用鞋印、石膏和沙子设计一个方案，并估测出留下该鞋印的嫌疑人的体重 （3）误差分析	（1）实验方案，实验记录，实验报告 （2）实践方案及调整 （3）数据及误差分析

2. 挑战性问题

人的身高、体重等与人的脚长、脚印面积等有什么关系。

2.8.5　分课时的教学进度规划

分课时的教学进度规划见表 2-63。

表 2-63　教学进度规划表

主题	具体内容	课时数
【子任务 1】	用石膏制作犯罪嫌疑人的鞋印模型，并测量鞋印的长度、面积等	0.5
【子任务 2】	利用作图法统计归纳出身高—脚长、体重—脚长等数据间的规律，并借助网络或书籍查验规律，推测犯罪嫌疑人的身高、体重等信息，并做误差分析	0.5
【子任务 3】	探究压力的作用效果与压力和受力面积的关系，建构和理解压强	1
【子任务 4】	利用鞋印、石膏和沙子设计一个方案，并估测出留下该鞋印的嫌疑人的体重	1
【子任务 5】	寻找犯罪嫌疑人刑侦报告，并展示、交流	1

2.8.6　分课时的教学设计

【第 1 次课】

■ ★ 主题名称

调查研究

■ ★ 学习目标

（1）学生知道可探究的科学问题及其表述方式，能从任务中识别出可探究的科学问题。

（2）学生会用刻度尺测量物体的尺寸、面积，会用天平（含体重计）测量物体的质量，会画数据表格并正确记录数据。

（3）通过实际测量，学生能体会测量时必须要有统一的测量标准、恰当的测量工具、正确的测量方法。

（4）通过调查研究，学生能展示出一种数据处理的方法，寻找并归纳出人的身高、体重与脚印长度之间的关系。

■ ★ 核心问题

人的身高、体重与人的脚长之间有什么关系？

■ ★ 评价方案

评价方式：小组评价。

评价工具：测量性实验报告（实验用具、数据记录、求平均值、误差分析、减小误差的方法等）。

评价结果呈现方式：展示实验报告单。

■ ★ 本课的重点、难点

重点：能选择合适的测量工具进行测量，能正确记录测量结果。

难点：用图像法归纳出人的身高、体重之间的关系。

第 2 章　与学科整合：适合初中开展的 STEM 项目课例设计

★ 学习活动设计

环节一：创设情境，定义问题

教的活动 1

在某一作案现场，作为法医的你发现罪犯在案发现场的沙地上留下了凹陷的鞋印，你立刻用石膏浆浇注成鞋印模型，以便估测出犯罪嫌疑人的身高、体重等。

根据这一情境，你能提出什么问题？

师生概括：

（1）调查研究：测量并统计全班甚至全年级学生的身高、脚长、脚印面积、体重的数据；寻找身高—脚长、体重—脚长等数据间的规律。

（2）模拟研究：制作与脚印相同大小的木板（或铁板），用力将其压在沙子上，研究下陷深度与所受压力之间的关系。

学的活动 1

学生讨论，并提出值得研究的问题。

（1）人的身高、体重等与脚印有关联，其内在规律对我们寻找犯罪嫌疑人有用，如图 2-31 所示。

图 2-31　人的身高、体重等与脚印的关系

（2）学生形成值得探究的问题。
1）身高（或体重）与脚长有什么关系？
2）身高（或体重）与脚印面积有什么关系？
3）脚印的深度与体重有什么关系？
4）用多重的物体（多大的力）压在该脚印上会产生相同效果？

设计意图

让学生学会将情境任务转化为可探究的科学问题，便于进行测量和探究。

环节二：制作脚印模型

教的活动 2

为了便于测量，请用石膏粉制作罪犯的脚印模型。

学的活动 2

出示模型专用石膏粉的产品参数，如图 2-32 所示，配制石膏浆，倒入沙盘的脚印中，浇注成型，如图 2-33 所示。

图 2-32　石膏粉的产品参数　　　　图 2-33　脚印浇注

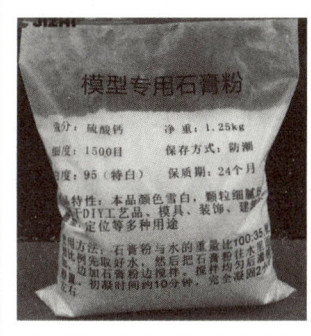

设计意图

工程实践旨在让学生学会阅读使用说明书或制作办法等。

环节三：测量

教的活动 3

请选择恰当的工具和方法测量罪犯脚印的长度、深度、面积等，并画出数据记录表格，将数据正确记录在表 2-64 中（如果用方格纸描绘并测量脚印的长度、面积，最后绘成的脚印图如图 2-34 所示）。

用问题串引发学生正确认识错误和误差：

（1）你们认为哪组测量结果更准确？为什么？

（2）误差的来源有哪些？能否避免？

（3）实际测量时，很难知道真实值，那么测量结果的准确性该如何评价？

学的活动 3

（1）学生画出数据记录表格，选择恰当的工具和方法实施测量。

（2）学生分享展示小组的测量结果。

（3）学生依据测量工具的选择标准、记录的测量结果等维度评价数据的正确性和准确性。

（4）学生归纳出错误和误差的区别，归纳出减小误差的方法。

表 2-64　罪犯脚印的测量数据记录表

	脚长 /cm	陷入沙子深度 /cm	脚印面积 /cm^2

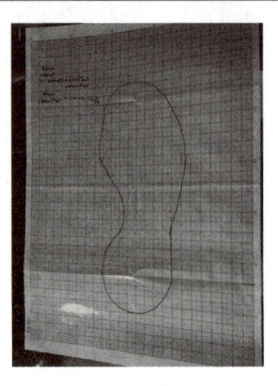

图 2-34　脚印图

设计意图

通过实际测量，学生会用刻度尺测量物体的尺寸并计算面积，会画数据表格并正确记录数据，会区分错误和误差，会正确减小误差。

环节四：测量并用图像法归纳出人的身高、体重与脚长的关系

教的活动 4	学的活动 4
分组测量并统计每一位成员的身高、体重、脚长、脚印面积，用图像法分析它们之间的关系（在 Excel 中汇总各个同学的相关数据）。 用问题串引发学生思考： （1）身高—脚长、体重—脚长等的规律能否帮助我们确定出罪犯？为什么？ （2）怎么做对利用图线缩小犯罪嫌疑人的范围有意义？	（1）学生分组测量。 　　学生对照量表"实验中的图像法"作身高—脚长、体重—脚印面积等的关系图线，归纳总结规律。可以使用坐标纸绘制，也可以使用 Excel 绘制，如图 2-35 所示。 图 2-35　身高—脚长关系图线（$y=6.5981x$） （2）学生讨论、分析论证。 　　学生查阅网络或书籍，了解人的身高、体重与脚印长度等之间的普遍性的规律。

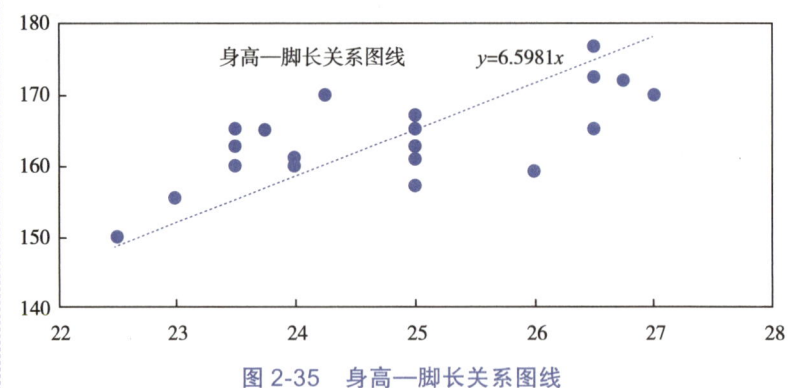

设计意图

（1）让学生熟练掌握用图像法整理、分析数据。
（2）让学生理解跨学科概念"尺度、比例与数量""系统的稳定与变化"等在归纳总结规律中的意义。
（3）让学生参与基于证据的论证。

第 2 章 与学科整合：适合初中开展的 STEM 项目课例设计

【第 2 次课】

★ 主题名称

压强

★ 学习目标

（1）学生理解压强的概念，能用压强公式进行简单计算。

（2）了解日常生活中增大和减小压强的方法。

（3）通过实验，学生进一步熟练使用控制变量法和比值定义法。

（4）学生会用压强知识解释日常生产、生活中的相关现象。

★ 核心问题

压力的作用效果与压力和受力面积有什么关系？

★ 评价方案

评价方式：小组评价，组间评价。

评价工具：两个学生工作单（略）。

评价结果呈现方式：根据完成程度，分优秀、良好、合格三个等级展示。

★ 本课的重点、难点

重点：正确理解压强的概念。

难点：正确运用压强知识解决简单问题。

★ 学习活动设计

环节一：创设情境，引入新课	
教的活动 1 组织学生实践体验： （1）站在指压板上，然后背起另一位同学，如图 2-36 所示，你会有什么感觉？为什么？ （2）用两根手指分别顶在削好的铅笔两端，如图 2-37 所示，左右两根手指的感觉一样吗？这说明了什么？ 图 2-36　学生站在指压板上体验　　图 2-37　学生用手指压铅笔两端 问题：影响压力作用效果的因素有哪些？	**学的活动 1** 　　学生分组实践，分享交流感受。达成以下两个共识： （1）感觉很疼是压力的作用效果比较显著。 （2）猜想压力的作用效果与压力、受力面积有关。
设计意图 　　帮助学生获得感性体验，引导学生猜想影响压力作用效果的因素。	

环节二：探究影响压力作用效果的因素

教的活动2

利用桌面器皿盒内的沙子、小桌子、勾码研究影响压力作用效果的因素，如图2-38所示。

图 2-38　探究影响压力作用效果的因素

（1）用提问的方式引导学生设计实验方案。
1）为了探究压力、受力面积对压力作用效果的影响，需要分解成哪几个问题研究？
2）如何表征压力作用效果的显著程度？
3）研究压力的作用效果与压力大小的关系时，需要控制哪个物理量？
4）请设计出实验探究方案并展示分享。
（2）按小组进行实验探究。
　　任务一：压力的作用效果与压力大小的关系。
　　任务二：压力的作用效果与受力面积的关系。
（3）分析论证
1）经过探究，在图2-38中，哪两种情境是在受力面积相同的情况下，探究压力的作用效果与压力大小的关系？你能得出什么结论？
2）哪两种情境是在压力相同的情况下，探究压力的作用效果与受力面积大小的关系的？你能得出什么结论？

学的活动2

（1）学生思考与讨论，厘清采用控制变量法研究问题的思路。
（2）学生分组制订探究方案，通过分享优化完善。
（3）学生分组探究，采集实验数据。
（4）学生分享交流，归纳总结，形成结论。

设计意图

（1）引导学生厘清采用控制变量法研究问题的思路，形成可靠的方案。
（2）提升学生分析归纳的能力。

环节三：建构压强概念

教的活动3

（1）组织学生问题讨论。
1）如果压力大小和受力面积都不相同，如何比较压力的作用效果？
2）还有哪些物理量的定义用到了相似的思路？
（2）组织学生阅读教材：理解压强的概念。
1）压强的含义是什么？
2）压强如何计算？
3）压强的单位是什么？
（3）典例解析。

学的活动3

学生讨论，比值定义法进行关联。
学生阅读北师大版《物理八年级下册》p56~p57内容，用荧光笔标注重点内容。
学生独立完成3道例题，分享交流，师生归纳总结。

设计意图

引导学生认识并正确建构压强概念，会正确运用压强公式进行简单计算。

第 2 章　与学科整合：适合初中开展的 STEM 项目课例设计

环节四：解释日常

教的活动 4

引导学生观察图 2-39。在日常生产和生活中，有时需要增大压强，有时需要减小压强。结合图中所示的情境，说一说人们是怎样根据实际需要来增大或减小压强的？还有哪些增大或减小压强的实例？请举例说明。

图 2-39　增大或减小压强的方法

学的活动 4

分析讨论：增大压强的方法是增大压力或减小受力面积；减小压强的方法是减小压力或增大受力面积。

学生列举实例：如注射器的针头做得很尖、图钉帽做得很大等。

设计意图

引导学生将压强与日常生产、生活紧密联系，运用压强解决实际问题。

【第 3 次课】

★ **主题名称**

估测犯罪嫌疑人体重

★ **学习目标**

（1）学生会综合运用二力平衡和压强解决问题。

（2）学生体会到"模型建构"是一种重要的科学方法，是对实际问题进行简化和抽象，并转化为可以解决的物理问题。

★ **核心问题**

利用鞋印、石膏和沙子，如何设计方案，并估测出留下该鞋印的犯罪嫌疑人的体重？

★ **评价方案**

评价方式：组间评价。

评价工具：任务单（略），典例解析。

评价结果呈现方式：小组展示完成的任务单。

★ **本课的重点、难点**

重点：学生会综合运用二力平衡和压强解决问题。

难点：学生体会到"模型建构"是一种重要的科学方法，是对实际问题进行简化和抽象，并转化为可以解决的物理问题。

★ 学习活动设计

环节一：创设情境，引入新课

教的活动 1

在某一作案现场，作为法医的你发现罪犯在案发现场的沙地上留下了凹陷的鞋印，你立刻用石膏浆浇注成鞋印模型。为估测出犯罪嫌疑人重力 $G_人$，你需要怎么做？

引出待研究的问题：今天我们一起运用压强来估测犯罪嫌疑人的体重，便于我们找到犯罪嫌疑人。

学的活动 1

学生分析情境思考问题，并讨论交流观点。

学生甲：可以先测量鞋印长度；再通过统计全体同学脚印长度和体重的关系，分析推断出犯罪嫌疑人的体重。

学生乙：凹陷程度反映出的是压强，测出压强，利用 $F=pS$ 即可求出压力。再根据压力大小等于重力大小，从而推断出犯罪嫌疑人的体重。

设计意图

创设师生共有的问题情境，能调动学生原有知识解释问题，激发学习研究兴趣，产生解决问题的期待；同时使学生产生认知冲突，为学生建构认知体系做好准备。

环节二：模型建构

教的活动 2

教师用问题串引发思考，形成初步的方案。

（1）如图 2-40 所示，凹陷程度反映出的是什么？

图 2-40　模型建构（理解"凹陷程度"）

（2）教师追问：为了估测出犯罪嫌疑人的重力 $G_人$，需要建构什么样的方案或模型？需要测量什么？用哪些工具？怎么测量？

（3）这种方案或模型，是可靠的吗？为什么？

学的活动 2

（1）学生分组讨论，主动关联到压强。

（2）学生讨论交流方案或模型建构的思路，如图 2-41 所示。

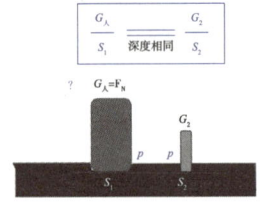

图 2-41　模型建构（联系知识）

（3）学生讨论交流。

这种方案或模型可靠。理由：基于二力平衡和压强的知识，遵循了等效替代的思想。

设计意图

建构模型，初步厘清测量思路，明确这一过程是对真实问题的简化与抽象，是一种近似。同时，学生能意识到基于物理学科核心物理观念建构的模型才是可靠的。

环节三：方案设计和数据采集

教的活动 3

（1）请大家利用如图 2-42 所示的器材，设计一个方案，估测出嫌疑人的重力 $G_人$。

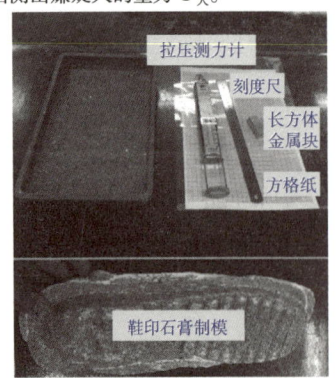

图 2-42　实验器材

学的活动 3

（1）学生在任务单上规范书写方案。

（2）学生使用工具初步实施方案。

（3）学生分享遇到的困难或问题。

学生甲：陷入沙子深度 h 实际如何测量……

学生乙：测力计量程不够……

学生丙：金属块重力是不是需要考虑进去……

第 2 章 与学科整合：适合初中开展的 STEM 项目课例设计

1) 写出主要操作步骤（注明测量符号）。
2) 用测量量表示出嫌疑人重力 $G_人$ 的表达式。
(2) 请大家依照方案采集实验数据。
(3) 组织学生分享交流测量时遇到的困难。

设计意图
引导学生规范表述科学探究方案，并实施探究方案。学生学会在实际操作中不断完善探究方案。

环节四：案例分析问题，深入理解模型建构

教的活动 4
(1) 教师展示任务：图 2-43 是某小组学生测量时的场景及数据处理的过程。

图 2-43 某小组数据采集及结果

1) 请你简要描述一下他们的方案。
2) 他们对"嫌疑人重力 $G_人$"的估测值比真实值偏大还是偏小？
3) 为了使对"嫌疑人重力 $G_人$"的估测值更接近真实值，你还需要测量出什么？请分析说明（可画图辅助说明）。
4) 什么情况下，我们需要考虑金属块重力？什么情况下，我们可以忽略金属块重力？
(2) 学生代表交流方案优化的思路，并在黑板上画出金属块受力情况示意图，阐明思路，如图 2-44 所示。

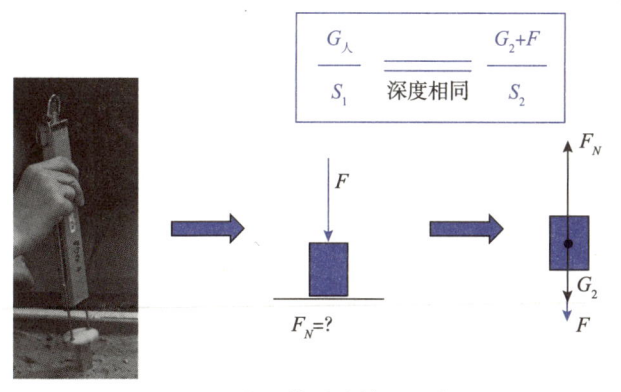

图 2-44 金属块受力情况示意图

(3) 请大家优化方案设计，并实施测量。
(4) 组织学生讨论交流。
1) 通过建构模型，我们通过测量得出的体重与犯罪嫌疑人的体重一定吻合吗？为什么？
2) 不吻合的话，我们今天的估测有意义吗？
(5) 师生共同归纳。
1) 模型不同于原型：模型是一种简化，模型是一种近似。
2) 模型应经得起考验：二力平衡、压强、等效替代的思想。
3) 建构模型是一种重要的方法：复杂问题简单化、实际问题理想化。
(6) 学生随堂练习，诊断学生对方案的理解。

学的活动 4
(1) 学生分组讨论并交流。
学生甲：这组同学测量了 3 处鞋印的深度，取平均值作为最终鞋印深度，还是值得肯定的。
学生乙：他们做得特别有条理性。
学生丙：计算过程很规范。
学生丁：他们忽略了金属块的重力，使得测量值比真实值要偏小。
学生戊：我们测量时想到了考虑金属块重力，测量后发现金属块重力才约 0.2N，我们就忽略了。
学生己：金属块重力相对压力计的示数相对较小时，可以忽略；反之，就不能忽略。
学生庚：我注意到其他组用的是铁块，而我们组用到的是铝块，规格虽然一样，但铁块的重力明显大很多，所以就不宜忽略。
学生辛：对金属块进行受力分析，利用二力平衡条件求出。
(2) 学生优化方案设计，并依照新的方案实施测量，估测出犯罪嫌疑人的体重。
(3) 学生讨论交流。
1) 学生：体重不一定吻合。
学生甲：测量是有偏差的，尤其是陷入沙子深度的测量对结果的影响还是挺大的。
学生乙：我们是按照罪犯处于平衡态进行的模型建构，但实际上，他很可能并不处于平衡态。
学生丙：模型是对问题的一种简化或近似。
2) 学生：有意义，它可以帮助缩小嫌疑人范围。如果没有建构模型的过程，真实问题的答案我们无从下手。
(4) 学生独立完成随堂练习。

设计意图

引导学生洞察数据背后的本质,一是用于检测学生对方案的理解程度;二是在学生的分析与表达过程中,锻炼与培养学生的表达与分析推理能力;三是引导学生明白模型建构往往不是一蹴而就的,需要在实际操作中不断完善和优化。

【第 4 次课】

★ 主题名称

"寻找犯罪嫌疑人刑侦报告"展示、交流

★ 学习目标

(1)学生学会规范撰写并清晰表达研究报告,能够清晰、简明、有逻辑地提供信息,开发和使用模型,分析和解读数据,体现基于证据的论证,建构解释和设计解决方案。

(2)学生能够获取、评价和交流信息,学生能描述信息是怎样得到证据的支持或没有得到支持的,能评价各种来源和信息采集方法的可信度、准确度和可能的偏差,能评价想法与方法的优点和有效性。

★ 核心问题

怎样才能更好地寻找到犯罪嫌疑人?

★ 评价方案

评价方式:小组评价,组间评价。

评价工具:创新创造量表(表 2-70),演示报告量表(表 2-71),批判性思维量表(表 2-72)。

评价结果呈现方式:等级制(低于标准、接近标准、达到标准)。

★ 本课的重点、难点

重点、难点:学生会综合两种方法缩小犯罪嫌疑人范围。

★ 学习活动设计

环节一:小组自评研究报告	
教的活动 1 发放"创新创造量表",学生分小组开展自评。	**学的活动 1** 学生分小组开展自评。
设计意图 引导学生进一步厘清组内研究报告的重点内容,找到研究报告的亮点或闪光点。	
环节二:介绍研究报告分享展示的要求	
教的活动 2 (1)教师介绍研究报告分享展示的要求。 (2)教师发放并阐释"演示报告量表""批判性思维量表",学生分小组讨论学习。 (3)组织学生抽签来确定汇报顺序。	**学的活动 2** (1)学生观看 PPT。 (2)学生阅读并讨论量表。 (3)学生代表抽签。
设计意图 让学生熟悉分享交流的要求或标准,利用量表让学生熟悉评价的维度和标准,提升学生评价的能力。	

第 2 章　与学科整合：适合初中开展的 STEM 项目课例设计　　191

环节三：学生分享交流研究报告	
教的活动 3　组织学生按照抽签顺序依次汇报交流，组织学生对每个小组的报告质量实施评价，引导学生在倾听中反思自己学习收获的情况。	**学的活动 3**　学生利用"演示报告量表"评价每个小组报告的质量，利用"批判性思维量表"反思自己学习收获的情况。
设计意图　引导学生学会在倾听中反思自己的学习，收获成长，引导学生学会评价。	
环节四：亮点时刻	
教的活动 4　组织学生分享交流每个小组的研究报告的亮点。	**学的活动 4**　学生分享交流每个小组的研究报告的亮点。
设计意图　引导学生多元评价，用欣赏的眼光看待他人。	

2.8.7　分课时的学案设计

【第 1 次课】

罪犯脚印的测量数据记录表见表 2-65。

表 2-65　罪犯脚印的测量数据记录表

	脚长 /cm	陷入沙子深度 /cm	脚印面积 /cm^2

小组学生身高、体重等数据记录表见表 2-66。

表 2-66　小组学生身高、体重等数据记录表

姓名	脚长 /cm	身高 /cm	脚印面积 /cm^2	体重 /kg

用作图法在图 2-45 中绘制身高—脚长图线和体重—脚长图线。

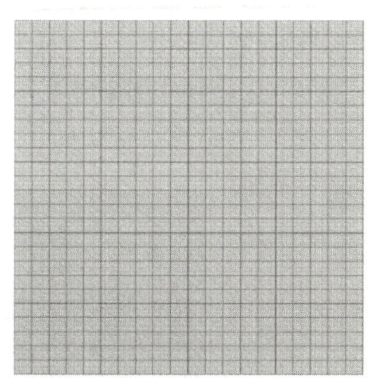

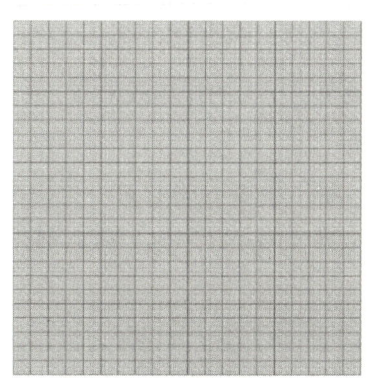

身高—脚长图线　　　　　　　体重—脚长图线

图 2-45　绘制身高—脚长、体重—脚长的图线

调查研究：家人的标准体重

每个人都希望自己不要太胖又不要太瘦，那么怎样才能知道自己的体重是否标准呢？

（1）世界卫生组织的"体质指数"：标准体重是身高米数的平方乘22。

（2）日本的"平田公式"：标准体重为身高厘米数减去100，所得的差乘0.9。

（3）美国的"布洛卡公式"：身高低于165cm，用身高厘米数减去100即为标准体重；身高高于165cm，用身高厘米数减去105即为标准体重。

（4）我国军事医学科学院的计算公式为：标准体重是身高厘米数减去150，差乘0.6，再加上一个系数，即北方人加50，南方人只加48。

例如，家住南方的小军的身高是155cm，体重是58kg。我们利用我国军事医学科学院的计算公式来看看他的体重在这种计算方法下是否标准。先按公式算出标准体重：（155−150）×0.6+48=51（kg）。这就是说，身高155cm的标准体重是51kg，而现在小军的体重为58kg，超出了标准体重，所以他属于偏胖。

请你选用其中的一个计算公式，计算出家里每一个人的标准体重。

【第2次课】

1. 实验报告单：探究压力的作用效果与哪些因素有关

用如图2-46所示器材探究压力的作用效果与哪些因素有关。

（1）通过观察_____显示压力作用的效果，这是_____法。

（2）在探究压力的作用效果与压力大小是否有关时，自变量是_____，因变量是_____，控制变量是_____。

（3）完成探究方案（以探究压力的作用效果与压力大小是否有关为例）。

（4）完成实验数据采集表，见表2-67。

图2-46 实验器材

表2-67 实验数据采集表

序号	压力	受力面积	小桌腿陷入沙子的程度

（5）实验表明，压力的作用效果与_____和_____两个因素有关。

2. 典例解析

例1 两人站在海边的沙滩上，在沙滩上留下了深浅不同的脚印，如图2-47所示。则下列说法正确的是（　　）

A．两人对沙滩的压强一定相同

B．脚印小的人对沙滩的压强一定大

图2-47 沙滩上深浅不同的脚印

第2章 与学科整合：适合初中开展的STEM项目课例设计

C．脚印深的人对沙滩的压力一定大

D．脚印深的人对沙滩的压强一定大

例2 一名体重500N的初中生站立在地面时，与地面的接触面积为400cm²，求这名同学站立时对地面的压强。

例3 重为15N的物体，现用垂直作用在物体表面的大小为40N的力F将它压住，如图2-48所示，物体与墙壁的接触面积为0.01m²。求物体对墙壁的压强。

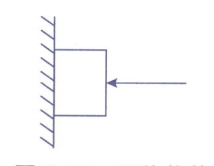

图2-48　压住物体

【第3次课】
用压强估测犯罪嫌疑人体重

■ **学习目标**

（1）学生会综合运用二力平衡和压强解决问题。

（2）学生体会到"模型建构"是一种重要的科学方法，是对实际问题进行简化和抽象，并转化为可以解决的物理问题。

■ **真实情境**

在某一作案现场，作为法医的你发现罪犯在案发现场的沙地上留下了凹陷的鞋印，你立刻用石膏浆浇注成鞋印模型，如图2-49所示。为估测出犯罪嫌疑人的重力$G_人$，你需要怎么做？

图2-49　犯罪现场用石膏浆浇注成的鞋印模型

■ **建构模型**

犯罪嫌疑人在沙地上踩出脚印，如图2-50所示，脚印的凹陷程度反映出的是什么呢？

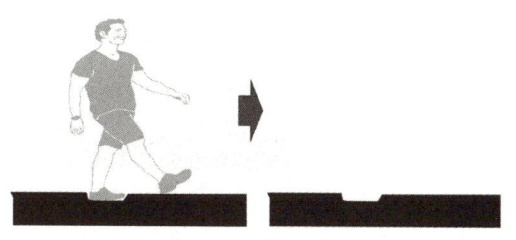

图2-50　模型建构

为了估测出犯罪嫌疑人的重力 $G_人$，需要测量什么？用哪些工具？怎么测量？

★ 方案设计

利用如图 2-51 所示的器材，请你设计一个估测出嫌疑人重力 $G_人$ 的方案。

（1）写出主要操作步骤（注明需要测量的物理量符号）。

（2）用测量的数据表示出嫌疑人重力 $G_人$ 的表达式。

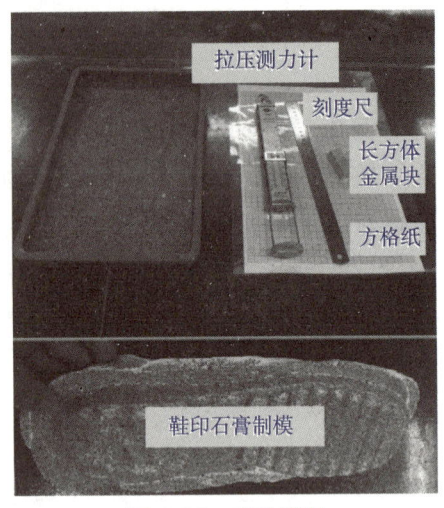

图 2-51 实验器材

★ 数据采集与处理

数据采集表，见表 2-68。

表 2-68 数据采集表

鞋印底面积 S_1/cm²	鞋印陷入沙子深度 h/cm	嫌疑人重力 $G_人$/N
135	1.3	

★ 例题分析

图 2-52 是某小组学生测量时的场景及数据处理的过程。

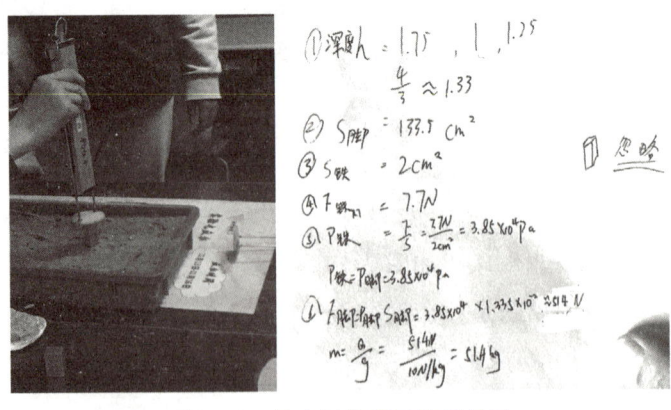

图 2-52 某小组数据采集及结果

第 2 章　与学科整合：适合初中开展的 STEM 项目课例设计　　195

（1）请你简要描述一下他们的方案。

（2）他们对"嫌疑人重力 $G_人$"的估测值比实际真实值偏大还是偏小？

（3）为了使对"嫌疑人重力 $G_人$"的估测值更接近真实值，你还需要测量出什么？请分析说明（可画图辅助说明）。

★ 习题诊断

"业余侦探"小明发现两个并拢的"可疑"鞋印，为了估测那个人的体重，小明在方格纸上描画一个鞋印的轮廓，如图 2-53 所示。图中每个小方格的面积是 $5cm^2$（测量时，凡大于半格的都算一格，小于半格的都不算）。为了测量压强，他在紧挨鞋印旁边沙地面用压力测力计竖直向下压一个薄垫片，垫片重力是 1N，垫片与沙地面接触面积是 $10cm^2$，当垫片下陷的深度与鞋印的深度相同时，测力计读数是 14N。求：

（1）在沙地上实验时达到相同深度的目的是_____。

（2）垫片对地面的压强是_____。

（3）"可疑"人的重力是_____。

图 2-53　测量"可疑"鞋印

【第 4 次课】

评价自己小组和其他小组的研究报告，见表 2-69。

表 2-69　创新创造量表[一]

组别	过程				产品（研究报告）		
	项目启动阶段	构建知识、理解、技能阶段	生成、修改创意和产品阶段	展示和回应阶段	独创性	价值	风格
1	□低于标准 □接近标准 □达到标准	□低于标准 □接近标准 □达到标准	□低于标准 □接近标准 □达到标准	□低于标准 □接近标准 □达到标准	□低于标准 □接近标准 □达到标准	□低于标准 □接近标准 □达到标准	□低于标准 □接近标准 □达到标准
2	□低于标准 □接近标准 □达到标准	□低于标准 □接近标准 □达到标准	□低于标准 □接近标准 □达到标准	□低于标准 □接近标准 □达到标准	□低于标准 □接近标准 □达到标准	□低于标准 □接近标准 □达到标准	□低于标准 □接近标准 □达到标准
3	□低于标准 □接近标准 □达到标准	□低于标准 □接近标准 □达到标准	□低于标准 □接近标准 □达到标准	□低于标准 □接近标准 □达到标准	□低于标准 □接近标准 □达到标准	□低于标准 □接近标准 □达到标准	□低于标准 □接近标准 □达到标准
4	□低于标准 □接近标准 □达到标准	□低于标准 □接近标准 □达到标准	□低于标准 □接近标准 □达到标准	□低于标准 □接近标准 □达到标准	□低于标准 □接近标准 □达到标准	□低于标准 □接近标准 □达到标准	□低于标准 □接近标准 □达到标准

[一] 张亦飞，陈秉初，施群芬．量规表：一种可资借鉴的科学探究性学习评价工具 [J]．生物学通报，2005，40（7）：35-36．

2.8.8 终结性评价方案

评价方式：小组评价，组间评价，教师评价。

评价工具：创新创造量表，见表 2-70；演示报告量表，见表 2-71；批判性思维量表，见表 2-72。

评价结果呈现方式：等级制（低于标准、接近标准、达到标准）。

表 2-70 创新创造量表

评价内容	评价等级			小组评价	组间评价	教师评价
	低于标准	接近标准	达到标准			
构建模型 识别信息来源	◆只是用典型的信息来源 ◆在讨论中不提供新的想法	◆能找一两个非典型的信息来源 ◆在讨论中提供新的想法，但视角较为狭隘	◆能找一两个非典型的信息来源 ◆在讨论中提供发散性和创造性的想法			
优化模型 生成和选择想法	◆仅限于现有的模型框架 ◆选择了一个想法或模型而不评估想法或模型的质量（科学性、可行性） ◆没有考虑反馈或评论来改进想法或模型	◆能提出一些独特的想法 ◆选择了一个想法或模型，并能评估想法或模型的科学性 ◆能考虑反馈或评论来改进想法或模型，但不主动寻找	◆能经常提出一些原创的想法 ◆选择了一个想法或模型，并能从不同的角度评估想法或模型的科学性、可行性 ◆能寻找并使用反馈或评论来改进想法或模型			
展示与交流，向目标受众展示	◆以典型传统的方式呈现报告 ◆没有互动	◆呈现报告时，能增加一些有趣的内容或元素 ◆有时候能够和观众进行适度的互动	◆呈现报告时，创建在视觉上能令人兴奋的演示 ◆经常能够和观众进行适度的互动			
总评						

表 2-71 演示报告量表[一]

评价内容	评价等级			小组评价	组间评价	教师评价
	低于标准	接近标准	达到标准			
阐述观点 理解信息	◆不能清楚、简明、有逻辑地陈述信息、论点、想法或发现；论据缺乏支持性证据；观众无法跟着推理路线走 ◆对信息不做选择，或者是用了错误方法，使用与目标、任务和受众不相称的表达风格 ◆不涉及备选或对立的观点	◆大部分能以清楚、简明和合乎逻辑的方式提供信息、调查结果、论据和支持证据；推理路线时而难以遵循 ◆试图选择信息、开发思路，使用适合目标、任务和受众较为相称的风格 ◆试图解决备选或对立的观点，但不是完全清楚	◆能够清晰、简明、有逻辑地提供信息、调查结果、论据和支持证据；观众可以很容易地遵循推理路线 ◆选择信息，开发思路，使用适合目标、任务和受众的风格 ◆清楚和全面地处理备选或对立的观点			

[一] 张颖之，李秀菊，刘恩山. 评价量规——主动学习的评价工具 [J]. 生物学通报，2007，42（3）：40-43.

第 2 章　与学科整合：适合初中开展的 STEM 项目课例设计

（续）

评价内容	评价等级 低于标准	评价等级 接近标准	评价等级 达到标准	小组评价	组间评价	教师评价
组织	◆不符合演示文稿中应包含的内容要求 ◆没有介绍和/或结论 ◆使用演示文稿时间少；整个演示文稿或其中的一部分太短或太长	◆满足演示文稿中应包含内容的大多数要求 ◆有介绍和结论，但不清楚、没有趣 ◆通常情况下，演示效果很好，但可能在某个主题、视听辅助或想法上花费太多或太少的时间	◆满足演示文稿中应包含内容的所有要求 ◆有清晰有趣的介绍和结论 ◆管理好时间；演示文稿的任何部分都不能太短或太长			
眼睛和身体	◆不看观众；读笔记或幻灯片 ◆不使用手势或动作 ◆坐立不安，无精打采，神色紧张	◆有时候会进行眼神交流；大多数时间阅读笔记或幻灯片 ◆使用一些手势或动作，但看起来不自然 ◆表现出镇定，但有一些紧张的动作	◆大部分时间与观众保持眼神交流；不太看笔记或幻灯片 ◆使用自然的手势和动作 ◆看起来从容和自信			
语言表达	◆喃喃自语或说话太快或太慢 ◆说话太轻，听不清 ◆经常使用语气词等，如嗯、所以、等等 ◆不适应语境和任务	◆大多数时候讲得很清楚 ◆大部分时间，演讲的声音足以让观众听到，但可能很单调的 ◆偶尔使用语气词等 ◆尝试根据上下文和任务来调整言语，但不成功或不一致	◆说得很清楚；语速适中 ◆大声说话，让每个人都能听到；改变语气和节奏以保持大家的兴趣 ◆很少使用语气词等 ◆根据上下文和任务调整演讲，适当运用专业语言的能力			
演示辅助工具	◆不使用视听辅助工具或媒体	◆使用音频/视频辅助工具或媒体，但它们有时会分散演示文稿的注意力	◆使用制作精良的视听辅助工具或媒体，增进对调查结果、推理和证据的了解，并增加兴趣			
答复观众	◆不解决观众的问题	◆回答观众的问题，但不总是清楚或完整	◆清楚完整地回答观众的问题 ◆寻求澄清，承认"我不知道"或解释当无法回答问题时不知如何找到答案			
参加小组陈述	◆并非所有团队成员都参与；只有 1~2 个人说话	◆所有团队成员都参与，但成员参与的时间不同	◆所有团队成员参与的时间长度大致相同 ◆所有团队成员都能够回答关于整个主题的问题，而不仅仅是小部分人			
总评						

表 2-72　批判性思维量表

评价内容	评价等级 低于标准	评价等级 接近标准	评价等级 达到标准	小组评价	组间评价	教师评价
启动项目阶段 分析驱动式问题	◆"我需要懂得什么知识才能回答这个驱动式问题",对于这一点,我不知道说点什么 ◆"其他人对这个驱动式问题是如何做出不同思考的",对于这一点,我仍需学习	◆"我需要懂得什么知识才能回答这个驱动式问题",对于这一点,我能说点东西 ◆我能理解"其他人对这个驱动式问题是如何做出不同思考的"	◆我能解释"我需要懂得什么知识才能回答这个驱动式问题"。 ◆我能解释"其他人对这个驱动式问题是如何做出不同思考的"			
提升理解与能力阶段 收集信息与评估信息	◆我仍需学会如何利用来自不同信息源的信息来帮我回答这个驱动式问题 ◆"我的信息是否确切"或是"我是否已获取了足够的信息",对于这些,我仍需学习	◆我能利用来自不同信息源的信息来帮我回答这个驱动式问题,但在对信息进行归总时,我可能会有困难 ◆我能思考"我的信息是否确切"以及"我是否已获取了足够的信息",但我并不总是能做出审慎的判断	◆我能利用来自不同信息源的信息来帮我回答这个驱动式问题 ◆我能判断"我的信息是否确切"以及"我是否已获取了足够的信息"			
阐述观点、改进想法 利用证据	◆我不能找出演讲者用来支持观点的理由和证据 ◆我通常只满足于自己已经知道的信息,不太愿意借鉴他人的反馈	◆我能找出演讲者用来支持观点的理由和证据 ◆有时候我能利用其他同学的反馈来完善我的思路或观点	◆我能解释演讲者是如何利用理由和证据来支持他的观点 ◆我善于利用其他同学的反馈来完善我的思路或观点			
展示与交流 对选择进行论证	◆我不太会采用一个合情合理的思路来表达我的主张 ◆我不太会运用确切的事实和相关的细节来支持我的主张	◆我能表达我的主张,不过有时候我的表达思路会有错 ◆我能运用一些事实和细节来支持我的主张,不过这些事实并不总是确切的,细节也并不总是相关的	◆我能通过一个合情合理的思路来表达我的主张 ◆我能运用确切的事实和相关的细节来支持我的主张			
总评						

2.8.9　课例实施建议与反思

1. 实施建议

本课例最大的教学特色就是采用了实验探究的教学方式,体现与保证了学生的主体地位;通过创设富有挑战性的真实情境,驱动学生对核心概念和重要规律的深入理解,重在引导学生逐步认识模型建构在解决问题中的意义;契合了核心素养和物理学科素养的基本要求。教学的实施使学生既经历科学探究的过程,又通过主动研究、真探究、真动脑,促使学生学习的积极性高、参与度高，思维过程完美地展现出来。

2. 课后反思

在教学效果上，学生在课堂上积极参与小组合作学习，进行讨论方案与动手实验探究，这些过程既锻炼了学生的实验操作与分析能力、小组合作与交流表达能力，也增强了学生学习的积极性与兴趣。同时，亲身的探究经历也使学生对物理规律的得出更加清晰明了。此外，本节课可进一步改进，在实验方案、结果的分析研讨上，可以更充分地基于学生的时间，让学生更完整地展现出他们的理解或观点。另外，还可以更好地挖掘生活中更加多样的相关多媒体资源，丰富课程内容。

2.8.10 专家点评

课例的情境与挑战性任务特别能激发学生一试身手的强烈欲望，课例学习目标中关于"理解"的分析、设计与描述既精准又简洁，与课例的子目标和学习过程逻辑自洽，是非常值得学习的。这是典型的运用科学原理、实践与探究、构建模型来解决真实问题的过程。学生经历真实实践获取数据并进行分析，发现冲突，经过科学探究、建模来建构概念，并运用到"确定嫌疑人"方案设计中有效解决问题。对于建立"系统"的"稳定与变化"跨学科概念有非常清晰的建构路径，对于构建模型分析科学问题和解决实际复杂问题有深刻的认识，是一个堪称典范的案例。

北京市海淀区教师进修学校创新教育研究中心副主任　陈咏梅

2.9 课例9：地下建筑自动闭合防洪堤坝的设计与制作

主要涉及学科：科学，历史与社会，数学，信息科技。

课例提供团队：浙江省湖州市志和中学陈豪、沈培华、许康康、徐洁雅、徐舒帆。

2.9.1 课例的背景、情境及学习目标

1. 课例背景

本课例以2021年8月河南省郑州市水灾为真实情境，此次郑州市暴雨致使地下室、车库、地下管网等地下空间被淹，严重危害了人们的生命安全，造成了巨大的财产损失。2021年10月，浙江省湖州市又因为台风"烟花"导致多处地下车库被淹，同样也给人们带来大量财产损失。于是，我们萌发了为地下建筑设计制作自动防洪装置的念头。

2. 课例情境

本课例的驱动性问题为：如何设计与制作一款可靠性高、性能稳定、经济实惠，并能在洪水来临时及时、自动、有效地防止洪水进入地下建筑的装置？

3. 学习目标

经过本课例的学习，学生会持续性理解：

（1）理解阿基米德原理和物体的浮沉条件以及物体间的相互运动、相互作用。

（2）学会分析地下建筑防洪的优势与劣势。

（3）学会应用信息科技和平面几何与立体几何转化的算法进行建模来实施情境模拟。

（4）建立物化作品的评价量表，引导学生进行创造设计。

2.9.2 课例实施的环境和硬件要求

1. 实施环境

教室桌椅按4人一组摆放，台面需要做好防护。各组间距足够穿行走动，便于师生交流互动。

2. 硬件要求

有电源插座和工具箱，需要使用电锯、台钳、热烫枪、激光雕刻机等必要设备。注意水、电使用的安全。

2.9.3 课例适合的学段

1. 适合的学段

九年级。

第 2 章　与学科整合：适合初中开展的 STEM 项目课例设计

2. 学生已有知识、经验、技能基础情况

（1）已学阿基米德定律和物体浮沉条件、连通器原理、气压、简单机械等物理知识。

（2）已学会一些平面几何的知识和正在学习立体几何的一些知识。

（3）已具备一定的社会责任担当和人文关怀的意识。

（4）有一定的沟通、协作能力，互助合作的经验，学生在开展项目合作时会更有自信，配合得更好。

3. 学生学习过程中可能遇到的困难

（1）学生已掌握阿基米德原理以及物体浮沉条件等物理知识，并会进行理论计算，但将浮力作为堤坝闸门升起的动力，学生一下子不容易想到，需要教师以实例进行引导，教会学生知识的迁移应用。

（2）学生在设计初期很难会想到当积水室中的水没过水管口时，在水管内出现空气柱而阻碍水流流向积水室，需要学生在实践中反复尝试，再进行反思迭代。

（3）学生在设计中一般会注重水流流向积水室，从而忽略当洪水退去时水会无法正常排出，也需要学生进行有效失败后再优化。

（4）学生整合需求信息环节，往往无法聚焦核心问题，需要教会学生各种思维工具的使用。本着以终为始的学习目标，培养学生围绕最终学习目标考虑问题的思维习惯。

（5）学生在 3D 建模中会因缺少空间概念而忽略很多问题，需以实物做样本，多角度缜密考虑问题，从而为制作工序的设计打下伏笔。

（6）学生对于电锯、台钳、热烫枪、激光雕刻机的使用比较陌生，需在教师指导及保证安全的情况下进行施工作业；对亚克力板的黏合需要以多人合作的方式进行；学生对于工序设计往往是忽视的，所以学生在施工时会经历多次返工，尽量让学生体会有效失败，而后体悟、总结各种经验，从而通过反思进行优化。

2.9.4　核心挑战性任务及拆解

如何设计与制作一款可靠性高、性能稳定、经济实惠，能在洪水来临时，及时、自动、有效地防止洪水进入地下建筑的装置？核心挑战性任务及拆解见表 2-73。

表 2-73　任务拆解表

核心挑战性任务	拆解后的子目标	子任务	阶段性成果
建立驱动性问题	（1）确定项目目标 （2）确定装置功能需求	（1）发现问题，收集真实需求 （2）分析需求，聚焦核心问题	（1）完成用户分析图和移情图 （2）完成 SWOT 分析图表 （3）以 POV 提炼驱动性问题 （4）建立流程规划
主体结构和功能设计	（1）设计浮力件上升阈值范围结构 （2）设计整体结构排布	（1）确定主体结构模块 （2）完成整体结构排布	（1）完成设计草图 （2）实现三维建模

（续）

核心挑战性任务	拆解后的子目标	子任务	阶段性成果
方案验证优化设计——解决水流不畅问题	（1）解决窨井区到积水区水流不畅的问题 （2）解决积水区水流无法自动排出的问题	（1）设计解决窨井区到积水区流水不畅的结构方案 （2）设计积水区自动排水的方案	（1）完成局部结构设计图纸 （2）选择合适的排水阀门
解决积水区浮力件上升限高和溢水问题	（1）解决浮力件限高结构 （2）解决浮力件积水箱之间的溢水问题	（1）设计限高装置部件 （2）设计自动加密结构	整合限高与加密防溢水结构，并画出局部结构图纸
主体材料选择	（1）确定主体部件材料 （2）实现成本核算	（1）分析装置材质需求和材质性质 （2）确定选材，做好模型制作预算	（1）确定材料清单 （2）做好模型制作预算
制作和展示	（1）建立工序规划，实施制作 （2）展示作品，反思项目	（1）设计制作工序流程图 （2）实施作品制作 （3）反思项目得失	（1）工序流程图 （2）作品展示 （3）项目反思

2.9.5 分课时的教学进度规划

分课时的教学进度规划见表2-74。

表2-74 教学进度规划表

主题	具体内容	课时数
【子任务1】	（1）发现问题，收集真实需求 （2）分析需求，聚焦核心问题	2
【子任务2】	（1）确定主体结构模块 （2）完成整体结构排布	3
【子任务3】	（1）设计解决窨井区到积水区流水不畅的结构方案 （2）设计积水区自动排水的方案	2
【子任务4】	（1）设计限高装置部件 （2）设计自动加密结构	1
【子任务5】	（1）分析装置材质需求和材质性质 （2）确定选材，做好模型制作预算	1
【子任务6】	（1）设计制作工序流程图 （2）实施作品制作 （3）反思项目得失	3

2.9.6 分课时的教学设计

【第1次课】

★ 主题名称

课程导入，形成项目地图

第 2 章　与学科整合：适合初中开展的 STEM 项目课例设计

★ 学习目标
（1）掌握一些思维工具的应用。
（2）分析实际情境，确定实际功能需求。
（3）建立流程规划图。

★ 核心问题
结合实际情境，激发同理心，设计构建驱动性问题。

★ 评价方案
评价方式：小组评价，组间评价。
评价工具：评价表 2-76。
评价结果呈现方式：SWOT 分析表，用户分析图，用户移情图，驱动性问题，流程规划图（或甘特图）。

★ 本课的重点、难点
信息采集与信息分析及各类思维工具的应用。

★ 学习活动设计

环节一：体验受灾情境	
教的活动 1 （1）播放由于台风天气而造成地下车库被淹视频的集锦。请学生说说看完视频以后的感受与想法。 （2）组织学生讨论台风天气可能会对哪些用户造成影响。	**学的活动 1** （1）说一说看完视频以后的感受与想法，小组之间进行交流。 （2）完成用户体验图，如图 2-54 所示，并小组讨论：台风天气可能会对哪些用户造成影响。 图 2-54　用户体验图
设计意图 （1）通过视频播放让学生建立代入感，以同理心为使用用户体验图搭建支架。 （2）讨论台风天气可能会对哪些用户造成影响，为下一个环节使用用户移情图确定用户类型。	

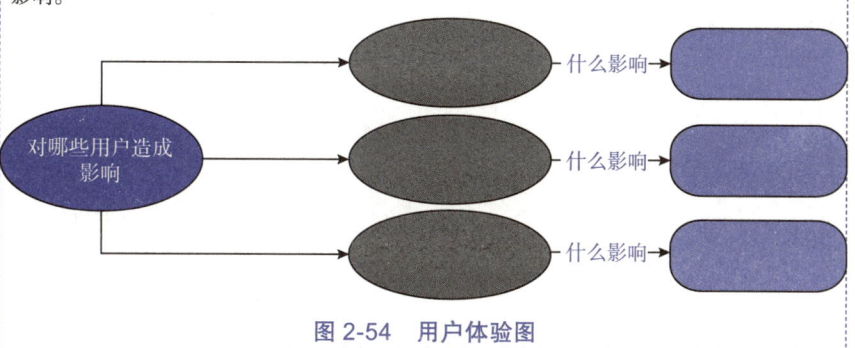

环节二：用户移情，建立同理心	
教的活动 2 （1）向学生展示用户移情图的使用方法。 （2）组织学生利用用户移情图对"环节一"中讨论确定的几类用户进行分析。	学的活动 2 讨论灾害情境，合作完成用户移情图，如图 2-55 所示。 同理心图 想到的？　　　感受到？ 看到的或听到的？　　做什么？ 苦恼与挑战　　　动机 图 2-55　用户移情图
设计意图 利用用户移情图构建学生的同理心，初步掌握信息分类整理的能力。引导学生初步得出因为大暴雨和特大洪水给地下建筑带来的安全隐患。	
环节三：用 SWOT 分析法聚焦劣构问题	
教的活动 3 （1）组织学生对"目前有哪些防洪设施"进行小组讨论，并对结果进行汇报。 （2）组织学生运用 SWOT 分析表对各种已有的防洪方案进行评价与分析。	学的活动 3 （1）小组讨论在日常生活中所见到过的防洪方法。 （2）对本小组的讨论成果进行汇报。 （3）通过 SWOT 分析图，如图 2-56 所示，对已有方案进行分析与评价，并填写表格。 优势　积极　机会 开口较小　容易当水 内部　　　　外部 地势较低　容易被淹 劣势　消极　威胁 图 2-56　SWOT 分析图
设计意图 通过对已有的防洪方案进行分析，让学生萌生要设计更合理的装置的想法。根据 SWOT 表格分析现有方案的优势、劣势、威胁和机会，将接下来自己设计的装置进行"评价"前置。	
环节四：使用 "5W1H" 法以可视化思维方式完成 POV，获得驱动性问题	
教的活动 4 （1）对前期学生的分析进行总结。 （2）利用如图 2-57 所示的 "5W1H" 法以可视化思维完成如图 2-58 所示的 POV 观点。	学的活动 4 （1）利用 "5W1H" 法以可视化思维完成 POV 观点。 （2）根据信息获得观点并以思维导图的形式呈现。

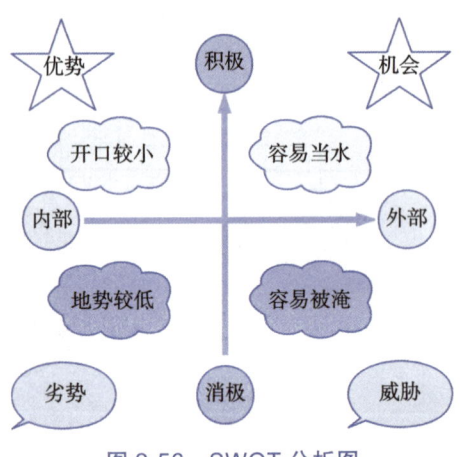

图 2-57 "5W1H"法

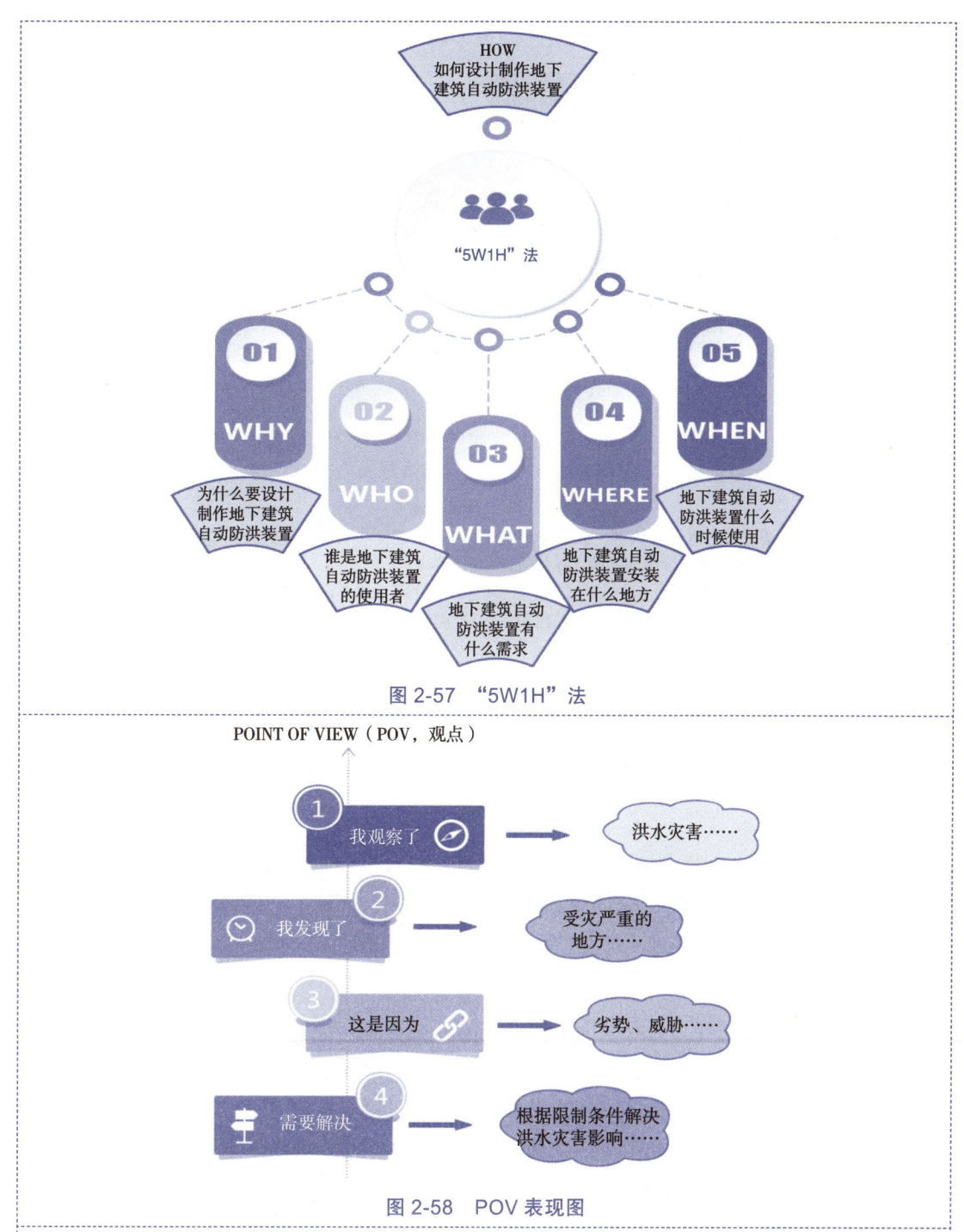

图 2-58 POV 表现图

设计意图

通过思维工具,让学生将思维可视化,根据对信息的提炼和分析,总结出一个合理的观点,得到本课程的总任务——设计、制作一个遇到特大洪水能自动升起的地下建筑防洪装置。

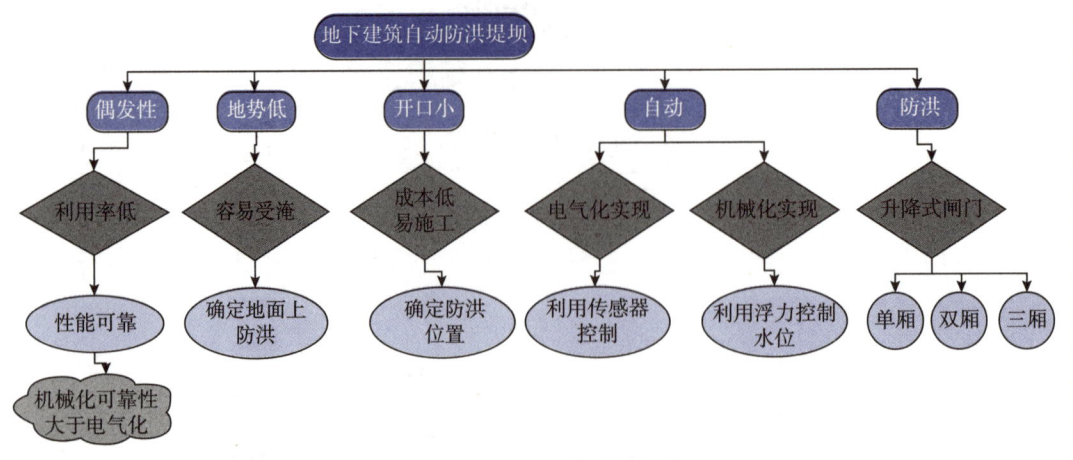

环节五：制订方案流程，利用 MECE 法则形成项目地图（图 2-59）

图 2-59　MECE 法则拆解图

教的活动 5

（1）利用 MECE 法则对信息进行梳理，分析郑州水灾和本地台风"烟花"对地下建筑影响的共性，寻找初步解决方案的框架。结果如图 2-59 所示。

（2）根据信息梳理结果，制订项目甘特图，编辑初步的方案实施规划。

学的活动 5

（1）建立尽量避免洪水灾害对地下建筑不良影响的方案框架。

（2）在小组讨论下建立方案实施流程。

（3）制订流程的方案实施规划（见本课例 2.9.7 第 1 次课的图 2-79 和表 2-75），包含 8 大环节的实施时间所需要的限定材料和实施工具以及实施空间，乃至任务分工。

设计意图

通过问题链的设计作为学习支架，激发学生的探究思维，不断地讨论、权衡，剖析整个项目可能会历经的所有流程，自行制作甘特图作为整个项目的地图。

【第 2 次课】

★ 主题名称

动力来源与基本结构原理

★ 学习目标

（1）设计出能利用浮力自动升降的防洪堤坝。

（2）会利用阿基米德原理计算浮力并用浮沉条件解决现实问题。

（3）完成防洪堤坝的总体外观结构设计，以及配件的尺寸定位。

（4）学会应用立体几何知识立体建构装置外观，利用 3D 建模软件建立立体模型。

（5）运用几何知识将立体模型转化为平面切片，按实际尺寸缩小比例构建尺寸定位，并画出平面切片图。

★ 核心问题

确定主体结构模块，完成整体结构排布。

★ 评价方案

评价方式：小组评价，组间评价，教师评价。

第 2 章　与学科整合：适合初中开展的 STEM 项目课例设计

评价工具：评价量表（略），权衡表（表 2-77 和表 2-78）。

评价结果呈现方式：图纸，原理推导，小组汇报。

★ 本课的重点、难点

（1）自动升降屏障（浮力件）的动力来源。

（2）水位限高装置的设计。

（3）利用 3D 建模软件构建精准模型。

★ 学习活动设计

教的活动	学的活动
拆解信息：当洪水（暴雨）来临时，水量巨大，防洪堤坝（屏障）自动升起，阻断拦截水。自动升降屏障需要具备哪些功能，以及这些功能需要依托于哪些结构得以实现（完成任务表单）。	小组讨论后在本课例 2.9.7 第 2 次课的图 2-80 中呈现，参考答案如图 2-60 所示。

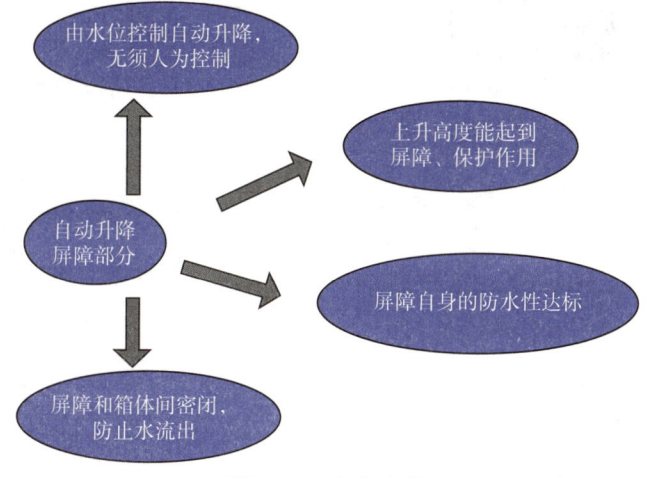

图 2-60　任务表单

环节一：选择合适的自动升降动力来源

教的活动 1	学的活动 1
对自动升降防洪堤坝的动力来源进行讨论，各小组提供动力方案。组内讨论后汇报，再组间互评。 科学问题： （1）防洪堤坝自动升起的条件是什么？ （2）依据使用的条件和频率说明防洪堤坝自动升降的动力装置有什么具体特定要求？ 通过小组汇报提供下列方案： 方案 1：利用浮力使堤坝随水位上升来实现升起。 方案 2：利用电磁继电器，通过电动机使堤坝自动升降。 方案 3…… 通过组间互评及方案权衡，决定采用"方案 1"以浮力作为动力来实现堤坝升降。	小组设计、讨论提出本组共同倾向的动力方案，并进行小组汇报。具体方案请书写在本课例 2.9.7 第 2 次课的图 2-81 中。 互评时对不同动力来源方案的优劣进行分析。互评时评价的内容填在动力来源的方案权衡表中见本课例 2.9.7 第 2 次课的表 2-77。

设计意图

让学生学习浮力的应用，掌握物体的浮沉条件，并对电磁继电器的应用进行了解。通过动力来源的设计在技术性、实用性、可靠性、节能等多角度的讨论与辨析，培养学生的技术工程思维。

环节二：整体装置设计从单厢式到两厢式的迭代讨论

教的活动 2	学的活动 2
根据项目提出的背景，参考自动升降柱的工作原理，先小组设计厢体结构采用什么样的装置。提示学生在设计基础上整理出单厢式和两厢式两种厢体结构的方案。 方案 1：单厢式（体）浮筒结构。 从防洪堤的稳定性和密封性方面找出单厢式设计的弊端和不足，迭代再设计两厢式浮筒。图 2-61 是车库入口自动升降柱，图 2-62 是单厢式浮筒结构，图 2-63 是单厢式浮筒密封性提升。 方案 2：两厢式浮筒。图 2-64 是单厢式到两厢式。	小组讨论设计出自动升降防洪堤的厢体结构。进行草图设计，完成本课例 2.9.7 第 2 次课的图 2-83，并填写表 2-78

图 2-61　车库入口自动升降柱

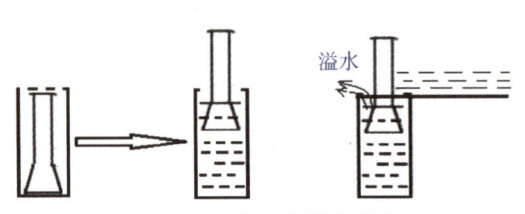

图 2-62　单厢式浮筒结构

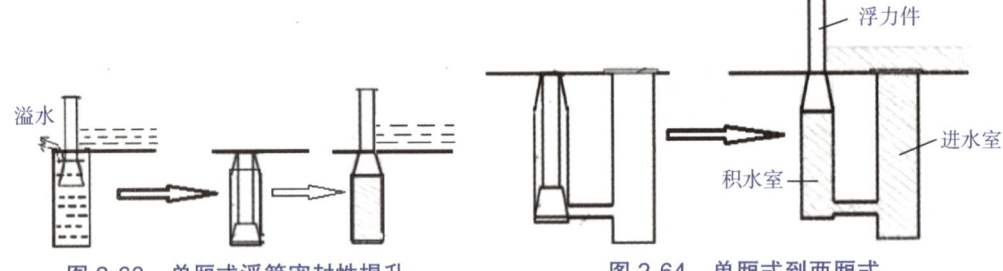

图 2-63　单厢式浮筒密封性提升

图 2-64　单厢式到两厢式

设计意图
从防洪堤的稳定性、密封性、进水速度等角度分析，迭代更新。在实践操作中培养学生的抽象思维能力。

环节三：设计到达水位限高阈值后才自动升起

教的活动 3	学的活动 3
（1）从单厢式到两厢式的两种结构方案中，厢体内稍有积水，水位上升后，浮力件立即上升，就影响车辆的通行。如何解决这个问题？头脑风暴，设计草案。需水位上升到一定限高，才能使浮力件上升。 （2）利用水满则溢的原理，引导学生将连通管由底部移至上部。如图 2-65 所示为两厢式浮筒导流管。 （3）引导学生对各自方案进行权衡评价。	设计解决不影响汽车通行的方案，完成设计草图。具体见本课例 2.9.7 第 2 次课的图 2-84，并填写表 2-79。

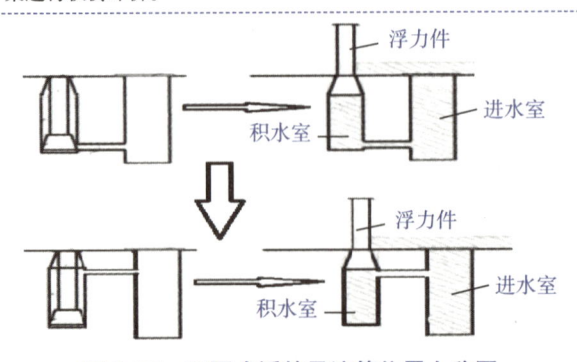

图 2-65　两厢式浮筒导流管位置上移图

第 2 章　与学科整合：适合初中开展的 STEM 项目课例设计

设计意图

以设计水位限高为目标，让学生进行发散性思维，通过方案优化培养学生的质疑能力与创新精神。

环节四：得出地下建筑自动闭合防洪堤坝的整体结构分布效果图

教的活动 4	学的活动 4
（1）小组讨论，根据前面课时中所得的三厢式结构，以及管道排布，得出地下建筑自动闭合防洪堤坝的整体结构分布图。 （2）通过方案设计，对自动升降防洪堤坝的功能结构进行分析，请各小组初步评判图纸方案的可行性，组内讨论后进行汇报，然后引导小组间互评。 （3）量取自家小区地下车库的实际尺寸以及管道规格，按比例缩小，得出模型的制作尺寸（从配件规格、实际场地等角度考虑装置的可行性）。 【展示评价】 通过组间展示、互评及教师点评，确定能满足地下建筑自动闭合防洪堤坝的功能。	根据前面课时中所得的三厢式结构，以及管道排布，手绘出地下建筑自动闭合防洪堤坝的整体结构分布效果图，如图 2-66 所示。如可能的话，可以用 3DMAX 绘制 3D 效果图，如图 2-67 所示。

图 2-66　手绘效果图

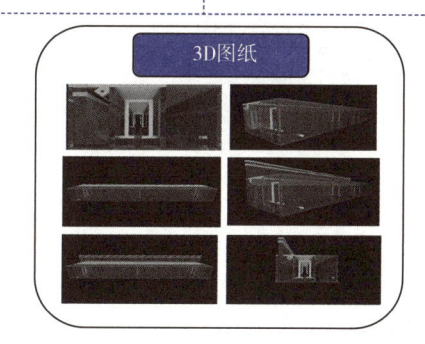

图 2-67　3D 图纸

设计意图

从学科目标层面让学生通过手绘来展示作品的整体结构以及立体框架，通过实地测量及数据处理得出作品的原始尺寸。同时，应用 3D 建模软件精准描绘出作品效果。学生应用预设思维，预设推演作品的实际功能以及工作原理，初步检验作品的可行性。

环节五：从整体装置设计到结构切片的零件设计

教的活动 5	学的活动 5
（1）从装置的整体结构到结构零件的切片尺寸的定位讨论。切片图纸的样例，如图 2-68 和图 2-69 所示。 （2）初步罗列配件及成本预算清单。	（1）罗列零件切片的尺寸及数量。请填入本课例 2.9.7 第 2 次课的图 2-86 中。 （2）初步罗列零配件及成本预算清单，填写在本课例 2.9.7 第 2 次课的表 2-80 中。

图 2-68　切片图纸一

图 2-69　切片图纸二

设计意图

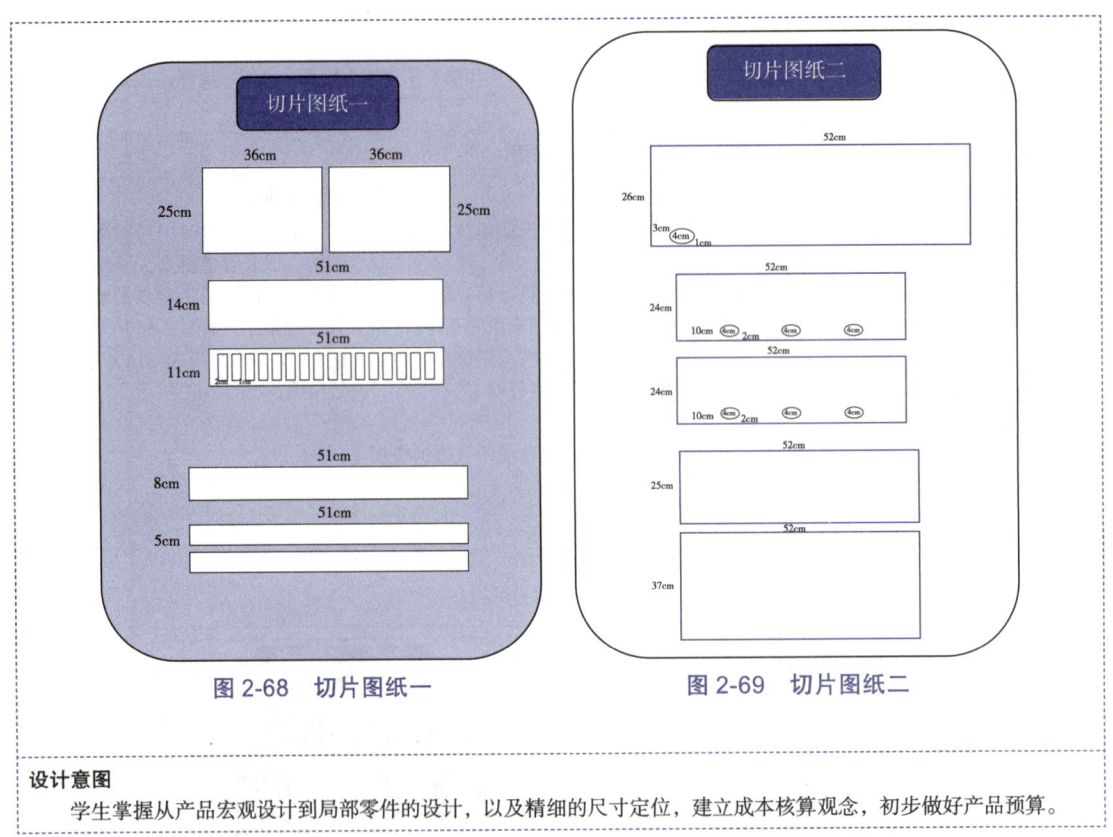

学生掌握从产品宏观设计到局部零件的设计,以及精细的尺寸定位,建立成本核算观念,初步做好产品预算。

【第 3 次课】

★ 主题名称

大气压对设计的影响研究

★ 学习目标

(1)通过自主学习以及动手实践,整合气压和液体压强的学科知识,解决水由进水室顺畅流到积水室的问题。

(2)通过生活实例,知道气压与流速的关系。查阅资料后,解决水由积水室顺利流出的问题。

★ 核心问题

设计解决窨井区到积水区流水不畅的结构方案,设计积水区自动排水的方案。

★ 评价方案

评价方式：小组评价,组间评价,教师评价。

评价工具：权衡表（表 2-81 和表 2-82）。

评价结果呈现方式：学生展示权衡表。

★ 本课的重点、难点

(1)解决水由进水室顺畅流到积水室的问题。

第 2 章 与学科整合：适合初中开展的 STEM 项目课例设计

（2）当洪水退却时，使积水室里的水顺利排出。

★ 学习活动设计

环节一：了解大气压在生活中的影响	
教的活动 1 　　小组合作探究，通过覆杯实验，从实验现象（纸片不会掉落）得出我们生活的环境存在大气压，如图 2-70 所示。 图 2-70　覆杯实验	**学的活动 1** 　　学生重复教师实验。
设计意图 　　将所学知识进行迁移，为接下来寻找项目中输水管道中的水流不能顺利流到积水室这个问题做铺垫。	
环节二：检验装置中输水管道水流是否通畅	
教的活动 2 　　在模拟实验过程中发现问题，即当积水室的水位没过水管口时，输水管道中会形成一段气柱，导致水流不能顺利地从进水室流到积水室。	**学的活动 2** 　　通过前面所学的大气压原理，将大气压知识迁移到水流不能顺利流通这个问题上，运用大气压的知识解释这个问题，并完成本课例 2.9.7 第 3 次课的图 2-87。
设计意图 　　在制作装置前先进行模拟实验，发现装置中的问题，寻找到原因，再进一步想办法解决问题。培养学生发现问题、解决问题的能力。	
环节三：设计方案，使水由进水室顺利流到积水室	
教的活动 3 　　学生都知道虹吸现象，如图 2-71 所示，但是他们不了解虹吸管的最高处会不断地累积空气。那怎样解决由于空气柱存在而使得水不能顺利地从进水室流到积水室的问题？ 　　在做托里拆利实验时，当玻璃管中混入空气后，会出现什么现象？ 　　通过各种方案的比较，最终确定在输水管道上方开气孔这个方案。在输水管道上开气孔，管道上方由于与外界大气相连，两边气压相等，利用连通器原理，水流就能通过输水管道进入积水室。	**学的活动 3** 　　以小组为单位，每位同学写出能够使水流顺利流到积水室的方法，并小组讨论出本小组倾向的方案，并进行小组汇报。完成本课例 2.9.7 第 3 次课的图 2-88。 　　组间从简易性、可操作性、持久性等方面对同学们设计的方案进行评价，完成本课例 2.9.7 第 3 课的表 2-81，得出最优方案。
图 2-71　虹吸现象图	

设计意图
通过抛出装置存在的问题，让学生进行发散性思维，去寻找解决方案。通过收敛思维，进行组间权衡，形成最终解决问题的方案。

环节四：解决积水室水流排出问题	
教的活动 4	学的活动 4
通过在输水管道上面开设气孔，水流顺利地从进水室流到积水室。待洪水退却后，由于水位始终低于限高阈值范围，发现积水室里面的水无法排出。 通过对方案进行比较，最终确定在底部接一个输水管道。由于水流方向是单向流动，所以在管道处安装一个特斯拉阀来控制水流流向问题（普通手动阀，无法实现自动化；普通单向阀没有一定的压强无法实现单向流出；因此我们设计选用特斯拉阀）。	采用"635"法，如图2-72所示，根据示意图设计方案解决问题，完成本课例2.9.7第3次课的图2-89。 小组内产生的方案进行汇报，其余小组对其方案在可行性、可操作性、节能等方面分别进行评价，完成本课例2.9.7第3次课的表2-82和表2-83，最终得到最优方案。

图 2-72 "635"法示意图

设计意图
通过头脑风暴，锻炼学生的发散思维，通过不断迭代更新解决问题的方案，反思最初方案的缺陷，通过组间权衡形成决策点来优化方案，得到最优方案。

【第 4 次课】

★ 主题名称
推排结构模型与密闭性研究

★ 学习目标
（1）学会利用物体间力的相互作用以及力的作用效果设计推排结构模型。

（2）通过推排结构模型的设计，完善防洪堤坝的阀门限定的结构设计和制作，推排结构模型能满足阀门后推，以及闸门与厢体密闭、不漏水的性能要求。

★ 核心问题
设计限高装置部件和自动加密结构。

★ 评价方案
评价方式：小组评价，组间评价，教师评价。

评价工具：评价量表（略）。

评价结果呈现方式：图纸，原理推导，小组汇报。

★ 本课的重点、难点
推排结构模型的设计和制作，同时保证推排结构模型能完成阀门后推，以及闸门与厢

第 2 章　与学科整合：适合初中开展的 STEM 项目课例设计　　213

体密闭、不漏水的性能要求。

★ 学习活动设计

环节一：浮力件限高装置的设计——设计推排结构模型	
教的活动 1 　　通过防洪堤坝的功能需要，对浮力件阀门限定——推排结构模型的结构和功能再次进行细化讨论分析，请各小组初步提供合适的推排结构模型的设计方案。组内讨论后进行汇报，然后引导小组间的互评。 　　通过小组汇报提供下列方案： 　　方案 1：推排结构模型设计成直柱体或圆柱体。通过水位上升来实现装置的升起，原理如图 2-73 左图所示。 　　方案 2：推排结构模型设计成柱体，在底部设计成楔形。通过水位上升来实现装置的升起，同时楔形底座使得浮力件能稳固于积水厢中，原理如图 2-73 右图所示。 　　通过组间互评，对不同方案进行权衡及接受教师点评，引导学生采用方案 2 为推排结构模型的主题设计。	**学的活动 1** 　　从推排结构模型的大小、安全、可靠性、节能等角度对几种推排结构模型方案进行综合评判，完成本课例 2.9.7 第 4 次课的图 2-90。小组内形成权衡决策，完成本课例 2.9.7 第 4 次课的表 2-84。

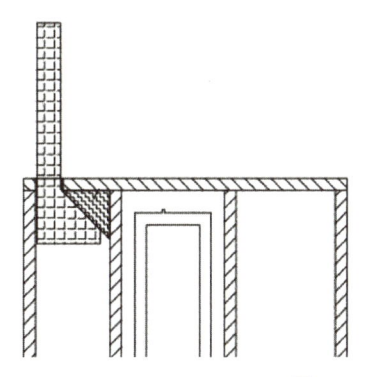

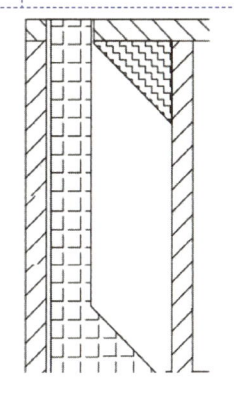

图 2-73　结构剖面图

设计意图
　　从学科目标层面让学生了解浮力的应用，并对推排结构模型进行迭代优化，再通过利用物体浮沉条件和推排结构模型的结构与功能相匹配，培养学生的综合辨析能力和技术工程思维。

环节二：推排结构模型与厢体的密闭性调试	
教的活动 2 　　根据初代的三厢式防洪堤坝模型进行推排结构模型的上浮下沉测试，如图 2-74 所示。同时对推排结构模型能完成阀门后推，以及闸门与厢体密闭、不漏水的性能要求进行迭代优化。	**学的活动 2** 　　根据三厢式防洪堤坝的功能要求，小组讨论设计出推排结构模型的结构和功能调试的项目，填写本课例 2.9.7 第 4 次课的表 2-85。

图 2-74　厢体密闭防溢水实验

> **设计意图**
> 知道推排结构模型的工作原理,学会利用三厢式防洪堤坝模型进行推排结构模型测试优化,实现情境中的知识迁移,提升学生的物化能力,将抽象思维转换为实践操作能力。

【第 5 次课】

★ 主题名称

围绕结构与功能,选择适合的材料

★ 学习目标

(1)通过掌握物质的防水性、防腐性、抗压性、环保性等性质,选择合适的零件材料。

(2)了解防洪堤在制作时的工艺要求,创造并制成的防洪堤能满足功能要求。学会对材料的优劣和性价比进行权衡。

★ 核心问题

分析装置材质需求和材质性质,确定选材,做好模型制作预算。

★ 评价方案

评价方式:小组评价,组间评价,教师评价。

评价工具:评价量表(略)。

评价结果呈现方式:图纸,原理推导,小组汇报。

★ 本课的重点、难点

(1)根据装置的功能需求和各类材料性质选择合适的材料。

(2)学会权衡材料的优劣和性价比。

★ 学习活动设计

教的活动	学的活动
根据防洪堤的实施要求和功能要求,将防洪堤坝的主体分为三部分,各部分结构的制作材料要进行筛选。	学生将防洪堤装置各部分材料进行分模块选择,填写评价表。
环节一:三厢式屏障的材料选择	
教的活动 1 三厢式屏障是防洪堤坝的主体材料,向学生展示作品模型。 通过方案设计,对三厢式屏障的材料进行讨论分析,请各小组初步提供合适的材料方案。组内讨论后进行汇报,然后引导小组间的互评。	**学的活动 1** 讨论并写出预选三厢式屏障材料的各方面原因,完成本课例2.9.7 第 5 次课的图 2-91,并填写表 2-86。
设计意图 (1)了解整体三厢式屏障埋在地下的耐腐蚀性和牢固性。 (2)解决因屏障与墙体间有缝隙而导致的漏水问题。	
环节二:连通器的材料选择	
教的活动 2 通过实验的方法介绍连通器原理。引导学生将进水室和积水室之间连通管由底部移至上部,如图 2-75 所示。	**学的活动 2** 根据连通器的工作示意图,了解管道连接要求,设计连通器的连接结构,并在图 2-75 中标注所选材料。

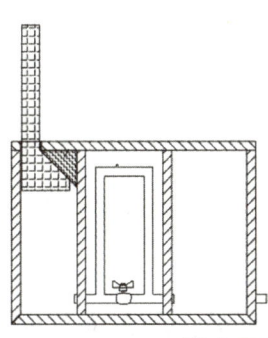

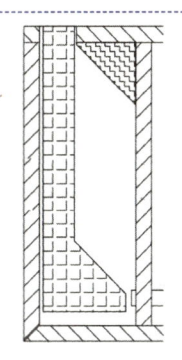

第 2 章　与学科整合：适合初中开展的 STEM 项目课例设计

图 2-75　结构剖面图

设计意图
（1）运用连通器原理解决水位上升时堤坝自动启动的需求。
（2）运用虹吸现象解决水位下降时堤坝自动复位的需求。

环节三：推排结构模型的材料选择

教的活动 3	学的活动 3
展示物体沉浮条件的学科知识，以及物体沉浮与物体密度的关系。通过浮力知识选择合适的推排结构模型材料。	根据物体的沉浮条件选择合适的材料，说明原因，填写完成本课例 2.9.7 第 5 次课的表 2-86。写出预选推排结构模型材料的各方面原因，完成本课例 2.9.7 第 5 次课的图 2-92。 以小组为单位，依据浮力件屏障材料所需的防腐、密度小、强度大等特点，小组讨论出本小组共同选择的材料方案，完成本课例 2.9.7 第 5 次课的表 2-87，并进行小组汇报。

设计意图
（1）了解工程技术上具有自动触发功能的防洪产品。
（2）根据物体的沉浮条件选择合适的推排结构模型材料。

【第 6 次课】

★ 主题名称
工序、工艺、制作与展示

★ 学习目标
（1）介绍作品加工的工序及工艺。
（2）实施产品的加工制作。
（3）根据材料性质，确定零件加工工艺。

★ 核心问题
设计制作工序流程图，实施作品制作，反思项目得失。

★ 评价方案
评价方式：组间评价，教师评价。

评价工具：实践检验。

评价结果呈现方式：作品展示。

★ 本课的重点、难点
工序与工艺的确定以及实践实施。

★ 学习活动设计

环节一：确定工序与工艺

教的活动 1
（1）依据 3D 效果图，小组讨论确定制作加工工序。
（2）依据工序、工艺图，按顺序进行加工。学生的加工过程如图 2-76 和图 2-77 所示。
（3）海报设计制作。
（4）KT 板海报设计制作。

学的活动 1
（1）工序原则：从整体到局部，从内部到外部。
（2）工序与工艺设计图，如图 2-78 所示。

图 2-76　加工制作过程（一）

图 2-77　加工制作过程（二）

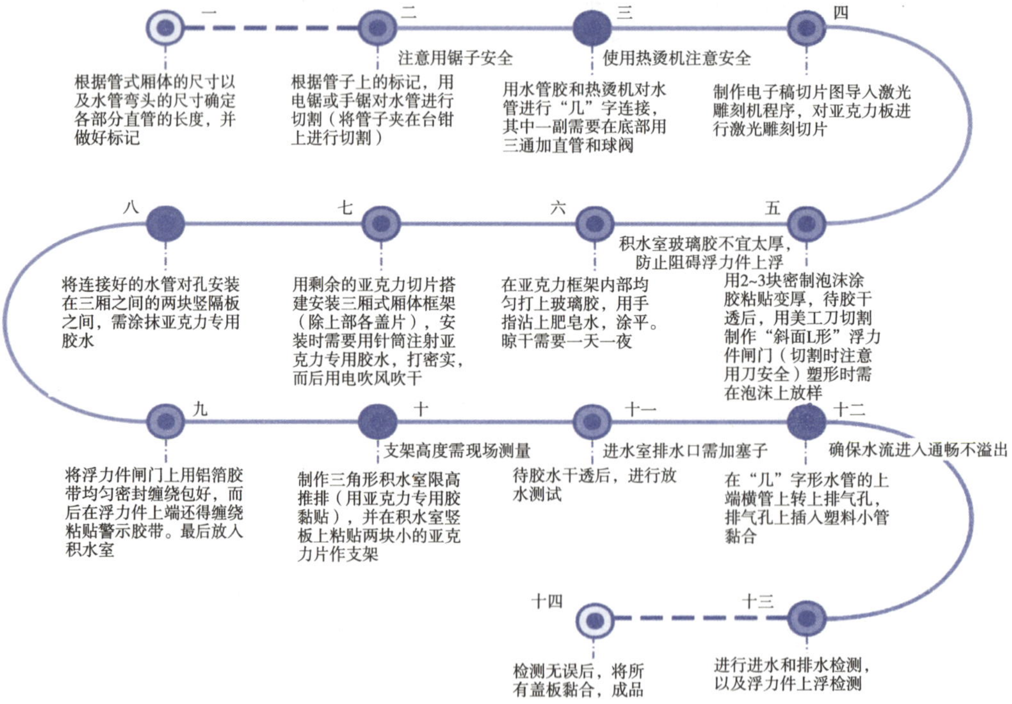

工序流程：

一、根据管式厢体的尺寸以及水管弯头的尺寸确定各部分直管的长度，并做好标记

二、根据管子上的标记，用电锯或手锯对水管进行切割（将管子夹在台钳上进行切割）注意用锯子安全

三、用水管胶和热烫机对水管进行"几"字连接，其中一副需要在底部用三通加直管和球阀　使用热烫机注意安全

四、制作电子稿切片图导入激光雕刻机程序，对亚克力板进行激光雕刻切片

五、积水室玻璃胶不宜太厚，防止阻碍浮力件上浮　用2-3块密制泡沫涂胶粘贴变厚，待胶干透后，用美工刀切割制作"斜面L形"浮力件闸门（切割时注意用刀安全）塑形时需在泡沫上放样

六、在亚克力框架内部均匀打上玻璃胶，用手指沾上肥皂水，涂平。晾干需要一天一夜

七、用剩余的亚克力切片搭建安装三厢式厢体框架（除上部各盖片），安装时需要用针筒注射亚克力专用胶水，打密实，而后用电吹风吹干

八、将连接好的水管对孔安装在三厢之间的两块竖隔板之间，需涂抹亚克力专用胶水

九、将浮力件闸门上用铝箔胶带均匀密封缠绕包好，而后在浮力件上端还要缠绕粘贴警示胶带。最后放入积水室

十、制作三角形积水室限高推排（用亚克力专用胶黏贴），并在积水室竖板上粘贴两块小的亚克力片作支架　支架高度需现场测量

十一、待胶水干透后，进行放水测试　进水室排水口需加塞子

十二、确保水流进入通畅不溢出　在"几"字形水管的上端横管上转上排气孔，排气孔上插入塑料小管黏合

十三、进行进水和排水检测，以及浮力件上浮检测

十四、检测无误后，将所有盖板黏合，成品

图 2-78　工序、工艺设计图

设计意图
了解材料性质，确定工序与工艺，进行加工制作。

第 2 章　与学科整合：适合初中开展的 STEM 项目课例设计

环节二：展示评价

教的活动 2
（1）组织学生展示作品，并进行汇报（最好配备海报或 PPT）。
（2）让学生对本组的整个项目进行反思，哪些值得肯定的，哪些又是有待优化的？

学的活动 2
（1）组员展示。
（2）完成本课例 2.9.7 分课时的学案设计第 6 次课的图 2-94。

设计意图
总结记录优势，提出不足及优化方案。进步是在不断迭代优化下产生的。

2.9.7　分课时的学案设计

【第 1 次课】

（1）利用"5W1H"法以可视化思维完成 POV 观点。

（2）小组讨论，建立方案实施流程，如图 2-79 所示。

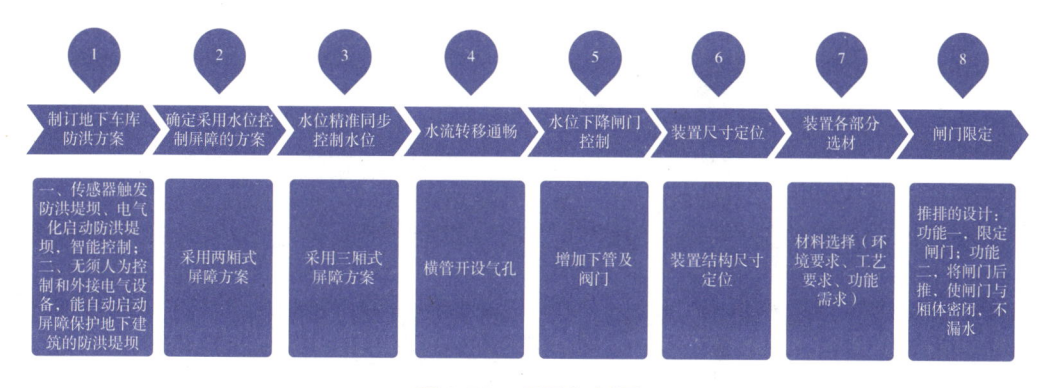

1 制订地下车库防洪方案	2 确定采用水位控制屏障的方案	3 水位精准同步控制水位	4 水流转移通畅	5 水位下降闸门控制	6 装置尺寸定位	7 装置各部分选材	8 闸门限定
一、传感器触发防洪堤坝、电气化启动防洪堤坝，智能控制；二、无须人为控制和外接电气设备，能自动启动屏障保护地下建筑的防洪堤坝	采用两厢式屏障方案	采用三厢式屏障方案	横管开设气孔	增加下管及阀门	装置结构尺寸定位	材料选择（环境要求、工艺要求、功能需求）	推排的设计：功能一，限定闸门；功能二，将闸门后推，使闸门与厢体密闭，不漏水

图 2-79　项目规划图

（3）制订流程的实施规划，填写表 2-75。

表 2-75　流程实施规划表

环节	时间	材料	工具	空间	分工	工艺
1						
2						
3						
4						
5						
6						
7						
8						

（4）完成评价，填写表2-76。

表2-76　评价表

	组员1	组员2	组员3	组员4	组员5	组员6
信息分析，思维表达（5W1H、POV表格填写）						
小组合作（方案讨论时的参与度）						
甘特图制订的合理性						

填表说明：笑脸粘贴

请根据评价细则分别将"旺财头像"贴于表中

【第2次课】

任务单：自动升降屏障需要具备的功能，完成图2-80。

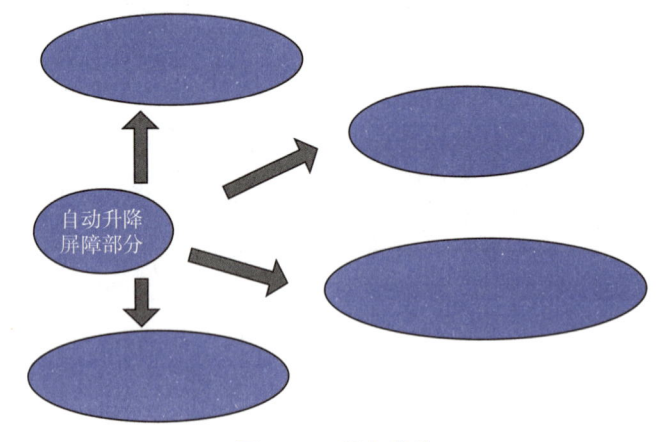

图2-80　任务表单

环节一：选择合适的自动升降动力来源。

完成图2-81和表2-77。

图2-81　动力来源设计

第 2 章　与学科整合：适合初中开展的 STEM 项目课例设计

表 2-77　动力来源的方案权衡表

项目	安全性	可靠性	节能	……	决策点
方案 1					
方案 2					
方案 3					

填表说明：笑脸评价。

请根据评价细则分别将"旺财头像"贴于表中

环节二：整体装置设计从单厢式到两厢式的迭代讨论。

根据图 2-82，完成图 2-83 和表 2-78。

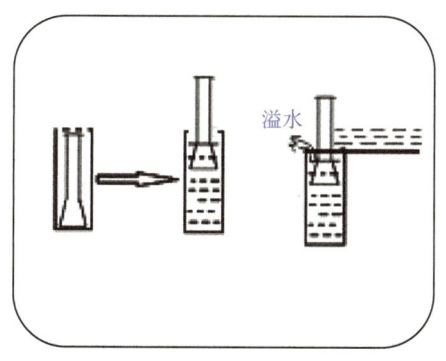

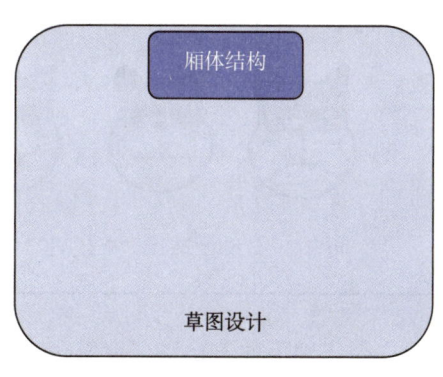

图 2-82　单厢式浮筒结构　　　图 2-83　厢体结构草图设计

表 2-78　厢体结构方案评价

项目	积水室进水速度	浮筒的稳定性	浮筒与室壁的密封性
单厢体			
两厢式			

填表说明：笑脸评价。

请根据评价细则分别将"旺财头像"贴于表中

环节三：设计到达水位限高阈值后才自动升起。

设计当水位涨到一定限度后，水能使防洪堤浮筒上升，完成图 2-84 和表 2-79。

设计草图

图 2-84　设计草图

表 2-79　多种方案权衡表

项目	设计原理	进水速度	建造成本	决策点
方案 1				
方案 2				

填表说明：笑脸评价。

请根据评价细则分别将"旺财头像"贴于表中

环节四：得出地下建筑自动闭合防洪堤坝的整体结构分布效果图，如图 2-85 所示。

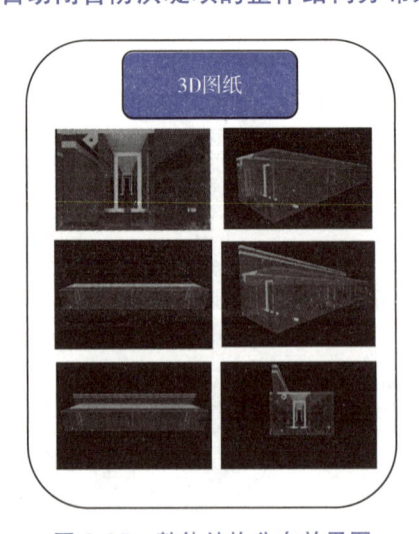

3D图纸

图 2-85　整体结构分布效果图

第 2 章 与学科整合：适合初中开展的 STEM 项目课例设计

环节五：从整体装置设计到结构切片的零件设计。得到结构切片的零件设计图纸（图 2-86）和零配件成本预算清单（表 2-80）。

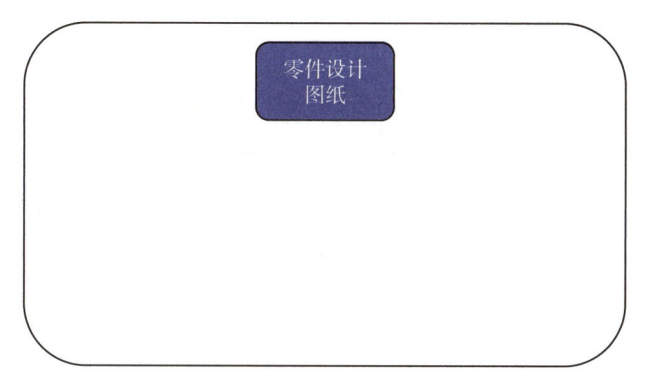

图 2-86　零件设计图纸

表 2-80　零配件成本预算清单

项目零件	规格	数量	单价	合计	备注
亚克力板					
直管					
弯头					
泡沫板					
铝箔纸					
单向阀警示胶带					
总计					

【第 3 次课】

环节一：了解大气压对生活的影响。

学生实验：覆杯实验。

准备器材：纸杯、水槽。

环节二：检验装置中输水管道水流是否通畅。

运用大气压知识解释水流为什么不能由进水室流到积水室，画图解释，在图 2-87 中完成。

图 2-87　原理示意图

环节三：设计方案，使水由进水室顺利流到积水室。

完成图 2-88，设计解决水从进水室到积水室水流顺畅问题的方案，并进行权衡比较，见表 2-81。

设计草图

图 2-88　设计草图

表 2-81　水流顺畅问题的方案权衡表

项目	简易性	可操作性	持久性	……	决策点
方案 1					
方案 2					
方案 3					
……					

填表说明：笑脸评价。

请根据评价细则分别将"旺财头像"贴于表中

环节四：解决积水室水流排出问题。

解决积水室水流排出问题设计方案，如图 2-89 所示（着重考虑下部横管上用手动阀、单向阀或特斯拉阀进行权衡研讨，完成表 2-82）。

结构示意图

图 2-89　结构示意图

第 2 章 与学科整合：适合初中开展的 STEM 项目课例设计

表 2-82 积水室水流排出问题的方案权衡表

项目	简易性	可操作性	持久性	……	决策点
方案 1					
方案 2					
方案 3					
……					

填表说明：笑脸评价。

请根据评价细则分别将"旺财头像"贴于表中

通过对连通管顶部开槽进行方案优化，见表 2-83。

表 2-83 优化方案

序号	方案 1	方案 2	改进
优势			
不足			

【第 4 次课】

环节一：推排结构模型的设计。

不同推排结构模型的设计方案的优劣势分析，完成图 2-90 和表 2-84。

推排结构模型材料优劣势对比

图 2-90 推排结构模型材料优劣势对比

表 2-84 推排结构模型的设计方案权衡表

项目	安全性	可靠性	防水性	警示条	决策点
方案 1					
方案 2					
方案 3					
……					

（续）

项目	安全性	可靠性	防水性	警示条	决策点

填表说明：笑脸评价。

请根据评价细则分别将"旺财头像"贴于表中

环节二：推排结构模型与厢体的密闭性调试。

根据三厢式防洪堤坝的功能要求，小组讨论，设计出推排结构模型的结构和功能调试的项目，完成表 2-85。

表 2-85 推排结构模型与厢体的密闭性方案评价

初代三厢式防洪堤坝模型	上浮、下沉功能实现	推排结构模型与室壁的密封性	推排结构模型与阀门的密封性
测试 1			
测试 2			
二代三厢式防洪堤坝模型			
测试 1			
测试 2			

填表说明：笑脸评价。

请根据评价细则分别将"旺财头像"贴于表中

【第 5 次课】

环节一：三厢式屏障的材料选择。

请在图 2-91 中写出预选三厢式屏障材料的各方面原因，并完成表 2-86。

预选三厢式屏障材料的各方面原因

图 2-91 预选三厢式屏障材料的各方面原因

第 2 章　与学科整合：适合初中开展的 STEM 项目课例设计

表 2-86　三厢式屏障材料方案评价表

项目	防水性	抗压性	防漏性	环保性	性价比
材料 1					
材料 2					
材料 3					

填表说明：笑脸评价。

请根据评价细则分别将"旺财头像"贴于表中

环节二：推排结构模型的材料选择。

请在图 2-92 中写出预选积水室推排结构模型材料的各方面原因，并完成表 2-87。

图 2-92　预选积水室推排结构模型材料的各方面原因

表 2-87　推排结构模型材料的方案评价表

项目	防水性	抗压性	防漏性	环保性	性价比
材料 1					
材料 2					
材料 3					

填表说明：笑脸评价。

请根据评价细则分别将"旺财头像"贴于表中

【第 6 次课】

环节一：确定工序与工艺。

（1）建立工序工艺、设计图，如图 2-93 所示。

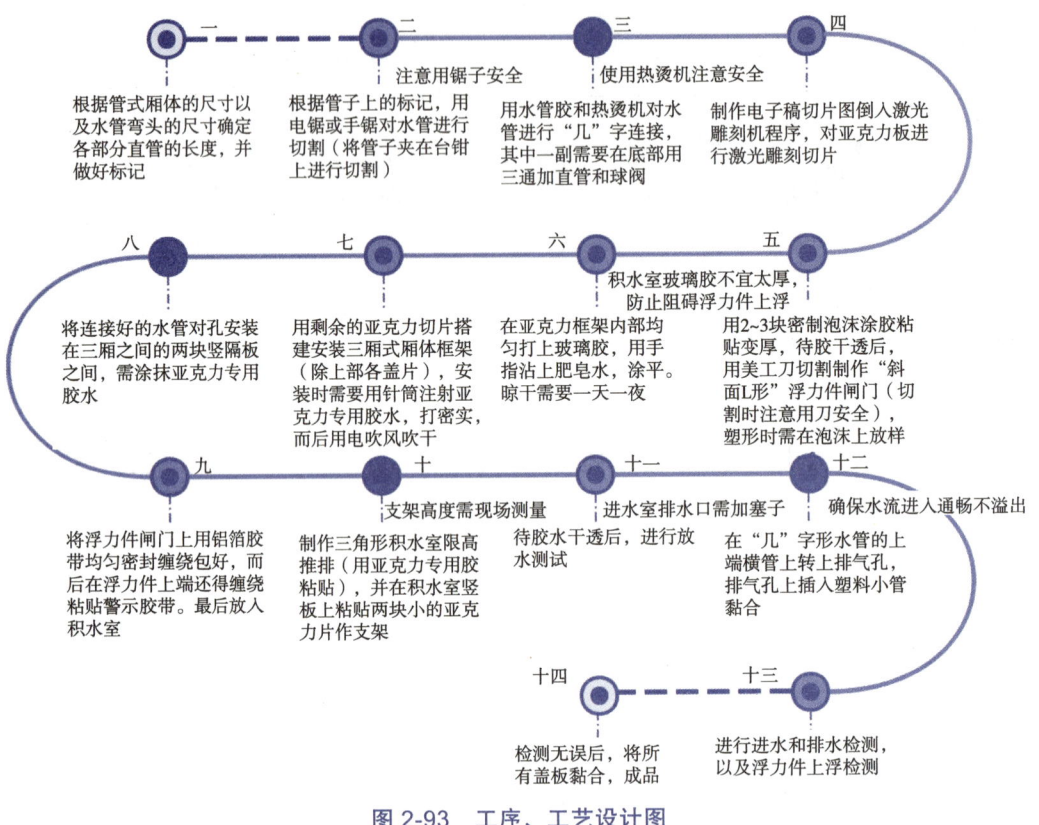

一　根据管式厢体的尺寸以及水管弯头的尺寸确定各部分直管的长度，并做好标记

二　注意用锯子安全
根据管子上的标记，用电锯或手锯对水管进行切割（将管子夹在台钳上进行切割）

三　使用热烫机注意安全
用水管胶和热烫机对水管进行"几"字连接，其中一副需要在底部用三通加直管和球阀

四　制作电子稿切片图导入激光雕刻机程序，对亚克力板进行激光雕刻切片

五　积水室玻璃胶不宜太厚，防止阻碍浮力件上浮
用 2~3 块密制泡沫涂胶粘贴变厚，待胶干透后，用美工刀切割制作"斜面 L 形"浮力件闸门（切割时注意用刀安全），塑形时需在泡沫上放样

六　在亚克力框架内部均匀打上玻璃胶，用手指沾上肥皂水，涂平。晾干需要一天一夜

七　用剩余的亚克力切片搭建安装三厢式厢体框架（除上部各盖片），安装时需要用针筒注射亚克力专用胶水，打密实，而后用电吹风吹干

八　将连接好的水管对孔安装在三厢之间的两块竖隔板之间，需涂抹亚克力专用胶水

九　将浮力件闸门上用铝箔胶带均匀密封缠绕包好，而后在浮力件上端还得缠绕粘贴警示胶带。最后放入积水室

十　支架高度需现场测量
制作三角形积水室限高推排（用亚克力专用胶粘贴），并在积水室竖板上粘贴两块小的亚克力片作支架

十一　进水室排水口需加塞子
待胶水干透后，进行放水测试

十二　确保水流进入通畅不溢出
在"几"字形水管的上端横管上转上排气孔，排气孔上插入塑料小管黏合

十三　进行进水和排水检测，以及浮力件上浮检测

十四　检测无误后，将所有盖板黏合，成品

图 2-93　工序、工艺设计图

（2）加工制作。

环节二：展示评价。

填写项目反思记录表，如图 2-94 所示。

优势

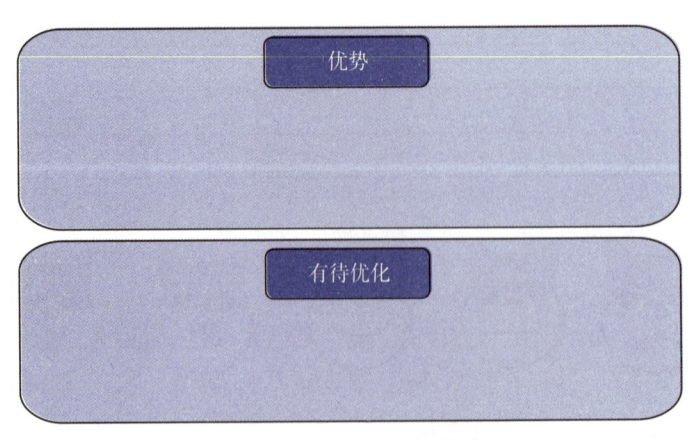

有待优化

图 2-94　项目反思记录表

2.9.8 终结性评价方案

方案一：

评价方式： 学生自评，填写项目日志。

评价工具： 项目习惯养成记录表，如图 2-95 所示。

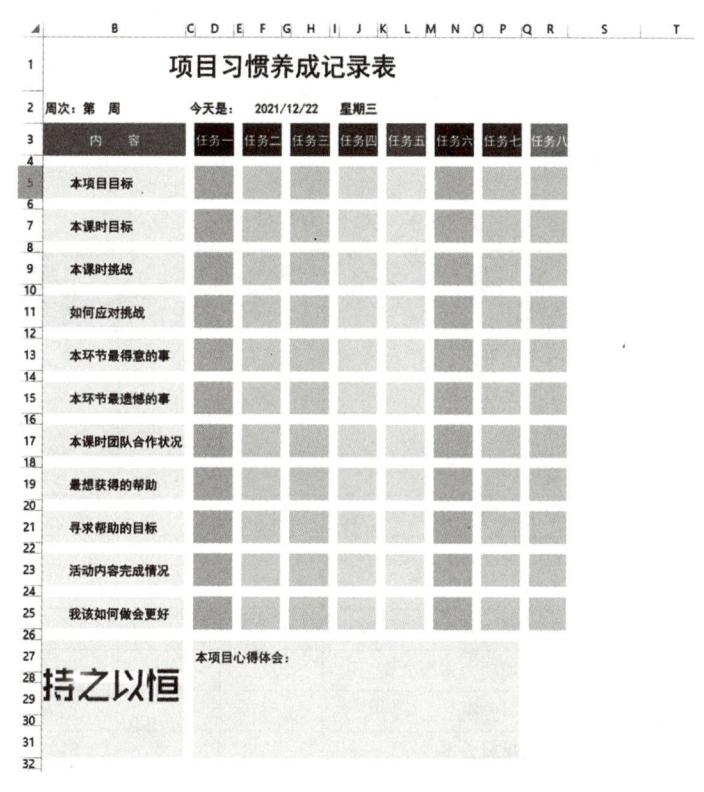

图 2-95 项目习惯养成记录表

评价结果呈现方式： 形成个人项目电子档案；项目心得体会汇总，形成小组反思。

方案二：

评价方式： 小组评价和组间评价，每个环节进行时填写环节内的过程性表现评价。

评价工具： 厢体结构方案评价（表 2-88），5C 能力评价表（表 2-89）。

评价结果呈现方式： 项目结束时还有表现性评价汇总表（略）及清爽活力图表（略），构成项目评价档案。

表 2-88 厢体结构方案评价

项目	积水室进水速度	浮筒的稳定性	浮筒与室壁的密封性
单厢体			
两厢式			

(续)

项目	积水室进水速度	浮筒的稳定性	浮筒与室壁的密封性

填表说明：笑脸评价。

请根据评价细则分别将"旺财头像"贴于表中

（该类图表不一一列举了）

表 2-89　5C 能力评价表

评价内容		组别				
		1	2	3	4	5
审辩思维	连通器结构方案评价					
	推排结构模型的设计方案					
创新	水流顺畅问题方案					
	厢体结构方案					
	积水室水流排出问题方案					
沟通	解决水位到达一定限高后，堤坝自动升起方案					
	推排结构模型与厢体的密闭性方案					
合作	自动升降防洪堤坝动力来源方案					
	三厢式屏障的材料方案					
文化理解与传承	推排结构模型的材料方案					
合计						
总分						

方案三：

评价方式：项目结束时形成小组成果性评价，有组间评价和教师评价。

评价工具：项目过程性评价表（表 2-90），钻石为全部四项达成，黄金为四项达成三项，白银为四项达成两项，青铜为四项达成一项。

表 2-90　项目过程性评价表

评价要素	评价指标	评价标准	组间评价	教师评价
定义问题	思维导图绘制	□ 具备完整的项目节点 □ 节点间具有清晰的逻辑关系 □ 思维方式有发散和收敛两个部分 □ 思维导图清晰、美观		

第 2 章　与学科整合：适合初中开展的 STEM 项目课例设计

（续）

评价要素	评价指标	评价标准	组间评价	教师评价
方案表、甘特图	方案整理	□ 能完整分析出用户人群，并能正确使用用户移情图 □ 会使用 SWOT 分析法聚焦劣构问题 □ 能使用"5W1H"法以可视化思维方式完成 POV 表现图，获得驱动性问题 □ 能利用 MECE 法则设立功能需求		
	方案表达	□ 方案能完整表达 □ 方案表达具备逻辑性 □ 方案表达口齿清晰，仪态大方 □ 方案表达能图文并茂		
地下建筑自动闭合防洪堤坝的设计	设计的可行性	□ 浮力件升起时，能有效挡水 □ 浮力件能有效随水位变动而升降 □ 平时能不阻碍车辆通行		
	成本核算	□ 各种原材料选材合理，单价便宜 □ 各原材料裁切合理 □ 制作时各原材料损耗小 □ 能节省使用各类辅料		
	创意权衡形成决策点	□ 能实现定向聚焦思维发散 □ 能根据限制因素进行思维收敛 □ 能合理有效进行沟通交流 □ 能形成有效决策点		
作品展示交流	展示完成情况	□ 作品具备完整的外观造型 □ 作品具备清晰有效的内部结构 □ 作品密封不漏水 □ 作品能实现预期效果与功能		
	语言表达能力	□ 语言流畅清晰 □ 普通话标准，声情并茂 □ 具备得体、合理的肢体语言 □ 能用中英文双语表达		
作品反思	作品绩效评价	□ 作品牢固度可靠 □ 作品外观合理、美观 □ 作品具备创新性 □ 作品设计制作过程中培养了学生的创新能力和动手实践能力		
	作品优化思考	□ 作品能否迁移使用 □ 作品能否考虑模块化集成 □ 作品真实使用时考虑原材料的选择更换 □ 作品真实使用时考虑安装施工的方便性		
总评				

评价结果呈现方式：最后形成产品成果业绩成长档案，如图 2-96 所示。

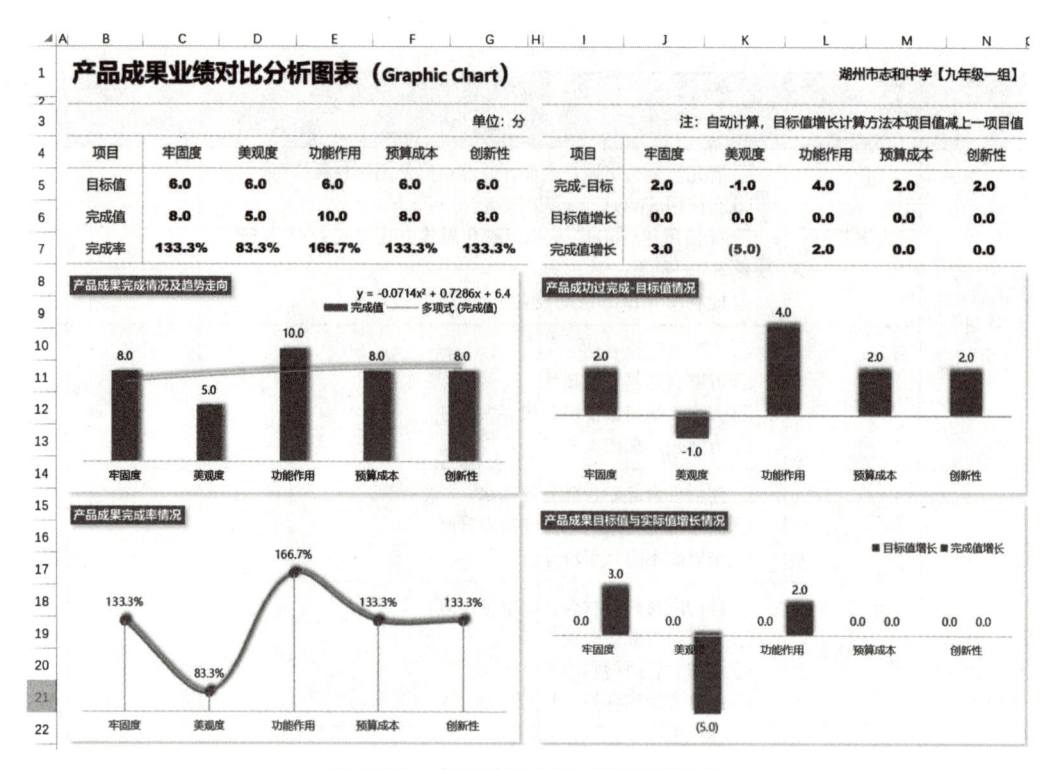

图 2-96　产品成果业绩对比分析图表

2.9.9　课例实施建议与反思

1. 实施建议

"地下建筑自动闭合防洪堤坝"项目的实施卓有成效。学生出色完成了项目化学习的任务，运用设计思维完成了"地下建筑自动闭合防洪堤坝"的设计与制作。同时要求学生头脑风暴出尽可能多的解决方案，多方案引发的是学生的比较、权衡、决策等高阶思维。项目的开展也引发了设计者两方面的思考。历经多次的迭代，项目也成功申报了国家发明专利和实用新型专利。

（1）**"项目目标"对应"学科课标"**。在进行"地下建筑自动闭合防洪堤坝"项目设计时，从学科的课程标准出发，到项目目标，根据目标去设计开发项目内容。侧重点、难度为什么要这样设定，都是基于课标的。由课标确定项目目标，由项目目标确定项目内容，为了落实这个目标，对应设计了此项目。

（2）**基于设计思维的创造力培养**。设计并不是一个专业水平的东西，是思考问题与解决问题的一种思维方法。设计思维模型环节间逐步递进，逐步引导学生在一系列活动中去解决问题。项目过程中他们的思维是被完整地建立起来的。用思维工具把学生对"地下建筑自动闭合防洪堤坝"的思考推动起来。用思维方法武装起来后，把设计思维的实施难度降低。培养了学生的高阶思维，使学生进入深度学习状态。

第 2 章　与学科整合：适合初中开展的 STEM 项目课例设计

2. 课后反思

（1）**加强学生核心素养能力的培养**。随着"地下建筑自动闭合防洪堤坝"项目设计的深入推进，其中最大的受益者是学生。这个项目做出的其他项目化学习不可替代的积极贡献在于：学生的学习品质得到提升，从一开始就以同理心进入主动研究有关防洪堤坝的各方面问题；学习方式从原先的单一接受，到现在多样化自主爬坡式学习，学生的批判思维、创新思维、设计思维得到了综合训练；学生学会从收集、处理各种信息资料到反复尝试有效失败，小组成员共同协作、交流，增进了组内成员的凝聚力、沟通和合作能力，提升了学生的人文关怀和对社会责任担当的文化理解与素养传承。

（2）**加强培养学生设计思维能力**。设计和制作"地下建筑自动闭合防洪堤坝"，学生必须站在多用户的角度，运用同理心思考问题，发现人们的真实需求，以科学家的思维和工程师的思维，设计创造满足人们需求的产品，这一过程既是交流的过程，也是发现的过程。学生需要把眼光从自己身上转向他人，为社会服务也是一种文化理解与传承，是一种爱的表达。同时在设计制作的过程中，为了使产品更加完善，需要不断迭代更新，这一过程很好地提升了学生的设计思维能力。

（3）**加强教师多元化教学能力**。"地下建筑自动闭合防洪堤坝"项目的实施，改变了教师单一的讲授式教学方式，通过研究性学习、体验式学习、讨论式学习和实践性学习，实现了学生学习方式的丰富多元，其中更多的是学生自主学习能力的提升。教师以多样的教学形态，促进自我教学研究能力的提升。团队教师认识到：在项目化学习中，教学方法必须多元；积极调动学生的参与度、激发学生的内驱力，才能使得项目化学习达到最优的效果。此外，项目化学习对教师的跨学科素养和执教能力提出了挑战，要求教师除了要站在自身学科角度，更要站在多学科的角度设计，教师自身的专业成长速度加快。

2.9.10　专家点评

本案例基于河南郑州水灾的真实情境，引导学生从真实问题出发。用工程思维设计了四个拆分后的核心实践过程——确定需求、结构和功能设计、信息技术建模、实施制作。通过层层递进、逐步解决，体现了解决问题的合理性和科学性，引导学生将所学知识和解决真实问题相结合，让知识的学习在实践中发生是值得推广的。

该案例引用多种思维工具进行信息采集与信息分析，例如通过用户体验图和用户移情图进行用户分析，运用 SWOT 分析表对防洪方案进行评价与分析，使用"5W1H"法以可视化思维完成 POV 观点等，多种具有创新性的信息化学习支架有助于提高学生的信息素养。如果再增设与政府关联的环节，例如向市政规划写一封信，或者加入领域专家点评的环节等，让学生设计的方案和制作的产品得到真实、客观的评价，会更加提高学生的学习兴趣。

北京市海淀区教师进修学校创新教育研究中心 STEM 教研员　张乃新

2.10 课例10：设计制作再生纸简易笔记本

主要涉及学科： 化学，数学，美术。

课例提供团队： 北京市建华实验亦庄学校刘凯悦。

2.10.1 课例的背景、情境及学习目标

1. 课例背景

在当今中国，垃圾问题已经成为社会发展中不可回避的议题。在城市和乡村，伴随经济超高速发展而急剧累积的固体废弃物已经达到甚至超过了许多地区所能接受的临界点。由此引发的一系列环境问题、经济问题乃至社会问题已经成为潜在的社会不稳定因素，并且导致了小范围的社会矛盾的集中爆发。最近几年，党和国家对城乡固体废弃物的安全处理高度重视，中央和地方连续出台政策法规，在限制一次性塑料购物袋等方面进行了探索，积累了经验。另外，随着广大人民群众环境意识的提高和对公民的组织认识不断深入，民间力量的介入也让垃圾处理取得了一定的成功。

关于固体废弃物的处理，我国目前仍然以填埋方式为主。研究指出，2006年我国处理的城市固体废弃物总量为1.48亿吨，其中91.4%被填埋，6.4%被焚烧，2.2%被堆肥。近年来，随着垃圾填埋能力接近饱和或过饱和，以及公众环境保护意识和环境维权意识的不断提高，传统的垃圾处理模式明显已经不能适应现阶段我国的社会需求。因此在意识到"减缓废弃产品的消费"是目前最有效的节省能源、原料和金钱的办法的基础上，垃圾分类回收成为一种迫切的社会需求和缓解城市固废危机的首选方案。垃圾分类是为了资源利用的最大化，在垃圾分类回收日益盛行的今天，我们能做些什么？

2. 课例情境

学生每天的生活基本与纸笔为伴，在学校生活中产生最多的垃圾便是各种试卷、笔记本、演算纸等纸质垃圾。学生都知道纸是可再生垃圾，这些纸如何"再生"？"再生"后又去了哪里？这些源于身边现象而产生的一系列疑问，可以引发学生的兴趣与思考。结合我们所学的数学、美术、化学等学科知识，完全具备对这些问题进行探究的能力。本项目聚焦生活实际，从身边的现象入手，结合学生现有的生活经验和知识水平，以实现废纸的循环利用为导向，构建以化学内容为主导，融合数学、美术的跨学科课程内容。在真实问题解决过程中培养节约资源、爱护环境的意识和数量意识，发展科学思维、工程思维、数学思维以及设计思维。

3. 学习目标

（1）知识目标

通过观察、调查、资料收集，了解再生纸以及再生纸制造工艺流程，构建起系统观，

建立起对部分与整体、结构与功能、系统与环境的认识。

（2）能力和技能目标

1）通过参与活动，可以初步对再生纸工艺流程进行探索，能够运用工程思维、计算思维、设计思维、科学思维分析流程，能够在拆解问题与解决问题、完成各级系统（如打浆、脱墨、漂白、烘干）等真实问题过程中，理解并形成系统观、部分与整体、数量、尺寸大小等跨学科概念。

2）在项目任务拆解过程中，通过追问、提问、讨论等方式体验科学工程问题分析过程；能明确问题的限定条件，能规划出设计方案。

（3）情感态度价值观目标

1）学生对STEM学习的态度和价值观：学生在整个学习过程中始终扮演主人翁的角色，从发现问题到解决问题再到产品制作，学生动手动脑，积极主动，展现出了浓厚的学习兴趣。

2）学生对STEM专业和职业的兴趣：通过总任务的学习过程，逐步构建"人—社会—自然"的认识，理性认识环境保护、节约资源的重要性，并践行社会责任感。同时了解造纸行业，对工程师的工作产生一定的认识。

3）能够在结构化评价与反馈中尊重他人，能听取别人的意见调整方案。

4）有评估和反思项目过程的意识，能从评估和反思中吸取经验教训。

2.10.2 课例实施的环境和硬件要求

1. 实施环境

教室空间分布：讲台前面为多媒体设备教学区；中间为三组多边形操作台；左边为共用工具放置区；右侧为作品陈列区。

2. 硬件要求

教室内的硬件及工具：多媒体设备，制作工具（抄纸网、榨汁机、量筒、鹿皮巾、抄纸盆、废纸、签字笔、剪刀、尺子、打孔器、电子秤、量筒等）。

2.10.3 课例适合的学段

1. 适合的学段

九年级。

2. 学生已有知识、经验、技能基础情况

此年龄段的学生善于思考，敢于质疑并具有一定的创新精神，同时具备一定的资料查阅和独立动手的能力。他们积累了一定的生活经验，在学科的科学探究、数据分析、审美艺术等方面都有了一定的知识和能力的积累，非常适合此次跨学科STEM案例实施。

3. 学生学习过程中可能遇到的困难

（1）学生知道再生纸是由废纸再造得来的，却不知道废纸再造过程中各个环节需要处理的问题，以及问题解决过程中涉及的原理。

（2）项目任务的拆解。

（3）方案的设计与调整。

（4）纸浆比例的确定。

（5）脱墨环节方法的选取与化学试剂的选取。

2.10.4 核心挑战性任务及拆解

1. 挑战性任务

利用废纸设计、制作一个具有正常书写功能的笔记本，尺寸为19cm×25cm，并完成外观设计，见表2-91。

表2-91 任务拆解表

步骤和目标	子任务	阶段性成果
观察现象 明确项目需求，确定研究的问题	（1）现象导入，引发思考 （2）明确项目需求，确定研究的问题，对任务进行拆解	学生分组、组名与组徽设计、任务拆解结果；调查表（能够系统分析垃圾分类回收背景，结合生活实际，从整体拆解至再生纸回收利用制作笔记本的任务，学会系统分析问题；能够将挑战性任务进行合理拆解，并利用信息手段和技术手段查阅相关内容，从而将系统进行分层细化，以小组讨论等方式呈现结果）
思路具化 废纸制作再生纸的工艺流程	（1）查阅资料，了解工厂制造再生纸的工艺流程 （2）转化为实验室可操作工艺流程，确定实验用具和材料	小组废纸再造工艺流程PPT资料
反思优化 制作与优化再生纸	（1）依据流程完成1.0版再生纸的制作 （2）从视觉、触觉、书写等方面对制作的简易再生纸进行组内、组间测评（可借助色卡）	简易再生纸成果，项目工程笔记
	（1）对再生纸厚度进行优化 （2）对再生纸的白度进行优化	（1）资料单 （2）项目工程笔记（通过资料调查、数据分析，能够实现纸浆、脱墨漂白等工艺，并进行参数的优化）
设计美化 对简易的笔记本外观进行美化设计	（1）将制作完成的笔记本进行整体设计 （2）对制作的笔记本进行使用测试	笔记本
展示汇报 对产品进行介绍	对项目实施过程及产品进行交流讨论及反思	（1）评价作品 （2）反思文本（通过合作学习，形成项目方案并进行成果展示）

2. 挑战性问题

（1）为什么要进行废纸再生？

（2）真实工厂废纸再生的工艺流程是什么样的？

（3）实验室制作再生纸需要哪些材料和工具？

（4）常用笔记本的白度和厚度等规格要求是什么？

（5）可用来再生制作笔记本种类筛选的原则与标准是什么？

（6）探究合适的纸浆比例，优化再生纸厚度。

（7）如何对再生纸的白度进行优化，常用的方法是什么，采用的试剂和用量如何确定？

（8）笔记本的构造是怎样的？

2.10.5　分课时的教学进度规划

分课时的教学进度规划见表 2-92。

表 2-92　教学进度规划表

主题	具体内容	课时数
【子任务 1】	分组，小组活动，分享课前调查内容，观看垃圾分类相关视频	2
【子任务 2】	各小组以 PPT 汇报的形式，分享调查结果，确定制造再生纸的基本流程并完成 1.0 版再生纸制造	2
【子任务 3】	组内、组间评测作品，确定再生纸存在的问题，优化再生纸的厚度和白度	6
【子任务 4】	展示本组再生纸笔记本	2

2.10.6　分课时的教学设计

【第 1 次课】

★ 主题名称

现象导入，引出任务

★ 学习目标

（1）通过观看视频，理解垃圾分类的重要意义，并能够对垃圾进行正确分类。

（2）通过调查，了解我国用纸量及纸张分类依据及废纸回收后的去向。

（3）通过数据分析，从数学角度理解再生纸对保护环境、节约资源的重要意义。

（4）通过调查、资料查阅，了解废纸再生的基本工艺流程。

（5）通过 PPT 展示，提升学生多媒体制作与表达能力。

★ 核心问题

为什么进行废纸再生？

★ 评价方案

评价方式：小组评价，教师评价。

评价工具：评价表（表2-93）。

评价结果呈现方式：等级（评分）评价。

表2-93 评价表（一）

评价内容	评价标准			小组评价	教师评价
	初级（1~4分）	中等（5~8分）	优秀（9~10分）		
汇报内容	有一定的汇报框架。但是信息不完整，内容缺失	信息基本完整，呈现相对清楚，有基本框架，但不够精细，价值性中等	信息完整，呈现清楚，内容精细，价值性高		
表达展示	表达不够清晰，条理不清楚，声音较小，不够自信	表达基本清晰，有一定的条理性	声音洪亮，仪容、仪态大方得体，表达清晰，条理清晰，充满自信		
任务拆解	有问题界定的意识，能够拆解出一部分任务，但不全面或不关键；任务规划科学性和可行性弱	能够提出核心问题，任务拆解相对合理，但不够全面和具体，项目规划科学性和可行性有改进空间	问题界定清晰，任务拆解准确，项目规划全面具体，科学性强，可行性强		
总评					

★ 本课的重点、难点

重点：废纸再造的工艺流程。

难点：废纸再造的工艺流程及招标书的制作。

★ 学习活动设计

环节一：创建任务情境	
教的活动1 （1）分组。 （2）播放身边垃圾分类等相关视频，提问： 1）为什么垃圾分类？ 2）垃圾分类的依据是什么？ 3）学校生活使用最多的可回收垃圾是废纸，纸是如何产生的？ 4）造纸有哪些危害，制造再生纸的优点有哪些？	学的活动1 （1）分组。 （2）观看视频思考，小组讨论回答。
设计意图 从最近社会热点话题"垃圾分类"现象入手，了解项目背景，提高学生观察世界、关联思考、提出问题的能力，确定我们研究的目的为：废纸再造，同时提高学生的社会责任感。	
环节二：提出任务问题	
教的活动2 （1）看学生分享，进行提问与引导。 （2）提问：面对如此多种类的废纸，工厂是如何处理的？面对学校的废纸，我们能做些什么？	学的活动2 完成调查表及PPT分享。

第2章 与学科整合：适合初中开展的STEM项目课例设计

设计意图

通过完成调查表及分享，了解家和学校常见的纸类垃圾，了解我国日常用纸量和常见分类和其各类纸张特点。通过对纸的分类，了解哪些废纸是可再造的，以及可回收利用的纸张进行再利用的方式，最终认识到垃圾分类对于资源再利用的重要性，并且要学会垃圾分类。

环节三：发布项目任务

教的活动3	学的活动3
发布招标（项目）任务：学校招标再生纸笔记本工厂。	小组讨论进行任务拆解。

设计意图

通过招标的方式发布项目任务，明确具体任务及要求，制订要检索的资料列表，小组通过讨论将任务进行拆解，了解工程问题解决的科学步骤；小组分享展示，互相补充，修正项目计划表，提高学生跨学科思考、整体设计、选择方法、形成思路和解决方案的能力。

环节四：交流讨论

教的活动4	学的活动4
教师对学生分享的内容进行评价。 作业：查找真正的再生纸公司是如何完成废纸再造的。请大家走进再生纸公司，向再生纸工程师了解再生纸制造的基本过程，最终结果以PPT形式进行分享。	（1）小组分享任务拆解方案。 1）废纸再造。 2）再生纸优化。 3）笔记本设计。 （2）小组间互评任务拆解方案。

设计意图

通过小组互评与教师评价，不断完善小组项目设计方案。

【第2次课】

★ 主题名称

思路具化，确定废纸再生的工艺流程并实践

★ 学习目标

（1）通过调查，了解真实工厂是如何将废纸再生的，通过思考讨论将其应用于实验室环境中。

（2）通过反复修订方案，提高学生跨学科思考、整体设计、选择方法、形成思路和解决方案的能力。

（3）通过实施过程，提高学生动手实践、设计产品、制作产品的能力，锻炼小组团队合作能力，提高学生承受挫折、寻求多种解决方法的能力。

★ 核心问题

真实工厂废纸再生的工艺流程。

★ 评价方案

评价方式：小组评价，组间评价，教师评价。

评价工具：评价表（表2-94）。

评价结果呈现方式：等级（评分）评价。

表2-94　评价表（二）

评价内容	评价标准			小组评价	组间评价	教师评价
	初级（1~4分）	中等（5~8分）	优秀（9~10分）			
交流分享	参与感较低，发言较少，思考不积极，与他人交流较少	发言较积极，有一定的思考，说服力稍弱，与他人的交流反馈有待改进	发言积极，参与度高，提出独特的观点和思考，具有说服力，且注重与他人交流，能有效回应他人的问题			
工艺流程	目标不明确，只有零碎的相关流程，只能解决少数问题	目标不够明确，只有部分流程，能解决部分问题	目标明确，流程完善，能解决核心问题			
制作再生纸	能选择正确的器材和测量方法但不能按正确的流程进行实验	能按照正确的流程选择正确的器材，能按操作步骤、测量方法进行实验，但在细微处不够规范	能按照正确的流程选择正确的器材，利用科学的测量方法按操作步骤进行实验			
总分						

★ 本课的重点、难点

重点：废纸再生的工艺流程的确定。

难点：废纸再生实施。

★ 学习活动设计

环节一：头脑风暴

教的活动1
（1）提问：各小组已经全部展示完毕。引导学生如果想完成废纸再造，基本的工艺流程有哪些？
（2）在学校现有基础条件下，如何实现这一流程工艺？

学的活动1
（1）小组分享真实工厂是如何完成废纸再造的，并思考讨论如何将其应用于实验室环境中。
（2）头脑风暴，思路具化，确定实现实验室制作再生纸的基本流程与材料用具。

设计意图
通过调查，了解真实工厂废纸再生的主要流程，通过思考讨论将其应用于实验室环境中，初步建立再生纸工厂思维。

环节二：展示交流

教的活动2
教师对学生方案进行评价，确定最终的实验室造纸工艺流程。

学的活动2
组间互评制作方案。

设计意图
在反复修订方案的过程中，提高学生跨学科思考、整体设计、选择方法、形成思路和解决方案的能力。

环节三：任务实践

教的活动3
提供学生需要的实验材料及用具：废纸、清水、恒温水浴锅、抄纸网、榨汁机、量筒、鹿皮巾、抄纸盆。
注意：各小组根据所查资料自行选择水量及用纸量。

学的活动3
制作再生纸，如图2-97和图2-98所示。

第 2 章　与学科整合：适合初中开展的 STEM 项目课例设计　　239

图 2-97　打浆　　　　　图 2-98　抄纸

设计意图
在实施过程中，提高学生动手实践、设计产品、制作产品的能力，锻炼小组团队合作能力，提高学生承受挫折、寻求多种解决方法的能力。

【第 3 次课】

★ **主题名称**

确定影响纸张厚度的水纸比例

★ **学习目标**

（1）通过对各小组所得再生纸的对比观察，找出影响纸张厚度的因素。

（2）通过设计探究实验，明确探究实验的规则，并通过实施探究实验，找出最佳的纸浆浓度或纸水比例。

★ **核心问题**

探究合适的纸浆浓度，优化再生纸厚度。

★ **评价方案**

评价方式：组间评价，教师评价。

评价工具：评价表（表 2-95）。

评价结果呈现方式：等级（评分）评价。

表 2-95　评价表（三）

评价内容	评价标准			组间评价	教师评价
	初级（1~4 分）	中等（5~8 分）	优秀（9~10 分）		
观察投票	观察不认真，只发现较少的问题	观察较认真，能描述出小组作品的部分问题	能认真观察，能准确说出小组作品的优缺点		
提出假设	提出的假设基本与问题无关联性	提出的假设与问题有一定的关联，但关联度不高	提出的假设与问题有较强的关联，逻辑性好		
实验设计能力	变量缺失，实验设计缺乏严谨性和科学性	变量分析不全面，设计的角度不够精准	能准确地选择变量，符合探究实验原则，逻辑性强，步骤合理，可以很好地解决问题		

（续）

评价内容	评价标准			组间评价	教师评价
	初级（1~4分）	中等（5~8分）	优秀（9~10分）		
操作能力	器材及方法选择基本不正确，操作不规范	不能完全正确地选择器材和测量方法，操作流程基本无误，细微处操作不够规范	能正确地选择器材和测量方法，操作准确，科学规范		
总分					

★ 本课的重点、难点

重点：纸张厚度及白度的优化。

难点：设计探究实验，确定纸张厚度优化方案；查阅资料、文献，完成白度解决方案。

★ 学习活动设计

环节一：观察交流

教的活动1	学的活动1
提问：目前各小组作品已经完成，大家将再生纸与正常的笔记本纸张进行对比，看看存在哪些问题。	（1）各小组将作品展示在展示台。 （2）学生参观投票，选出制作纸张质量最好的小组。通过对比观察、思考并回答问题（厚度上存在过厚、过薄、厚度不均的情况；白度上存在纸张黑暗、残余油墨的情况，如图2-99所示）。

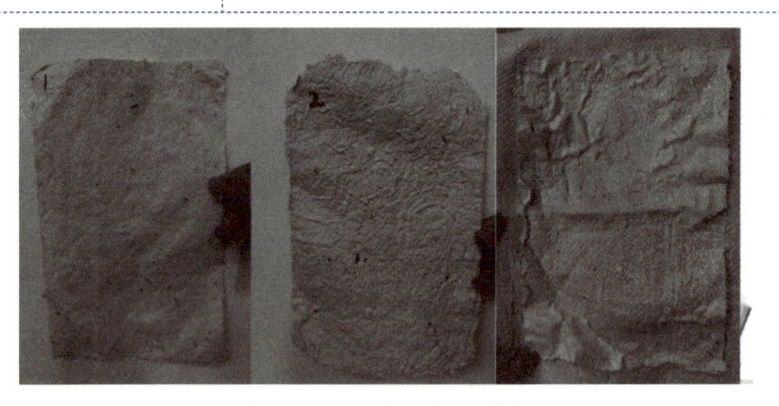

图2-99 再生纸成品对比

设计意图

通过展示观察，发现再生纸存在的问题。

环节二：提出问题

教的活动2	学的活动2
提问： （1）我们如何解决纸张厚度的问题？请学生将本组制作的纸张、工艺流程和其他组的进行对比，你发现什么？ （2）纸张厚度可能与什么因素有关？	（1）本组抄出的纸张厚度均不同，第一张偏厚，最后一张过薄，各组所抄出的纸张厚度也不同。 （2）纸张厚度有可能与纸浆浓度有关。

设计意图

通过对比观察并找出影响纸张厚度的因素。

第 2 章　与学科整合：适合初中开展的 STEM 项目课例设计　241

环节三：设计实验

教的活动 3	学的活动 3
请学生在观察的基础上，设计探究实验，找出最佳的纸浆浓度。	设计实验：探究再生纸最适纸浆浓度。根据实验方案，如图 2-100 所示，回答问题。①水打出来的纸浆都太浓稠了，而且还有很大的颗粒，不适合再生纸的制作。②看起来比较适合，而且也没有什么颗粒，可以进行再生纸的制作。

<table>
<tr><th rowspan="2"></th><th colspan="4">组别</th></tr>
<tr><th>第一组</th><th>第二组</th><th>第三组</th><th>第四组</th></tr>
<tr><td>水</td><td>2000mL</td><td>2000mL</td><td>2000mL</td><td>2000mL</td></tr>
<tr><td>A4 纸</td><td>1 张</td><td>1.5 张</td><td>2 张</td><td>2.5 张</td></tr>
</table>

图 2-100　实验方案

设计意图
通过探究实验，确定最佳的纸浆浓度或纸水比例。

环节四：实施实验

教的活动 4	学的活动 4
（1）实施实验。 （2）作业：阅读文献，完成学案。	实施实验。

设计意图
在反复实验、完成项目的过程中，提高学生动手实践、设计产品、制作产品的能力，提高学生承受挫折、寻求多种解决方法的能力，使学生逐步学会时间管理和项目管理。

【第 4 次课】

★ 主题名称
资料查阅，解决再生纸残余油墨问题

★ 学习目标
（1）通过阅读文献、查阅相关资料，设计解决纸张残余油墨、白度不足的方案，提高提取关键信息的能力。

（2）在反复实验、完成项目的过程中，提高学生动手实践、设计产品、制作产品的能力，提高学生承受挫折、寻求多种解决方法的能力，使学生逐步学会时间管理和项目管理。

★ 核心问题
如何对再生纸的白度进行优化？

★ 评价方案
评价方式：小组评价，组间评价，教师评价。

评价工具：评价表（表 2-96）。

评价结果呈现方式：等级（评分）评价。

表 2-96 评价表（四）

评价内容	评价标准 初级（1~4分）	评价标准 中等（5~8分）	评价标准 优秀（9~10分）	小组评价	组间评价	教师评价
学案	完成部分问题，找到部分关键词，不能有效解决问题	认真完成全部问题，能找到部分关键词，解决部分问题	认真完成全部问题，能找到关键词，能找到问题解决的正确思路			
再生纸	纸张厚度和白度接近国际再生纸笔记本纸张标准	厚度和白度只有一项符合国际笔记本纸张标准	厚度和白度符合国际笔记本纸张标准			
方案	研究方法和实验方案存在问题，可行性较差，脱墨药品及设备不易获取	研究方法基本合理，实验方案可行，脱墨药品及设备易获取	研究方法合理，实验方案可行，脱墨药品及设备易获取			
手绘设计图	设计图表达粗糙或不清晰、不规范，不符合科学性，缺少细节	设计图表达基本符合规范，但科学性和细节有待改进	设计图表达清晰，规范细致，具备科学性			
总分						

★ 本课的重点、难点

重点：找出解决纸张残余油墨最佳方式和脱墨药品。

难点：脱墨药品的选择及用量。

★ 学习活动设计

环节一：展示交流	
教的活动 1 安排各小组进行成品介绍，并确定最符合厚度要求的纸张。	**学的活动 1** 各小组进行成品介绍，并确定最符合厚度要求的纸张。
设计意图 确定最佳水纸比例。	
环节二：方案设计	
教的活动 2 （1）我们已经解决了纸张厚度的问题，接下来我们解决纸张白度的问题，大家发现了我们新做成的纸张存在发黄、发暗的情况，这种情况如何解决？ （2）如果想去除残余油墨，就必须知道油墨的主要性质，才能针对性地去除，请各小组分享自己组选择的除墨方式及化学药剂的使用量。	**学的活动 2** （1）结合生活实际可以想到使用漂白剂，结合资料⊖可以确定使用剂量。 （2）小组互评方案，完善方案。

⊖ 可参考以下文献：

马福庭. 废纸脱墨技术 [J]. 国际造纸，1994(4):30-34.

逄锦江，赵传山. 二次纤维在造纸中现存问题及解决措施 [J]. 造纸科学与技术，2008(5):38-40；45.

郑杰，孙广卫，张世杰，等. 生物酶技术在废纸脱墨中的应用 [J]. 黑龙江造纸，2013，41(4):10-15.

翁美华，王海毅. 化学法脱墨与酶法脱墨的对比 [J]. 纸和造纸，2011，30(2):21-22.

任淑华，王志敏. 旧杂志废纸的化学法和酶法脱墨效果的探讨 [J]. 黑龙江造纸，2010，38(4):5-9.

第 2 章　与学科整合：适合初中开展的 STEM 项目课例设计

设计意图	
通过文献阅读找出目前最先进的脱墨方法，以及最适宜实验室造纸用化学药剂。	
环节三：方案实践	
教的活动 3 利用完善后的方案进行废纸再造。	学的活动 3 造纸。
设计意图 利用完善后的造纸方案，再次造纸。	
环节四：展示交流	
教的活动 4 （1）请学生观察各小组的纸张，并对最符合要求的纸张进行投票。 （2）参与评价。	学的活动 4 （1）纸张展示。 （2）组内互评。
设计意图 通过组内评价、组间评价、教师评价等方式选出最佳的脱墨方式及脱墨药品。	

【第 5 次课】

★ 主题名称

设计思维，设计再生纸笔记本

★ 学习目标

（1）通过构思设计方案和画设计图，提高图形化表达能力。

（2）通过整体设计，强化系统概念与系统思维。

★ 核心问题

笔记本的构造是怎样的？

★ 评价方案

评价方式：小组评价，组间评价，教师评价。

评价工具：评价表（表 2-97）。

评价结果呈现方式：等级（评分）评价，每项满分为 10 分，分为优秀（9~10 分）、中等（5~8 分）和初级（1~4 分）。

表 2-97　评价表（五）

评价内容		评价标准（满分）	小组评价	组间评价	教师评价
设计图	透视图	立体感强，有透视效果（10 分）			
		所有可见轮廓线都标出 （能反映细节，如各板块分界线；功能结构复杂的，有图示标注）（10 分）			
		尺寸标注清晰、无歧义（10 分）			

（续）

评价内容		评价标准（满分）	小组评价	组间评价	教师评价
设计图	三视图	符合"长对正、宽相等、高平齐"的原则（10分）			
		位置顺序正确（10分）			
		确定比例（10分）			
		尺寸标注清楚、无异议（10分）			
		不可见轮廓线用虚线（10分）			
设计方案	实用性	顺滑（10分）			
		保护视力（10分）			
		不洇纸（10分）			
		符合个性需求（如分类用笔记本是否具有索引分隔板）（10分）			
	美观性	采用对称外形或对称形体的组合，运用曲线等（10分）			
		使用材料、色彩搭配合适（10分）			
	安全性	选择符合环保要求的材料（10分）			
		无潜在危险因素（如尖锐的钢圈头）（10分）			
	创新	在结构、美观、使用体验（培养用户使用习惯）等方面有与众不同的做法（10分）			
	质量	板块间连接方式合理，结构设计结实牢固（10分）			
	低成本	保证质量的前提下，选择经济实惠的材料（10分）			
总分					

★ 本课的重点、难点

重点：设计制作笔记本。

难点：画出设计草图。

★ 学习活动设计

环节一：方案完善与批量制作

教的活动1	学的活动1
引导学生根据前几节课的学习完善方案，并批量制作再生纸。	完善方案，并批量制作再生纸。

设计意图
　　为笔记本的制作进行准备。

环节二：外观设计

教的活动2	学的活动2
引导学生将再生纸进行装订及外观设计。	将再生纸进行装订及外观设计。

设计意图
　　（1）完成笔记本1.0版设计，通过画设计图，提高图形化表达能力。
　　（2）通过整体设计，强化系统概念与系统思维。
　　（3）对照任务书，时刻把握客户需求。

第 2 章　与学科整合：适合初中开展的 STEM 项目课例设计

【第 6 次课】

★ 主题名称
展示与交流

★ 学习目标
（1）在交流、展示的过程中，提高学生总结提炼、学术表达、有效沟通的能力，使学生全过程感受成功带来的愉悦。

（2）在反思、改进的过程中，提高学生接受反馈、与同伴对话、深入分析、反思改进的能力。

（3）通过不断修改优化，建立迭代的意识。

★ 核心问题
展示成果，交流经验，反思不足。

★ 评价方案
评价方式：组间评价，教师评价。

评价工具：评价表（表 2-98）。

评价结果呈现方式：等级（评分）评价。

表 2-98　评价表（六）

评价内容	评价标准			组间评价	教师评价
	初级（1~4 分）	中等（5~8 分）	优秀（9~10 分）		
阐述设计意图	不能清晰表达设计思路与设计意图	能简单介绍设计思路和设计意图	能准确表达设计意图，介绍设计思路，切实符合项目要求		
展示汇报	思路、逻辑不清晰，不能按着准确的顺序进行汇报	对项目局部了解清晰，思路清晰，逻辑性欠缺	对整个项目过程清晰明朗，能按照一定的思路和逻辑进行汇报		
总分					

★ 本课的重点、难点
本小组从项目计划的制订、方案设计、废纸再造、设计图等方面进行汇报。

★ 学习活动设计

环节一：展示交流	
教的活动 1 组织招标会。	学的活动 1 各小组投标，展示并阐述设计制作意图。
设计意图 在交流、展示的过程中，提高学生总结提炼、学术表达、有效沟通的能力，使学生全过程感受成功带来的愉悦。	
环节二：交流评价	
教的活动 2 对各小组进行评价。	学的活动 2 （1）各小组互评。 （2）反思不足。

设计意图

在反思、改进的过程中，提高学生接受反馈、与同伴对话、深入分析、反思改进的能力，强化工程思维，建立优化迭代的意识。

2.10.7 分课时的学案设计

1. 项目任务单

✍ 任务一 成立小组活动

活动1 破冰活动，成立小组

根据分组原则组成小组：每个小组成员 4 人；每个小组既要有男生也要有女生；每个组中同班同学最多 2 人。

活动2 小组合作，文化建设

任务：设计小组组名、组徽，20 分钟后进行设计分享；选出小组组长，小组间进行了解。

要求：小组组名积极向上；写清组员姓名及擅长领域。

材料用品：A1 纸、马克笔。

小组合作规则：小组任务一般分为资料收集、数据分析、结果呈现等环节，组长合理分配工作。在项目中期，成员间任务进行对调。

✍ 任务二 发布项目任务书

（1）观看垃圾分类背景、垃圾分类依据的视频。

（2）小组通过 PPT 分享课前调查表内容。

（3）发布项目任务书。

1）阅读项目任务书，小组讨论，确定项目任务。头脑风暴找出本项目的核心问题（便利贴），小组内尝试对项目进行拆解。

2）尝试在下框中画出任务拆解的路径及核心问题。

任务拆解路径	核心问题

✍ 任务三 制作再生纸

记录制作过程。

要求：

第 2 章　与学科整合：适合初中开展的 STEM 项目课例设计

（1）准确记录材料、用具、用量及制作过程中遇到的困难，并完成制作报告。

（2）各小组将得到的再生纸标明组号、数数，置于展示区展示。

（3）观察得到的再生纸存在哪些问题？根据提供的文献资料，优化设计方案，完成表 2-99 并提交。

表 2-99　优化解决方案

	再生纸存在的问题	导致该问题的相关因素	优化
再生纸制作报告	问题一：	问题一相关因素：	问题一优化：
	问题二：	问题二相关因素：	问题二优化：
	问题三： ……	问题三相关因素：	问题三优化：

✎ 任务四　再生纸笔记本制作

（1）画出笔记本的设计图。

要求：设计图比例清晰。

（2）再生纸笔记本成品展示。

1）互评、师评。

结合设计图和实物，清晰展示制作方案，并进行现场答辩（可采用 PPT、小视频等多种形式，展示时间＿＿＿＿分钟，答辩时间＿＿＿＿分钟）。

2）完成表 2-100，将评价结果进行总结。

表 2-100　笔记本的优点及改进措施

笔记本优点	笔记本改进措施

2.调查表

纸张回收的好处

活动 1　调查自己家和学校存在的纸类垃圾

请以小组为单位，调查学校及家中存在哪些纸类垃圾并可能多地进行记录。

活动 2　调查我国日常用纸的用量与分类

（1）2021 年一共消费了多少纸及纸板？

（2）2021 年，我国各种类纸及纸板消费量所占比例，如图 2-101 所示。

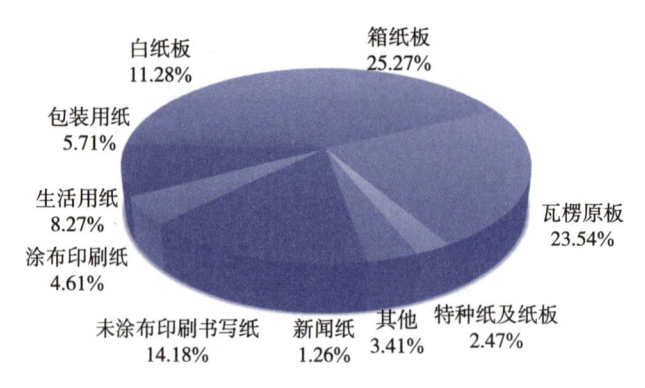

图 2-101　2021 年我国各种类纸及纸板消费量所占比例

饼图数据：
- 箱纸板 25.27%
- 瓦楞原板 23.54%
- 特种纸及纸板 2.47%
- 其他 3.41%
- 新闻纸 1.26%
- 未涂布印刷书写纸 14.18%
- 涂布印刷纸 4.61%
- 生活用纸 8.27%
- 包装用纸 5.71%
- 白纸板 11.28%

（3）结合上述两个问题完成表 2-101。

表 2-101　纸品种类及数量

纸品种类									
数量									

（4）废纸回收利用的工艺都有哪些？完成表 2-102。

表 2-102　废纸回收利用的工艺

工艺	简介
改善土壤土质	美国亚拉巴马州的部分牧场寸草不生，有专家根据废纸在土壤中不会很快腐烂的特质，采用碎废纸屑加鸡粪和土壤搅拌改善牧场的土质

活动 3　对日常用纸按可否回收进行分类

（1）看了这么多纸张回收再生的好处，我们生活中哪些纸张可以回收用于再生呢？请学生根据自己的理解，把之前统计的纸品按照能否回收再利用填写表 2-103，进行分类。

表 2-103　纸品回收分类

可回收	
不可回收	

（2）为什么这些纸质垃圾不能回收？

（3）查找表 2-104 中各废纸类型的特点。

表 2-104　各废纸类型的特点

废纸类型	特点
旧报纸类	
旧书籍、杂志类	
加工边角废料类	
包装纸类	
混合废纸类	

（4）为了便于纸的再造，在扔废纸时我们应该怎么做？

要求：小组成员分工合作，共同完成；以PPT形式汇报，每个小组限时7分钟。

3. 实验室再生纸制作流程

日期_____   组号_____

简易的再生纸制作流程

纸张的再生，就是把废纸张重新变为纸浆，然后再重新造纸的过程。将下面内容补充完整。

【实验探究】

原料：有字迹的废纸若干张，旧报纸若干张。

仪器：抄纸盆（每组1个），搅拌棒（每组1个），电动搅拌器（或果汁机），A4抄纸框（每人1个），速干毛巾（每组2条），麦秸秆勺（每组1个），200mL烧杯（每组1个）。

【实验步骤】

（1）将废纸撕碎，放入水槽中。加入适量温水，充分浸泡。

（2）使用电动搅拌器（或果汁机）将纸张充分搅拌至糊状。

（3）将糊状纸浆和水按着一定比例加入抄纸盆中：纸浆（   ）mL、水（   ）mL，借助抄纸框和勺子进行抄纸。

（4）将抄纸框中的纸倒扣在一条毛巾上，铺平，将另一条毛巾盖在上面，使用重物碾压，尽量吸干水分，或者用吹风机吹干。

（5）将得到的再生纸浆充分晾晒，就得到了一张再生纸。

【观察分析】

将得到的再生纸与我们日常用的笔记本纸张进行对比，有哪些不同？是哪些原因造成的？有没有优化措施？

4. 白度优化学案

再生纸白度优化

组号_____组长_____组员_____

（1）阅读文献资料，回答下列问题。

1）问题1：油墨的性质、成分与固化机理有哪些？

2）问题2：脱墨的原理及方式有哪些？

3）问题3：常用的脱墨化学药品及作用有哪些？

4）问题4：本小组选定的脱墨方式、药品种类及药品用量分别是什么？

（2）小组分工合作，对本小组调查结果通过PPT进行分享，限时10分钟。

2.10.8 终结性评价方案

评价方式：小组评价，组间评价，教师评价。
评价工具：小组评价见表2-105，组间评价和教师评价见表2-106。
评价结果呈现方式：等级（分数）评价。

表2-105 小组评价表

1.你在完成这个项目的过程中是否进行了仔细的研究？是否对数据进行了分析和解释？请给你自己在下列维度上的表现打分，5分表示最高分，1分表示在这个问题上还有待努力。 （1）在规定的时间里，我充分地研究了这个主题。 （2）我的研究步骤是很清晰的。 （3）我和我的伙伴共同探讨并制订了研究方案。 （4）我能运用多种检索方式查找信息。 （5）我现在的研究成果是基于多种信息来源的。 （6）我通过采访相关人员获得了一手信息。 （7）我对我所收集的信息的可靠性进行了筛选。 （8）我觉得我所收集的信息是可以作为证据支撑我的观点的。 （9）我对我所收集的信息进行了汇总。 （10）我用适合的图表将我收集到的信息进行了整理和呈现。 （11）总体来说，我给我的成果打分是_____。

2.在完成这个项目的过程中是否考虑到了艺术审美？是否对你在项目完成过程中产生的各种文本、报告、最终的成果进行了美化，以吸引别人的注意？请给你自己在下列维度上的表现打分，5分表示最高分，1分表示在这个问题上还有待努力。
（1）我仔细考虑了我的作品的美观性。
（2）我对作品或报告的构图、组织是有仔细思考和调整的。
（3）我的作品所选择的材料或质地是与众不同、特别凸显主题的。
（4）我的作品或报告所用的颜色丰富且适合。
（5）我的作品或报告的用色是符合色彩搭配原则的。
（6）我的作品或报告最终呈现的效果是很引人注目的。
（7）总体来说，我给我的成果打分是_____。

学生签名：_____ 小组长签名：_____

第 2 章　与学科整合：适合初中开展的 STEM 项目课例设计

表 2-106　组间评价和教师评价表

评价内容	评价标准 初级（1~4 分）	评价标准 中等（5~8 分）	评价标准 优秀（9~10 分）	组间评价	教师评价
专注与坚持	不专注，总是东张西望，经常分心 表现出退缩、消极甚至抗拒等，只按要求被动地做，依赖性强 常常以"我不会""不知道"等理由放弃不做。坚持性差，遇到困难、干扰需要教师大量的鼓励、引导才能勉强继续下去	大多数时候能保持专注的态度，即使外部出现一些干扰，也只需稍加提醒，就能较快地静下心来 不太积极主动，但是能按要求去做，完成项目 在遇到困难时，试图克服困难，但是努力时间短，在有其他干扰的情况下很快会放弃	全程都保持非常专注、投入的状态，基本不受外部影响 面对任务跃跃欲试，热情投入并完成全部任务。有问题能主动提出来 遇到困难或不会做的题目坚持尝试解决，努力战胜困难，一直到成功。当没有成功而教师要求终止时，仍想再继续		
工具与使用	几乎不了解各类工具的主要用途和使用方法 不能根据情境选用适合的工具 在遇到问题时，不能用其他工具作为合理替代	对主要工具的主要用途和使用方法有基本的了解，能够在教师的指导下进行操作 在教师的指导下，根据不同的情境要求，能够确定不同类型工具的合理性和优先性 在遇到问题时，能够在教师的提醒下用其他工具作为合理替代	几乎对所有工具的各种用途和使用方法有深入的了解，不仅能独立进行操作，而且能指导其他同伴进行操作 根据不同的情境要求，在经过自己的尝试后，能够确定不同类型工具的合理性和优先性 在遇到问题时，能够主动选用其他工具作为合理替代，并能分析出不同类型工具的优缺点		
展示汇报	没有组织自己的观点，或者组织得很乱 表达不连贯，有很多停顿 所用的表达对观众来说不适合 没有运用修辞策略	以富有逻辑的方式组织观点并能流畅地表达观点，使用正式的语调，对观众来说是适合的修辞	观点组织得非常流畅，以至于让人看不到组织的痕迹 以非常自然和得体的方式进行报告 运用让人印象深刻的、富有创造性的方式进行报告		
材料递交	上交材料不完整	上交材料基本完整	上交材料完整		
创新性	设计方案和设计图几乎没有新的创造	设计方案和设计图有亮点	设计方案和设计图内容完整清晰，角度新颖，具有科学性		
工程实践	未实现局部工程实践	成功进行 1 处局部工程实践	成功完成 2 处以上局部工程实践		
学科知识	在需要调动学科基本知识储备时，基本不能迁移应用	在需要调动学科基本知识储备时，基本可以迁移应用	在需要调动学科基本知识储备时，完全可以迁移应用		
学习成效	学习效果不明显，收获较小	有一定的学习效果，从项目中有所收获	有显著的学习效果，有真实的学习收获，表现突出，成果显著		
数据提取与分析	不能提取关键信息，对数据的分析解释缺乏科学性，不能迁移应用	能找到关键数据，对数据分析不彻底，可部分迁移应用	能找到关键数据，并对数据进行分析，进行科学的解释以及迁移应用		
总分					

2.10.9 课例实施建议与反思

1. 实施建议

（1）课前列出知识素养清单，如图 2-102 所示。

核心知识点	项目难点	素养发展点

图 2-102 知识素养清单

（2）寻找或编写贴近学生生活的真实情境，要具有真实性、限定性、挑战性、实践性、趣味性，有现实意义。

（3）逻辑思路要清晰，先确定核心任务——完成核心任务要通过哪些阶段任务来实现——学生完成阶段任务的学习目标有哪些——为每一项学习目标设置一个驱动问题——为不同的目标问题设置内容问题——为内容问题设计教学活动、规划课时。

（4）尽可能联系到再生纸工厂、高校等资源，以提供真实情境下的技术支持。

2. 课后反思

本课程将学习与大任务、大问题挂钩，使学生投入到问题中去。设计真实性任务，小组合作探究，不断地发现问题并解决问题，激发和支持了学生高阶思维的发展。多元的评价方式，注重并促进了学生素养的全面发展。

本课程来源于生活，在解决问题的过程中，需要给予学生更多动手与试错的机会，让学生真正体会到主人翁的身份，并积极投入到这一角色中去，以真实身份去解决真实问题，使学习更贴近于现实。

2.10.10 专家点评

课例选题既贴近学生生活实际，又带有一定挑战性，能够激发学生的探究兴趣，同时强调构建学生"人—社会—自然"的认识，能够明确、有效落实核心素养中必备品格的培养。课例的问题链设计得当，提供了科学思维、工程思维、数学思维以及设计思维的基本范式，并在教学活动设计过程中，设计了区分工厂造纸和实验室造纸、厚度与白度的实验探究、产品设计、设置招投标等环节，基于任务还原了真实情境，有效帮助学生进行高阶思维的建构与发展。课例可进一步基于三维目标提炼核心素养导向下的学习目标，并对课时评价开展进一步探索与完善。

中国教育科学研究院比较教育研究所博士后　袁野

第 2 章　与学科整合：适合初中开展的 STEM 项目课例设计

2.11　课例 11：人脸跟随

主要涉及学科：数学、物理，信息科技，机械工程。

课例提供团队：哈尔滨工业大学附属中学校夏丛立、马胜强，哈工科教机器人科技有限公司俞忠达。

2.11.1　课例的背景、情境及学习目标

1.课例背景

智慧城市是新一代信息技术支撑、知识社会创新 2.0 环境下的城市形态，通过新一代信息技术支撑来实现全面透彻感知、宽带泛在互联、智能融合应用。智能视频监控作为未来智慧城市的重要组成，它融合了图像处理、行为识别等多项技术，实现实时的人、物、场景识别，有效地解决了制约城市发展的一系列问题。

2.课例情境

人脸识别追踪系统作为一种有效的安防管理方式，为社区、企业、院校等众多场所提供了重要的安全保障。随着深度学习、大数据等新技术的发展，人脸识别的效果在某些条件下，已经超越人眼识别的效果。因此，人脸识别技术在视频监控领域应用也成了可能。

3.学习目标

具体的学习目标见表 2-107。

表 2-107　学习目标

认知层次	认知内容
记忆	（1）视觉灵巧手的简介和使用介绍 （2）视觉灵巧手的控制原理及编程控制
理解	（1）了解视觉灵巧手的控制原理，建立对视觉灵巧手的初步认识 （2）了解视觉识别原理，梳理人脸跟随控制的基础逻辑
应用	（1）利用视觉灵巧手实现机械手的简易控制，实现不同动作 （2）利用视觉灵巧手实现人脸跟随
分析	（1）能通过资料查阅、提问、讨论等方式，确定整体方案设计，明确重难点 （2）能通过项目实施过程中遇到的问题，分析和推理问题原因
评价	（1）对项目整体设计有评估和反思的意识 （2）能从他人的评价中吸取经验教训
创造	（1）通过分析、设计、验证、实践，搭建出人脸跟随系统 （2）通过编程控制，实现人脸跟随控制

2.11.2　课例实施的环境和硬件要求

1. 实施环境

最好是专用教室，如果没有也可以用普通教室改建，可根据实际情况和任务安排调整教室的布局。

2. 硬件要求

笔记本电脑（每组至少1台），"哈工科教"人工智能设备（每组1台），电源、插线板、鼠标、键盘若干。

2.11.3　课例适合的学段

1. 适合的学段

七年级和八年级。

2. 学生已有知识、经验、技能基础情况

计算机基础操作技能，一定的图形化编程能力。

3. 学生学习过程中可能遇到的困难

资料查阅：如何甄别众多信息中有价值的信息？

编程控制：能否成功实现视觉识别与机械手的联动控制？

2.11.4　核心挑战性任务及拆解

1. 挑战性任务

（1）核心任务：视觉灵巧手，如何实现人脸跟随自动控制系统？

（2）核心问题：

①如何单独控制机械手？

②如何利用视觉识别人脸？

③如何实现人脸跟随自动控制系统？

2. 任务拆解描述。

任务拆解，见表2-108。

表2-108　任务拆解表

核心挑战性任务	拆解后的子目标	子任务	阶段性成果
视觉灵巧手，如何实现人脸跟随自动控制系统	基础知识储备	（1）设备使用学习 （2）视觉识别设计	（1）学习笔记 （2）思维导图
	人脸跟随设计	（1）人脸跟随设计 （2）阶段成果展示	（1）人脸跟随控制系统 （2）过程笔记、项目日志 （3）项目展示PPT

第 2 章 与学科整合：适合初中开展的 STEM 项目课例设计　　255

（续）

核心挑战性任务	拆解后的子目标	子任务	阶段性成果
视觉灵巧手，如何实现人脸跟随自动控制系统	知识扩展总结	（1）视觉识别扩展 （2）总结交流汇总	（1）学习笔记 （2）反思日志、优化方案 （3）总结记录表

2.11.5　分课时的教学进度规划

分课时的教学进度规划见表 2-109。

表 2-109　教学进度规划表

主题	具体内容	课时数
设备使用学习	（1）了解视觉灵巧手的基本构成 （2）掌握视觉灵巧手的基础知识 （3）学习视觉灵巧手的简易编程	1
视觉识别设计	（1）了解设备视觉识别原理 （2）学习视觉识别编程设计	1
人脸跟随设计	（1）视觉识别数据处理及使用 （2）视觉识别与机械手控制	1
阶段成果展示	（1）人脸跟随设计展示 （2）设计反思回顾	1
视觉识别扩展	（1）视觉识别知识扩充讲解 （2）视觉模块使用操作	1
总结交流汇总	（1）交流项目探究的全过程 （2）相互评价并给予有效反馈 （3）交流优化、迭代项目的新思路	1

2.11.6　分课时的教学设计

【第 1 次课】

★ 主题名称

设备使用学习

★ 学习目标

（1）了解视觉灵巧手的基本构成。

（2）掌握视觉灵巧手的基础知识。

（3）学习视觉灵巧手的简易编程。

★ 核心问题

掌握视觉灵巧手的基础使用。

★ 评价方案

评价方式：小组评价，教师评价。

评价工具：评价量表（表 2-110）。

评价结果呈现方式：等级（评分）评价。

表 2-110　评价量表（一）

评价内容	赋分	小组评价	教师评价
基础知识的掌握度	0~10 分		
基础使用的熟练度	0~10 分		
简易编程的完成度	0~10 分		
总评			

★ 本课的重点、难点

视觉灵巧手编程。

★ 学习活动设计

任务 1　学习小组的团队组建

环节一：快速分组
（1）学生自行分组（本班学生）。
（2）教师随机分组（非本班学生）（数数随机分组）。

教的活动 1	学的活动 1
假设分 3 组，老师依次重复数 1、2、3 三个数字，被数到数字 1 的学生为第 1 组，被数到数字 2 的学生为第 2 组，被数到数字 3 的学生为第 3 组。	根据数数情况，快速组成小组。

设计意图
快速有序地划分小组，为后续小组活动做准备。

环节二：小组团建

教的活动 2	学的活动 2
发布团建任务，引导各小组自我介绍、角色分工并做汇报。 汇报内容需包括：小组组名、LOGO、口号、组员简介，主题为智能机械手。	（1）自我介绍：完成小组自我介绍。 （2）小组分工：组长、记录员、汇报员。 （3）汇报展示：由汇报员进行汇报展示。

设计意图
通过小组团建和回顾反思，培养团队合作、沟通、交流等能力；通过结构化语言训练，培养学生的倾听、表达、评价等通用素养。

任务 2　视觉灵巧手的基础使用

环节一：情境引入

教的活动 3	学的活动 3
提问：同学们想一想机械手都有哪些应用场景？ 工业：汽车、电子配件加工和搬运。 农业：采摘、收割、搬运。 服务业：搬运、精细工作。 其他：家用、军用、医用、极限作业。	**头脑风暴**：思考生活中的哪些场景能运用到机械手（不受现实局限）。

第 2 章　与学科整合：适合初中开展的 STEM 项目课例设计

设计意图
了解机械手的形态不仅仅局限于某一种形态或某一种应用领域。

环节二：基础讲解

教的活动 4	学的活动 4
内容讲解：机械手的定义、构成及分类。 机械手是一种能模仿人手的某些动作功能，用以按固定程序抓取、搬运物件或操作工具的自动操作装置。 机械手主要由执行机构、驱动机构和控制系统三大部分组成。 机械手可按机械传动和应用场景分类。 人手的自由度如图 2-103 所示。 **编程讲解**：基础编程语句讲解；机械手编程语句讲解，如图 2-104 所示。 **布置任务**：利用图形化编程实现机械手手势的切换。	**课堂记录**：机械手的构成；自由度区分；视觉灵巧手图形化编程。 **编程界面**：功能区划分与熟悉，如图 2-105 所示。 **实践操作**：机械手简易编程实现手势变化，如图 2-106 所示。

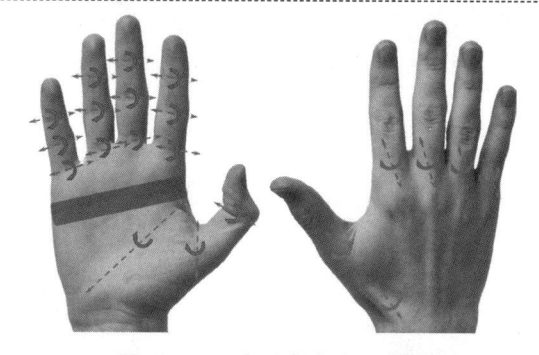

图 2-103　人手自由度示意图

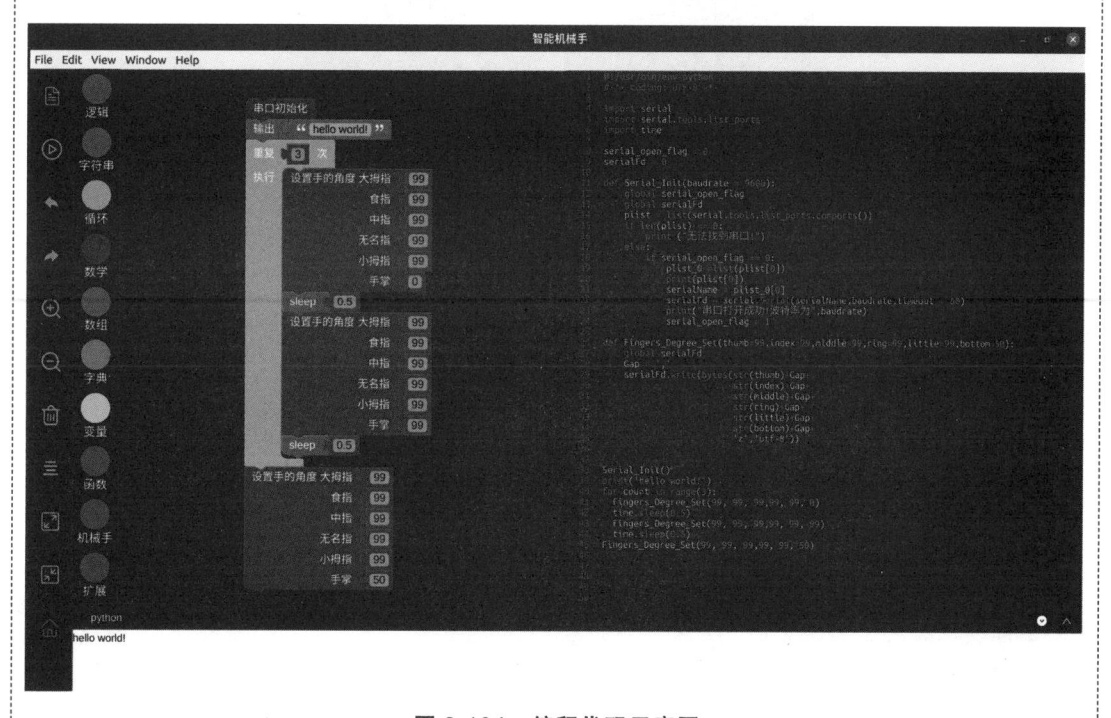

图 2-104　编程代码示意图

图 2-105　编程界面示意图

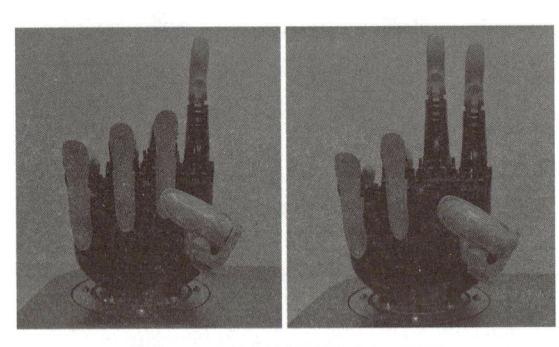

图 2-106　机械手手势示意图

设计意图

了解机械手的基础知识和视觉灵巧手的编程控制。

【第 2 次课】

★ **主题名称**

视觉识别设计

★ **学习目标**

（1）了解设备视觉识别原理。

（2）学习视觉识别编程设计。

★ **核心问题**

掌握视觉灵巧手的视觉识别。

★ **评价方案**

评价方式：小组评价，教师评价。

第 2 章　与学科整合：适合初中开展的 STEM 项目课例设计

评价工具：评价量表（表 2-111）。

评价结果呈现方式：等级（评分）评价。

表 2-111　评价量表（二）

评价内容	赋分	小组评价	教师评价
基础知识的掌握度	0~10 分		
基础使用的熟练度	0~10 分		
简易编程的完成度	0~10 分		
总分			

★ 本课的重点、难点

视觉识别编程设计。

★ 学习活动设计

✎ 任务 1　视觉识别基础

环节一：情境引入

教的活动 1	学的活动 1
提问：同学们想一想视觉识别都有哪些应用场景？ 视觉识别分为多个研究领域：图像分类、目标检测、语义分割等，如图 2-107 所示。	**头脑风暴**：思考生活中哪些场景能运用到视觉识别（不受现实局限）。

图 2-107　视觉识别应用场景

设计意图

了解视觉识别的多种实际用途和应用领域

环节二：基础讲解

教的活动 2	学的活动 2
内容讲解：在线视觉识别原理如图 2-108 所示。 API 接口基础讲解：API 是一套协议，规定了我们与外界的沟通方式——如何发送请求和接收响应。就好像电灯是一个模块，电网是一个模块，想要电灯亮，就要连接电灯和电网。电灯和电网间需要一个接口，把电灯与接口连接，通电就可以用，这里的接口就是 API。	**课堂记录**：在线视觉识别原理。 API 接口如图 2-109 所示。

图 2-108　在线视觉识别原理 　　　　图 2-109　API 接口示意图

设计意图
了解在线视觉识别原理和 API 接口。

✏ 任务 2　视觉识别编程设计

环节一：编程讲解

教的活动 3	学的活动 3
内容讲解：人脸识别的原理。 人脸识别主要分为人脸检测、特征提取和人脸识别 3 个过程，视觉识别编程示例如图 2-110 所示。	**课堂记录**：视觉识别编程思路，视觉识别返回图像信息，如图 2-111 所示。

图 2-110　视觉识别编程示例

```
{
    "log_id": 4466502370458351471,
    "result_num": 1,
    "result": [{
        "probability": 0.9844077229499817,
        "top": 20,
        "height": 156,
        "classname": "Face",
        "width": 116,
        "left": 173
    }]
}
```

图 2-111　视觉识别返回图像信息

设计意图
了解视觉识别编程设计思路和视觉识别返回图像信息。

第 2 章　与学科整合：适合初中开展的 STEM 项目课例设计

环节二：数据处理

教的活动 4	学的活动 4
内容讲解：视觉识别返回数据讲解，如图 2-112 所示。 **编程讲解**：人脸识别编程示例如图 2-113 所示。 **布置任务**：利用图形化编程实现人脸识别。	**课堂记录**：视觉识别返回数据构成，数据处理思路。 **编程实践**：利用图形化编程实现人脸识别，如图 2-114 所示。

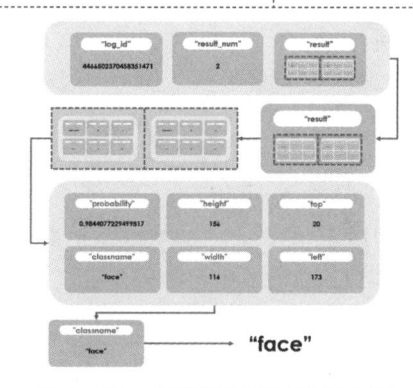

图 2-112　视觉识别返回数据分析

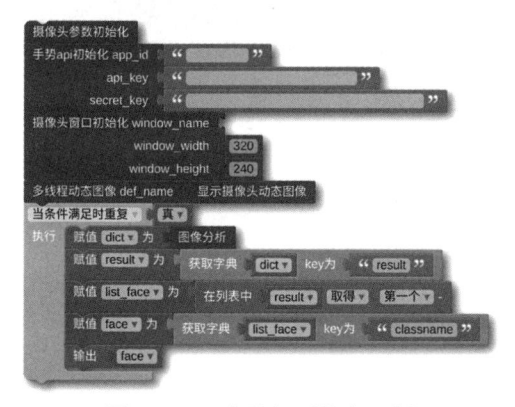

图 2-113　人脸识别编程示例

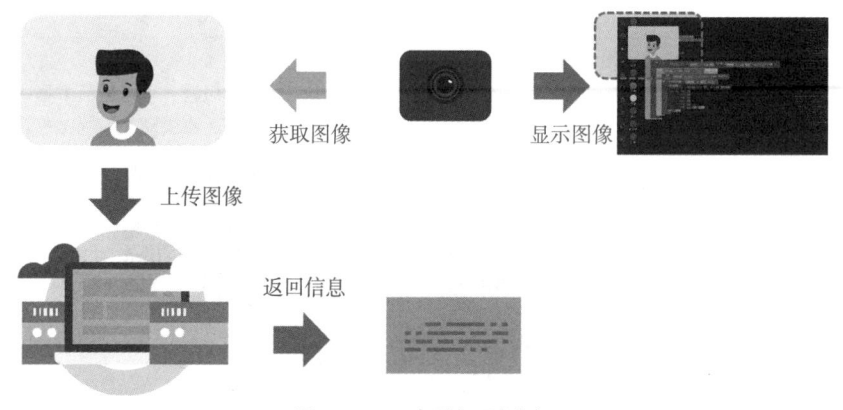

图 2-114　人脸识别流程

设计意图

利用编程实现视觉灵巧手的人脸识别。

【第3次课】

★ 主题名称

人脸跟随设计

★ 学习目标

（1）视觉识别数据处理。

（2）视觉识别与机械手控制。

★ 核心问题

掌握视觉识别数据及使用。

★ 评价方案

评价方式：小组评价，教师评价。

评价工具：评价量表（表2-112）。

评价结果呈现方式：等级（评分）评价。

表2-112 评价量表（三）

评价内容	赋分	小组评价	教师评价
基础知识的掌握度	0~10分		
基础使用的熟练度	0~10分		
简易编程的完成度	0~10分		
总分			

★ 本课的重点、难点

视觉识别编程设计。

★ 学习活动设计

任务1 人脸跟随基础

环节一：情境引入

教的活动1	学的活动1
提问：同学们想一想人脸跟随都有哪些应用场景？ 人脸跟随已经出现在生活中的方方面面，如图2-115所示。	头脑风暴：思考生活中哪些场景能运用到人脸跟随（不受现实局限）。

图2-115 人脸跟随应用场景

设计意图

了解人脸跟随的多种实际用途和应用领域。

第 2 章　与学科整合：适合初中开展的 STEM 项目课例设计

环节二：基础讲解

教的活动 2
　　内容讲解：人脸跟随原理如图 2-116 所示；图像分析返回数据讲解如图 2-117 所示。

学的活动 2
　　课堂记录：人脸跟随原理，视觉返回数据。

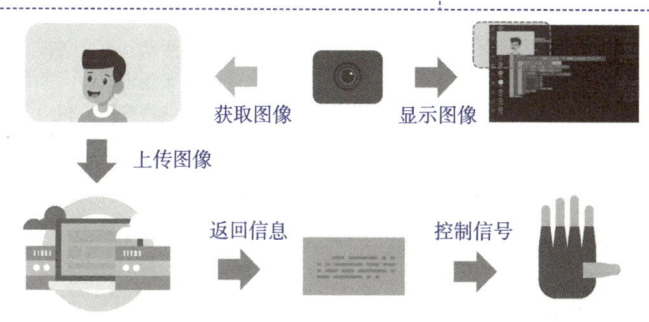

图 2-116　人脸跟随原理

图 2-117　图像分析返回数据

设计意图
　　了解人脸跟随原理和图像分析数据组成。

任务 2　人脸跟随编程设计

环节一：编程讲解

教的活动 3
　　内容讲解：人脸跟随的技术实现。
　　人脸跟随主要分为人脸识别、数据处理和跟随控制 3 个过程。
　　跟随控制编程示例：人脸数据、位置数据映射机械手角度数据，如图 2-118 所示。

学的活动 3
　　课堂记录：人脸跟随编程技术思路，跟随控制学习，如图 2-119 所示。

图 2-118　人脸跟随控制代码

图 2-119　人脸跟随示意图

设计意图

掌握人脸跟随编程技术思路和视觉识别返回图像信息处理。

环节二：人脸跟随实现

教的活动 4	学的活动 4
内容讲解：人脸跟随程序示例，如图 2-120 所示。 布置任务：利用图形化编程实现人脸跟随。	课堂记录：人脸跟随程序思路。 编程实践：利用图形化编程实现人脸跟随。

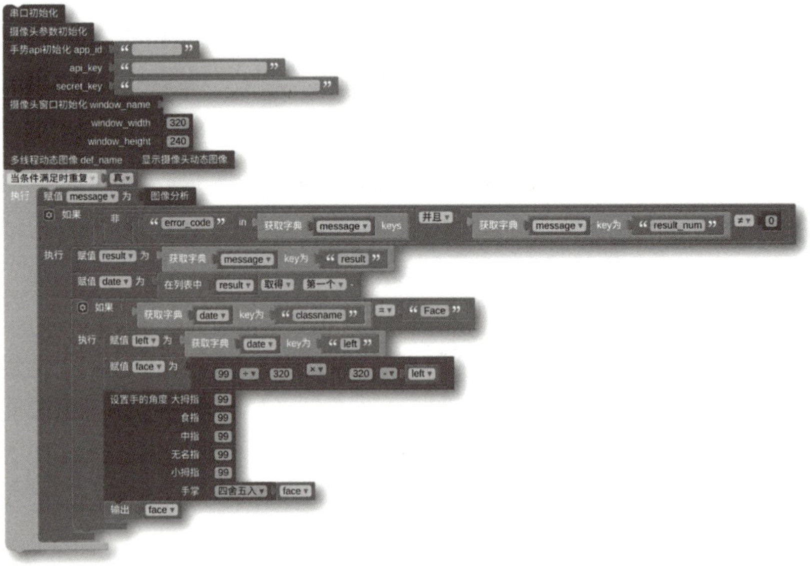

图 2-120　人脸跟随程序示例

设计意图

利用编程实现视觉灵巧手的人脸跟随。

【第 4 次课】

★ 主题名称

阶段成果展示

★ 学习目标

（1）项目整体思路交流梳理。

（2）人脸跟随设计展示。

★ 核心问题

人脸跟随设计展示。

★ 评价方案

评价方式：小组评价，教师评价。

评价工具：评价量表（表 2-113）。

评价结果呈现方式：等级（评分）评价。

第 2 章　与学科整合：适合初中开展的 STEM 项目课例设计

表 2-113　评价量表（四）

评价内容	赋分	小组评价	教师评价
基础知识的掌握度	0~10 分		
基础使用的熟练度	0~10 分		
人脸跟随的完成度	0~10 分		
总分			

★ 本课的重点、难点

人脸跟随设计展示。

★ 学习活动设计

✎ 任务 1　人脸跟随设计展示

环节一：小组展示

教的活动 1	学的活动 1
整体回顾： 项目核心任务，拆解后的子任务，问题回顾。 **展示交流：** 每个小组按分工、方案设计、方案验证及项目实施、项目优化等过程中遇到的问题和解决办法，进行展示交流。 **组间互评：** 听取其他小组的展示汇报，提出个人的意见。	**项目梳理：** 梳理项目设计思路。 **汇报展示：** 分组上台进行展示汇报，讲解项目的实现过程。 **组间互评：** 听取其他小组的展示汇报，提出个人的意见。

设计意图

（1）回顾整个项目，对项目有一个较为清晰的思路。

（2）通过展示交流，提升学生的表达能力。

（3）通过组间互评，提升学生的倾听能力，激发学生思考，培养批判性思维。

✎ 任务 2　设计反思回顾

环节二：回顾反思

教的活动 2	学的活动 2
提问： 项目实现过程中遇到了哪些问题？是如何解决问题的？项目是否还有需要改进的地方？ **交流：** 各小组间提出各自的优化设想，不局限于当下设备，也可以是其他形式的。	**问题梳理：** 梳理项目进度中遇到的问题，并结合其他小组的意见，进行讨论，提炼观点。 **互相讨论：** 分享本小组提炼的优化设计和值得反思的地方。

设计意图

（1）通过回顾反思，让学生明白提升项目要有不断优化迭代的意识，才能提升自身的工程思维能力。

（2）通过组间互评，听取有效意见，引导学生虚心、辩证地看待他人意见，有利于促进审辩式思维的发展。

【第 5 次课】

★ 主题名称

视觉识别扩展

★ 学习目标

（1）视觉识别知识扩充讲解。

（2）视觉模块使用操作。

★ 核心问题

视觉识别模块使用。

★ 评价方案

评价方式：小组评价，教师评价。

评价工具：评价量表（表 2-114）。

评价结果呈现方式：等级（评分）评价。

表 2-114　评价量表（五）

评价内容	赋分	小组评价	教师评价
基础知识的掌握度	0~10 分		
基础使用的熟练度	0~10 分		
视觉识别的完成度	0~10 分		
总分			

★ 本课的重点、难点

视觉识别模块使用。

★ 学习活动设计

任务 1　视觉识别扩充

环节一：知识扩充

教的活动 1	学的活动 1
颜色识别：颜色识别可通过判断某一区域内像素的 L、A、B 的众数统计数据来确定。颜色阈值识别可通过统计某一区域范围内 L、A、B 的最大值和最小值来确定，最后输入各项数据，如图 2-121 所示。 **条码识别**：条码识别是通过摄像头采集等待识别条码图片，对图像进行预处理；通过检测条码边缘轮廓，识别出对应条码信息；通过绘图函数对已识别出的条码进行画框标记，并对其做出简单的指向信息，从而控制设备实现相关指令，如图 2-122 所示。 **人脸识别**：人脸识别是基于人的面部特征信息进行身份识别的一种生物识别技术。使用摄像头或者摄像机采集含有人脸的图像或视频，自动检测图像信息和跟踪人脸，对检测到的人脸进行脸部的一系列相关分析技术，如图 2-123 所示。	**学习记录**：颜色识别、条码识别、人脸识别。

图 2-121　颜色识别示意图　　图 2-122　条码识别示意图　　图 2-123　人脸识别示意图

设计意图

了解视觉识别的一些基本方法。

环节二：示例展示

教的活动 2	学的活动 2
视觉识别示例展示：如图 2-124 所示。	**学习记录**：色块识别、轮廓识别、条码识别。

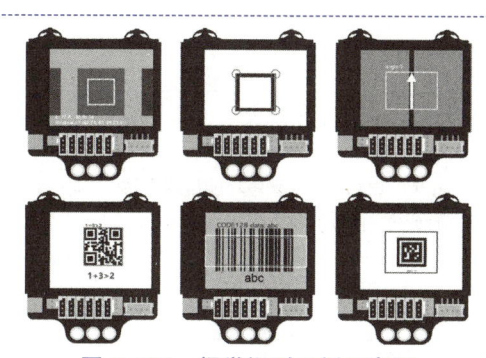

第 2 章 与学科整合：适合初中开展的 STEM 项目课例设计

图 2-124 视觉识别示例示意图

设计意图

了解本地视觉识别的多种运用。

任务 2 视觉模块使用操作

环节一：基础使用

教的活动 3	学的活动 3
内容讲解：视觉模块的基础使用和操作如图 2-125 所示。 **演示示例**：色块识别演示如图 2-126 所示。 **布置任务**：利用调整视觉模块，读取颜色阈值，实现对应色块识别。	**随堂学习**：学习视觉模块的基础使用和操作。 **基础操作**：框选区域调节、补光灯调节、阈值读取、视觉模块状态切换。 **完成任务**：实现对应色块识别，熟练掌握视觉模块识别色块操作，如图 2-127 所示。

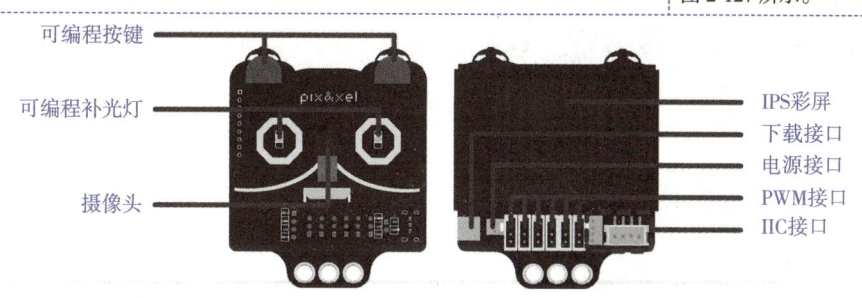

图 2-125 视觉模块组成示意图

图 2-126 色块识别演示示意图　　图 2-127 色块识别示意图

设计意图
学习视觉识别原理,掌握视觉模块的使用。

环节二:编程设计

教的活动 4	学的活动 4
内容讲解:程序烧录操作讲解,如图 2-128 所示;程序功能说明讲解。 **布置任务**:烧录人脸识别程序,并进行验证操作。	**课堂记录**:视觉模块程序烧录操作。 **完成任务**:完成人脸识别程序烧录并验证,如图 2-129 所示。

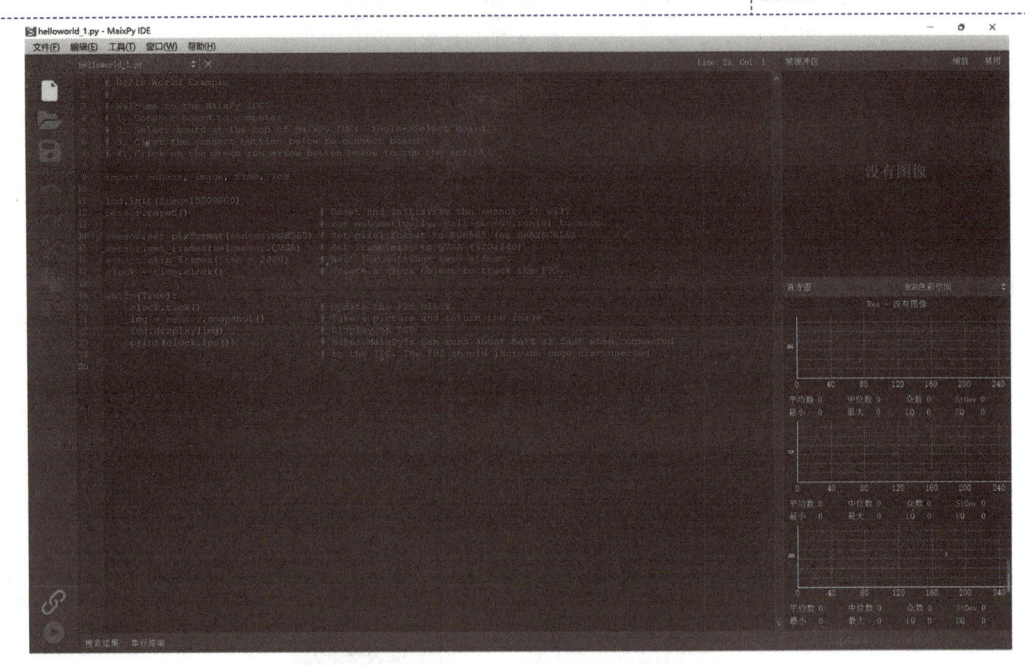

图 2-128 代码编程界面示意

图 2-129 视觉模块连接示意图

设计意图
了解本地视觉识别的基本操作和模块使用。

【第 6 次课】

★ **主题名称**
总结交流汇总

★ **学习目标**
(1)交流项目探究的全过程。

第2章　与学科整合：适合初中开展的STEM项目课例设计

（2）相互评价并给予有效反馈。
（3）交流优化、迭代项目的新思路。

★ 核心问题

项目学习复盘交流。

★ 评价方案

评价方式：小组评价，教师评价。

评价工具：评价量表（表2-115）。

评价结果呈现方式：等级（评分）评价。

表2-115　评价量表（六）

评价内容	赋分	小组评价	教师评价
基础知识的掌握度	0~10分		
项目理解的完整度	0~10分		
复盘交流的积极度	0~10分		
总分			

★ 本课的重点、难点

项目总结复盘。

★ 学习活动设计

✎ 任务1　项目总结复盘

环节一：总结复盘

教的活动1	学的活动1
提问：完成一个人脸跟随设计需要哪些步骤？需要哪些知识？完成过程中遇到了哪些问题？ **总结**：系统梳理整个项目的解决过程，如何开展一个项目？如何拆解子任务以及项目实现的基本流程是什么？	**问题梳理**：梳理教师的提问，并结合其他小组的意见，进行讨论，提炼观点。

设计意图
（1）通过回顾整个项目的解决过程，总结问题解决的一般逻辑。
（2）通过整体总结，促使学生迁移应用，提升解决问题的能力。

✎ 任务2　项目思路交流

环节二：思路交流

教的活动2	学的活动2
提问：视觉灵巧手有哪些需要优化的地方？对视觉识别、机械手等的未来有什么设想？ **交流**：安排小组交流活动，每个小组提出本小组未来的设想。	**互相讨论**：提出自己的优化方案和未来的设想。

设计意图
通过讨论、交流碰撞出思维的火花，开阔学生的思路，激发学生想象力。

2.11.7 分课时的学案设计

头脑风暴

思考生活中哪些场景能运用到视觉识别？（不受现实局限）

头脑风暴

思考生活中哪些场景能运用到人脸跟随？（不受现实局限）

人脸跟随设计思路草图

视觉模块功能及使用操作记录

视觉识别功能记录：

视觉模块使用操作记录：

2.11.8 终结性评价量表

终结性评价量表见表 2-116。

表 2-116 终结性评价量表

评价内容	赋分	小组评价	组间评价	教师评价
团队分工明确，合作性强；项目过程管理规范，项目完成度高	0~10 分			
小组汇报内容详细，具备详细的过程记录和工程笔记	0~10 分			
对项目思考有一定的深度，能较有条理性地回应他人的提问与评价	0~10 分			
总分				

2.11.9 课例实施建议与反思

1. 实施建议

（1）明确整体学习路线。本项目以人脸识别跟随为核心挑战任务目标，依托人工智能设备，按照设备使用学习、视觉识别设计、人脸跟随设计、阶段成果展示、视觉识别扩展、总结交流汇总共 6 个学习主题，完成整个项目的学习，让学生体验从学习到模仿再到创造并提高的学习过程。

（2）组建团队项目学习。教学过程以学生为中心，教师为引导，团队组员互相协助，通过预设情境和提问，激发学生主观能动性。通过团队的交流和协作碰撞出更多的思维火花，并在必要基础知识的学习中，通过实践加深知识点的理解和掌握，在做中学，学中用，用中思，提升知识储备的同时开阔思路。教师作为引路人，根据课节主题和实际情况及时调整方向，避免部分团队因为思维过于活跃而偏离实际方向。

（3）提供多种学习资源。除了必要的课件和教案，可通过科普视频、参考示例、网络资源等多种学习资源丰富课堂内容。在每节课结束的时候，通过布置下节课的问题思考和学习资料，引导学生主动学习思考，并利用搜索引擎筛选所需的知识内容，便于下节课的开展。

（4）确保过程记录反思。在设备使用学习中做好学习笔记，便于后续使用时回顾和复习；在进行视觉识别设计和人脸跟随设计时，做好过程笔记和反思日志，用于总结项目整体流程和项目实施过程中的问题反思，便于后续的总结交流。

2. 课后反思

（1）由于设备数量的局限，导致课程暂时只在小班开放，后续可尝试依托于学生计算机和部分开源硬件设备构建项目，用于更多人次的班级应用。

（2）课程分别使用在线视觉识别和离线视觉识别两种方式。在线视觉识别采用图形化的编程方式，简化了视觉识别的实现，让学生着重关注于数据的处理和控制的实现；离线视觉识别采用纯代码的编程方式，具备更大的灵活性，但难度也随之提升，此项目仅让学生体验了一下程序的下载和模块的基础使用操作，后续可尝试更加丰富的应用。本项目仅仅对视觉识别进行了一些基础的学习和编程应用，并没有结合太多外部模块和设备进行更复杂的应用，所以还有很大的提升空间。

（3）本项目的团队协作细节和评价方案还有待完善，评价方案有点过于笼统，在实际实践以及学生评价中，不便于掌握学生对项目的理解。

2.11.10 专家点评

本课例基于智慧城市的时代背景，引出未来智慧城市人脸识别跟随系统的功能实现的必要性和重要性，从而吸引学生的探究欲望。以"视觉灵巧手"为载体，实现机械手的简易控制、识别人脸以及实现人脸跟随自动控制系统。教师引导学生从基础知识入手，再到知识的使用、简易编程的完成和数据的处理等，由浅入深地逐步实现智能控制的熟练操作以及功能的实现。课例结合软硬件设备，利用调整视觉模块实现人脸跟随，学生在循序渐进的课程节奏中提升了信息素养和数据素养等。

建议细化评价方案，每个环节和任务可以增设不同的评价量表，且评价量表的维度可以更加多元化，这样学生在执行任务时则会更具有参考性和方向性。

北京市海淀区教师进修学校创新教育研究中心 STEM 教研员　张乃新

2.12 课例 12：为杭州亚运会制作园林电子旅游宣传册

主要涉及学科：语文，美术，音乐，信息科技。
课例提供团队：浙江省杭州市保俶塔实验学校魏炜峰、刘慧芬。

2.12.1 课例的背景、情境及学习目标

1. 课例背景

"为杭州亚运会制作园林电子旅游宣传册"项目是 STEM 理念下，综合语文、美术、音乐、信息科技学科的说明文写作编写的项目式课程。

本项目基于以下三点选题。

（1）**课程的客观要求**。人教版《语文八年级上册》第五单元是说明文单元，相对应的写作要求是"说明事物要抓住特征"。由教材内容，我们对《义务教育语文课程标准（2022年版）》进行了研读，发现课标从观察生活、抓住事物特征、写作对象、条理清楚等角度对学生的说明文写作提出了要求。

（2）**学情的真实呼唤**。在选题之初，我们通过"写作＋问卷调查"两种方式对学生的说明文写作情况进行了摸排，发现学生的说明文写作存在着诸多漏洞，如图 2-130 和图 2-131 所示。

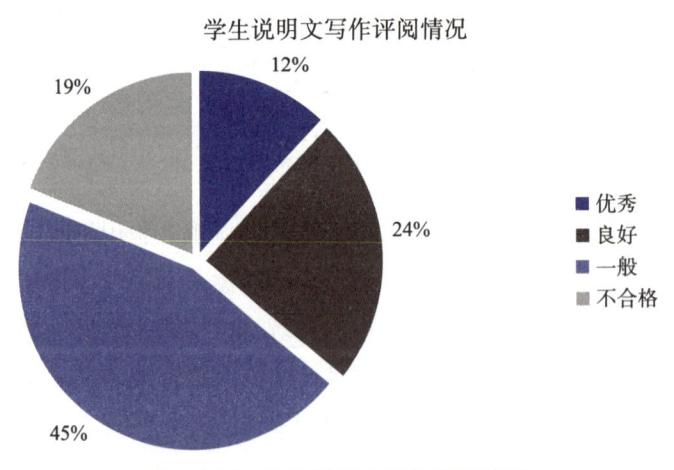

图 2-130 学生说明文写作评阅情况

第 2 章 与学科整合：适合初中开展的 STEM 项目课例设计

学情问卷调查统计

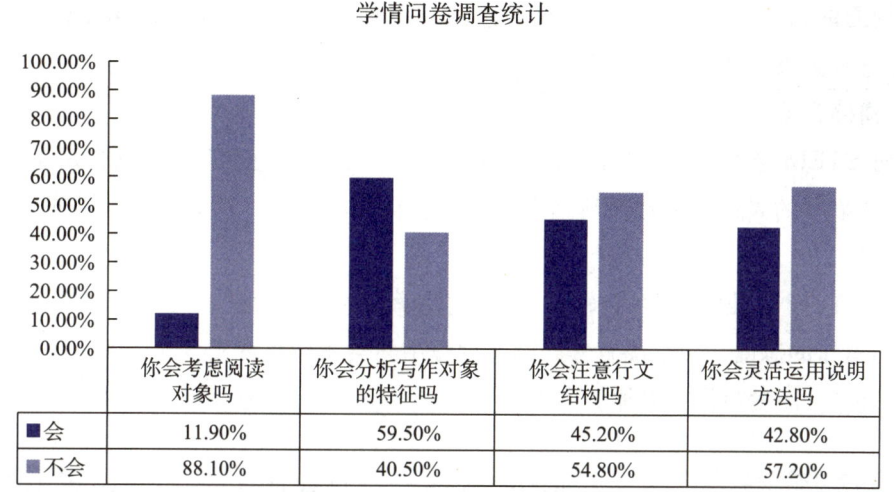

	你会考虑阅读对象吗	你会分析写作对象的特征吗	你会注意行文结构吗	你会灵活运用说明方法吗
会	11.90%	59.50%	45.20%	42.80%
不会	88.10%	40.50%	54.80%	57.20%

图 2-131 学情问卷调查统计

（3）**素养的迫切需要**。根据平时的教学经验，学生读得懂说明文，说得出说明文相关知识，甚至能很好地完成说明文的题目，却仍旧无法准确且生动地介绍生活中的事物。我们知道，素养是在不同情境中创造性地解决问题的能力，学生说得出知识，但无法在实际的情境中灵活应用，说明他们所获取的知识是零散而不成体系的，知识还未能转化为学生的"素养"。

2. 课例情境

本项目基于杭州第 19 届亚运会这一社会热点事件，以吸引亚运会期间到访的各国友人游览杭州园林为真实的问题情境，引发学生创造性和社会性实践。项目以"如何准确且生动地介绍事物"为核心概念，在八年级实施，历时 8 课时，要求学生制作出一份吸引人的杭州园林电子旅游宣传册。

学习情境：杭州第 19 届亚运会临近，为吸引亚运会期间的中外与会人员、游客游览杭州园林，杭州市园林局决定举办"杭州园林电子旅游宣传册"征集活动，并将该宣传册用于亚运旅游宣传。请你积极参与，为杭州园林打 call 吧！

驱动性问题：如何制作出一份吸引人游览杭州园林的电子旅游宣传册呢？

学习模式：跨学科的 STEM 学习。

3. 学习目标

（1）**知识目标**

掌握核心概念：理解介绍事物需在把握事物特征、明确阅读对象的前提之下，综合运用说明方法，准确组织语言文字，合理规划写作结构，能将其应用到说明文写作中。

（2）**能力和技能目标**

1）**写作能力**：能写出一篇规范的介绍事物的说明文。

2）**思维能力**：通过电子旅游宣传册制作中的"分析问题→设计脚本→进行创造→优化改进→反思总结"等过程，掌握设计制作的一般模式和方法。

3）**沟通能力**：能辩证地接受意见与建议，面对有说服力的证据时勇于改变自己的观点；养成与人交流、分享与协作的能力。

（3）**情感态度素养目标**

1）**对 STEM 学习的态度和价值观**：学生以主人翁的角色主动参与到杭州亚运会之中，并对其保持浓厚的兴趣；能够在活动中体会团队合作的优势，养成敢于试错的习惯和勇于探究的精神。

2）**对 STEM 专业和职业的兴趣**：初步构建学生的设计意识，发展设计思维。

3）**对写作的态度**：在解决真实问题的过程中体会写作在现实生活中的重要性，减少对写作的恐惧感，激发写作的兴趣。

2.12.2 课例实施的环境和硬件要求

1. 实施环境

专业教室的空间划分是 STEM 项目实施效果的重要影响因素之一。结合项目需要将教室空间区域进行划分，如图 2-132 所示。

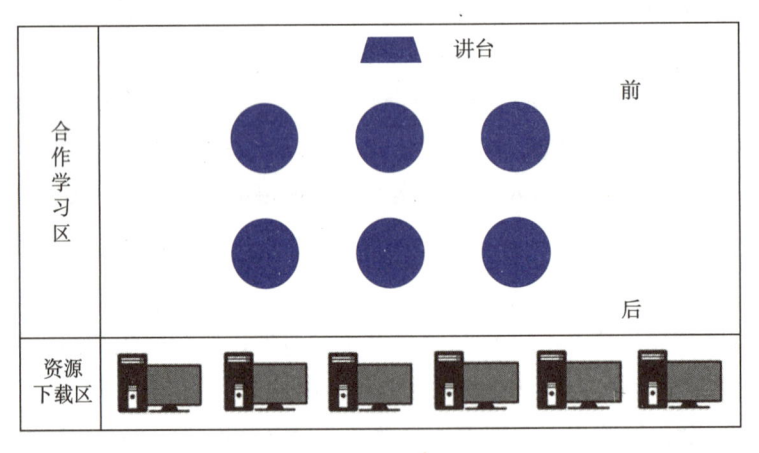

图 2-132 课程教室空间分布图

2. 硬件要求

根据课程需要，对所需工具统计如下（应根据实际情况进行调整）：联网计算机 6 台、平板电脑每位学生 1 台。

2.12.3 课例适合的学段

1. 适合的学段

八年级。

第 2 章　与学科整合：适合初中开展的 STEM 项目课例设计

2. 学生已有知识、经验、技能基础情况

学生对亚运会比较熟悉，具有主人翁的意识，对项目具有浓厚的探究兴趣。学生通过社会实践、家庭出游等方式，对杭州园林已经有所了解，但是还没有深入研究。

学生对说明文的相关知识已经有所了解，但只是"知其然"，未能达到"知其所以然"。学生对电子旅游宣传册的认识比较模糊，对设计制作电子旅游宣传册的流程尚不清楚。

3. 学生学习过程中可能遇到的困难

在本次跨学科 STEM 项目实施过程中，学生容易在以下环节遇到问题。

设计环节：园林核心特征关键词概括不准确。

制作环节：制作宣传册过程步骤不清晰。

2.12.4　核心挑战性任务及拆解

1. 挑战性任务

挑战性任务情境：杭州第 19 届亚运会临近，为吸引亚运会期间的中外与会人员、游客游览杭州园林，杭州市园林局决定举办"杭州园林电子旅游宣传册"征集活动，并将该宣传册用于亚运旅游宣传。请你积极参与，为杭州园林打 call 吧！

核心挑战任务：制作出一份吸引人的杭州园林电子旅游宣传册。

本课例项目实施包括 4 个环节、6 个步骤，如图 2-133 所示，任务拆解见表 2-117。

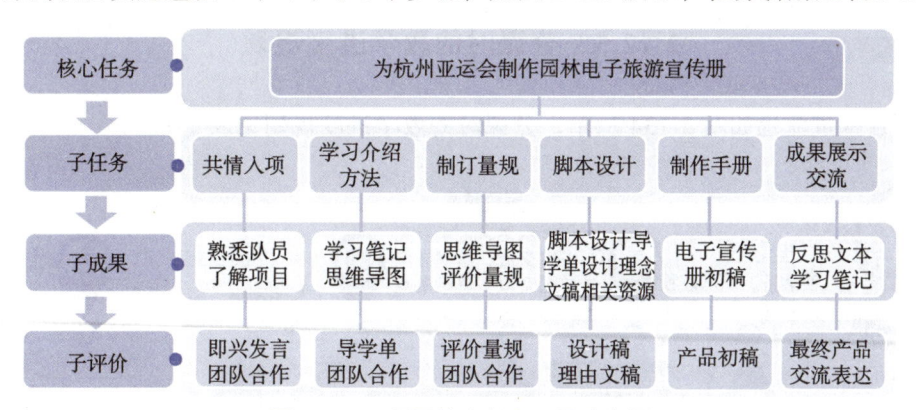

图 2-133　项目核心任务开展流程图

表 2-117　任务拆解表

核心挑战性任务	拆解后的子目标	子任务	阶段性成果
制作出一份吸引人的杭州园林电子旅游宣传册	阶段一：了解项目，开展小组建设	（1）了解亚运会，引发思考 （2）开展破冰活动 （3）明确项目需求，确定研究问题	（1）团队破冰 （2）认识项目
	阶段二：学习课文，理解介绍事物的基本方法	（1）研读《苏州园林》，学习介绍方法 （2）拓展思考江南园林的共同特征	（1）学习笔记 （2）思维导图

（续）

核心挑战性任务	拆解后的子目标	子任务	阶段性成果
制作出一份吸引人的杭州园林电子旅游宣传册	阶段三：研读示例，讨论宣传手册的评价量表	制订评价量表	（1）思维导图 （2）评价量表
	阶段四：依据量表，讨论宣传手册的设计脚本	（1）脚本设计，撰写设计理由 （2）下载图片、音乐等资源	（1）脚本设计导学单 （2）设计理念文稿 （3）相关资源
	阶段五：根据脚本，制作出电子宣传册初稿	制作出一份电子旅游宣传册	电子宣传册初稿
	阶段六：成果展示，反思迭代方向	（1）阐述亮点，现场答辩 （2）投票颁奖，完善"KWL工具单"	（1）反思文本 （2）学习笔记

2. 挑战性问题

（1）怎样介绍杭州园林才能吸引人？

（2）电子旅游宣传册有什么特点？

（3）设计旅游宣传册有哪些步骤？

（4）杭州有哪些园林，它们又有什么特点？

（5）在什么平台做，会用到什么资源？

2.12.5　分课时的教学进度规划

本项目推进流程如图 2-134 所示，分课时的教学进度规划见表 2-118。

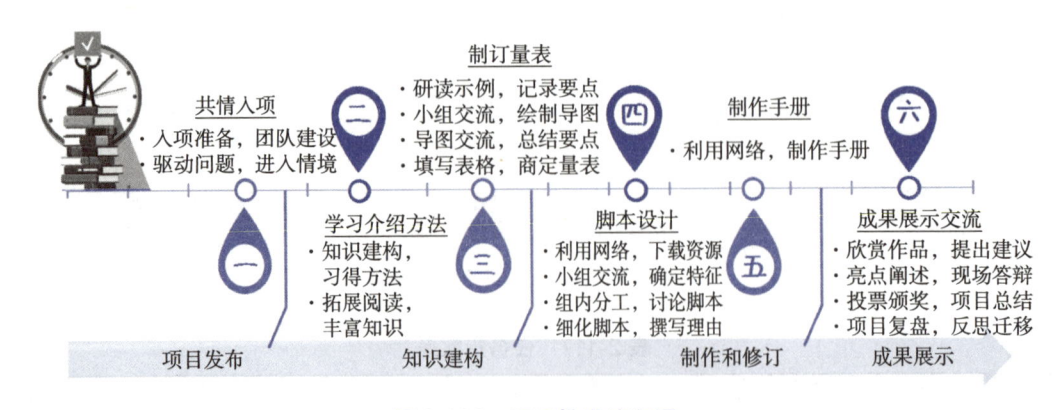

图 2-134　项目推进流程图

表 2-118　教学进度规划表

主题	具体内容	课时数
共情入项	观看相关视频，了解亚运会及杭州亚运会；组建小组，通过破冰团建活动促进了解；展示项目内容及过程性评价标准	1

第 2 章 与学科整合：适合初中开展的 STEM 项目课例设计

（续）

主题	具体内容	课时数
学习介绍方法	通过学习《苏州园林》一文，学习介绍事物的方法；拓展阅读其他同类文章，理解杭州（江南）园林的特点；头脑风暴杭州园林及其特点	1
制订量表	研究 3 个电子旅游宣传册示例，师生共同讨论出电子旅游宣传册的评价标准	1
脚本设计	小组内确定好要介绍的园林之后，讨论出该园林核心特征，设计脚本，下载资源，撰写设计理念	2
制作手册	分工制作手册	1
成果展示交流	欣赏各组作品；组员代表介绍本组亮点，进行组间答辩，各组反思作品，反思整个项目活动	1

课程设计框架如图 2-135 所示。

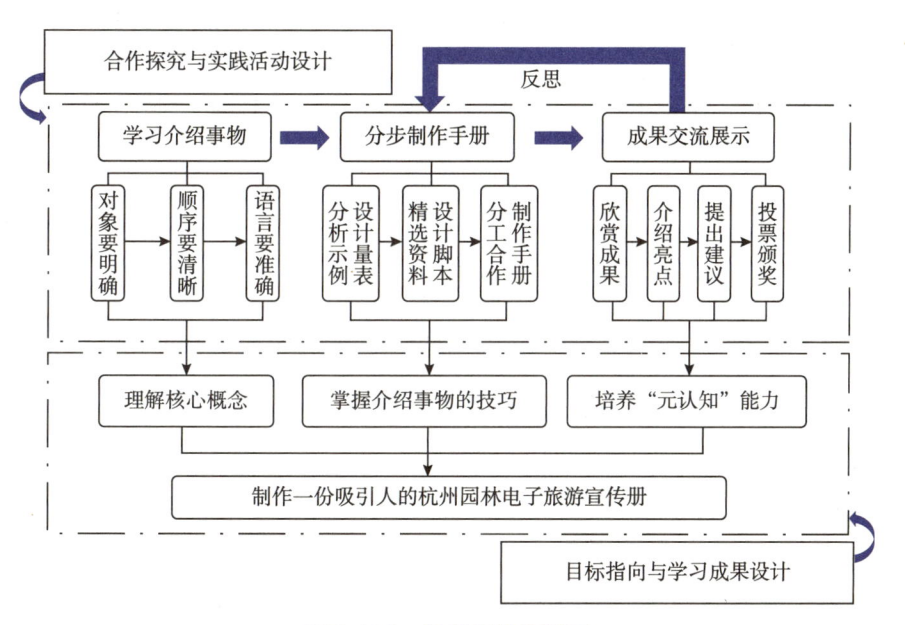

图 2-135　课程设计框架图

2.12.6　分课时的教学设计

【第 1 次课】

★ **主题名称**

共情入项

★ **学习目标**

（1）了解杭州园林、杭州亚运会概况。

（2）组建学习小组。

★ 核心问题

如何快速了解组员，形成团队意识？

★ 评价方案

评价方式：组内展示。

评价工具：观看视频记录单，团建游戏规则。

评价结果呈现方式：组内口头互评教师总结。

★ 本课的重点、难点

形成团队意识，理解项目要求。

★ 学习活动设计

教的活动	学的活动
任务一：播放视频"杭州亚运会官方宣传片"。	任务一：观看视频，了解亚运会，激发主人翁意识，并谈谈对亚运会的认识以及亚运会对杭州的重要意义。
任务二：组织不倒深林、气球运杯、传递乒乓球等团建游戏。	任务二：破冰行动中快速熟悉队员，培养团队默契，提升合作能力。
任务三：采用"同组异质，异组同质"原则划分为6个平行组；给出项目任务、目标和评价方案。	任务三：确定组长、组员、组名；接受核心任务，明确子任务和对应的任务目标及评价方案（具体内容见本课例2.12.8）
设计意图 此阶段的任务主要是激发学生的学习兴趣，帮助学生理解本项目需要达成的成果等。	

【第 2 次课】

★ 主题名称

学习介绍方法

★ 学习目标

（1）以《苏州园林》为例，学习如何准确地介绍园林。

（2）体悟江南园林的共性。

（3）头脑风暴，了解杭州园林及其特点。

★ 核心问题

介绍事物有哪些基本方法和原则？

★ 评价方案

评价方式：组内展示。

评价工具：《苏州园林》行文脉络，杭州园林特征思维导图，群文阅读课堂笔记。

评价结果呈现方式：组内口头互评，教师总结。

★ 本课的重点、难点

重点：介绍事物需在把握事物特征、明确阅读对象的前提之下，综合运用说明方法，

第 2 章　与学科整合：适合初中开展的 STEM 项目课例设计

准确组织语言文字，合理规划写作结构。

难点：提炼出杭州园林核心特点。

★ 学习活动设计

教的活动	学的活动
任务一：组织学生深入阅读文本，提出问题。阅读全文，用文中的一句话概括出苏州园林的特点，请学生课堂交流。	任务一：阅读《苏州园林》，在文章中圈点勾画后，班级内发言交流。
任务二：抛出话题。《苏州园林》行文脉络清晰，给人一目了然之感，作者是如何做到的呢？请你阅读全文，画出思维导图。	任务二：阅读课文，圈画关键句，画出文章的思维导图，如图 2-136 所示。展示交流。
任务三：提供补充资料，组织学生阅读拓展资料（扫描图书封底二维码），提出问题：江南园林有哪些特点呢？	任务三：群文阅读。补充陈从周的《说园》《园林与山水画》（均为节选）。结合《苏州园林》和你游览园林的经验，思考江南园林有哪些共同特征。
任务四：下发思维导图，并抛出话题——你知道哪些杭州园林？你觉得它最突出的特点是什么吗？组织学生头脑风暴，填写杭州园林核心特征思维导图，如图 2-137 所示，交流讨论。	任务四：头脑风暴：根据你的积累，写出你所知道的杭州园林，并提炼出其核心特征。

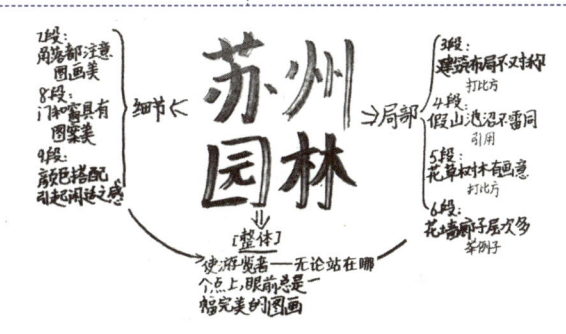

图 2-136　学生绘制的思维导图

图 2-137　杭州园林核心特征思维导图

设计意图

任务一重在让学生体会介绍事物前首先要弄清楚介绍对象的特征。

任务二旨在引导学生整理归纳文章的行文思路；理解介绍事物需要在把握事物特征的前提之下，综合运用说明方法，准确组织语言文字，合理规划写作顺序。此任务是在为宣传册文案内容写作做理论上的支撑。

任务三是为了调动学生的生活体验，拓展学生的视野，为后面的任务开展做铺垫。

任务四是让学生尽可能多地找出杭州园林，并思考这些园林的核心特点，培养学生善于发现事物核心特点的思维能力，为后面的项目开展做铺垫。

【第 3 次课】

★ 主题名称
制订量表

★ 学习目标
（1）通过示例研讨，梳理出电子旅游宣传册设计的基本要素。
（2）利用思维导图，整理出评价量表，培养梳理、辨别、整合信息与评判性思维的能力。

★ 核心问题
如何制作出电子旅游宣传册的评价量表？

★ 评价方案
评价方式：分组展示。

评价工具：观察记录表，电子旅游宣传册特点思维导图。

评价结果呈现方式：组间口头互评，教师总结。

★ 本课的重点、难点
提炼出吸引人的电子旅游宣传册的特点。

★ 学习活动设计

教的活动	学的活动
任务一：提供范例支架。出示杭州、香港、绍兴 3 个旅游宣传册示例（扫描图书封底二维码），并抛出话题——你觉得一份吸引人的电子旅游宣传册应具有什么特点呢？提供电子旅游宣传册观察记录表（详见本课例 2.12.7 第 3 次课中的表 2-119），组织学生思考、交流讨论。	任务一：自主学习。研读示例，记录每个宣传册吸引人的地方，用简洁的语言概括出来，并填在记录单上。
	任务二：小组讨论。根据各自记录的要点，组内整理并绘制出思维导图，如图 2-139 所示。
任务二：提供思维支架如图 2-138 所示，提出具体要求。一边听各小组汇报，一边记录。	任务三：小组解说思维导图，其他学生倾听，并在 PDQ 工具单上记录要点。
任务三：组织学生交流、整合前面的讨论，制订一份电子旅游册的评价量表。	任务四：师生合作，填写表格，整理出宣传册的评价量表（具体内容见本课例 2.12.8 中的表 2-123）。

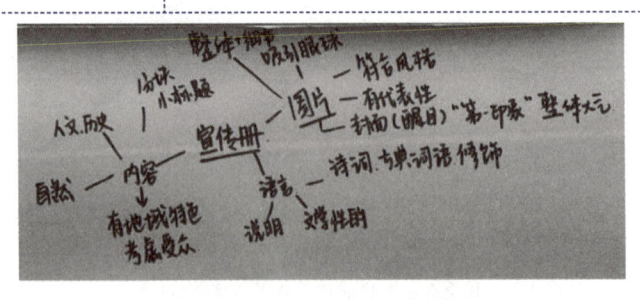

图 2-138　PDQ 工具单　　　图 2-139　学生绘制的思维导图

设计意图
在"学的活动"中，任务一、二、三要给足学生时间，可以让他们从各个角度研究透彻 3 个示例，有利于培养他们独立思考的习惯，让他们在独立思考的基础上进行合作学习，培养梳理、辨别、整合信息与评判性思维的能力；任务四是为了完善量表，形成具体的文字内容，为后面的设计与制作提供方向。

第 2 章　与学科整合：适合初中开展的 STEM 项目课例设计　　281

【第 4 次课】

■ ★ **主题名称**

脚本设计

■ ★ **学习目标**

学会根据评价量表，围绕所选园林，利用互联网下载信息，利用信息技术处理图片、剪辑音乐，在"元认知"中初步形成良好的学习品质。

■ ★ **核心问题**

如何设计出电子宣传册的脚本？

■ ★ **评价方案**

评价方式：脚本设计讨论汇报单，脚本设计导学单，理由阐述单。

评价工具：项目实施过程性评价量表，见表 2-121。

评价结果呈现方式：小组汇报脚本设计方案，教师口头评价，组间评价。

■ ★ **本课的重点、难点**

脚本设计的合理性，撰写理由的条理性。

■ ★ **学习活动设计**

教的活动	学的活动
任务一：提供平板电脑和联网的计算机。 任务二：下发脚本设计导学单，说明任务并阐述要求。	任务一：组内选定园林。分工查找图片、音乐等资源，下载并保存，如图 2-140 所示。 任务二：组内交流。明确园林特征；围绕评价量表，思考文案的说明顺序、说明方法；初定音乐和配图。 任务三：组内明确宣传册制作的人员分工，讨论出宣传手册的设计脚本，并撰写设计理由详见本课例 2.12.7 第 4 次课。

图 2-140　学生课堂上用平板电脑查看资料、下载音乐

设计意图

在"学的活动"中，任务一是为了引导学生学会根据评价量表，围绕所选园林，利用互联网下载信息，培养利用信息技术处理图片、剪辑音乐等的能力（课外完成）；任务二是为了提醒学生运用前面学习过的"如何准确且生动介绍事物"的相关知识；任务三主要是为了在交流讨论中逐渐形成宣传册的框架，明确宣传册的设计理念。

【第 5 次课】

★ 主题名称

制作手册

★ 学习目标

制作出一份电子旅游宣传册。

★ 核心问题

制作电子旅游宣传册。

★ 评价方案

评价方式：电子旅游宣传册成品。

评价工具：项目实施过程性评价量表，见表 2-122。

评价结果呈现方式：小组展示，组间评价和教师评价。

★ 本课的重点、难点

成功制作出电子旅游宣传册。

★ 学习活动设计

教的活动	学的活动
提供本次制作电子旅游宣传册的网站，说明操作注意事项。	制作一份电子旅游宣传手册，如图 2-141 所示，可扫描图书封底二维码观看。

图 2-141　学生制作的电子旅游宣传手册

（湖中三岛旅游宣传册　杭州园林旅游宣传册　郭庄旅游宣传册　云松书舍旅游宣传册　曲院风荷旅游宣传册）

设计意图

该任务需借助互联网，并在电子宣传册制作平台完成作品。因任务的复杂性，此任务需根据组员特长，采用分工合作的方式完成。教师需给足学生时间，并制作阶段性时间节点表，以便在项目中期检查学生的完成情况，起到监督作用。此任务建议在课外完成。

【第 6 次课】

★ 主题名称

成果展示交流

★ 学习目标

在项目实践中，让学生养成"试错"精神，培养他们的探究习惯，初步形成准确表达

第 2 章　与学科整合：适合初中开展的 STEM 项目课例设计　283

与高效合作的能力。能根据评价标准，提出自己的想法，逐步养成批判性思维。

★ 核心问题

客观地评价其他组的作品。

★ 评价方案

评价方式：电子旅游宣传册成品。

评价工具："杭州园林电子旅游宣传册"评价量表，见表 2-123。

评价结果呈现方式：小组汇报，组间评价和教师评价。

★ 本课的重点、难点

准确得体地答辩，反思作品进行迭代。

★ 学习活动设计

教的活动	学的活动
任务一：提供各组作品的二维码（略），下发观察记录单（略），发布任务，并从优点、疑问和建议 3 个角度思考，记录发现，写在旅游宣传册各组作品观察记录单上（略）。	任务一：欣赏各组作品，填写记录单。
任务二：组织学生进行组间答辩。	任务二：各组代表阐述作品的 1~2 个亮点，填写在本课例 2.12.7 第 6 次课中并进行现场答辩，回答同学提出的疑问，倾听同学的建议。
任务三：组织投票并颁奖。设置奖项：综合奖、动人心弦人气奖；单项奖：最佳文案撰写奖、最佳版面设计奖、最美配图音乐奖。	任务三：给 6 个组的作品投票。
设计意图 任务一是为了通过各组的学习成果，开拓学生的视野，激活学生思维，让学生在欣赏他组成果时，反思自己组的作品，起到取长补短的作用；任务二旨在综合前面所学，灵活运用知识，引导反思，培养学生"元认知"能力；任务三给予鼓励，肯定学生在整个项目化学习中的付出，及时发现学生的优点和长处，激发他们学习语文的热情。	

2.12.7　部分分课时的学案设计

【第 3 次课】

表 2-119　电子旅游宣传册观察记录表　　　　记录人：_____

维度	你可以参考以下观察角度（不局限于此）	我的记录
结构	（1）电子旅游宣传手册一般包含哪些基本要素 （2）一般会采用怎么样的格式	
封面	（1）封面上的图文有什么讲究 （2）封面由什么要素组成 （3）什么样的封面能吸引眼球	
图片	（1）在一个宣传册中，图片可以归类吗 （2）选择图片有什么注意事项	

（续）

维度	你可以参考以下观察角度（不局限于此）	我的记录
文字	（1）以说明性为主还是以文艺性为主 （2）语言表达需要有情感倾向吗？如果有，那么以什么标准确定	
封底	（1）结尾与前面的内容有何不同之处 （2）结尾的重点在哪里	
音乐	你觉得是否需要在电子旅游宣传手册中加入音乐？如果需要，请思考： （1）背景音乐在旅游宣传手册中有何作用 （2）你觉得应该以什么标准选择背景音乐	
字体	你觉得需要考虑字体吗	
风格	（1）这些宣传册的风格是否一样 （2）你是根据什么标准确定旅游宣传册的风格呢	
整体思考：经过讨论，我整理出了一份优秀的电子旅游宣传册应该具备的要素		

【第 4 次课】

第_____组"杭州园林电子宣传册制作"脚本设计

1. 我们组准备_____（整体宣传杭州园林 / 宣传某个园林）。我们的分工见表 2-120。

表 2-120　人员分配

项目安排	人员分配
文字撰写	
图片选择	
寻找配乐	
排版设计	
理由阐述文字稿撰写	

2. 我们宣传册的整体风格是_____。（例如青春、活泼、唯美、古典、清新）

3. 我们准备使用的背景音乐是_____。（如果目前还没有合适的音乐，可以只写下大致的音乐风格，方便后期在网上下载）

4. 根据评价标准，设计每一页脚本。

封面
文字稿： 1. 大标题：_____ 2. 其余文字：_____ _____ （可以描绘大致思路，方便后期写作）
图片：_____ _____ （可以描绘大致样子，方便后期在网上下载）
字体：_____ 字号：_____

第 2 章　与学科整合：适合初中开展的 STEM 项目课例设计

整体介绍

扉页

文字：_____
_____
（可以描绘大致思路，方便后期写作）

图片：_____
_____
（可以描绘大致样子，方便后期在网上下载）

内容

文字：_____
_____
（可以描绘大致思路，方便后期写作）

图片：_____
_____
（可以描绘大致样子，方便后期在网上下载）

介绍内容

封底

文字：_____
_____
（可以描绘大致思路，方便后期写作）

图片：_____
_____
（可以描绘大致样子，方便后期在网上下载）

【第 6 次课】

第_____组"杭州园林电子宣传册制作"理由阐述单　　发言人：_____

要求说明：在阐述理由时，你需要结合《苏州园林》一文的相关内容：可以是从《苏州园林》中学到的说明方法、说明顺序，也可以是从《苏州园林》中学到的江南私家园林的特征等。

用这样的句式开头：请用平板电脑扫描二维码，先浏览我们组的宣传册。下面，我代表我们组阐述我们的设计理由。

扉页：_____

中间内容：_____

封底：_____

其他（例如音乐、风格、字体等）：_____

以上是我们组宣传册的情况，请大家批评指正。

2.12.8 终结性评价方案

评价方式：投票，过程性记录材料。

评价工具：评价量表，见表2-121、表2-122和表2-123。

评价结果呈现方式：作品投票，现场表达。

表 2-121 项目实施过程性评价量表

评价类型	评价要素	主要指标	评价标准 ☆	评价标准 ☆☆	评价标准 ☆☆☆	组间评价
过程性评价	量表讨论	思维导图	版面不清晰，逻辑混乱	版面基本清晰，较有逻辑	版面清晰，逻辑清楚	
	脚本设计 - 文案撰写	语言表达	（1）能抓住园林特征，表述基本清晰 （2）文笔一般 （3）没有读者意识	（1）能抓住园林特征，表述较为清晰，能关注说明方法 （2）文艺性表达，有一定的文笔 （3）没有读者意识	（1）能抓住园林特征，条理清晰，能综合运用说明方法 （2）文艺性表达手法多样，有感染力且有节制，恰到好处 （3）能考虑读者感受，激发游览的兴趣	
	脚本设计 - 资源搜集	图片	图片单一，模糊不清，没有考虑宣传对象的特征	图片清晰，但选择的图片不够典型，且只有特写景物或整体画面，形式比较单一	（1）图片高清，选择典型景物，综合考虑了远景、近景、细节、时节、空间等 （2）图片构图讲究，有艺术感	
		音乐	选择随意，乐曲聒噪，与内容完全不符合	舒服悦耳，但与内容不太吻合	符合所选园林的特征，悦耳舒适	
	亮点介绍	表达	含糊，理由阐述不够充分，无条理	基本清晰，理由阐述较为充分	清晰有重点，理由阐述充分且有条理	
总评						

第 2 章　与学科整合：适合初中开展的 STEM 项目课例设计

表 2-122　项目实施过程性评价量表

评价类型	评价要素	主要指标	评价标准 ☆	评价标准 ☆☆	评价标准 ☆☆☆	组间评价	教师评价
过程性评价	作品展示交流	最终成品	没有制作完成	制作完成，但整体效果粗糙，吸引力不强	制作完成，并且美观、有吸引力		
		过程学习态度	学习态度不端正，作业效果欠佳，且在过程中很少进行反思	没有在整个过程中保持积极态度，也较少进行反思修正	态度积极热情，主动参与到项目的学习过程中，能在过程中不断反思进步		
综合评语：_____						最终等级	

说明：最终等级考虑学生（小组）在整个项目学习过程中的学习情况，标准如下：A 等——18（包含）以上星级；B 等——13~17 星级。C 等——12（包含）以下星级。下表同。

表 2-123　"杭州园林电子旅游宣传册"评价量表

评价项目	评价量表 等级	评价量表 具体内容	评价结果 组间评价	评价结果 教师评价
封面设计	A	（1）文字简洁精要，能体现所选园林的最主要的特征，且富有感染力 （2）图片具有代表性，精美典型 （3）排版合理美观，且具有设计感		
	B	（1）文字能体现所选园林特征，但表达不够精要 （2）图片不太典型 （3）排版较美观，略有设计感		
	C	（1）文字不能体现所选园林的主要特征 （2）图片选择比较随意 （3）排版混乱，没有设计感		
图片选择	A	（1）图片高清，选择典型景物，综合考虑了远景、近景、细节、时节、空间等 （2）图片构图讲究，有艺术感		
	B	图片清晰，但选择的图片不够典型，且只有特写景物或整体画面，形式较单一		
	C	图片单一，模糊不清，没有考虑宣传对象的特征		
文字表述	A	（1）能抓住园林特征，条理清晰，能综合运用说明方法 （2）文艺性表达手法多样，有感染力且有节制，恰到好处 （3）能考虑读者，激发其游览的兴趣		
	B	（1）能抓住园林特征，表述较为清晰，能关注说明方法 （2）文艺性表达，有一定的文笔 （3）没有读者意识		
	C	（1）园林特征不明显，表述不够清晰 （2）文艺性表达，文笔一般 （3）没有读者意识		

(续)

评价项目	评价量表		评价结果	
	等级	具体内容	组间评价	教师评价
封底设计	A	（1）文字在前面介绍的基础上有所提升，例如可以上升到中国人对园林的审美、园林文化、杭州园林的地域特点等 （2）所选图片具有代表性，排版合理美观，且具有设计感		
	B	（1）文字表达精要，但没有考虑到杭州园林在审美上给人带来的感受 （2）图片较为典型精美；排版较美观，略有设计感		
	C	文字与前面的内容有重复，图片随意，排版混乱，没有设计感		
配乐选择	A	配乐能结合所选园林的典型特征，悦耳舒适		
	B	配乐虽然舒服悦耳，但是与内容不太吻合		
	C	配乐选择随意，乐曲聒噪，与内容完全不符合		
整体观感	A	风格统一，配色和谐，排版有设计感		
	B	风格统一，配色比较和谐，排版较有设计感		
	C	风格前后混乱，配色不和谐，排版没有设计感		
总评				

2.12.9 课例实施建议与反思

1. 实施建议

项目化学习因课时较长，任务较多，在项目开始之初，教师便可以提供给学生项目学习全过程的具体评价标准，评价先行，以便让学生的学习更具方向感。在学习过程中，教师可以记录相关材料，等到项目结束时，整合形成"形成性评价"，以评估学生在学习态度、合作交流、语言表达等方面的学习情况。

在阅读相关文章时，可以通过作业展示、小组汇报、思维导图、同学互评等多种方式评估学生的学习情况。

本项目化学习是要求学生制作出一份电子旅游宣传册。在此过程中，教师可以采用量表讨论评价表、文案撰写评价表、脚本设计评价表、资源搜集评价表、亮点介绍评价表等评价表单进行评估。

对于最终成品，在内容上，可以从封面设计、文字表述、封底设计、配乐、图片选择、整体观感等角度评价；在方式上，可以利用如钉钉家长群、班级微信公众平台、朋友圈等，发动教师、家长、学生及社会人员给予多维立体的评价。

总而言之，评价学生项目化学习任务的完成情况要做到多种维度共同推进，多样方式共同使用。

2. 课后反思

经过完整的项目设计、实施、评价之后，我有如下体会。

（1）**STEM 项目化学习指向语文学习的综合性和实践性**。在项目实施过程中，以学生的"学"为中心，以任务的导引为手段，以核心知识为纲领，以评价量表为向导，以实践操作贯穿始末，让学生在不断的交流、争辩、试错中调整，从而加深对知识的理解，让知识内化为语文素养。整个项目指向培养学生的高阶思维，例如，分析旅游宣传册示例涉及信息的筛选与统整，评价量表的讨论与研制涉及观点的表达与辨析，脚本的设计涉及理由的分析与阐述，宣传册的制作更是符合审美的鉴赏与创造的要求。项目化学习的整个体验过程，体现了语文课程的综合性和实践性。

（2）**STEM 项目化学习能让知识从"理解"走向"应用"**。为解决一个复杂问题，需要调动各方面的知识，且为了能得出正确的结果，学生首先要内化知识，然后再应用知识。如此，学习就真正地发生了。在真实情境、真实任务、真实体验、真实评价中激发学生的学习动力，从而让核心知识走向应用，这是项目化学习真正的价值所在。

（3）**STEM 项目化学习应被大胆尝试进入语文日常教学**。现实教学由于各种因素的综合作用，很多教师虽然知道项目化学习的优势，但仍旧不敢尝试，在现实教学中推进存在着一定的困难。因此，我们需要打破藩篱，哪怕只是做一点点尝试。初中语文课程其实可以整合统编教材的"活动·探究"单元，借力教材进行项目设计。当然，也要发挥好备课组、教研组的力量，统整资源，开展项目化教学活动。

2.12.10 专家点评

课例以重大时事为情境进行选题，能够让学生产生代入感与获得感。课例在设计过程中，紧扣语文学科教材，依托说明文单元设计跨学科实践课程，科学设置了跨学科项目式课程的三维目标。课例在任务拆解过程中，每一个子任务都设计了一项可物化的子成果，帮助学生更具象地理解子任务与学习目标。同时，根据子任务和子目标的设置，引导学生了解设计、制作的一般模式和方法，帮助学生建构设计思维等高阶思维。在课时安排允许的情况下，建议在交流展示和小组互评后，增加宣传册的优化、迭代内容。

中国教育科学研究院比较教育研究所博士后　袁野

2.13 课例13：当能源问题遇上设计思维——自发电夜跑灯的设计制作和推广

主要涉及学科：物理。
课例提供团队：浙江省温州市平阳县鳌江镇第四中学吴宇洁、胡园园、陈飘飘、陈毅。

2.13.1 课例的背景、情境及学习目标

1. 课例背景

全社会节能降耗是我国能源发展战略的重要举措。作为未来社会的公民，孩子们不仅需要有节能意识，更需要切实可行的节能方法。夜跑是很多人喜欢的健身运动，夜跑灯是人们常用的安全警示装备，但市场上的夜跑灯都需要外界提供电能。跑步时会产生大量机械能，能否将这些闲散的机械能转化为电能，为夜跑灯供电呢？

2. 课例情境

夜跑是很多人喜欢的健身运动，但是在漆黑的夜色中跑步存在一定的安全隐患。市面上有夜跑常用的安全警示装备——夜跑灯，其外形和佩戴方式不尽相同，有的用干电池或纽扣电池供电，有的用 USB 接口充电，但都需要外界提供电能。跑步时会产生大量机械能，能否将这些机械能转化为电能为夜跑灯供电呢？本课例通过项目挑战性任务：利用跑步产生的机械能，为夜跑者设计制作并向他们推广自发电夜跑灯。引导学生运用设计思维和电学核心知识（电路设计、电磁感应、导体和绝缘体等）设计制作夜跑灯，结合测试改进并推广夜跑灯。本项目关注夜跑者的安全需求，重构初中物理（科学）电路设计和电磁感应等核心知识、初中美术海报设计、初中语文宣传语写作等教学内容，引导学生经历共情、定义问题、创意、原型、测试等过程，培养设计思维，树立节能意识和提高能源效率的意识。

3. 学习目标

（1）调查了解夜跑者安全警示设备的使用情况；上网查询常用的夜跑灯的结构特点；能从用户角度评价市面上的夜跑灯存在的不足，认同项目的创意构想，并在项目实施过程中养成节能意识。

（2）探究导体在磁场中运动产生感应电流的条件，建构电磁感应原理；能结合实际需要探究影响感应电压大小的因素，建立感应电压大小和线圈匝数的定量关系。

（3）能综合应用电磁感应原理、发电机结构和电路设计、力改变物体运动状态等知识设计并选择合适材料制作自发电夜跑灯。

（4）能应用电磁感应原理确定夜跑灯佩戴位置并自主设计夜跑灯佩带，能从穿戴方便、舒适的角度评价并改进佩带。

第 2 章　与学科整合：适合初中开展的 STEM 项目课例设计

（5）能在夜跑测试中评价夜跑灯的优缺点，选择合适材料对夜跑灯进行个性化改进，培养设计迭代思维。

（6）能科学解释自发电夜跑灯的原理，能基于用户立场撰写广告词、设计海报和路演活动方案，推广自发电夜跑灯，进一步发展设计思维。

（7）在解决问题的过程中发展团队协作能力，感悟坚持不懈的科学精神。

2.13.2　课例实施的环境和硬件要求

1. 实施环境

创客教室。

2. 硬件要求

圆柱形磁铁，漆包铜线，LED 二极管，软塑料管，橡胶套帽，卡扣，如图 2-142 所示；弹力带，魔术贴，透明胶，双面胶，剪刀，砂纸，记号笔。

圆柱形磁铁	漆包铜线	LED二极管	软塑料管	橡胶套帽	卡扣
直径规格	粗细规格	（额定电压1.8V）	（长度可裁剪）	（与软塑料管直径配套）	
18mm	0.1mm				
15mm	0.15mm				
12mm	0.25mm				
10mm					

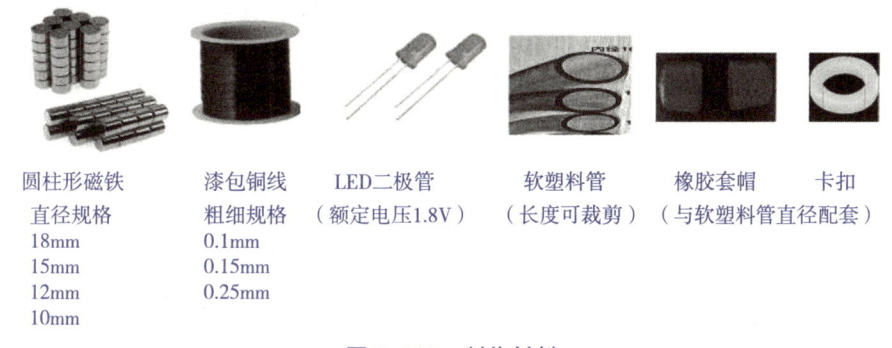

图 2-142　制作材料

2.13.3　课例适合的学段

1. 适合的学段

八年级。

2. 学生已有知识、经验、技能基础情况

知晓力能改变物体的运动状态、导体和绝缘体等相关知识；能设计和连接简单电路；基于解决真实问题需要开展科学探究和科学实践的能力。

3. 学生学习过程中可能遇到的困难

（1）从节能角度提出优化常见夜跑灯供电方式的设想，并对现阶段具备的知识进行检索，生成项目驱动性问题并制订项目计划书。

（2）创造性应用所学知识设计和制作自发电夜跑灯，尤其是在设计制作夜跑灯发电机线圈时，将线圈绕满整个软塑料管。

（3）将项目驱动性问题拆解成子问题，开展有效分工和合作，在规定时间内完成项目任务。

2.13.4 核心挑战性任务及拆解

利用跑步产生的机械能，为夜跑者设计制作并向他们推广自发电夜跑灯，实现安全夜跑和节能环保。任务拆解见表 2-124。

表 2-124 任务拆解表

核心挑战性任务	拆解后的子目标	子任务	阶段性成果
如何利用跑步产生的机械能，为夜跑者设计制作并向他们推广自发电夜跑灯，实现安全夜跑	共情需求生成项目	（1）调查和分析市面上常见的夜跑灯，提出改进夜跑灯供电方式的设想 （2）检索现阶段已有知识，制订项目计划书	（1）市面常用夜跑灯的调查报告 （2）驱动性问题 （3）项目计划书
	揭秘自发电夜跑灯工作原理	（1）探究感应电流产生的条件，建构电磁感应原理和发电机结构模型 （2）探究影响感应电压大小的因素	（1）电磁感应原理和发电机结构模型思维导图 （2）探究报告
	自发电夜跑灯的设计和制作	（1）确定夜跑灯的佩戴位置，设计夜跑灯的电路图（突出发电机结构图） （2）选择材料制作夜跑灯和佩带 （3）夜跑灯初步测试和展示	（1）夜跑灯电路图 （2）夜跑灯 1.0 产品
	自发电夜跑灯的测试和迭代	（1）全员夜跑，测试使用者真实需求 （2）提出改进构想，自主学习相关知识 （3）购置器材，个性化改进夜跑灯	（1）夜跑灯的不足和迭代构想 （2）夜跑灯 2.0 产品
	自发电夜跑灯的推广	（1）撰写夜跑灯广告词 （2）设计夜跑灯海报 （3）设计夜跑灯展销会路演方案	（1）夜跑灯广告词 （2）夜跑灯海报 （3）夜跑灯路演方案

2.13.5 分课时的教学进度规划

分课时的教学进度规划见表 2-125。

表 2-125 教学进度规划表

主题	具体内容	课时数
共情需求生成项目	从节能和环保角度评价市场上常见的夜跑灯，提出改变夜跑灯供电方式构想，并制订项目计划书	1
揭秘自发电夜跑灯工作原理	探究电磁感应现象，建构发电机结构模型；探究影响感应电压大小的因素	2
自发电夜跑灯的设计和制作	确定夜跑灯佩戴位置，选择器材并设计制作夜跑灯 1.0 产品和佩带	2
自发电夜跑灯测试和迭代	全员夜跑，测试使用者真实需求，根据迭代构想自主学习相关知识和购置器材制作夜跑灯 2.0 产品	2
自发电夜跑灯的推广	为本组夜跑灯产品撰写广告词、设计海报和校展销会路演方案	2

第 2 章　与学科整合：适合初中开展的 STEM 项目课例设计　　293

2.13.6　分课时的教学设计

【第 1 次课】

★ 主题名称

共情安全和节能需求，生成项目驱动性问题

★ 学习目标

（1）共情夜跑者的安全需求，调查和评价市面上常见的夜跑灯，结合节能环保需求生成项目驱动性问题。

（2）检索已有知识，制订项目计划书。

★ 核心问题

夜跑灯是常见的夜跑安全警示设备，市面上的夜跑灯是否节能环保。

★ 评价方案

评价方式：表现性评价。

评价工具：5W2H 分析法（略）。

评价结果呈现方式：市场上夜跑灯调查报告，项目计划书。

★ 本课的重点、难点

重点：共情安全和节能需求，生成项目驱动性问题。

难点：检索已有知识，制订项目计划书。

★ 学习活动设计

环节一：共情夜跑者的安全需求	
教的活动 1 夜跑场景和司机夜间可视性图片，如图 2-143 所示。 提问：夜跑是常见的健身方式，结合图 2-143 说说夜跑的安全隐患及如何提高夜跑的安全性。	**学的活动 1** 结合情境思考、交流并达成共识：夜跑时，夜色会吞没夜跑者，存在一定的危险性，佩戴安全警示装备可以提高夜跑的安全性。

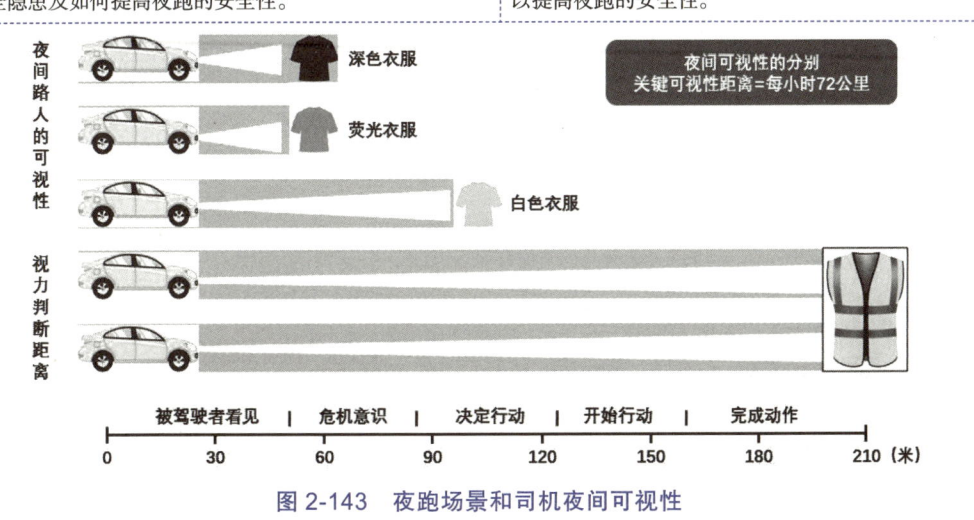

图 2-143　夜跑场景和司机夜间可视性

设计意图

通过夜跑存在安全隐患这一真实情境，学生迅速共情夜跑者需要警示设备。

环节二：评价市面上常见的夜跑灯，从节能环保角度提出改进构想

教的活动 2	学的活动 2
（1）呈现学生调查报告。见本课例 2.13.7 中的表 2-127，归纳常见夜跑灯的基本结构包括：LED 灯、纽扣电池或蓄电池、USB 充电接口和佩带。 （2）组织学生阅读信息并思考：常见夜跑灯的不足之处有哪些？你有什么改进设想？ （3）阐述电动机是如何将电能转化为机械能的，头脑风暴： 从能量转化角度思考如何优化夜跑灯供电方式？	（1）交流调查报告，达成共识：市面上的夜跑灯都需要外界提供电能。 （2）阅读信息思考、交流并达成共识：常见的夜跑灯，无论哪种供电方式都会消耗能源，带来环境污染问题，如图 2-144 所示，需要优化夜跑灯供电方式。 （3）学生集体头脑风暴：电动机可以将电能转化为机械能，它能否将机械能转化为电能？能否利用跑步而产生机械能？集体商讨生成项目驱动性问题构想，如图 2-145 所示。

市面上的夜跑灯分为USB充电与干电池供电

①充电式
目前电力70%来自火力燃煤发电，会使一次能源煤炭不断减少，同时排放烟尘、SO₂等大气污染物；

火力发电效率以最先进的发电技术计算，发电效率为48%，那么1kg煤炭发出的电量为3.83度。

1kg煤炭的平均价格为2.10元；1度居民用电平均价格为0.55元。

近几十年来，消费产品越来越依赖电池供电。
②干电池
每年大量电池损耗与生产、电池回收难等问题导致能源的浪费。

每年处理15000000000个原电池，污染了超过300000平方公里的土地
一节一号电池能使1平方米的土地失去利用价值，
一粒纽扣电池能污染60万升水（这是一个人一生的用水量）

图 2-144 火力发电和电池带来的环境问题

图 2-145 生成项目驱动性问题的构想

设计意图

（1）结合材料信息，从节能环保的角度对市面上的夜跑灯进行评价。
（2）生成项目驱动性问题，浸润式培养学生的节能环保意识。

环节三：项目拆解，制订项目计划

教的活动 3	学的活动 3
（1）组织学生小组合作完成项目计划书，见本课例 2.13.7 中的表 2-128。 （2）提问：请阅读八年级下册科学教材（浙教版）目录，你觉得哪个章节的内容有可能解答夜跑灯的原理问题？	小组合作制订项目计划，班级交流，初步达成共识，如图 2-146 所示。

第 2 章　与学科整合：适合初中开展的 STEM 项目课例设计

夜跑灯项目计划书		
这个项目要完成的核心任务		设计、制作、推广自发电夜跑灯
任务中可能碰到的最大挑战		实现机械能向电能的转化
项目计划	原理学习	机械能转化为电能原理
	设计制作	讨论好的夜跑灯的标准
		夜跑灯设计与制作
		夜跑灯测试与改进
	产品推广	广告词撰写
		海报设计
		展销会方案

图 2-146　夜跑灯项目计划书

设计意图
通过小组合作完成项目计划书，引导学生厘清问题和问题解决的路径，检索已有的知识，知晓还需学习的知识，引燃学生探索新知的热情。

【第 2 次课】

★ 主题名称
揭秘自发电夜跑灯原理

★ 学习目标
（1）通过探究能正确描述电磁感应现象及产生感应电流的条件，能说出电磁感应现象的能量转化。

（2）结合跑步特点提出影响感应电压大小需要探究的因素，根据结论提出增大感应电压的可行方法。

（3）通过探究培养学生的科学推理和论证能力，提高基于证据科学解释现象的能力。

★ 核心问题
跑步产生的机械能真的能转化为夜跑灯需要的电能吗？

★ 评价方案
评价方式：表现性评价。
评价工具：知识思维导图（略）。
评价结果呈现方式：知识思维导图探究报告。

★ 本课的重点难点
重点：探究感应电流产生的条件；电磁感应原理。
难点：理解"切割磁感线"的含义。

★ 学习活动设计

环节一：实验感知机械能真的能转化为电能

教的活动 1	学的活动 1
呈现 LED 灯的资料，组织学生分组完成下面实验并交流实验结论。 　（1）测试者用手捏住微型电扇电机的插脚，快速转动扇叶，并描述感觉。 　（2）在插脚处接上一个发光二极管（反接），快速转动扇叶，观察现象。 　（3）正接发光二极管，快速转动扇叶，观察现象。 　拆解微型电扇电机，呈现电机内部结构。	阅读教师提供的资料，了解 LED 灯的特性和元件符号，如图 2-147 所示；通过实验体验并观察电机主要由磁体和线圈组成。 　　发光二极管，简称为 LED，是一种常用的发光器件，具有单向导电性。当它处于正向工作状态时（即两端加上正向电压），电流从 LED 正极流向负极时，发光二极管发光；当它两端加反向电压，则不发光。

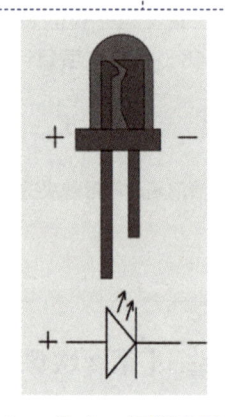

图 2-147　发光二极管及元件符号

设计意图

　　通过 3 个递进的实验操作，让学生真切感受机械能转化为电能，并了解 LED 灯单向导电的特性，激发学生进一步探究的热情。

环节二：探究感应电流产生的条件

教的活动 2	学的活动 2
（1）展示并介绍探究电磁感原理的创新实验器材，如图 2-148 所示。 　（2）利用图 2-148 中的器材进行下面的实验。 　1）闭合开关，用线圈（部分导体）分别沿水平向左、水平向右、斜向上、斜向下、竖直方向运动，观察并记录现象。 　2）闭合开关，将完整的线圈置于磁场中重复上述实验。 　（3）请分析产生电流时，线圈一边运动时和磁感线的位置关系。 　（4）讲述"线圈一边运动时与磁感线相交"的位置关系称为"切割磁感线"。 　（5）提问：将整个线圈放入磁场中重复上述实验，请预测实验现象。 　（6）请学生演示实验（将整个线圈放入磁场中）。 　（7）分析实验，说说产生感应电流还需要满足什么条件。 　（8）思考讨论：如果导体不动，磁体运动，能否产生感应电流？请实验证明。 　（9）思考：综合上述探究实验，请总结归纳产生感应电流的条件。	（1）观察实验器材，知晓红色光束模拟 N、S 极间的磁感线。 　（2）观察演示实验，并记录实验现象，见本课例 2.13.7 中的表 2-129。 　（3）分析图 2-149。共同归纳得出：产生电流时，线圈一边运动时与磁感线相交。 　（4）学生预测现象。 　（5）观察实验，记录现象（发现都不产生电流），得出实验结论。 　（6）建立假设，设计实验，验证假设。 　（7）归纳得出产生感应电流的条件：闭合电路，部分导体在磁场中做切割磁感线运动。磁体不动线圈动，或线圈不动磁体动，即磁体和线圈两者间发生相对切割运动时，都可以产生感应电流。

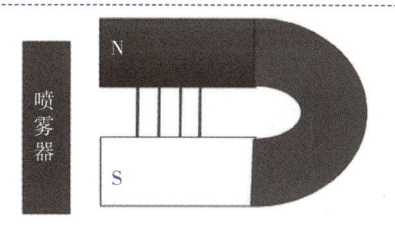

第 2 章　与学科整合：适合初中开展的 STEM 项目课例设计

图 2-148　探究电磁感应原理的创新实验器材

将线圈一边　朝不同方向运动（选填"线圈一边"或"整个线圈"）			
	_____的运动方向	指针偏转方向	是否产生电流
磁体不动 N 极朝上	水平向左	偏左	是
	水平向右	偏右	是
	水平向左	偏左	是
	斜向左上	偏右	是
	斜向左下	偏左	是
	斜向右上	偏左	是
	斜向右下	偏右	是
	竖直向上	不偏转	否
	竖直向下	不偏转	否

图 2-149　电磁感应原理实验现象记录单

设计意图
　　改进实验器材的利用光电效果，直观模拟出 U 形磁体磁极间的磁感线位置，为突破"切割磁感线"难点提供丰富体验。第二组演示实验让学生在持续探究中自主得出，"部分导体"切割磁感线才能产生感应电流。第三组探究实验丰富学生对切割运动的理解，为知识迁移应用奠定基础。

环节三：建构发电机结构模型和知识思维导图

教的活动 3	学的活动 3
（1）说出图 2-150 的组成结构，讲述方框内的结构能产生电能，相当于发电机。展示多张发电机图片，请学生指认发电机的线圈和磁体。 （2）引导学生讨论自发电夜跑灯的理论可行性，并让学生尝试用思维导图画出所学内容和自发电夜跑灯之间的联系。	（1）观察图片，通过图片了解发电机基本结构包括磁体和线圈。 （2）小组合作建构项目核心任务与所学新知的思维导图，如图 2-151 所示。

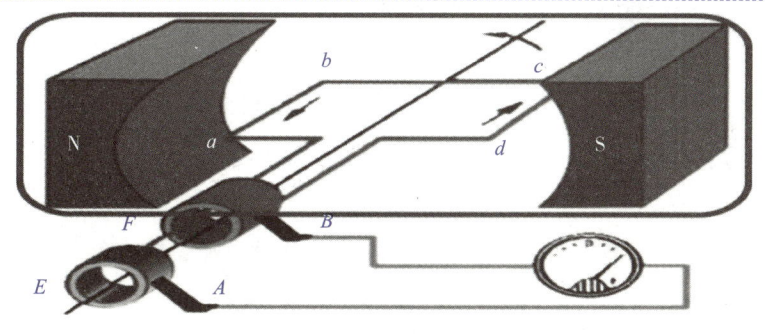

图 2-150　发电机结构模型图

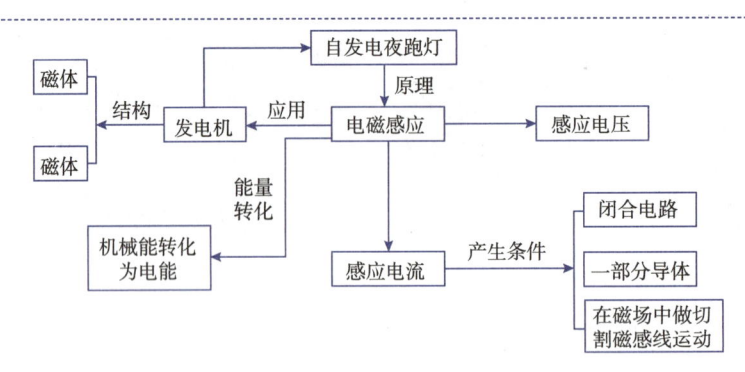

图 2-151　自发电夜跑灯知识思维导图

设计意图

通过对发电机图片的结构指认建构发电机模型。借助思维导图建立待解决问题与相关知识间的联系，为创造性解决问题搭建知识支架。

环节四：探究增大感应电压的方法

教的活动 4	学的活动 4
（1）当电压为 1.8V 时，实验用的 LED 灯能正常发光。那么如何获得足够大的感应电压呢？要回答这个问题我们需要研究什么问题？ （2）影响感应电压大小的因素有哪些？哪些因素不需要探究，为什么？ （3）利用提供的器材，如图 2-152 所示，小组合作探究线圈匝数对感应电压大小的影响。 （4）思考：实验中需要控制哪些量不变？如何控制？需要改变的量有哪些，怎么改变？保持不变的量是哪个？需要记录的量是哪个？实验操作中需要注意什么？ （5）设计实验并探究线圈匝数对感应电压大小的影响。	（1）提出探究问题：影响感应电压大小的因素有哪些？ （2）思考并回答：磁场强弱、导体切割速度、线圈匝数等因素都可能影响感应电压大小，但跑步时，人摆臂抬腿的幅度基本不变，因此可认为切割速度基本不变，无须探究。 （3）讨论并将探究感应电压大小影响因素实验任务单"探究一"补充完整，见本课例 2.13.7 中的表 2-130。 （4）讨论并将探究感应电压大小影响因素实验任务单"探究二"补充完整（见本课例 2.13.7 中的表 2-130）。 （5）分析数据，得出探究结论。 （6）应用结论，解决问题——确定使 LED 灯发光要绕制的线圈匝数。

塑料管
（长度1米）

数显电压表

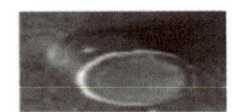

圆柱体磁铁
（根据需要取用）

漆包铜线
（外有绝缘漆，根据需要取用）

图 2-152　探究影响感应电压大小的实验器材

设计意图

本探究是项目推进过程中自然生成的真实探究，学生需要根据跑步的特点排除无须探究的因素，需要迁移应用所学知识突破实验难点——控制切割速度相同，需要对数据进行有效处理，并应用探究结论解决真实问题，提升学生的探究能力。

【第 3 次课】

★ 主题名称
选择器材设计、制作和改进自发电夜跑灯

★ 学习目标
（1）确定佩戴位置，选择合适的器材设计并制作自发电夜跑灯和佩带。
（2）通过全员夜跑，基于使用者的真实需要进一步改进自发电夜跑灯。

★ 核心问题
如何利用提供的器材设计制作并改进自发电夜跑灯？

★ 评价方案
评价方式：表现性评价。

评价工具：小组项目墙，评价量表（表 2-126）。

评价结果呈现方式：自发电夜跑灯作品。

★ 本课的重点、难点
重点：创造性迁移应用所学知识设计并制作夜跑灯。

难点：共情使用者的真实需求，进一步改进夜跑灯。

★ 学习活动设计

环节一：初步确定自发电夜跑灯的评价标准

教的活动 1	学的活动 1
组织讨论任务： （1）除了自发电这一优点外，一盏好的夜跑灯还需具备哪些性能？ （2）教师呈现自发电夜跑灯制作评价量表，见本课例 2.13.7 中的表 2-131。	（1）集体讨论并达成共识：一盏好的夜跑灯要具有"亮""轻""小"等性能。 （2）填写夜跑灯展示评价量表见表 2-126。

表 2-126　夜跑灯展示评价量表

夜跑灯的性能		具体标准	分值	得分
亮	亮灯数目	一盏灯能亮	5 分	
		两盏灯同时亮	6 分	
		两盏灯交替亮	7 分	
轻	质量	小于 60g	5 分	
		60~80g	3 分	
		大于 80g	2 分	
小	长度	小于 6cm	5 分	
		6~8cm	3 分	
		大于 8cm	2 分	
总分				

设计意图
通过本环节的学习让学生浸润式感悟设计制作产品需要一定的评价标准。

环节二：确定夜跑灯的佩戴部位，利用提供的器材设计自发电夜跑灯

教的活动 2	学的活动 2
呈现佩戴不同部位的夜跑灯图片和提供的器材如图 2-153 所示，组织学生结合表 2-126 的评价量表完成自发电夜跑灯结构图。	（1）进行小组分工，明确成员职责，如图 2-154 所示。 （2）结合所学知识，组内讨论所提供器材的可能用途。 （3）小组合作设计自发电夜跑灯结构图。

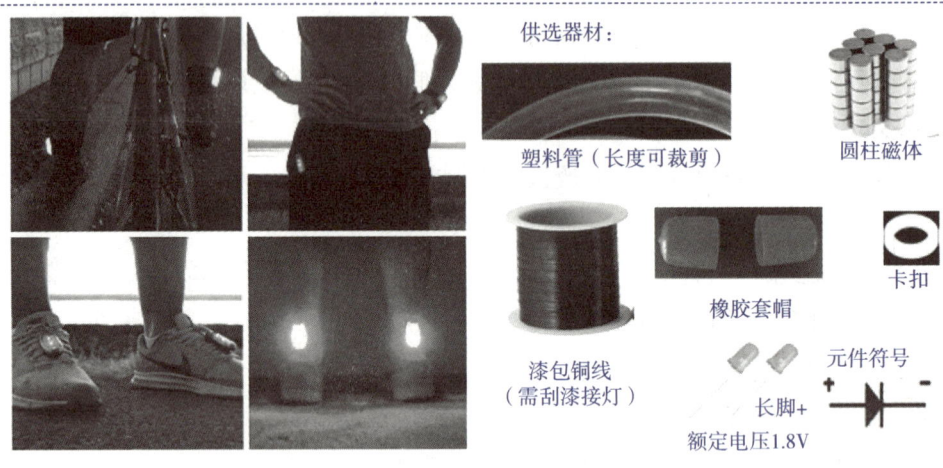

图 2-153　夜跑灯常见佩戴位置和提供的器材

选出队长、材料管理员、记录员、计时员；
将身份标签贴在校徽处，并熟悉自己的任务。

队长 （A1）	材料管理员 （A2）	记录员 （B1）	计时员 （B2）
1. 分配任务 2. 组织讨论。	1. 分发、回收材料。 2. 小组内唯一能去领取额外材料的人。	填写任务单。	1. 把握进度，提醒时间。 2. 截止时间到了，阻止成员继续操作。

1. 每一个人都要参与讨论、设计和制作。
2. 活动结束后一起整理器材。

图 2-154　团队成员职责

设计意图
  提供样例图引发学生思考，灵活运用已有知识和经验解决真实问题。

环节三：选择需要的器材制作自发电夜跑灯和佩带

教的活动 3	学的活动 3
（1）组织学生结合评价量表完成夜跑灯的制作，评价量表见本课例 2.13.7 中的表 2-132。 （2）如图 2-156 所示，组织学生按设计的佩戴位置制作臂带。 （3）组织学生结合量表测试夜跑灯并进行自评。 （4）组织学生完成小组产品展示，解说自发电夜跑灯原理。 （5）组织学生完成组间互评和小组自评（为本组夜跑灯打分，并说出本组夜跑灯的优点和不足）。 （6）教师讲授拓展知识——常用的减震方法等；教师布置全员夜跑活动安排。	（1）明晰任务和质量标准，见本课例 2.13.7 中的表 2-132。 （2）小组合作制作夜跑灯，制作夜跑灯的器材，如图 2-155 所示。 （3）制作夜跑灯佩带。 （4）组内调试夜跑灯并进行自评。 （5）产品班级展示并进行评价：各小组派 1 名组员进行夜跑灯跑跳展示。 （6）派 1 名组员阐述夜跑灯原理：本小组夜跑灯戴在前臂，跑步时，前臂来回摆动，带动磁体在两端封闭的管道内来回运动，使线圈和磁体之间发生相对切割运动，产生感应电流，使夜跑灯发光。 （7）各小组结合展示情况进行组间互评和小组自评，并完成本课例 2.13.7 中的表 2-133 和表 2-134。 （8）结合拓展知识，初步确定进一步改进夜跑灯的方案。

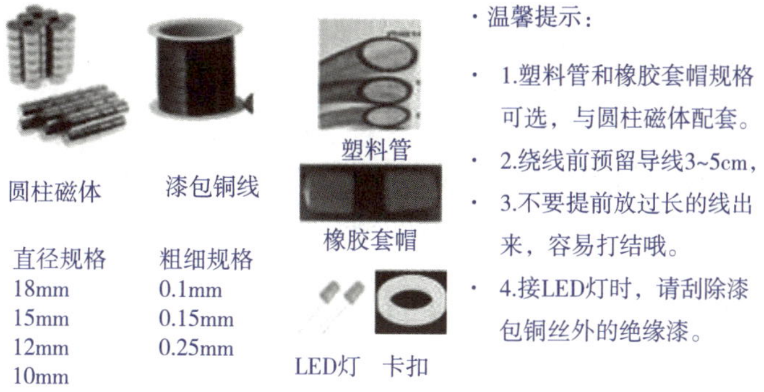

第 2 章　与学科整合：适合初中开展的 STEM 项目课例设计

圆柱磁体　　漆包铜线

直径规格　　粗细规格
18mm　　　0.1mm
15mm　　　0.15mm
12mm　　　0.25mm
10mm

塑料管

橡胶套帽

LED灯　卡扣

· 温馨提示：
· 1.塑料管和橡胶套帽规格可选，与圆柱磁体配套。
· 2.绕线前预留导线3~5cm。
· 3.不要提前放过长的线出来，容易打结哦。
· 4.接LED灯时，请刮除漆包铜丝外的绝缘漆。

图 2-155　提供制作夜跑灯的器材

圆柱形小袋

弹力带两端有魔术粘，可组成环套在手臂上。

臂带结构和佩戴方法

图 2-156　夜跑灯臂带结构和佩戴方法

设计意图

夜跑灯的设计和制作需要学生迁移应用所学知识，解决真实问题，如何尽可能地保护学生的创造性？教师应提供多种器材供学生选择，避免产品千篇一律，同时利用学习任务单（见本课例 2.13.7 中的表 2-130）引导学生有序开展自主合作学习，利用评价量表引导学生不断反思，优化产品。

环节四：全员夜跑测试真实需求，个性化改进产品

教的活动 4	学的活动 4
（1）发布八年级全员夜跑测试邀请函，如图 2-157 所示。 （2）小组合作，课外改进迭代夜跑灯。 　思考：从哪些方面对夜跑灯进行改进，能使其更具实用性和吸引力？如何获取改进需要的新知识？如何获取所需器材？ （3）发布校夜跑灯展销会邀请函，如图 2-158 所示。全员夜跑测试活动请扫描图书封底的二维码观看。	（1）参加全员夜跑，在真实跑步场景中体验跑步者的真实需要，结合评价量表见本课例 2.13.7 中的表 2-132），从灯的亮度、佩带设计、外观和成本等角度提出改进方案。 （2）结合改进方案自主学习所需知识。 （3）购置所需材料，个性化改进产品。 （4）了解夜跑灯展销会的要求，思考怎样的推广方案，能使本小组的产品在班级海选活动中脱颖而出。

活动时间：2021年5月9日（周日）晚上7:30~8:00
活动地点：操场
活动对象：八年级全体学生

图 2-157　全员夜跑测试邀请函

活动时间：2021年5月12日（周三）下午第三、四节课
活动地点：一号楼中间的大厅
活动对象：每班推荐一支优秀的团队参加展销会，每个团队人数4~5人
活动流程：1.每个团队1分钟的上台时间介绍本组产品优点并拉票；
　　　　　2.每个团队在展位上展示作品；
　　　　　3.有投票权的同学给心仪的产品投票。
活动奖励：根据投票情况评选出最佳创意奖、最佳人气奖等奖项

图 2-158　校夜跑灯展销会邀请函

设计意图

培养设计思维最重要的是共情需求，全员夜跑活动能让学生在真实场景中测试产品，真正了解使用者的需求，反思产品的不足，同时也点燃了学生进一步迭代产品的热情。通过两课时的学习，学生对如何运用设计思维设计产品有了初步的感悟。让学生利用课余时间改进产品，也可以购置个性化器材改造产品。

【第 4 次课】

★ 主题名称

撰写广告词、设计海报和校展销会路演方案，推广夜跑灯

★ 学习目标

（1）共情使用者的需要，了解广告词和海报的特点，为本组产品撰写广告词、设计海报和校展销会路演方案，推广本小组的夜跑灯。

（2）小组完成自评并进行项目总结（收获和反思），小组成员结合个人学习日志完成自评表并进行项目学习总结。

★ 核心问题

什么样的宣传方式能使本组的产品在班级海选以及校展销会中脱颖而出？

★ 评价方案

评价方式：表现性评价，过程性评价。

评价工具：个人学习日志，项目墙，个人项目学习自评表（略），小组项目自评表（略）。

评价结果呈现方式：夜跑灯产品展销会。

★ 本课的重点、难点

重点：夜跑灯广告词撰写和海报设计。

难点：复盘项目实施过程，总结收获和反思。

第2章 与学科整合：适合初中开展的STEM项目课例设计

★ 学习活动设计

环节一：撰写夜跑灯广告词

教的活动1
（1）创设情境：要让本小组的夜跑灯产品在校展销会上脱颖而出，可以采用哪些形式对产品进行宣传和推广？
（2）组织学生完成活动1：广告词鉴赏，思考怎样的广告词是好的广告词。
（3）结合优秀广告词剖析广告词的要素：针对人群、产品功能、特点和使用方法等。
（4）组织学生完成活动2：小组合作撰写广告词，思考如何突出本小组产品的特点，激发消费者的购买欲望。
（5）组织学生完成活动3：各组夜跑灯广告词展示，总结夜跑灯广告词撰写要点。

学的活动1
（1）学生思考并回答：为产品写朗朗上口的广告词，设计富有视觉冲击力的海报等。
（2）广告词鉴赏并归纳好的广告词的特点。
（3）学习广告词的语言特色和写作手法。
（4）撰写夜跑灯广告词。
（5）小组自评和组间互评（见本课例2.13.7中的表2-133），结合评价修改本小组广告词。

设计意图
本环节是语文学科应用性写作的真实实践活动。以"夜跑灯"为材料，从应用性角度出发，教会学生如何运用广告词撰写技巧去撰写夜跑灯广告词，学会拟写一则打动人的、具有吸引力的"节能夜跑灯"广告词。在广告词撰写过程中进一步理解夜跑灯的科学原理和特点，真正实现学以致用。

环节二：设计夜跑灯海报

教的活动2
（1）介绍海报及海报的分类。
（2）组织学生完成活动1：鉴赏优秀海报，提炼海报设计理念。
（3）组织学生完成活动2：鉴赏优秀海报，了解海报的表现形式。
（4）讲述海报的设计流程：选主题——想创意——构小稿——制作——介绍创意——评价。
（5）组织学生完成活动3：小组合作设计海报。

学的活动2
（1）学习了解海报及其分类。
（2）鉴赏并归纳海报设计理念：构图合理，突出重点；创新设计，给人想象；字体鲜明，耐人寻味；色彩多样，个性张扬。
（3）小组合作设计海报。
（4）海报展示和评价，见本课例2.13.7中的表2-134。
（5）海报修改。

设计意图
本环节是初中美术的图像创意设计单元的真实实践活动，学生通过鉴赏优秀海报、归纳海报设计的要素，并应用海报设计流程设计制作海报，再次浸润式学习设计思维。

环节三：设计校夜跑灯展销会路演形式，参加班级海选

教的活动3
（1）发布班级海选邀请函，海选要求如图2-159所示。
（2）思考：展销会当天如何布置展台？以什么形式进行产品介绍和拉票？

学的活动3
（1）小组合作设计夜跑灯展销会展示方案。
（2）参加班级海选活动，展示产品海报，如图2-160所示。
（3）评选并推荐1个小组参加校展销会。

1.夜跑灯。建议对已经做好的"夜跑灯"进行改进优化，使产品具有特色和优势。

2.产品海报。用A2大小的纸张绘制产品海报。产品海报包括：团队成员照片和简介、实验原理、产品图片、广告词（朗朗上口,突出产品优点）。

3.1分钟产品介绍和拉票宣言。每个小组准备1分钟的产品介绍，包括：产品优点、广告词、拉票宣言等。

图2-159　夜跑灯班级海选要求

图 2-160 夜跑灯产品海报

设计意图

通过组织班级海选活动，鼓励学生组队改进夜跑灯，为学生提供发挥创造力的机会，并在实践中进一步理解设计思维。班级海选活动是对产品的公开测试，学生通过海选活动，在"看别人想自己"的过程中反思成长。

环节四：校夜跑灯展销会（项目总结性展示活动）

教的活动 4	学的活动 4
（1）发布校夜跑灯展销会评价量表，见本课例 2.13.8 中的图 2-162。 （2）遴选校展销会产品评价员。 （3）组织学生完成小组项目自评表（略）和个人项目学习评价表（略）。	（1）各班代表队参加校夜跑灯展销会并展示夜跑灯迭代产品。 （2）产品评价员投票。 （3）了解校展销会更多精彩，请扫描图书封底的二维码观看。

设计意图

校夜跑灯展销会高度模拟生活中产品发布会的场景，架通课堂学习和真实生活的桥梁，赋予学生学习生活的价值，赋能学生的未来。

2.13.7 分课时的学案设计

表 2-127 市场上常见夜跑灯调查记录表

调查内容	夜跑灯 1	夜跑灯 2	夜跑灯 3
夜跑灯的佩戴位置			
夜跑灯的基本结构			
夜跑灯的供电方式			
夜跑灯的灯光颜色			
夜跑灯的质量			
夜跑灯的价格			
夜跑灯的亮点设计			

第 2 章 与学科整合：适合初中开展的 STEM 项目课例设计

表 2-128 夜跑灯项目计划书

夜跑灯项目计划书（本表格可根据需要增加行或列）	
本项目要完成的核心任务	
任务中可能遇到的最大挑战	
项目计划	

表 2-129 探究感应电流产生的条件实验记录单

将_____朝不同方向运动（选填"线圈一边"或"整个线圈"）			
	_____的运动方向	指针偏转方向	是否产生电流
磁体不动 _____极朝上	水平向左		
	水平向右		
	水平向左		
	斜向左上		
	斜向左下		
	斜向右上		
	斜向右下		
	竖直向上		
	竖直向下		

表 2-130 探究感应电压大小影响因素实验任务单

班级：_____	姓名：_____	小组：_____	日期：_____	总得分：_____
探究影响感应电压大小的因素				

1. 建立假设

感应电压大小和什么因素有关？根据跑步特点，哪些因素无须探究，为什么？

2. 探究一：感应电压大小与磁场强弱的关系

（1）实验设计

需要改变的量_____；保持不变的量_____；需要记录的量_____。

（2）实验电路设计

请在如图 2-161 所示塑料管的合适位置画出线圈（请标注线注离桌面的高度和匝数），并将线圈和数显电压表连接成闭合电路。

图 2-161 探究影响电压大小的实验器材

（续）

（3）实验步骤和数据记录
1）绕好线圈 50 匝，把铜丝打磨好的部分分别缠绕在数显电压表红黑表笔上。
2）把毛巾对折两下后放地上，把管子竖直起来，线圈朝下立在毛巾上。
3）把数显电压表开关转到"6V"上。
4）让磁性较强磁铁从"竖直的管子"自由落下，读数并记录在下表中，重复 20 次。
5）换（　　）磁铁自由落下，记录读数，重复 15 次。
6）取_____（思考为什么这样取值），将其填写到下表中。

感应电压大小与磁场强弱关系

感应电压	强磁体	弱磁体
数据记录		
取最大值		

7）将数显电压表调回"OFF"档。

3. 探究二：感应电压大小与线圈匝数的关系（请参照探究一设计实验方案）
（1）实验设计
（2）实验步骤和数据记录
（3）应用
在跑步速度一定、磁铁强度一定时，为了让额定电压为 1.8V 的夜跑灯发光，需要多少匝线圈？

自发电夜跑灯设计、制作项目任务单

团队名称：_____	小组成员及分工：项目工程师_____ 项目管理员_____

核心任务：选择合适的材料，小组合作设计、制作节能夜跑灯。
夜跑灯佩戴位置_____
夜跑灯电路设计图（要求在夜跑灯发电机结构图上标出所使用的器材）。

表 2-131　自发电夜跑灯设计、制作评价量表

评价指标		评价标准			自评
		5 分	3 分	1 分	
夜跑灯设计图		有设计图且设计合理，并标注各部分结构	有设计图且设计合理	有设计图单但设计不合理	
产品性能	发光情况	两盏 LED 灯交替发光	两盏 LED 灯发光	一盏 LED 灯不发光	
	灯的质量	质量小于 60 g	质量在 60~80 g	质量大于 80g	
	灯的大小	长度小于 6 cm	长度 6~8 cm	长度大于 8cm	
	使用情况	日常跑步甩臂发光	快于日常跑步甩臂发光	手中摇动发光	
原理解释		原理解释科学，表述条理清晰	原理解释科学，表述混乱	原理解释不科学	
		节能夜跑灯工作原理_____。			
小组合作		明确分两小组，提前完成任务	明确分两小组，按时完成任务	没有分两小组，超时完成任务	
总分					

第 2 章　与学科整合：适合初中开展的 STEM 项目课例设计

表 2-132　自发电夜跑灯佩带评价量表

团队名称：_____　佩戴部位：_____　佩带材料：_____

评价内容	评价标准（满分）	教师评价
佩带功能	佩戴位置选择合理，日常跑步灯能发光（☆☆☆）	
佩带舒适度	佩戴方便，松紧适宜，吸汗性强（☆☆☆）	
佩带个性化设计	佩带有独特的个性化设计和装饰（☆☆☆）	
总评		

注：好为 3 颗星，较好为 2 颗星，一般为 1 颗星，差为 0 颗星

表 2-133　自发电夜跑灯广告词评价量表

评价内容	指向目标人群	反映产品特点	用词通俗凝练	句式有节奏	激发购买欲	总分
分值	2分	2分	2分	2分	2分	
小组自评						
组间互评						

表 2-134　自发电夜跑灯海报设计评价量表

团队名称：_____

评价内容	有团队照片和简介	有产品实物照片和广告词	有产品原理且表述科学	海报突出产品特点	视觉冲击力强	总分
分值	2分	2分	2分	2分	2分	
组间互评						

2.13.8　终结性评价方案

评价方式：校夜跑灯展销会。

评价工具：校夜跑灯展销会产品评分券，如图 2-162 所示。

评价结果呈现方式：夜跑灯产品和夜跑灯展示活动。

鳌江四中夜跑灯展销会产品评分券

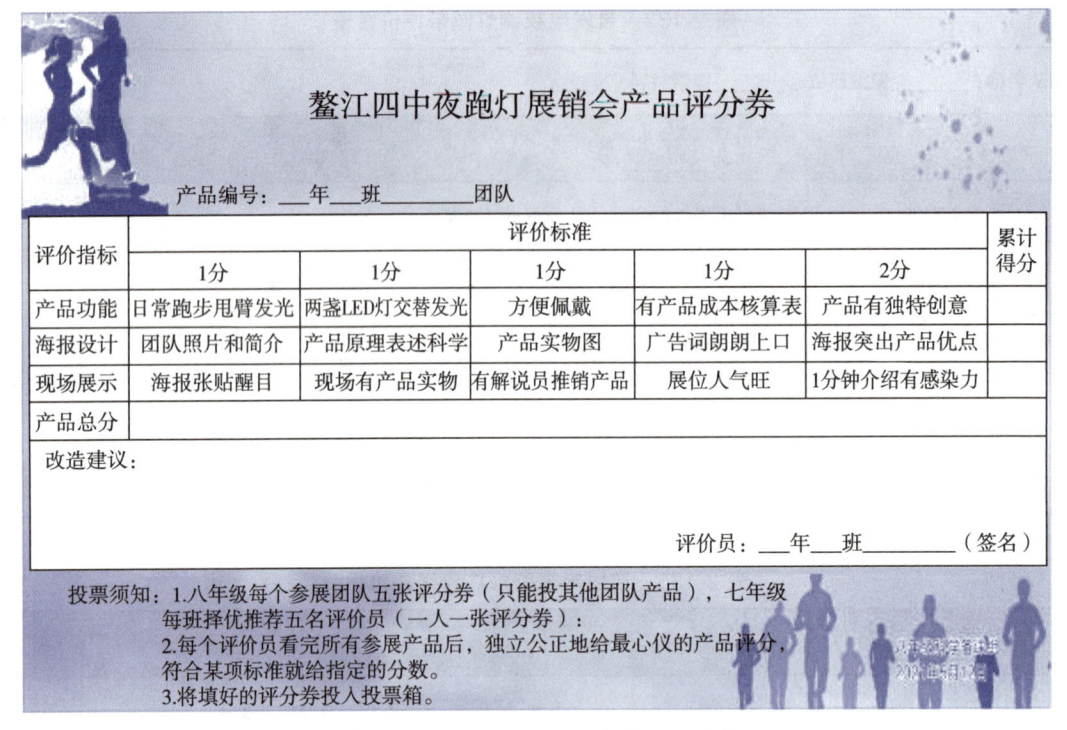

产品编号：___年___班_____团队

评价指标	评价标准					累计得分
	1分	1分	1分	1分	2分	
产品功能	日常跑步甩臂发光	两盏LED灯交替发光	方便佩戴	有产品成本核算表	产品有独特创意	
海报设计	团队照片和简介	产品原理表述科学	产品实物图	广告词朗朗上口	海报突出产品优点	
现场展示	海报张贴醒目	现场有产品实物	有解说员推销产品	展位人气旺	1分钟介绍有感染力	
产品总分						
改造建议：						

评价员：___年___班_____（签名）

投票须知：1.八年级每个参展团队五张评分券（只能投其他团队产品），七年级每班择优推荐五名评价员（一人一张评分券）；
2.每个评价员看完所有参展产品后，独立公正地给最心仪的产品评分，符合某项标准就给指定的分数；
3.将填好的评分券投入投票箱。

图 2-162　校夜跑灯展销会产品评分券

2.13.9　课例实施建议与反思

1. 实施建议

（1）上好导引课，赋予项目社会责任，浸润式培养学生节能担当意识。"自发电夜跑灯的设计、制作和推广"是我校原创的项目化学习，根据国家基础课程，创设"为夜跑者设计节能安全警示设备"这一真实情境，融合了科学、美术、语文等学科核心知识创造性解决问题，用高阶学习包裹低阶学习，在发展学生核心素养的同时，也促进学生学业成绩齐头并进。本项目获得家长的广泛支持，突破学校全员参与项目学习的瓶颈，实现智育、美育、体育多育融合。本项目的夜跑灯 1.0 版于 2021 年实施，夜跑灯 1.0 版设计是应用电磁感应原理的项目化学习，因此是先有课堂教学，再去挖掘项目的教育价值。为了赋予项目更多社会价值，2022 年我们对项目进行迭代，重新编排浙教版初中科学教学内容序列，将九年级下册的第四章"能源和可持续发展"前置融入项目导引课中，用翔实的材料让学生感受全球面临的能源问题，自然生发节约能源的意识，并试图寻找日常生活中可行的节能方法，从而水到渠成形成本项目的驱动性问题"如何利用跑步的机械能，为夜跑者设计、制作和向他们推广自发电夜跑灯"，浸润式培养学生的节能意识和社会责任担当。

（2）从"学以致用"向"用以致学"转变，还原真实世界的问题解决模式。项目化学习要赋予学生应对真实、复杂、多变世界的能力。而人们解决真实世界问题时，往往是先遇到问题，再主动搜索或学习解决问题的知识和方法。夜跑灯 1.0 版是应用电磁感应知识解决问题，学生的学习带有教师强烈的预设性，而迭代设计的夜跑灯 2.0 版是基于"从节能环保角度评价市面上的夜跑灯存在的不足——提出优化夜跑灯供电方式设想并形成驱动性问题——为解决驱动性问题主动获取电磁感应原理知识——为实现节能夜跑灯功能持续探究"问题解决逻辑，学生边做边学，实现向"用以致学"转变，这种学习模式高度还原了现实生活，具有迁移应用性。

（3）**从"整齐划一"向"赋予学生选择的权利"转变，培养创造性解决问题的能力**。2021 年进行夜跑灯 1.0 版教学时，由于给每位学生提供的材料是一模一样的，因此学生的作品和佩戴位置千篇一律，难以释放学生天马行空的创意。2022 年将项目迭代为夜跑灯 2.0 版时，我们对夜跑灯的材料进行迭代升级，提供 4 种规格的强磁铁和 3 种规格的漆包线供学生选择，材料创造性升级赋予了学生多重选择权利：选择夜跑灯的佩戴位置、选择夜跑灯的大小，从而使学生的产品更具多样性，也为进一步修改和完善夜跑灯评价标准提供可能性。材料的多样性指向创造性的问题解决，使学生从"服从标准"向"制订标准"转变。

2. 课后反思

（1）**基于课程标准围绕核心概念设计项目**。基础课程的课时数是确定的，项目的实施一定要围绕基础课程的学科核心概念开展，确保项目化学习是课程教学内容本身，而不是额外的添加，这样项目才能获得认同和支持。

（2）**指导学生利用评价量表开展评价和反思**。项目化学习为实现真实情境中的问题解决与核心知识的深度理解和迁移，需要评价规则支持和促进学生的学习。高质量的评价规则能有效地支持指向目标的项目学习进程，从而成功跨越认知发展难点，也能促进学习者的"元认知"的发展。因此在实施过程中，要指导学生读懂量表，并正确使用量表进行自我评价和基于证据进行互评及给予中肯的建议。

2.13.10 专家点评

本课例围绕夜跑灯的自发电问题情境，主要运用物理学科电磁感应和电路部分知识，最终实现了自发电夜跑灯的设计与制作。突出亮点是项目实施过程与学科知识紧密关联，强化学生运用所学知识解决问题的能力，而不仅仅是凭借经验或想象去进行设计。

在课程进阶方面，可以考虑强化产品设计的优化环节，优化是设计的重要一环，优化的方向不同，可以带来更多的可能性。例如，希望丰富产品样式，那么就引导学生在外观方面进行设计，在制造方式上进行选择，最终向批量化生产和真实可出售的产品方向努力。也可以进一步强化科学知识的运用，测量电压、电流和功率等要素，添加能量存储模块，寻找提升能量转化效率的办法，将这些与产品性能改进相结合。

中国 STEM 教育 2029 行动计划种子教师、清华附中通用技术教师　申大山

2.14 课例14：月球基地空气循环系统的设计

主要涉及学科：信息科技，化学，生物学，物理。
课例提供团队：北京市建华实验亦庄学校唐瑞鹤、侯旭姣、吕恺悦、郭亚楠、陶伟。

2.14.1 课例的背景、情境及学习目标

1. 课例背景

"逐梦太空"航天课程是我校"科技成长课程"中的重要组成模块。我校在北京市海淀区教师进修学校创新教育研究中心、青少年国际竞赛与交流中心等的指导帮助下，正在逐步构建系列航天主题STEM课程。

"月球基地空气循环系统的设计"是"载人星球基地"课程体系中"生命保障系统"的子系统。课程以"在一个长期载人月球基地上，如何构建可以自输送和自监测的空气循环系统"这一挑战性任务为驱动，学生以小组为单位，需要从人类生存所需的空气环境及其系统平衡入手，定量计算在月球基地生存的空气需求，结合月球基地既定条件，设计月球基地日常气体循环系统。学生将经历问题界定、月球基地需求探索、科学计算、自主阅读、调查研究、方案构思、设计图绘制、实物模型制作、测试、迭代、展示分享、反思总结等过程。课程渗透科学思维、科学探究、信息加工、计算思维、图样表达、创新实践、工程思维、合作表达、交流展示等能力的培养。"月球基地空气循环系统的设计"是课程中最重要的模块。

2. 课例情境

中国国家航天局要在月球上建设"广寒二号"永久性载人科研基地，基地最基本的构成可分为供科研人员工作生活的综合舱、保障基地运行的生态舱和舱外附属设施（能源、通信、交通等设备）。为了基地的扩展性和灵活性，每个生态舱总体积不超过 18 m^3，可将多个生态舱用标准接口连接起来。基地预计最多可容纳 20 名科研人员居住和科研，并力争实现空气、水和食物的循环利用。

中国国家航天局现就月球基地"空气循环系统"的设计方案，面向全球招标，发布设计要求。每个参投团队要考虑月球基地的整体规划，重点完成空气循环系统的设计。所有参投队伍需按要求提交相关材料，包括设计图纸、实物模型，并用PPT或微视频的方式进行方案展示与答辩。

3. 学习目标

（1）通过了解月球基地的功能和结构，建立对系统和系统模型的跨学科概念的理解与认识（跨学科概念理解）。

第 2 章　与学科整合：适合初中开展的 STEM 项目课例设计　311

（2）通过对基地中空气的组成、来源、消耗、供给等方面的探索，理解空气循环的要素、原理和路径，并建立利用传感器探测的技术使用意识（**学科概念理解**）。

（3）在循环系统的动力问题解决中，对基地模型中的空气循环风扇功率与气流流速之间的关系进行实验探究（**实际问题模型化**）；能运用科学原理，进行证据收集、推理论证等的实践（**构建解释**）。

（4）在项目任务拆解过程中，通过追问、提问、讨论等方式体验科学工程问题分析过程；能明确问题的限定条件，能规划出设计方案（**定义工程问题**）。

（5）能用软件绘制搭建空气循环系统的结构图；有准确表达自己观点的意识，能表述探究的问题、过程和结果（**基于证据的论证**）。

2.14.2　课例实施的环境和硬件要求

1. 实施环境

（1）专业教室的需求

创客实验室或 STEM 专用教室。教室要满足教师讲授需求和学生研讨需求，可根据任务不同灵活安排教室的布局。教室的使用者是以组为单位的学生团队，可支持学生开展学习、思考、讨论、设计、制作、总结及展示等活动。

（2）教室空间分布

教室能够支持小组合作式学习，若 4 人一组，可以容纳 6 组学生。教室根据功能不同可以分为多个区域，如教学区、操作区和展示区等。教学区配备计算机、投影仪、黑板和白板等；操作区配备完成任务所需的工具和器件，供学生讨论、交流与实践操作；展示区需根据具体小组数目配备展示板，供学生展示和评价作品。

2. 硬件要求

课例所需硬件见表 2-135。

表 2-135　课例所需硬件

序号	名称	参数 / 用途	数量
1	大屏幕或投影设备	投影仪或触摸大屏	1
2	大讨论桌	1.8 m × 1.2 m 用于小组合作、制作模型	6
3	椅子	与大工具桌配套	24
4	吊装伸缩电源（或插线板）	电缆自动收缩，带自锁装置，即拉即停	8
5	笔记本电脑	用于查阅资料、设计制图、编程开发	6
6	金工、木工操作台	规格 1.8m × 1.2m × 0.78m（6 人桌）	6
7	防护眼镜	用于眼睛防护	24

（续）

序号	名称	参数/用途	数量
8	仪器小车	带万向滚轮的双层置物架	2
9	桌面3D打印机	打印原理：FDM（熔融沉积造型），喷嘴温度：最高245℃，支持断料检测、断电续打、自动调平、自动关机	6
10	手动工具	开口扳手11件套、螺丝刀套装等	6
11	置物架	零件盒1套、工具挂板1套、工具架1套、立式工具盒1套、木质工具1套	6
12	电烙铁	焊接传感器	6

课例所需材料见表2-136。

表2-136 课例所需材料

名称	规格	用途	每组数量
彩笔	12色可水洗水彩笔 9.5 cm × 12 cm	列问题清单，做任务拆解，画设计图，模型中必要处做标识	1盒
便利贴	简约便签纸/便利贴 76 mm × 76 mm	列问题清单	3张
硬彩纸+白纸	B4	列问题清单，做任务拆解，画设计图	每组2份，不够用可再取
二氧化碳传感器	MH-Z16	检测二氧化碳浓度	共1个
电池盒	MCBB45	给设备供电和上传程序	共1个
Core+	MCA131	通过电池盒模块与计算机相连，实现应用	共1个
Hub	MCBH11	为核心模块扩展出许多"连接线"接口，连接扩展不同的传感器和执行器	共1个
LED灯	MSDL22	检测二氧化碳浓度，达到1000ppm以上时即亮灯	共1个
蜂鸣器	MSLO11	检测二氧化碳浓度，达到2000ppm以上时即鸣响	共1个
传感器线	MAAL21A	链接传感器与Hub	共1个
USB线	MAAL11D	连接Core USB和计算机，将程序加载到模块中，也可通过计算机给模块供电	共1个
OLED显示屏	MCBS11	显示二氧化碳浓度值	共1个
计算机		编程，做PPT	1台
造景砌块（高密度强化泡沫板）	28.5 cm × 39.5 cm × 3 cm	搭建模型	1~2个
橡皮泥	超轻黏土橡皮泥（不同颜色）	做模型时，搭建基地、生态舱外形等	若干，根据需求领取

（续）

名称	规格	用途	每组数量
彩色吸管	彩色混装100支装（大号加粗）	搭建模型时，作为管道链接或者支架等	2袋，根据需求领取
弯吸管	100根装	搭建模型，用于管道连接等	2袋，根据需求领取
彩色雪糕棒	114 mm×10 mm 约200根	搭建模型时，用作必备的支架等	3包，根据需求领取
热熔胶枪	热熔胶枪 5~20 W 胶棒 7 mm	做模型时，粘连物体	共2支，共用
双面胶	高黏性棉纸双面胶带 9 mm×10 mm	做模型时，粘连物体	1卷
美工刀		搭建模型时，用于修剪	不分发，需要用的小组可以领取
剪刀		搭建模型时，剪草坪等	不分发，需要用的小组可以领取
仿真树干，仿真蔬菜	6cm	搭建模型时，用于仿真植物制作	若干，根据需要领取
铝箔纸		搭建模型时，包裹在捏好的橡皮泥模型外面	若干，根据需要领取
造景泥		搭建模型时，刷在捏好的橡皮泥模型外面，模拟实物	自备
电热泡沫切割笔		搭建模型时，切割泡沫	若干，根据需要领取

2.14.3 课例适合的学段

1. 适合的学段

七年级和八年级。

2. 学生已有知识、经验、技能基础情况

学生对环境的认识停留在熟悉的地球空间上，对太空认识不够，对月球环境比较陌生。学生接触工程设计较少，工程思维需要加强训练。

学生能对收集的信息进行简单的归类和比较，但对信息的处理、有效加工的能力需要加强；能用软件绘制简单的图，但规范性需要提高；有一定的动手实践能力，能够动手制作简单的装置，有初级的人工智能化的意识，未必能清晰准确应用各类传感器及用传感器搜集信息、通过程序来判断处理信息等。

（1）学习发展需求

1）对月球环境的熟悉度。

2）对真实情境中项目的系统分析与规划。

3）工程思维与工程意识，工程设计的系统性、复杂性、实用性。

4）对信息的检索、归类、比较、处理、有效加工。

5）人工智能及各类传感器的应用，通过编程来实现对信息的处理和对外部动作的控制。

（2）发展路径分析

以项目式学习的方式，随着各项任务和活动的开展而推进学习。

3. 学生学习过程中可能遇到的困难

资料查阅：在检索到的海量信息中，如何快速找到并提取出有价值的信息。

任务拆解：能否在短时间内，将要做的事情结构化，将大任务拆成小任务，并清晰呈现。

图纸绘制：能否绘制出符合规范的空气循环系统设计图纸，尤其是符和工程制图的基本规范。

编程控制：能否成功通过编程方式，实现传感器与终端的控制，并完成对信息的处理和对外部动作的控制。

2.14.4 核心挑战性任务及拆解

1. 挑战任务

在一个最多可容纳 20 名科研人员长期居住和科研的月球基地上，请你设计并制作基地的空气循环系统，实现空气的自动输送与实时质量监测。所有参投队伍需按要求提交相关材料，包括设计图纸、能实现自动监测功能的实物原型，并用 PPT 或微视频方式进行方案展示与答辩。

（1）学习过程

分为 3 个主题，如图 2-163 所示。

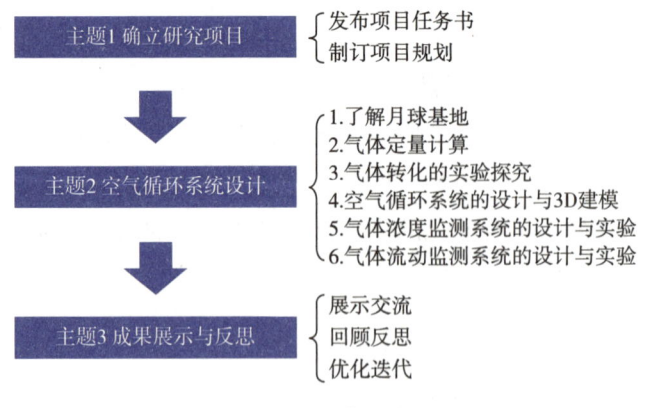

主题1 确立研究项目
- 发布项目任务书
- 制订项目规划

主题2 空气循环系统设计
1. 了解月球基地
2. 气体定量计算
3. 气体转化的实验探究
4. 空气循环系统的设计与3D建模
5. 气体浓度监测系统的设计与实验
6. 气体流动监测系统的设计与实验

主题3 成果展示与反思
- 展示交流
- 回顾反思
- 优化迭代

图 2-163 学习过程

第 2 章　与学科整合：适合初中开展的 STEM 项目课例设计

（2）总挑战性任务
在一个长期载人月球基地上，构建可以自输送和自监测的空气循环系统。

（3）核心问题串
1）月球基地的结构是怎样的？
2）哪些舱室消耗空气？具体消耗的是空气中的哪种成分，每天消耗的量是多少？
3）哪些舱室可以产生氧气，产生氧气的原理是什么，条件是否具足？
4）如何将产出的氧气输送到需要的舱室？
5）对于科研人员来讲，空气中氧气浓度越高越好吗，在什么范围内合适？
随着呼吸加剧，二氧化碳浓度增加，会不会对人体有影响？
6）如何确保气体浓度在合适范围内。
7）遇到紧急情况怎么办，会有可能有哪些紧急情况，怎么处理？

（4）知识框架图
本课例涉及的知识框架图，如图 2-164 所示。

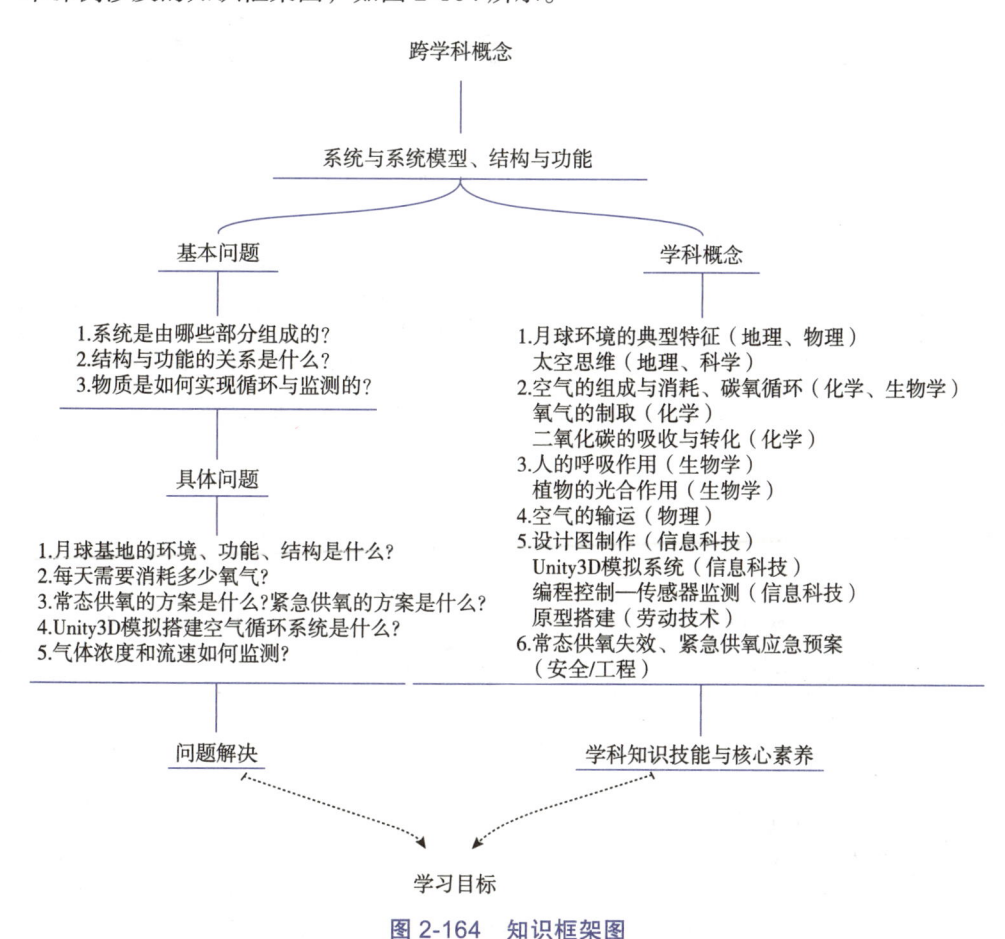

```
                        跨学科概念
                            │
              系统与系统模型、结构与功能
                    │                │
                基本问题           学科概念
                    │                │
  1.系统是由哪些部分组成的?      1.月球环境的典型特征（地理、物理）
  2.结构与功能的关系是什么?        太空思维（地理、科学）
  3.物质是如何实现循环与监测的?   2.空气的组成与消耗、碳氧循环（化学、生物学）
                                   氧气的制取（化学）
                                   二氧化碳的吸收与转化（化学）
                具体问题           3.人的呼吸作用（生物学）
                    │              植物的光合作用（生物学）
  1.月球基地的环境、功能、结构是什么?  4.空气的输运（物理）
  2.每天需要消耗多少氧气?              5.设计图制作（信息科技）
  3.常态供氧的方案是什么?紧急供氧的方案是什么?   Unity3D模拟系统（信息科技）
  4.Unity3D模拟搭建空气循环系统是什么?      编程控制—传感器监测（信息科技）
  5.气体浓度和流速如何监测?                  原型搭建（劳动技术）
                                          6.常态供氧失效、紧急供氧应急预案
                                             （安全/工程）
                    │                │
                问题解决        学科知识技能与核心素养
                        ╲        ╱
                         学习目标
```

图 2-164　知识框架图

(5) 不同学科/领域知识

本课例涉及的不同学科/领域知识见表 2-137。

表 2-137　本课例涉及的不同学科/领域知识

学科/领域	相关的内容要点	学生已有认知	待发展认知
化学	（1）空气组分及各组分作用 （2）人呼出气体与吸入空气的不同	（1）空气组分及各组分作用 （2）氧气的实验室制法	（1）二氧化碳转化为氧气的途径 （2）空气中氧气和二氧化碳的安全浓度范围
物理	（1）空气流速的设置 （2）通风功率的计算 （3）管道口径及长度的设计	知道功率与管道口径及长度有关	（1）通风途径的选择 （2）通风功率的计算
生物学	（1）植物的光合作用 （2）碳—氧循环的方式与途径	植物的光合作用	碳—氧循环的方式与途径
数学	（1）氧气消耗量与供给量的定量计算 （2）数学模型的建构	定量计算	
科学	科学探究	科学探究的基本流程	科学探究的应用
技术	（1）三维设计图绘制 （2）Unity3D 模拟系统 （3）原型制作、编程 （4）氧气浓度传感器监测 （5）二氧化碳浓度传感器监测 （6）气体流速传感器监测	（1）平面图绘制 （2）实物模型制作	（1）三维立体图绘制 （2）编程、传感器探测 （3）通过程序来判断处理信息
信息素养	对信息的检索、阅读、判断、加工、处理、输出	（1）对信息的检索和阅读 （2）对信息的基本判断	对信息的加工、处理、输出
太空	（1）月球环境的特点 （2）月球基地的结构与功能	人类长期生存所需要的环境和必备要素	（1）月球环境的特点 （2）月球基地结构与功能

2. 任务拆解

任务拆解见表 2-138。

表 2-138　任务拆解表

核心挑战性任务	拆解后的子目标	子任务	阶段性成果
在月球基地上，构建可以自输送和自监测的空气循环系统	研究项目任务书	（1）阅读项目任务书 （2）梳理问题清单，明确任务要求 （3）制订项目规划	（1）学习笔记 （2）问题清单 （3）思维导图
	了解月球基地的环境、功能和结构	（1）了解月球环境的典型特征 （2）了解月球基地的功能和结构	（1）学习笔记 （2）月球基地功能要点与结构图对照关系图谱
	气体定量计算	根据限定条件进行初步的要素分析，定量计算出每天氧气的需求量、二氧化碳和氧气的转化量	计算结果

第 2 章　与学科整合：适合初中开展的 STEM 项目课例设计

(续)

核心挑战性任务	拆解后的子目标	子任务	阶段性成果
在月球基地上，构建可以自输送和自监测的空气循环系统	气体转化的实验探究	（1）探究光合作用如何将二氧化碳转化为氧气的 （2）建立危险环境中应急系统设计的意识	（1）实验方案，实验记录，实验报告 （2）学习笔记
	空气循环系统的设计	（1）理解月球基地空气循环的要素、原理和路径 （2）利用 Unity 软件搭建 3D 空气循环系统	（1）草图绘制 （2）利用 Unity 搭建 3D 空气循环系统
	搭建气体浓度监测系统	（1）建立传感器探测的意识 （2）会使用 Arduino、传感器、图形化编程实现自动控制 （3）气体浓度超出安全阈值时，能够快速启动安全应急措施	（1）编程、搭建智能控制系统 （2）工程笔记或项目日志 （3）测试数据及调整方案
	搭建气体输送流动速度监测系统	（1）建立传感器探测的意识 （2）使用 Arduino、传感器、图形化编程实现自动控制 （3）根据图纸快速搭建原型，正确处理气泵与管道的关系 （4）建立气压与气体流速的关系	（1）编程、搭建智能控制系统 （2）工程笔记或项目日志 （3）测试数据及调整方案
	小组交流展示、复盘反思、迭代优化	（1）有效表达探究的问题、过程和结果 （2）运用评价方案对他人方案作出判断，并给予有效反馈 （3）有评估和反思项目过程的意识，能在复盘中关注到问题，提出解决方案 （4）理解迭代、优化在科学探究与工程中的重要意义	（1）项目 PPT （2）解说展示 （3）评价方案 （4）反思日志或优化迭代方案

2.14.5　分课时的教学进度规划

1. 项目实施流程图

项目实施流程图如图 2-165 所示。

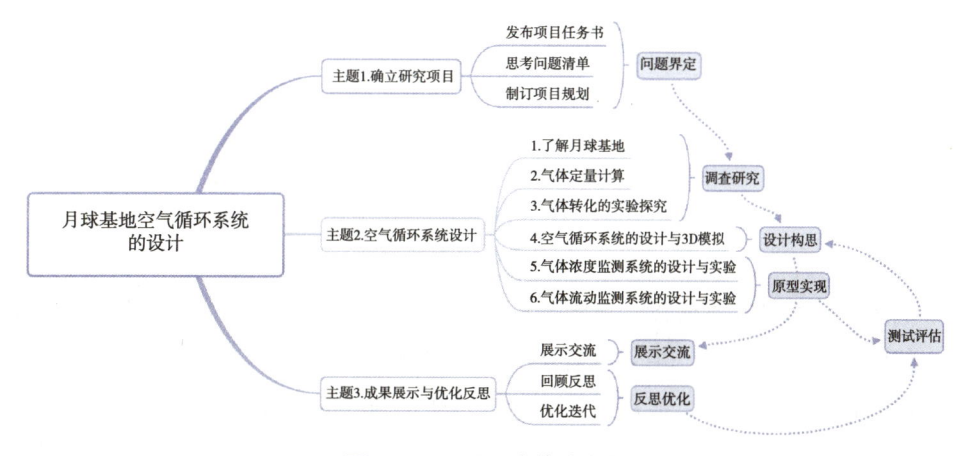

图 2-165　项目实施流程图

2. 分课时的教学进度规划

分课时的教学进度见表 2-139。

表 2-139　教学进度规划表

主题	具体内容	课时数
研究项目任务书	（1）阅读项目任务书 （2）梳理问题清单，明确任务要求 （3）制订项目规划	3
了解月球基地的环境、功能和结构	（1）了解月球环境的典型特征 （2）了解月球基地的功能和结构	2
气体定量计算	根据限定条件进行初步的要素分析，定量计算出每天氧气的需求量、二氧化碳和氧气的转化量	1
气体转化的实验探究	（1）探究光合作用如何将二氧化碳转化为氧气的 （2）建立危险环境中应急系统设计的意识	2
空气循环系统的设计	（1）理解月球基地空气循环的要素、原理和路径 （2）利用 Unity 软件搭建 3D 空气循环系统	3
搭建气体浓度监测系统	（1）建立传感器探测的意识 （2）会使用 Arduino、传感器、图形化编程实现自动控制 （3）气体浓度超出安全阈值时，能够快速启动安全应急措施	3
搭建气体输送流动速度监测系统	（1）建立传感器探测的意识 （2）会使用 Arduino、传感器、图形化编程实现自动控制 （3）根据图纸快速搭建原型，正确处理气泵与管道的关系 （4）建立气压与气体流速的关系	2
小组交流展示、复盘反思、迭代优化	（1）有效表达探究的问题、过程和结果 （2）运用评价方案对他人方案作出判断，并给予有效反馈 （3）有评估和反思项目过程的意识，能在复盘中关注到问题，并提出解决方案 （4）理解迭代、优化在科学探究与工程中的重要意义	2

2.14.6　部分分课时的教学设计

【第 1 次课】

★ 主题名称

确立研究项目

★ 学习目标

（1）利用非连续性文本阅读，培养提取信息的能力；明确挑战性任务的限定条件。

（2）能够提出核心问题，培养做概念界定的能力。

（3）能认识项目式学习，能用设计思维进行初步的任务拆解与分析。

第 2 章　与学科整合：适合初中开展的 STEM 项目课例设计

★ 核心问题

（1）发布项目任务书。
（2）通过情境分析，运用问题清单明确项目的任务要求。
（3）制订项目规划。

★ 评价方案

评价任务：评价学生的信息提取能力，问题界定能力，项目规划能力。

评价标准：信息提取的完备度、有效性；问题清单的完善度、逻辑性；项目规划的科学性、可行性。

评价方式：小组评价，教师评价。

评价工具：评价量表（表 2-140）。

评价结果呈现方式：等级（评分）评价。

表 2-140　评价量表（一）

评价内容	赋分	小组评价	教师评价
信息提取的完备度、有效性	0~10 分		
问题清单的完善度、逻辑性	0~10 分		
项目规划的科学性、可行性	0~10 分		
总分			

★ 本课的重点、难点

（1）准确梳理问题清单。
（2）制订科学的、可行的项目规划。

★ 学习活动设计

环节一：破冰活动——快速分组

样例方法 1. 抽取扑克牌随机分组（适合彼此不认识的学生）
样例方法 2. 学生自行分组（适合相互熟悉的学生）

教的活动 1	学的活动 1
在教室门口发放扑克牌； 在黑板上写下分组方法： 数字 1——第 1 组， 数字 2——第 2 组， …… 依次类推。	进教室抽取扑克牌； 组成小组，快速找到同组伙伴。

设计意图
快速有序地进行分组，为后期小组活动做准备。

环节二：小组团建，绘制海报

教的活动 2	学的活动 2
发布团建任务，引导各组自我介绍、角色分工并设计海报。15 分钟后，进行海报分享。 海报需包括： （1）小组组名、LOGO、口号（内容可以与航天事业相关）。 （2）组员简介，包括姓名、昵称、班级、组内角色，并用一句话描述最擅长的是什么。	（1）按要求完成组员简介。 （2）形成团队分工：组长、信息记录员、LOGO 绘制师、发言人。 （3）设计小组海报（草图可画在学案上，正式海报需画在 A3 纸上，也可以用计算机软件制作）。

设计意图
（1）通过小组团建和回顾反思，培养团队合作、沟通、交流等能力。
（2）通过结构化语言训练，培养学生的倾听、表达、评价等综合素养。
（3）通过评价，让学生辨析何为有帮助的反馈，提高组内或组间评价的能力。

环节三：观看视频，情境引入

教的活动 3	学的活动 3
热身：同学们知道人类首次登月是什么时候吗？ 人类探索太空的活动从未停止过。"重返月球、探测月球资源、建立月球基地"已成为世界航天活动的热点和趋势。随着中国航天力量不断增强，载人登月计划也提上日程。 播放视频：视频1——阿波罗11号登月回顾；视频2——中国航天科技发展史。	热身回顾。 1969年7月，美国宇航员阿姆斯特朗乘阿波罗11号飞船踏上月球，这是一个人的一小步，却是人类的一大步。（That's one small step for a man, one giant leap for mankind.） 观看视频了解：人类探月史，中国航天科技发展史和载人登月计划。 观看PPT了解背景和挑战性任务。

设计意图
（1）了解人类登月史，了解中国航天科技发展史和载人登月计划。
（2）引出项目和招标。

环节四：发布项目任务书

教的活动 4	学的活动 4
（1）发布项目任务书。解说任务书主要内容：项目背景、任务描述及要求、工程设计思维说明、项目备用资料。 （2）阅读完毕后请学生归纳任务书信息，将自己对以下问题的理解写到不同颜色的便签纸上。每张便签纸上写1条，每个问题可写多张： 问题1.项目任务是什么？（粉色） 问题2.项目的限制条件有哪些？（浅蓝） 问题3.最终要完成哪些内容？（黄色） （3）组织组内交流。将A3纸分为3个区域，分别对应3个问题的张贴区。成员间分享各自的答案，将便签纸张贴到对应区域（内容重复的不用粘）。归纳整理出本组信息。	（1）根据提纲，认真阅读项目任务书。一边读，一边在任务书上画出有价值的信息。 （2）阅读完毕后，将对3个问题的理解写到指定颜色的便签纸上，每个问题可书写多条。 （3）组员将各自的答案粘贴到A3纸对应位置，去除重复信息，讨论补充，获得本组全面信息。

设计意图
（1）阅读项目任务书，提取关键信息。
（2）明确挑战性任务，限定条件，交付最重要的内容。
（3）通过组内交流，提高信息获取的完整度。

第2章　与学科整合：适合初中开展的STEM项目课例设计

环节五：列出问题清单

教的活动5	学的活动5
（1）请独立思考：假想你就是真实世界的工程师，如果要完成本项目，你需要先知道哪些信息，才能完成最终任务？请将你所能想到的所有问题，依次写到便签纸上。 （2）引导组内交流：要求快速筛选出重复的问题，整理出同类的问题（比如，都是与月球环境相关等），以分类、分模块的方式呈现，将便签纸贴到大彩纸上。 （3）组间交流：选出做得比较完善的两组成员上台，分别展示本组内容。 　　要求：讲清楚问题分类逻辑、内容。未上台的组进行补充，后面的组不能说与前面组重复的内容，只能补充新信息。 （4）教师在黑板上板书，记学生发言要点。PPT呈现启发性问题，引导学生再度讨论补充，并一起回顾总结，在黑板上形成一份相对完善的问题清单。同时，要求各组及时完善本组问题清单，最终以思维导图方式整理在A3纸上。PPT呈现教师提前预设的"Need to Know" list。吸收现场生成内容，再度完善PPT。教师对每组最终的思维导图拍照留存。	（1）独立思考，在便签纸上列出自己想知道的信息或问题。每张便签纸上写1条，可写多张。 （2）组内交流，快速筛选出重复的问题，合并相似的问题，讨论如何将问题分类、分模块，将便签纸按问题的类别贴到大彩纸的不同区域。 　　组员讨论，对每一类问题做概括归拢，并在大彩纸上绘制出本组的问题清单。 （3）小组上台，1人代表发言，小组同伴协助展示彩纸，讲清楚本组问题清单。 （4）各组根据其他组发言及教师总结，整理出一份完善的问题清单，记录在A3纸上，以思维导图方式，形成"Need to Know" list。

设计意图
（1）头脑风暴，讨论解决任务都需要哪些信息，自主思考，培养思维深度。
（2）对问题归类，提升信息归纳能力。
（3）回顾总结，开启系统思维。

环节六：学习工程设计思维

教的活动6	学的活动6
（1）提问：面对一个真实的工程问题，工程师通常会怎么思考？是一开始就设计方案吗？如果不是，那么在设计方案之前，他需要先做什么？ ——问题界定（用户的需求是什么，要解决的核心任务是什么，边界条件是什么，最终要交付的内容是什么）。 ——调查研究（如何解决一系列规划问题）。 工程师通常是"团队作战"进行头脑风暴，而且始终不断挖掘用户实际需求。 （2）以"为一个两室一厅的家庭设计并制作一套新风系统"为例，用思维导图的方式，制订项目规划。 总结：工程设计思维，如图2-166所示。	（1）跟随老师问题进行思考，互动回答： ——首先要弄清楚要解决什么问题？ ——用户的实际需求是什么？ ——受哪些条件制约？ ——调查研究:有没有可供参考的实际方案？ ——核心的难点在哪？ ——工程成本是多少？ （2）针对"为一个两室一厅的家庭设计并制作一套新风系统"这一任务，用思维导图方式绘制项目解决过程。 思考体会：工程设计思维，如图2-166所示。

图2-166　工程设计思维图示

设计意图

（1）学习工程设计思维，像工程师一样思考问题。

（2）以案例为抓手，体会工程设计思维的全过程。

环节七：任务拆分，制订项目规划

教的活动 7	学的活动 7
假如你是总工程师，针对"为月球基地设计空气循环系统"这个核心任务，请用工程设计思维，绘制该项目解决过程的思维导图。 如果学生有困难，可分步引导： （1）你认为应该拆分为哪些步骤？每一步的目标是什么？在实施过程中，先做什么，后做什么？小组讨论，将结果梳理在项目规划表中。 （2）详细分析，每一步中都需要哪些知识、方法和工具，或需要老师提供什么指导？请列表深入分析。 （3）根据总课时，合理规划完成每一步所需要的时间。 （4）小组分享。 （5）与学生一起，回顾、优化项目规划表。	小组讨论，绘制该项目解决过程的思维导图。 跟随教师思考： （1）小组讨论阶段任务、目标及实施的先后次序，并及时记录，填入项目规划表 2-140 中。 （2）小组讨论：每个阶段任务 所需的知识、方法和工具等，及时记录、梳理。 （3）根据总课时，对每一步所投入的时间做大致规划，完成表 2-141。

表 2-141 项目规划表

核心任务	阶段任务	阶段任务目标	所需知识/方法/工具	需要时间

设计意图

（1）对核心任务进行拆分，对项目目标和限制条件进行界定。

（2）认识项目式学习，能用工程设计思维进行任务拆解与分析。

（3）根据课时规划每一步投入时间，明确本项目进度安排。

【第 2 次课】

★ 主题名称

了解月球基地

★ 学习目标

（1）了解月球环境的典型特征。

（2）了解月球基地的功能和结构。

第 2 章　与学科整合：适合初中开展的 STEM 项目课例设计

★ 核心问题

月球环境是什么样的，月球基地需要具备哪些功能，又该设置怎样的结构呢？

★ 评价方案

评价任务：系统与功能的关系建构。

评价标准：月球环境的关键要素、完备度；月球基地功能的完整性；月球基地结构的科学性、可行性。

评价方式：小组评价，教师评价。

评价工具：评价量表（表 2-142）。

评价结果呈现方式：等级（评分）评价。

表 2-142　评价量表（二）

评价内容	赋分	小组评价	教师评价
月球环境的关键要素、完备度	0~10 分		
月球基地功能的完整性	0~10 分		
月球基地结构的科学性、可行性	0~10 分		
总分			

★ 本课的重点、难点

建立太空思维。

★ 学习活动设计

环节一：认识月球及月球环境	
教的活动 1 （1）你了解月球吗？与地球相比，月球直径、质量如何？ （2）月球距离地球到底有多远？演示：请 2 位同学上台演示月地距离。 （3）月球上的一天（昼夜），相当于地球上的多久？播放视频：人在月球上待 1 天，相当于在地球上过了多长时间。 （4）月球正面、背面是如何定义的？为何月亮总是同一面对着我们？（因为月球自转周期与公转周期相同）演示：请 3 位同学上台演示日、地、月转动关系。 （5）月球环境和地球有哪些不一样的地方？对人们在月球上生活带来怎样的影响？ 月球环境特点及对人们生活的影响： 1）高真空（无大气）。 2）微重力（重力为地球上的 1/6）。 3）强光照（太阳光强度比地球高 5~10 倍）。 4）强辐射（宇宙射线，高能量）。 5）温差巨大（昼 120℃，夜 -180℃）。 6）太空尘埃（高速运动的尘埃、微流星体）。 7）资源缺乏（生命保障物资匮乏）。	**学的活动 1** （1）自由回答：关于月球的基本常识（直径、质量、与地球的距离等）。 （2）自由回答：38 万千米。 2 位同学上台演示。 3 位同学上台演示：其中甲同学当作太阳，站立不动；乙同学为地球，绕太阳缓慢公转，同时自转；丙同学为月亮，始终保持脸面向地球，绕地球公转。注意：乙同学自转 28 圈，丙同学公转 1 圈。 （3）思考，查阅资料并回答：没有大气；没风；光照也会很强；白天很热，晚上很冷；很荒芜；暂未发现液态水…… （4）思考：月球的几个环境特点对月球基地及人们生活的影响。 （5）演示真空实验： 以小组为单位，将棉花糖塞进注射器，挤出空气，然后用手指堵住注射器端口，再使劲往外拉活塞，棉花糖膨胀，此时注射器内即为低气压、接近真空状态。 借助该实验，对真空有直观的认识。
设计意图 （1）认识月球。 （2）了解月球环境。	

环节二：了解月球基地的功能和结构

教的活动 2	学的活动 2

（1）什么叫月球基地？（按建造阶段，可分为无人月球基地、载人月球基地。本项目中指载人月球基地）
（2）为什么要建月球基地？月球基地承载着怎样的功能？
  1）月球科学研究。
  2）月球原位资源探测及开采利用。
  3）科学试验平台。
  4）月基空间观测站。
  5）载人深空探测中转站。
（3）月球基地可能是什么样的？展示各国月球基地设计概念图。
（4）月球基地的结构是什么样的？
  1）机器人月球基地；载人月球基地：除了外围设施，必须包括航天员科研及生活设施、科研工作舱、人员训练舱、生物培养舱、生活休息区等。
  2）总结载人月球基地的基本结构：人居综合舱、生态舱、舱外设施。
本项目要解决的问题：空气循环系统。
	（1）思考并回答：有人值守的月球科考基地。类比空间站。
	（2）思考，查阅资料并回答：科学研究；原位资源探测；基于月球环境特点的科学试验；月球空间科研基地观测；通过观看不同月球基地概念图，对月球基地有初步、直观、形象的认识。
	（3）观看图片，聆听教师讲解，并思考：无人和载人月球基地的结构差异。
	（4）总结载人月球基地的基本结构，自主思考，建立"生物生命保障"的系统观；进一步明确本项目的背景和上位研究框架。
	（5）思考空气循环、水循环、食物供给等是如何实现闭环的。

设计意图
（1）了解月球基地的概念。
（2）了解月球基地的功能。
（3）认识月球基地的结构。
（4）建立生物生命保障的系统观。

环节三：选择本组的月球基地方案

教的活动 3	学的活动 3
（1）将提前准备好的 6 组不同的月球基地方案装入信封，供各小组抽签。 （2）请各小组对本组月球基地进行以下描述： 面积： 空间（体积）： 人员数量： 舱体结构及功能： 生态舱位置及特点： （3）设计气体在不同舱室之间的流通线路图，并标示出气体及流动方向（答案不唯一，鼓励多元化）。 （4）组间分享交流：本组基地结构讲解及气体流通线路图构思。	（1）派小组成员代表抽签，抽取本组的月球基地方案。 （2）各组讨论，对本组的月球基地进行描述。 （3）设计绘制气体在不同舱室的流通路线图，鼓励设计不同的方案，并比较优劣。 （4）每小组派代表解说本组的月球基地结构，并介绍气体流通线路图。

设计意图
熟悉本组月球基地方案，初步思考设计气体流动路线图。

【第 3 次课】

★ **主题名称**

空气循环系统的设计与 3D 模拟

第 2 章　与学科整合：适合初中开展的 STEM 项目课例设计

★ 学习目标

（1）理解空气循环的要素、原理和路径。

（2）根据计算、实验探究结果选择管道、气泵及连接方式，设计符合基地特点的循环系统。

（3）完成工程设计草图，培养三视图的能力。

（4）能用 Unity3D 软件进行绘图，设计并实现月球基地的场景搭建。

★ 核心问题

你能用 3D 模拟系统搭建出月球基地吗？

★ 评价方案

评价任务：结构与功能的匹配度、系统思维的建立。

评价标准：空气循环系统的完备度、关键要素，系统与基地的匹配度，各子模块正常运转的科学性与可行性及图样表达能力。

评价方式：小组评价，教师评价。

评价工具：评价量表（表 2-143）。

评价结果呈现方式：等级（评分）评价。

表 2-143　评价量表（三）

评价内容	赋分	小组评价	教师评价
空气循环系统的完备度、关键要素	0~10 分		
空气循环系统与月球基地的匹配度	0~10 分		
空气循环系统各子模块运转的科学性、可行性	0~10 分		
总分			

★ 本课的重点、难点

Unity3D 系统的熟悉使用，场景的搭建以及与之相匹配的空气循环系统的设计。

★ 学习活动设计

环节一：初始 Unity3D 游戏引擎	
教的活动 1 （1）提问：学生玩过的游戏有哪些？补充 Unity3D 相关知识： 1）Unity3D 是一款游戏引擎。 2）列举利用 Unity3D 制作的应用或游戏，引起学生兴趣。 3）很多游戏公司在使用 Unity3D，如腾讯、完美世界、搜狐畅游等，对应的职业是 Unity3D 程序员。 （2）登录 https://unity.cn/ 下载并安装 Unity3D 软件。 （3）教师演示基本操作。	学的活动 1 （1）分享玩过的游戏，包括 VR 虚拟现实、AR 增强现实、网页游戏、主机游戏及手机游戏等。 （2）学生打开安装包，自行安装。
设计意图 （1）与现实生活联系起来，激发学生的学习兴趣。 （2）下载并安装 Unity3D，初步了解它的应用和界面。	

环节二：制作第一个 Unity3D 游戏项目	
教的活动 2 （1）教师演示如何快速创建一个迷宫场景。 核心操作： 1）创建基本 3D 物体，如球、正方体、胶囊体、平面等。 2）通过快捷按键移动（W）、缩放（E）、旋转（R）等调整场景中游戏物体。 3）多角度调整视图，包括正视图、俯视图、侧视图、自由视角。 （2）导入官方资源包 Standard Assets，并把第一人称的 prefab 拖拽到场景中的合适位置，运行游戏，尝试走出迷宫。	**学的活动 2** （1）学生通过拖拽正方体搭建一个迷宫。 （2）学生运行程序文件，并初步体验不同场景的创设。
设计意图 （1）具备 Unity3D 的基本操作能力。 （2）具备工程设计草图、三视图的能力。 （3）能用软件进行模型创建与场景搭建。	
环节三：搭建自己的月球基地	
教的活动 3 布置任务：以小组为单位搭建一个月球基地。 （1）强调竞技性来调动学生积极性。 （2）提供资源包，或在 Asset Store 自行下载。 （3）创建的模型可简可复杂，能示意即可。	**学的活动 3** （1）学生以小组为单位，将一个月球基地方案在 Unity3D 软件中模拟呈现出来。 （2）组间交流体验。
设计意图 （1）设计并实现月球基地的场景搭建。 （2）锻炼创新思维，学生可利用软件把创意和想象实现并展示。 （3）把技能迁移到实际工程项目中以辅助大项目。	
环节四：设计空气循环系统	
教的活动 4 （1）提问：月球舱上的空气状况是怎样的？ 教师可在大屏幕上倒计时来把握时间；在学生讨论过程中可播放舒缓的音乐；教师可深入小组中倾听想法；重点帮助个别小组，加入讨论。 （2）注意：为避免部分学生跟不上节奏，教师可事先搭建好月球基地模型的程序，基础薄弱的学生可以直接在教师搭建的基础上进行空气循环部分的设计；如有完成较快的小组，可鼓励放入第一人称视角漫游，或在 Asset Store 中寻找丰富的资源；引导学生将不同视角的成果截图保存，记录在项目报告中。 （3）路演： 1）组织小组进行成果展示和交流。 2）教师以评委身份对每组成果做点评。 3）教师用便签方式给每个小组反馈意见。	**学的活动 4** （1）需求分析：学生讨论月球上氧气、二氧化碳的产生和消耗情况，并以宇航员身份进行需求调研。 （2）设计与实现：学生交流方案，并在教师搭建好的月球基地的基础上新建若干管道，包括二氧化碳通道和氧气通道。 （3）交流与反馈：学生以小组为单位，向大家介绍月球基地的设计理念、气体循环系统、管道选择及气泵连接方式等。 学生自由体验其他组搭建的场景，并用便签方式给予反馈意见。 （4）迭代：学生根据反馈意见进行修改和迭代。
设计意图 （1）理解空气循环的要素、原理和路径。 （2）根据计算、实验探究结果选择管道和气泵，并确定连接方式，设计符合基地特点的循环系统。	

第 2 章　与学科整合：适合初中开展的 STEM 项目课例设计

【第 4 次课】

★ 主题名称
搭建气体浓度监测系统

★ 学习目标
（1）建立利用传感器探测的意识。
（2）会正确连接 Arduino UNO 开发板、传感器、蜂鸣器、LED 灯等各组件。
（3）会利用编程语言实现自动控制。

★ 核心问题
如何搭建月球基地气体浓度自动监测系统呢？

★ 评价方案
评价任务：气体浓度监测系统的科学性、完备度和通畅度。
评价标准：能实现各舱室气体浓度的自动监测，超出阈值后能实现自动报警。
评价方式：小组评价，教师评价。
评价工具：评价量表（表 2-144）。
评价结果呈现方式：等级（评分）评价。

表 2-144　评价量表（四）

评价内容	赋分	小组评价	教师评价
气体浓度监测系统搭建的科学性、完备、通畅度	0~10 分		
能实现各舱室气体浓度的自动监测	0~10 分		
当气体超出安全阈值后，能实现自动报警	0~10 分		
总分			

★ 本课的重点、难点
（1）对传感器、电路、控制程序的熟悉度。
（2）基于 Arduino 和 mCookie 的气体浓度监控系统搭建。

★ 学习活动设计

环节一：认识电子元器件

教的活动 1	学的活动 1
（1）播放智能扫地机器人的视频，提问：为什么扫地机器人能够自动绕开路障？ （2）介绍电子元器件：土壤温湿度传感器、二氧化碳浓度传感器、LED 灯、蜂鸣器、Arduino UNO 开发板、面包板、杜邦线等。 （3）教师补充拓展 Arduino UNO 开发板的应用，如烟雾报警器、智能温控大棚、自动浇花系统等，并通过视频和辅助讲解的方式帮助学生理解传感器、电路、控制等抽象概念。	（1）思考并回答为什么扫地机器人能够自动绕开路障。 （2）学生了解并记录各电子元器件的功能。 （3）学生了解 Arduino UNO 开发板相关应用，思考并交流生活中或教室内可能用到的智能化设备，并试着说出基本原理。

设计意图
（1）把电子元器件与生活联系起来。
（2）增强学生对传感器、电路、控制的初步认识。
（3）培养基本的工程思维能力。

环节二：电子电路实验——点亮一盏 LED 灯

教的活动 2
（1）布置任务：小组比赛点亮 LED 灯。
注意：以小组为单位，强调竞技性来调动学生积极性。鼓励学生尝试自由选择导线、电池及多种颜色的 LED 灯，增强多样性。
（2）让学生了解理论知识，教师引导提问：纽扣电池是几伏？电池有无正负极？LED 灯有无正负极？尝试使用多种 LED 灯时，有没有异常？
（3）总结电路知识：把学生们对应的电路图画出来，并讲解含义。
（4）用学习到的知识解释生活小案例，如：家庭中的电压是多少伏？LED 灯能插到插线板上吗？手机充电的电压是多少伏？适配器的作用是什么？

学的活动 2
（1）学生自由选择纽扣电池、电池、导线、LED 灯等完成任务。
（2）学生通过观察纽扣电池、LED 灯和回顾实验过程来回答老师的问题。
（3）学生尝试画电路图。
（4）学生讨论并观察手机及充电器上的说明。

设计意图
（1）亲自动手，深入了解电路运作原理。
（2）能看懂并绘制简单的电路图。
（3）能将所学内容延伸到生活中。

环节三：Arduino 编程——让 LED 灯闪烁起来

教的活动 3
（1）布置任务：教师给出电路图，让学生按照图示连接元器件。
（2）教师展示程序，并通过改变参数控制闪烁的频率，演示程序的烧写过程。
（3）教师：讲解电信号、引脚声明、函数、digitalWrite 方法等基础编程知识。

学的活动 3
（1）连接电路：学生利用 Arduino 板、杜邦线、LED 灯、面包板完成连接。
（2）学生熟悉 Arduino IDE，并把设备与设备连接，烧写程序到设备中。

设计意图
（1）认识 Arduino UNO 开发板的作用。
（2）了解 Arduino UNO 开发板基本程序结构和语法。
（3）了解如何用程序控制输入和输出。

环节四：基于 Arduino UNO 开发板的二氧化碳浓度监控系统搭建

教的活动 4
（1）介绍二氧化碳不同浓度对人体的影响。
（2）教师发放电子元器件，包括 Arduino UNO R3 板、CCS811 二氧化碳浓度传感器、USB 数据线、面包板、LED 灯、有源蜂鸣器、若干跳线，部分电子元器件规格如图 2-167 所示。

Arduino UNO R3	CCS811 二氧化碳浓度传感器	LED 灯	蜂鸣器
+3.3V	VCC		
GND	GND	短脚	短脚
A4	SDA		
A5	SCL		
D3			长脚
D4		长脚	

图 2-167　部分电子元器件规格

学的活动 4
（1）学生了解不同浓度二氧化碳对人体的影响，以小组为单位讨论确定对人体有害的二氧化碳浓度阈值。
（2）学生领取所需电子元器件。
（3）学生认真听任务要求，思考如何根据不同条件执行相应操作。
（4）学生了解二氧化碳传感器相关知识，明确各个引脚的对应关系，并以小组为单位完成电路连接（限时 5 分钟）。
（5）学生以小组为单位编写程序，编写完成后，烧写至 Arduino UNO R3 板中。

第 2 章　与学科整合：适合初中开展的 STEM 项目课例设计　329

（3）教师发布任务：通过传感器探测，实时显示二氧化碳浓度，如果二氧化碳浓度超出阈值，设备自动报警并打开二氧化碳处理装置。为安全起见，这里以蜂鸣器作为报警信号，LED 灯代替二氧化碳处理装置，当探测到的二氧化碳浓度超出阈值时，蜂鸣器响，LED 灯点亮。 （4）讲解二氧化碳传感器相关知识，重点介绍各个引脚的对应关系，指导学生完成电路连接。 （5）代码讲解：重点讲解条件判断语句，调整参数可以改变检测浓度的范围。	
设计意图 深入认识传感器的工作原理；学会用程序来读取传感器数值。	
环节五：搭建基于 mCookie 的二氧化碳和氧气浓度监控系统	
教的活动 5 （1）教师发放并介绍电子器件，包括核心模块 +（core+）、扩展模块（Hub）、连接线、USB 连接线、蜂鸣器、单色 LED 灯、电池底座（mCookie Battery Base）、MH-Z16 二氧化碳浓度传感器、HY-02 氧气浓度传感器。 （2）布置任务：通过传感器探测实时显示二氧化碳浓度和氧气浓度，若二氧化碳浓度超过阈值，则蜂鸣器响，LED 灯点亮。 （3）教师讲解二氧化碳和氧气传感器的各个引脚，给出电路连接方式的示例。 （4）教师出示程序示例，重点讲解条件判断语句。	**学的活动 5** （1）以小组为单位领取相应电子器件，并了解其功能。 （2）学生认真听任务要求，思考如何设计实现。 （3）电路连接：以小组为单位连接电路。 （4）学生运行程序示例，体会条件判断语句的内涵。
设计意图 （1）了解其他型号的电子元器件，巩固传感器搭建过程。 （2）深入了解输入、输出、程序控制等专业知识和技能。	
环节六：交流总结	
教的活动 6 请学生填写问题解决清单，并上台展示交流。	**学的活动 6** 学生总结气体浓度监控系统搭建过程中遇到的问题以及解决方式。 （1）我们组遇到的问题是_____ （2）我们是这样解决的_____
设计意图 （1）通过小组分享活动，培养团队合作、沟通、交流等能力。 （2）通过填写问题清单，培养学生解决问题的能力。	

【第 5 次课】

★ 主题名称

展示交流与优化反思

★ 学习目标

（1）通过汇报展示，提升表达与交流能力。

（2）通过组间评价、提建设性意见，培养倾听习惯与批判性思维。

（3）通过复盘、评估和反思，强化工程产品优化迭代的意识，以及产品优化的路径和策略。

★ 核心问题

怎样汇报展示并优化迭代本小组月球基地空气循环系统的设计方案呢？

★ 评价方案

评价任务：展示交流与复盘反思的能力。

评价标准：表达与交流的准确性，提出建设性意见和有效沟通的能力，复盘反思的深度。

评价方式：组间评价，教师评价。

评价工具：评价量表（表2-145）。

评价结果呈现方式：等级（评分）评价。

表 2-145　评价量表（五）

评价内容	赋分	组间评价	教师评价
语言表达的逻辑性，信息的完整度，是否有翔实的内容做支撑	0~10 分		
有效倾听并提出建设性意见	0~10 分		
复盘反思的能力与产品优化迭代的思考深度	0~10 分		
总分			

★ 本课的重点、难点

指向工程产品优化的反思与策略。

★ 学习活动设计

环节一：小组展示，组间互评

教的活动 1	学的活动 1
（1）教师做本项目的背景回顾，包括项目总挑战性任务、拆解之后的子目标，以及对最终产品的要求。 （2）教师做展示交流的规则说明。 1）请每小组简单介绍本组项目的分工、方案设计及实施、原型展示，以及项目实施过程中遇到的问题和解决办法。 2）在汇报过程中，其他小组成员要认真倾听，结合评价量表，用关键词或1~2句话，给出中肯的建设性意见（写在纸条上）。 提议过程为：每人独立思考——组内讨论——组间分享。 同时，汇报小组针对其他小组所提建议的可行性和有效性，为其他小组打分。	（1）回顾并快速梳理本项目任务。 （2）倾听规则，准备好汇报和提议。分组上台汇报，并展示原型。其他小组结合评价表打分，并提出建设性意见。汇报小组为其他小组的提议打分。

设计意图

（1）回顾项目背景，明晰任务及评价规则。
（2）通过项目展示，提升学生的表达能力。
（3）通过小组间质疑和提建设性意见，提升学生的倾听能力，激发学生思考，促进批判性思维、逻辑能力等的发展。

环节二：回顾反思，迭代优化

教的活动 2	学的活动 2
（1）请各小组回顾整个项目的实施过程，从工程产品实现的角度，梳理遇到的问题，以及还存在哪些值得改进的点；同时结合其他小组提的建设性意见，进行迭代优化的设计和改进。 （2）现场观察每个小组的优化情况，请各个小组上台分享优化点。	（1）小组内梳理遇到的问题，并结合其他小组的意见进行讨论，将值得改进的点以关键词或图表形式提炼总结出来。 （2）设计方案的优化、设计图的修改、原型的搭建与实验等。

设计意图

（1）通过组间评价，吸纳有效意见，引导学生虚心、辩证地看待他人意见，促进审辩式思维的发展。
（2）通过回顾、反思和优化，强化工程产品需要不断优化迭代的现实意识，加强工程思维，提升学生的迁移应用能力。

第 2 章　与学科整合：适合初中开展的 STEM 项目课例设计

环节三：总结提升

教的活动 3	学的活动 3
（1）在学生的汇报过程中，总结学生项目设计与实施的过程，回顾梳理工程设计思维。 （2）系统梳理整个项目的解决过程：从发布挑战性任务，到如何拆解子任务、明晰具体任务内容，进而总结项目式学习或真实问题解决的一般性思路和方法。	（1）回顾梳理工程设计思维的各个步骤和要点。 （2）回顾整个项目的解决过程，凝练总结真实问题解决的方法和路径，迁移应用至不同的实际场景中。

设计意图
（1）通过回顾整个项目的解决过程，提炼并强化工程设计思维。
（2）通过梳理一般性方法和路径，促进学生关于问题解决方法的真实获得，提升学生迁移应用及解决问题的能力。

2.14.7　部分分课时的学案设计

【第 1 次课】

任务 1　组建团队

1. 破冰活动
样例方法：扑克牌。
（1）进教室抽取扑克牌。
（2）组成小组，快速找到伙伴。

2. 小组团建，海报分享
团建任务：做小组的手绘海报设计并分享。
要求：
（1）小组组名、LOGO、口号。内容可以跟航天事业相关。（课后可以使用计算机软件制作学习小组的沟通海报，软件类型不限）【此海报可以作为评价内容，评价的要点主要在于团队合作、领导力、沟通能力、倾听交流等通用素养】
（2）组员简介，包括姓名、昵称、组内角色，并一句话描述出自己最擅长的是什么。

【此处可以做小组海报的草图。小组正式分享海报请画在 A3 纸上，分享后将海报粘贴在此处。】

材料清单：A3 纸 1 张，马克笔 1 支。
小组合作规则：【此处教师应该知道，下面 3 种行为都需要结构化引导，应该把这样的通用素养，作为学习目标来培养，因此要有评价，要通过相应的学习环节来实现。如果有必要，可以做句型】
学会倾听：
学会表达：
学会评价：
【充分利用鲜花鸡蛋法、TPS（Think-Pair-Share）等教学策略，培养学生组内评价和组间评价的能力，并将评价作为学习内容】

任务2 发布任务书
1. 观看视频
通过观看有关视频了解：人类探索太空的活动从未停止过。根据 NASA 1990 年发布太阳系编年史的任务以来，世界各地的人们已经将编年史发展到了 2099 年。中国在玉兔二号登陆月球月背进行探索之后，将于 2030 年在月球建设"广寒二号"月球基地。基地为 100 人连续从事一年的研究工作与生活而设计。
2. 发布项目任务书
认真阅读项目任务书。阅读过程中试着在项目书上画出你认为有价值的信息。
支架：项目任务书（另附）。
3. 小组内归纳出项目任务书中给出的信息
（1）组内交流，明确项目任务，以及项目的限制条件。

【此处可以列出本组的问题清单。（3~5 个，也可以更多）】

（2）快速整理出一份解决项目任务的问题清单（最想问的问题）。

任务3 项目规划
（1）为月球基地设计"空气循环系统"这个任务，你们认为重要的事情都是什么？小组讨论，并将重要的事情进行记录和梳理。
（2）对重要的事情中包含的知识、方法、需要的指导等再继续分析。绘制出这个项目解决过程的思维导图。
给出一个例子。以"为一个两室一厅的家庭设计并制作一套新风系统"为例，做项目规划的思维导图。

【此处可以绘制出项目解决的思维导图。】

提供支架：南极科考基地；月球环境；月球基地。

第 2 章　与学科整合：适合初中开展的 STEM 项目课例设计

【第 2 次课】

任务 1　了解月球基地

1.整理月球基地的项目材料。了解月球基地的项目条件、设计者的目标、设计方案。

2.选择本组的月球基地方案，并对该基地做描述。

[此处粘贴本组的月球基地图片，并在图片上标注出尺寸、舱体名称、功能的简单说明。]

面积：
空间（体积）：
人员数量：
舱体结构及功能：

舱室位置及特点：

支架：给出多个月球基地方案
方案一：

方案二：

方案三：

方案四：

方案五：

任务 2　气体浓度 / 气体流速监测系统设计与实验

1. 请在表 2-146 中记录电子元器件的功能。

表 2-146　电子元器件的功能

器件名称	功能	备注

2. 自由选择纽扣电池、电池、导线和 LED 灯等，完成气体浓度 / 气体流速监测系统的搭建。
问题思考：纽扣电池是几伏？电池有无正负极？ LED 灯有无正负极？尝试使用多种 LED 灯时，有没有异常？
画出电路连接图：

3. 利用 Arduino UNO 开发板、杜邦线、LED 灯和面包板等，完成气体浓度 / 气体流速监测系统的搭建。
画出电路连接图：

写出程序设计：

测试结果：

4. 用 Arduino UNO R3 板、CCS811 二氧化碳浓度传感器、USB 数据线、面包板、LED 灯、有源蜂鸣器及若干跳线，完成气体浓度 / 气体流速监测系统的搭建。
画出电路连接图：

第 2 章　与学科整合：适合初中开展的 STEM 项目课例设计

写出程序设计：

测试结果：

5. 用核心模块 +（core+）、扩展模块（Hub）、连接线、USB 连接线、蜂鸣器、单色 LED 灯、电池底座（mCookie Battery Base）、MH-Z16 二氧化碳浓度传感器及 HY-02 氧气浓度传感器，完成气体浓度 / 气体流速监测系统的搭建。

问题解决清单：见表 2-147。

表 2-147　问题解决清单

问题序号	问题	解决方法

打分表：见表 2-148。

表 2-148　打分表

项目	满分	评分
能否正确连接电路	☆☆☆☆☆	
能否较好地理解问题中体现的分支结构	☆☆☆☆☆	
能否根据任务要求规范编写程序代码	☆☆☆☆☆	
能否开展自主、探究、合作式的学习	☆☆☆☆☆	
总评		

2.14.8　终结性评价方案

终结性评价主要是对最终方案和产品进行评价，分为不合格、初步水平、中等水平、高水平四个等级，评价量表见表 2-149。

表 2-149　最终方案及产品评价量表

评价内容	评价等级				组间评价	教师评价
	不合格	初步水平	中等水平	高水平		
任务拆解	没有界定清楚问题，任务拆解逻辑性弱，找不到关键点；项目实施没有规划性	有问题界定的意识，能够拆解出一部分任务，但不全面或不关键；任务规划的科学性和可行性弱	能够提出核心问题，任务拆解相对合理，但不够全面和具体；项目规划的科学性和可行性有值得改进的空间	问题界定清晰，任务拆解准确，项目规划全面具体，科学性高，可行性强		
设计图	设计图不清晰，表达不规范，不具备科学性，缺乏细节	设计图比较粗略，不够细致，科学性或细节有明显纰漏	设计图基本能表达相应意思，符合基本规范，但科学性或细节有改进空间	设计图表达清晰，规范细致，符合限制条件，且具备科学性		
3D模拟系统	3D模拟系统不清晰，表达欠缺规范，不科学	具备3D模拟系统雏形，但不符合规范，或未考虑限制条件，存在着明显纰漏	有系统框架，系统规划符合基本规范，但未考虑限制条件或有明显改进空间	系统搭建完整，科学合理，呈现清晰，符合月球基地的方案需求		
气体浓度监测系统	无法顺利实现预期功能，原型实现有困难	只能实现部分功能，原型存在一定的纰漏，有明显待改进之处	基本能实现预期功能，有一定的智能化体现，基本能运行	能较好实现预期功能，且体现智能控制，运行顺利		
总评						

2.14.9　课例实施建议与反思

1. 实施建议

（1）采用项目学习的方式。本项目学习目标明确，挑战性任务清晰，子任务拆解相对合理，问题链的设置贴近学生的认知和思维，应该说整体上设计比较符合学情。所以，一定要采用项目学习的方式，以便更好地推进课程。

（2）总挑战性任务要贯穿始终。从课例一开始，明确任务背景之后，就要给学生抛出总挑战性任务，从头到尾，贯穿始终。在每一项子任务的解决过程中，依然要时不时地让学生明晰本项目总的挑战性任务，避免学生在中途走偏，或者纠结于某些相关度不高的细节之处，而是要牢记最终目标。

（3）采用多样的学习支架和策略。本项目中教与学的活动，从教学设计到学习任务单，内容翔实。在学习支架上，可以采取多样化的支架和学习策略。比如项目式学习中的相关策略、鲜花鸡蛋反馈法、KWL法等。此外，还可以指导学生总结工程性问题解决的一般思路和方法，即工程设计思维。

（4）关注大概念。本项目中，"系统与系统模型""结构与功能"大概念贯穿始终。月

第 2 章　与学科整合：适合初中开展的 STEM 项目课例设计　　337

球基地空气循环系统，自身既是载人航天生命保障系统的一部分，同时空气循环系统又可以拆为不同子系统，包括二氧化碳浓度检测系统、氧气供应系统、气体流速监测与控制系统等。无论是空气循环系统，还是其子系统，均又有各自的结构与功能。因此，在项目实施过程中，要引导学生提升认知，关注项目中的大概念，提升高阶思维。

2. 课后反思

本课例已经实施过一轮，目前在进行二轮及后续优化。反思课例实施，有两点感触颇深。

第一，"跨学科整合"如何"跨"？关键在于对跨学科概念的挖掘和理解。

本课例中最核心的跨学科概念为"系统"。对空气循环系统进行拆解，则需要分别构建一系列子系统，如绿植供氧系统、紧急制氧系统、二氧化碳吸收与浓缩系统、氧气输送系统、气体浓度检测系统、气体流动检测系统等。建立对系统和系统模型的理解和认识是本课例中跨学科概念构建的基础。

第二，工程实践类课程，如何将真实工程问题的解决思路外显，对于课程的设计非常关键。

真实工程问题一定是复杂、综合、艰巨的，绝大多数情形下不可能依赖一个学科的知识就能解决。那么，工程师是怎么思考这个问题的？是怎样定义工程问题，又从何入手找到解决方案的？如果能找到真实工程问题的解决思路，将之清晰地呈现出来，并将思路外显、转化为学生活动，则非常有助于促进学生对工程和工程师的理解，该课程在工程实践上基本也就不容易跑偏了。工程实践类课程强调以工程设计为核心，同时考虑用户、标准限制、现实约束条件、安全性、可靠性，以及权衡决策等因素。

以上，跨学科课程的设计永远没有最好，随着对 STEM 课程理解的深入和认知的提升，甚至是技术的进步，课程始终都会有可优化的空间。

2.14.10　专家点评

这是一个基于航天背景的 STEM 课例，是典型的整合真实世界工程任务的 STEM 课程。项目任务很具有挑战性，通过项目任务书的信息提取，广泛征集学生的问题进行问题界定，明确要解决的核心问题和限制条件，进行了问题的分解和任务的规划。因为历时长，任务不简单，所以通过多样的学习支架和教学策略进行支持，并辅以项目过程管理工具保障。这个任务是通过一个个子系统的搭建和整合来解决密闭空间中的空气质量自动检测和循环的，对于建构"系统与模型"这个跨学科概念是很有效的。

建议：把密闭空间的空气循环系统的任务分解为监测、净化和循环，可以把真实场景下的真实工程解决方案完整化，让科学探究更深入，真正与工程实践融合起来。

北京市海淀区教师进修学校创新教育研究中心副主任　陈咏梅

2.15 课例15：保护母亲河，我们在行动——"李冰号"智能水质检测船综合实践考察探究活动

主要涉及学科：信息科技，地理。
课例提供团队：四川省成都市棕北中学张宏、骆晓祥。

2.15.1 课例的背景、情境及学习目标

1. 课例背景

锦江是成都文化的摇篮，成都人深情地称其为"母亲河"。20世纪80年代，随着城市化进程的加快，锦江不堪重负，变成了藏污纳垢的地方，被称为世界上最大的"臭水沟"。1992年，成都市政府针对过去局部河段单项治理效果不大的问题，决定启动基础设施建设综合整治工程。1993年，锦江综合整治工程正式启动。1998年锦江整治工程获得了"联合国人居奖"。

2. 课例情境

二十多年后，我们将目光又聚焦在了成都美丽的母亲河——锦江的身上！她的水质状况现在是什么样的？怎么利用现代科学技术辅助进行水体状况调查？怎样与综合实践、劳动教育相结合，培养学生积极动手、实践参与的创新劳动观念？为此，我们开展了水环境智能检测船的考察探究制作活动。主要包括：设计制作实践活动；数据采集、分析实践活动；水环境改善整改措施调查实践活动。

3. 学习目标

（1）**价值体认目标**：了解环境保护的基本知识和基本方法，亲历社会环境保护实践过程，体验为社会环境做出贡献的快乐，激发环境保护的兴趣；在实践过程中与老师、同伴交流思想，形成环境保护认同意识；培养学生养成爱护环境、珍惜环境、保护成果的良好品质。

（2）**责任担当目标**：通过观察周围的生活环境，了解水质环境的情况，增强环境保护意识，注重个人行为，鼓励环境保护从个人做起，从家庭做起，进而带动学校参与、社会力量参与，初步树立环境保护责任意识。

（3）**问题解决目标**：在环境保护实践中，深入思考并提出有价值的问题，将问题转化为有价值的研究课题，学会运用科学方法开展研究，并能主动运用所学知识理解与解决问题，改进"李冰号"船体设计，创新水质检测方法，讲究做事的效率，培养积极主动的环境保护态度，同时增强团队协作意识和自主管理的能力，提升学生的综合素质。

（4）**创意物化目标**：运用所学知识为环境保护付诸实践，通过设计、制作和不断改进

第 2 章　与学科整合：适合初中开展的 STEM 项目课例设计　　339

"李冰号"水质检测船，培养学生的创新意识和审美意识，提高创意实现能力。

2.15.2　课例实施的环境和硬件要求

1. 实施环境

具备能够开展编程学习、项目制作的创客空间。

教室空间分为两部分，一部分是能够进行常规的知识、编程等技能学习的桌子，一部分是能够进行项目制作的大空间，并保证学生有足够的活动空间。

2. 硬件要求

需要配置计算机、常用工具（螺丝刀、美工刀、胶枪、烙铁等），并购买课程所需的相应材料（Arduino UNO 开发板、电机、PVC 管、电源等），配备 3D 打印机、激光切割机等设备。

2.15.3　课例适合的学段

1. 适合的学段

七年级和八年级。

2. 学生已有的知识、经验、技能基础情况

这个年级的学生已经具备一定的地理、生物学方面的基础知识、思考能力和动手实践的能力。但是因为本项目设计的内容相对较多，单靠学生个体或者是原有的知识无法完成。在活动中需要学生组成团队，按照项目式学习的方法去完成知识的补充。

3. 学生学习过程中可能遇到的困难

确立了使用计算机辅助手段实现锦江水质检测，但学生们相关知识较薄弱。活动中所使用的 Arduino UNO 开发板、检测水质相关参数的传感器和安卓手机软件编程，都是他们未曾接触过的，掌握相关的知识是对学生学习能力的极大考验。

仅仅掌握理论知识是远远不够的，学生需要有着较强的创新能力和实践能力，将团队的创意设计付诸实践，并能根据实际情况制订可执行的水质检测方案。

实现自己的创意设计是一个长期的过程，需要学生有坚忍不拔的毅力和持之以恒的耐力。

2.15.4　核心挑战性任务及拆解

本课例核心任务流程如图 2-168 所示；任务拆解见表 2-150。

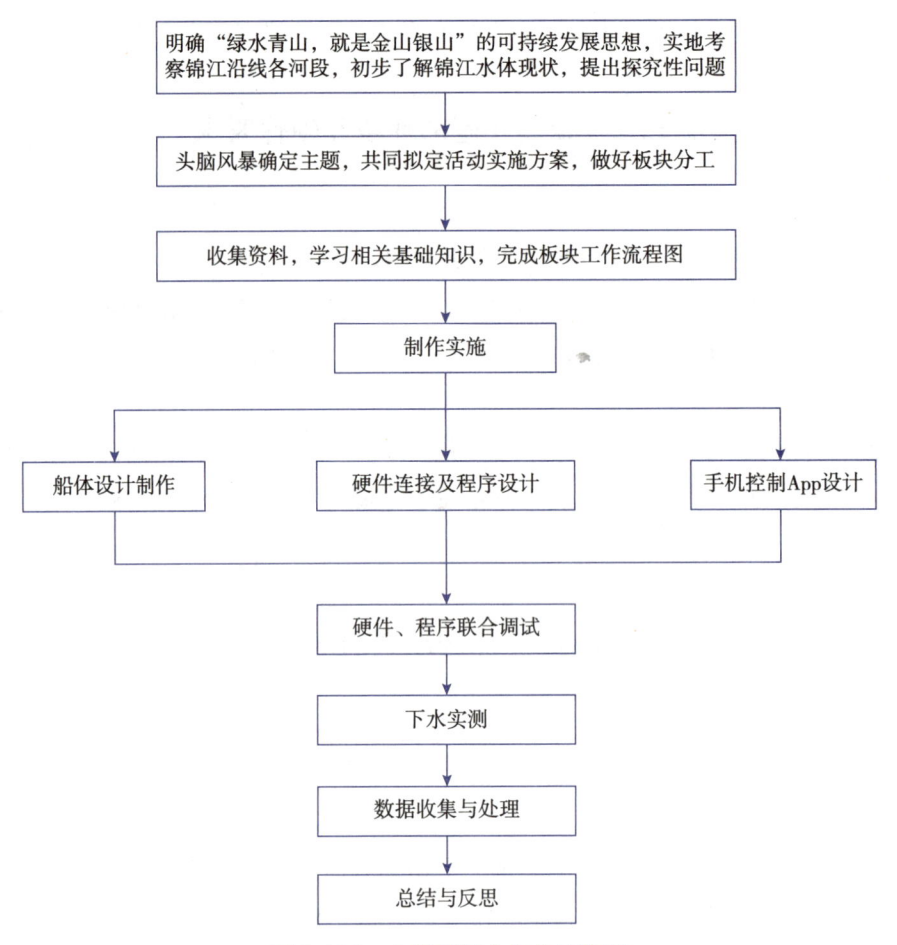

```
┌─────────────────────────────────────────────────────────┐
│ 明确"绿水青山,就是金山银山"的可持续发展思想,实地考       │
│ 察锦江沿线各河段,初步了解锦江水体现状,提出探究性问题     │
└─────────────────────────────────────────────────────────┘
                            ↓
┌─────────────────────────────────────────────────────────┐
│ 头脑风暴确定主题,共同拟定活动实施方案,做好板块分工       │
└─────────────────────────────────────────────────────────┘
                            ↓
┌─────────────────────────────────────────────────────────┐
│ 收集资料,学习相关基础知识,完成板块工作流程图             │
└─────────────────────────────────────────────────────────┘
                            ↓
                    ┌──────────────┐
                    │   制作实施   │
                    └──────────────┘
          ┌─────────────┼─────────────┐
          ↓             ↓             ↓
    ┌──────────┐ ┌──────────────┐ ┌──────────────┐
    │船体设计制作│ │硬件连接及程序设计│ │手机控制App设计│
    └──────────┘ └──────────────┘ └──────────────┘
          └─────────────┼─────────────┘
                        ↓
              ┌──────────────────┐
              │ 硬件、程序联合调试 │
              └──────────────────┘
                        ↓
                  ┌──────────┐
                  │ 下水实测 │
                  └──────────┘
                        ↓
              ┌──────────────┐
              │ 数据收集与处理 │
              └──────────────┘
                        ↓
                ┌────────────┐
                │ 总结与反思 │
                └────────────┘
```

图 2-168　本课例核心任务流程图

表 2-150　任务拆解表

核心挑战性任务	拆解后的子目标	子任务	阶段性成果
智能水质检测船制作并进行实地测试	了解目前进行水质检测的主要使用的手段[一]	(1)研究水质检测主要的参数 (2)研究目前水质检测的主要方法与手段[二]	确定进行水质检测的方法和核心指标
	船体制作环节[三]	(1)学生先手绘出船体的外形并使用珍珠棉制作船体 (2)学生设计出电机防水外壳的3D图,利用3D打印机制出成品后,在防水外壳内部涂抹了硅脂,进一步增强了电机的防水性能	制作水质检测船的船体部分

[一] 朱小伟,宦娟,刘剑飞,等.智能水质监测船的设计[J].大众科技,2014,16(11):3.

[二] 贺艳峰.无人自动测量船水质采样及在线监测系统探究分析[J].才智,2011(25):60.

[三] 毛丽民,卢振利,朱培逸,等.基于水质监测的船形机器人设计[J].计算机测量与控制,2015,23(6):4.

第 2 章　与学科整合：适合初中开展的 STEM 项目课例设计

（续）

核心挑战性任务	拆解后的子目标	子任务	阶段性成果
智能水质检测船制作并进行实地测试	硬件连接环节	（1）学习以 Arduino 为基础的智能硬件课程 （2）如何进行硬件连接的程序编写	（1）编写船体控制的程序 （2）编写采集传感器检测水质数据程序
	手机 App 连接环节	（1）学习基于 MIT 平台的手机 App 编程课程 （2）如何进行手机 App 连接的程序编写	（1）设计手机远程控制和采集数据的手机 App （2）进行数据测试
	展示与总结反思	（1）水体数据检测采集，找到不同的安全河段，检测船下水实测 （2）根据采集回传的数据，结合水体质量标准分析得出水质监测结论	（1）实践成果 （2）项目日志 （3）测试数据及总结

2.15.5　分课时的教学进度规划

分课时的教学进度规划见表 2-151。

表 2-151　教学进度规划表

主题	具体内容	课时数
【子任务 1】	调研及水质检测船的设计	1
【子任务 2】	船体制作环节	1
【子任务 3】	硬件连接环节	2
【子任务 4】	手机 App 连接环节	5
【子任务 5】	实地测试	2
【子任务 6】	展示与总结反思	1

【子任务应与表 2-150 中的规划一致】

2.15.6　分课时的教学设计

【第 1 次课】

★ **主题名称**

项目构思与启动

★ **学习目标**

（1）提出探究问题。

（2）拟定设计思路。

（3）确定团队分工。

（4）探索不同材料的浮力强弱。

★ 评价方案

评价方式：学生自评，小组评价。

评价工具：评价表（表 2-157）。

评价结果呈现方式：等级评价，评价结果分 A、B、C、D 四个等级。A 表示好；B 表示较好；C 表示一般；D 表示尚可。

★ 本课的重点、难点

（1）学生在分工合作时，容易出现目标不明确，分工不恰当，不能充分利用各自的优势扬长避短等问题。分工是本节课的一个重点。

（2）不同材料的浮力研究，关系到整个作品的结构能否制作成功。

★ 学习活动设计

环节一：分析锦江沿线各河段情况，提出探究性问题	
教的活动 1 　　活动背景介绍，引导思考方向，带领学生分析锦江各河段情况。	**学的活动 1** 　　根据分析了解到的情况，提出探究性问题，看看成都的"母亲河"在改造二十多年后的水质情况。
设计意图 　　介绍活动背景，引导学生思考，并提出问题进行探究。充分发挥学生的主体意识，教师适当退到"第二线"，不能牵着学生走，只需做好引导即可。	

环节二：确定主题，头脑风暴：提出创意设计进行讨论	
教的活动 2 　　列举现有的检测设备以及对它们的功能进行介绍，结合学生拟定的初稿，提出修改意见。	**学的活动 2** 　　根据分析情况，制订活动流程图。创意设计讨论：根据现有技术水平和条件，检测船要满足：安全性强、科学性强、便捷性强、机动性强等几方面要求，填入本课例 2.15.7 部分分课时的学案设计第 1 次课的图 2-189 中。
设计意图 　　学生围绕主题自主讨论，熟悉整个流程；通过实地考察，挖掘可实现的创意并思考实现的方式。	

环节三：拟定团队分工合作实施方案，进行学习	
教的活动 3 　　结合学生自身的能力与特点，对职责与分工进行评估，并将分工合作方案跟学生进行确认。	**学的活动 3** 　　学生根据自己的能力、特长，分配团队成员的任务与职责填写本课例 2.15.7 分课时的学案设计第 1 次课中的表 2-153，完成并填写表 2-154 的项目规划图。
设计意图 　　明确每个学生在项目中的分工与职责，培养学生的团队合作意识。	

环节四：船体设计与制作基础性学习	
教的活动 4 　　探索如何让船体稳定地漂浮在水面，研究不同材料在水中漂浮的效果。	**学的活动 4** 　　学生通过分组探索不同材料浮力的大小，并使用砝码进行浮力测试，如图 2-169 所示。

第 2 章　与学科整合：适合初中开展的 STEM 项目课例设计

图 2-169　学生测试不同材料的浮力大小

设计意图
让学生形成团队合作意识，通过实践总结如何让船体在浮力作用下很好地运行。

【第 2 次课】

★ 主题名称
设计船体外壳

★ 学习目标
（1）使用珍珠棉切割制作船体。
（2）使用 3D 打印机制作出电机防水外壳。
（3）防水处理。

★ 评价方案
评价方式：学生自评，小组评价。
评价工具：评价表（表 2-157）。
评价结果呈现方式：等级评价，评价结果分 A、B、C、D 四个等级。A 表示好；B 表示较好；C 表示一般；D 表示尚可。

★ 本课的重点、难点
（1）制作船体结构。
（2）学生设计并利用 3D 打印机制作电机防水外壳。此过程要考虑外壳防水的要求，在使用 3D 切片软件时参数要适当调整。

★ 学习活动设计

环节一：设计船体结构	
教的活动 1 　　教师教授学生使用厚珍珠棉泡沫板来制作船身，并在船身预留可以安装电机和传感器的空间。	学的活动 1 　　设计船体结构。

设计意图	
将上次课所学知识运用起来，设计船体外形。	

环节二：三维建模技能学习

教的活动2	学的活动2
教师讲授三维建模软件 3D One 的使用方法及使用技巧。包括：二维平面草图的绘制、三维实体的生成。	学生学习三维建模软件 3D One 的使用。

设计意图	
学习三维建模软件 3D One，掌握三维制图技能。	

环节三：三维模型切片，导入 3D 打印机进行打印成型

教的活动3	学的活动3
学习三维模型切片软件 Cura 的使用及参数设置。	根据模型防水要求，合理设置层高、填充密度等参数，确保打印出来的模型防水性得到保障。

设计意图	
学习切片软件 Cura 的使用，三维建模绘制电机防水外壳。	

环节四：设计、制作电机外壳，电机防水性问题预设与处理

教的活动4	学的活动4
（1）指导学生使用 3D One 软件设计电机的外壳，如图 2-170 所示并打印。 （2）指导学生使用硅脂对防水外壳做防水处理，进一步增强电机的防水性能，如图 2-171 所示。	（1）利用所学三维制图技能，进行三维建模，设计电机防水外壳并打印。 （2）使用硅脂对外壳做防水处理。

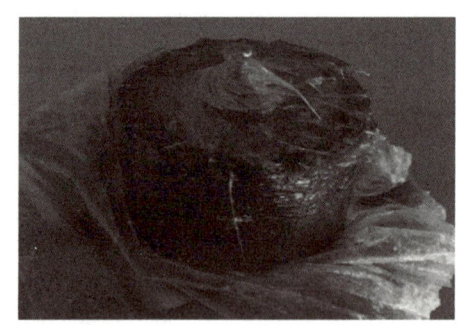

图 2-170　3D 打印外壳　　　　　图 2-171　对外壳做防水处理

设计意图	
船体制作是最能培养学生动手能力的部分。可以着重培养学生：发现问题——反复探究考察——动手实践——反思提升。	

【第 3 次课】

★ 主题名称

硬件连接及编程①

★ 学习目标

学习以硬件 Arduino UNO 开发板为基础的智能硬件使用方法。

第 2 章 与学科整合：适合初中开展的 STEM 项目课例设计

★ 评价方案

评价方式：学生自评，小组评价。

评价工具：评价表（表 2-157）。

评价结果呈现方式：等级评价，评价结果分 A、B、C、D 四个等级。A 表示好；B 表示较好；C 表示一般；D 表示尚可。

★ 本课的重点、难点

（1）关于 Arduino UNO 开发板数字信号、模拟信号，输入、输出的学习与理解。

（2）关于 Arduino UNO 开发板通信过程的信息收、发逻辑的理解。

★ 学习活动设计

环节一：学习 Arduino UNO 开发板的知识	
教的活动 1 （1）Arduino UNO 开发板概述包括：历史由来、性能、常见使用场合等。 （2）详细讲解 Arduino UNO 开发板的数字输入输出 I/O，模拟输入输出 I/O 的知识。	**学的活动 1** 　　学习 Arduino UNO 开发板的基本板载资源，分析数字信号、模拟信号异同；理解输入、输出的判定方法。
设计意图 　　学习 Arduino UNO 开发板入门、Arduino UNO 开发板端口控制等方面知识。	
环节二：Arduino UNO 开发板通信知识学习	
教的活动 2 　　项目中涉及传感器信息调试及远程采集需要掌握的一些通信知识。为此讲授 Arduino UNO 开发板通信相关知识，包括有线通信：串口通信；无线通信：蓝牙通信。	**学的活动 2** 　　学习 Arduino UNO 开发板有线通信和无线通信的知识。理清在信息传递过程中，发射方、接收方之间通信的逻辑。
设计意图 　　学习通信知识，掌握有线通信和无线通信的方法。	

【第 4 次课】

★ 主题名称

硬件连接及编程②

★ 学习目标

使用 Arduino UNO 开发板及水质测量相关传感器，编写程序，调试获取各传感器的数值。

★ 评价方案

评价方式：学生自评，小组评价。

评价工具：评价表（表 2-157）。

评价结果呈现方式：等级评价，评价结果分 A、B、C、D 四个等级。A 表示好；B 表示较好；C 表示一般；D 表示尚可。

★ 本课的重点、难点

学生根据水质测量选定的维度，选择相应的传感器进行硬件原理学习与电路连接。

★ 学习活动设计

环节一：分析水质检测所需的测量数据，选定传感器	
教的活动 1 对学生选取的数据测量维度进行评估、修改、补充。水质大致会有这几个评价维度：温度、浊度、TDS 值、pH 值、溶解氧等。 以 TDS 水质检测仪为例，让学生测试自来水的 TDS 值。	**学的活动 1** 查找资料，分析水质检测常见的数据测量维度，并依次选定需要用到的传感器。
设计意图 训练学生自行查找、分析资料的能力，并给出测量方案。	
环节二：学习将所用到的传感器进行硬件连接和软件编程的方法	
教的活动 2 讲解学生所用到的传感器，帮助他们更好地理解硬件工作原理、电路连线，以及软件编程，如图 2-172 所示。硬件连接除电源线 VCC、GND 以外，其余的有 DS18B20：Data → Arduino 数字引脚；浊度传感器：Data → Arduino 模拟输入引脚；TDS 传感器：Data → Arduino 模拟输入引脚；pH 传感器：A → Arduino 模拟输入引脚；溶解氧传感器：A → Arduino 模拟输入引脚。	**学的活动 2** 逐个学习所用到的传感器硬件知识及工作原理，进行电路连接和软件编程。

图 2-172 软件编程过程

第 2 章　与学科整合：适合初中开展的 STEM 项目课例设计

设计意图
增强学生对硬件传感器的认识，并用软件进行编程。

环节三：把传感器等硬件电路安装到船体内部，并做好防水处理	
教的活动 3 　　指导学生注意修正程序设置上的误差，按照要求对程序各个部分联合对接及对硬件进行联调测试。	**学的活动 3** 　　将船体运动控制程序与各个传感器程序进行联合对接和调试。

设计意图
将之前独立的模块系统联合对接，形成一个整体。

【第 5 次课】

★ 主题名称

手机 App 连接环节①——初识 App Inventor 软件

★ 学习目标

熟悉手机基于 MIT 平台的手机 App 编程。

★ 评价方案

评价方式：学生自评，小组评价。

评价工具：评价表（表 2-157）。

评价结果呈现方式：等级评价，评价结果分 A、B、C、D 四个等级。A 表示好；B 表示较好；C 表示一般；D 表示尚可。

★ 本课的重点、难点

（1）快速熟悉 App Inventor 的编程方式。

（2）把设计好的程序安装到手机上，并运行测试。

★ 学习活动设计

环节一：熟悉组件设计	
教的活动 1 　　讲授手机 App Inventor 中按钮、复选框、图像、标签、对话框、下拉框、滑动条等组件的运用。	**学的活动 1** 　　学习手机 App Inventor 各组件的含义及操作方法。
设计意图 　　学生学习手机 App Inventor 组件的使用方法。	
环节二：熟悉逻辑设计的设计过程	
教的活动 2 　　讲授手机 App Inventor 中逻辑设计模块的含义及操作方法。	**学的活动 2** 　　学习手机 App Inventor 中逻辑设计模块的含义及操作方法。
设计意图 　　学生学习手机 App Inventor 逻辑设计的使用方法。	
环节三：制作一个"小猫叫"的小软件	
教的活动 3 　　把图片和声音素材发给学生，并教学生如何上传、添加本次项目使用的组件并进行排布。	**学的活动 3** 　　学习上传图片和声音的方法，如图 2-173 所示。

图 2-173 上传图片和声音的方法

设计意图
　　熟悉图片和声音素材的上传。

环节四：手机客户端控制功能设计与实现

教的活动 4	学的活动 4
设计相关逻辑模块并安装到手机上进行测试，如图 2-174 所示。	调试程序，下载和安装程序，程序测试。

图 2-174　逻辑模块

设计意图
　　初步认识 App Inventor，并通过一个简单的小应用熟悉开发的流程。

【第 6 次课】

★ 主题名称
手机 App 连接环节②——App Inventor 2 布局

★ 学习目标
学习 App Inventor 中的布局功能，并通过制作一个"木琴"音乐软件进行巩固。

★ 评价方案
评价方式：学生自评，小组评价。

评价工具：评价表（表 2-157）。

评价结果呈现方式：等级评价，评价结果分 A、B、C、D 四个等级。A 表示好；B 表示较好；C 表示一般；D 表示尚可。

★ 本课的重点、难点
（1）在组件设计中使用水平布局和垂直布局的功能。

（2）定时器使用。

第 2 章　与学科整合：适合初中开展的 STEM 项目课例设计

（3）自定义函数的学习使用。

★ 学习活动设计

环节一：学习水平和垂直布局

教的活动 1	学的活动 1
讲授手机 App Inventor 中的布局功能，如图 2-175 所示。布局分为水平布局、垂直布局、表格布局等，掌握其中的基础方法。	学习手机 App Inventor 中的水平布局和垂直布局功能。

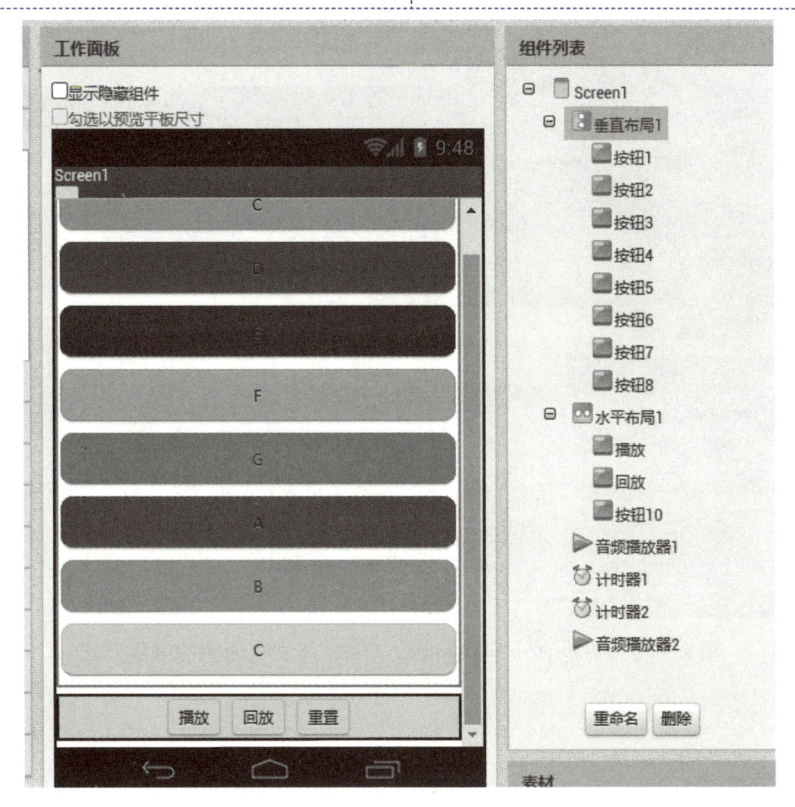

图 2-175　手机 App Inventor 中的布局功能

设计意图
学生学习手机 App Inventor 中的水平布局和垂直布局的使用方法。

环节二：优化界面并上传相关的音符素材

教的活动 2	学的活动 2
对定时器的功能和音频播放的功能进行学习。	上传音频素材，添加音频播放器，添加定时器功能。

设计意图
巩固素材上传的方法，学习定时器模块的使用方法

环节三：编写相关的逻辑模块

教的活动 3	学的活动 3
教授如何编写每个按键对应的逻辑模块。	学习手机 App 与 Arduino UNO 开发板通信的编程方法，如图 2-176 所示。

图 2-176　手机 App 与 Arduino UNO 开发板通信的编程方法

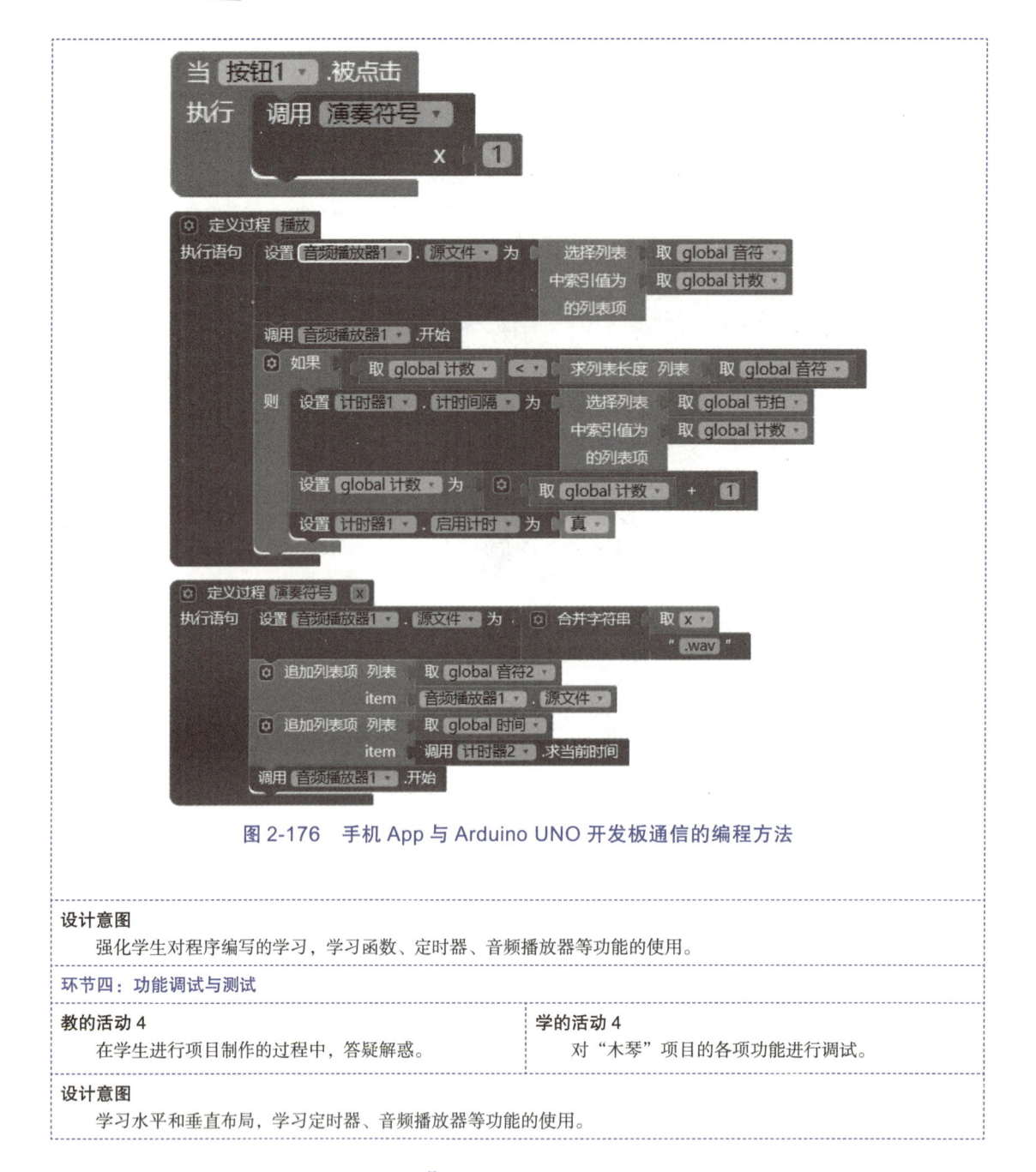

设计意图
强化学生对程序编写的学习，学习函数、定时器、音频播放器等功能的使用。

环节四：功能调试与测试

教的活动 4	学的活动 4
在学生进行项目制作的过程中，答疑解惑。	对"木琴"项目的各项功能进行调试。

设计意图
学习水平和垂直布局，学习定时器、音频播放器等功能的使用。

【第 7 次课】

★ 主题名称

手机 App 连接环节③——App Inventor 2 与 Arduino UNO 开发板远程控制学习

★ 学习目标

利用蓝牙模块实现手机和 Arduino UNO 开发板的通信，并用手机控制一个 Arduino UNO 开发板连接的 LED。

第 2 章　与学科整合：适合初中开展的 STEM 项目课例设计

★ 评价方案

评价方式：学生自评，小组评价。

评价工具：评价表（表 2-157）。

评价结果呈现方式：等级评价，评价结果分 A、B、C、D 四个等级。A 表示好；B 表示较好；C 表示一般；D 表示尚可。

★ 本课的重点、难点

（1）App Inventor 中蓝牙客户端模块的使用。

（2）Arduino 对应程序的编写。

★ 学习活动设计

环节一：界面设计	
教的活动 1 教授学生蓝牙客户端的功能，如图 2-177 所示。	**学的活动 1** 设计控制 LED 的界面，并添加蓝牙功能。
图 2-177　蓝牙客户端	
设计意图 了解和学习蓝牙客户端的功能。	

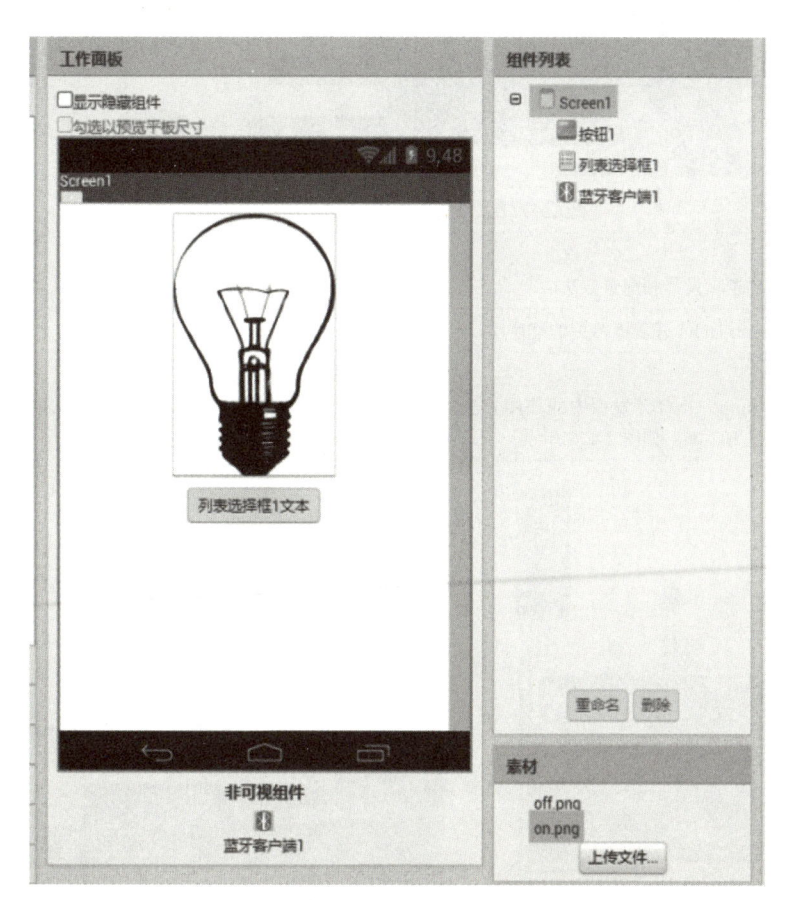

环节二：逻辑设计	
教的活动 2 　　教授蓝牙相关的逻辑设计以及蓝牙配置的过程。	**学的活动 2** 　　实现"蓝牙控制的 LED"程序，如图 2-178 所示。

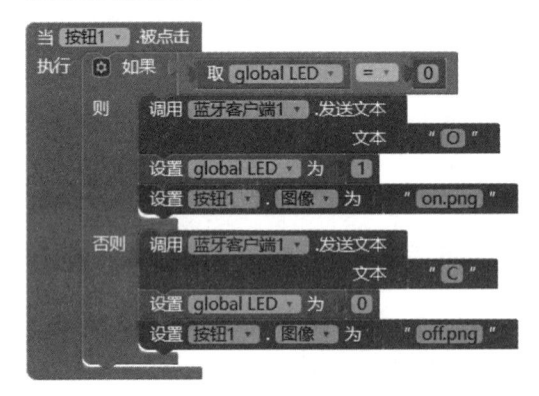

图 2-178　"蓝牙控制的 LED"程序

设计意图
掌握蓝牙对应的逻辑设计和配置方法。

环节三：编写 Arduino UNO 开发板相关的程序	
教的活动 3 　　讲授蓝牙在 Arduino UNO 开发板中的使用方法。本课例使用的蓝牙模块是 HC-06，如图 2-179 所示。	**学的活动 3** 　　编写 Arduino UNO 开发板相关的程序，如图 2-180 所示。

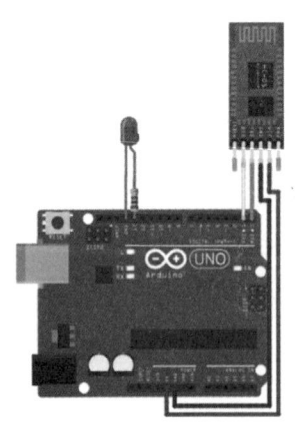

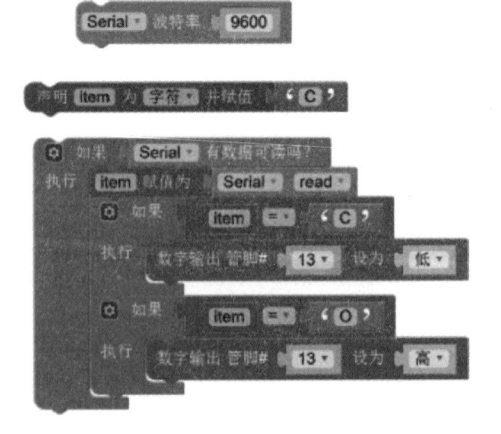

图 2-179　蓝牙接线图　　　　图 2-180　Arduino UNO 开发板相关的程序

设计意图
掌握蓝牙在 Arduino UNO 开发板中的使用方法。

第 2 章　与学科整合：适合初中开展的 STEM 项目课例设计

环节四：程序调试，并测试功能	
教的活动 4 　　在学生进行项目制作的过程中，提供技术支持，答疑解惑，解决遇到的问题。	**学的活动 4** 　　编写使用手机控制 LED 开关的程序并完成调试。
设计意图 　　综合运用所学知识，编写软件，控制硬件，实现设计效果，将之前设计的独立的 3 个系统联合对接，形成一个整体。	

【第 8 次课】

★ 主题名称
手机 App 连接环节④——数据采集功能设计与实现

★ 学习目标
实现通过手机对水质检测船的控制，并能够把监测船采集的数据发送给手机。

★ 评价方案
评价方式：学生自评，小组评价。

评价工具：评价表（表 2-157）。

评价结果呈现方式：等级评价，评价结果分 A、B、C、D 四个等级。A 表示好；B 表示较好；C 表示一般；D 表示尚可。

★ 本课的重点、难点
（1）对水质检测船的控制。

（2）把采集数据发送给手机并显示。

★ 学习活动设计

环节一：App Inventor 教学	
教的活动 1 　　参考上节课手机控制 LED 的案例实现对检测船运动的控制。	**学的活动 1** 　　设计检测船控制界面，如图 2-181 所示，并实现对应的控制程序，如图 2-182 所示。

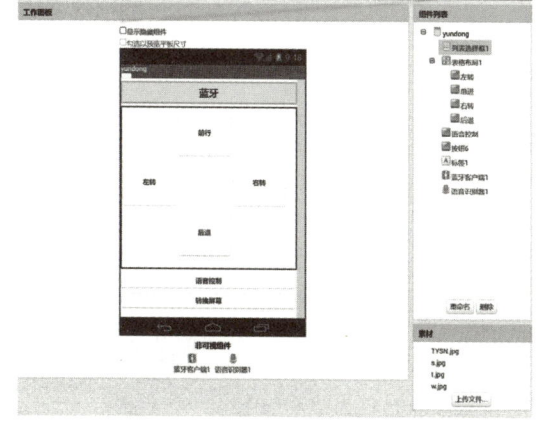

图 2-181　检测船控制界面

图 2-182　检测船控制的程序设计

设计意图
实现手机对检测船运动状态的控制。

环节二：实现数据采集

教的活动 2	学的活动 2
以水温数据为例教授学生如何实现数据的采集和显示。	完成水温、pH 值、浊度、TDS 等参数的采集和显示，如图 2-183 所示。

图 2-183　水温数据采集的程序设计

设计意图
完成数据采集的功能设计。

环节三：完成不同界面的切换

教的活动 3	学的活动 3
讲授在 App Inventor 中不同页面的切换功能，把船体控制和数据采集放到不同的页面上。	掌握不同页面的切换方法，如图 2-184 所示。

图 2-184　不同页面的切换方法和程序

第 2 章　与学科整合：适合初中开展的 STEM 项目课例设计

设计意图
让学生掌握不同页面的切换办法，让船体控制和数据采集融合在一个完整的应用中。

【第 9 次课】

★ 主题名称
手机 App 连接环节⑤——各项功能联合调试

★ 学习目标
对 App 的各项功能与船体进行联合调试。

★ 评价方案
评价方式：学生自评，小组评价。

评价工具：评价表（表 2-157）。

评价结果呈现方式：等级评价，评价结果分 A、B、C、D 四个等级。A 表示好；B 表示较好；C 表示一般；D 表示尚可。

★ 本课的重点、难点
（1）测试监测船在水面运动控制正确，并设定合适速度。
（2）测试手机连接蓝牙后的操控距离。
（3）测试传感器采集各项数据并发送到手机的准确性。

★ 学习活动设计

环节一：确定监测船运动的正确性以及合适速度	
教的活动 1　由于水的阻力等因素影响，设置同样的速度，监测船在没有水和有水的情况下实际运行速度不一致。因此需在教室里搭建的小水槽中确定合适的运动速度。	**学的活动 1**　通过在水槽中的速度测试，确定监测船合适的运行速度，避免在实际采集数据过程中出现意外。
设计意图　确定监测船合适的运行速度。	
环节二：测试蓝牙连接的操控距离	
教的活动 2　测试蓝牙连接的距离，避免在实际操作中因为断开连接而导致失控。	**学的活动 2**　到操场测试蓝牙稳定连接的距离，并进行多次测量，确定操作的安全距离。
设计意图　确定蓝牙的遥控距离。	
环节三：测试传感器采集各项数据并发送到手机	
教的活动 3　以水温为例对每个传感器数据进行测试，在测试水样中加入开水，观察温度的记录情况。	**学的活动 3**　测试水温、pH 值、浊度、TDS 等参数的准确性以及误差范围。
设计意图　测试传感器各项数据采集的准确性。	

环节四：测试数据采集的稳定性	
教的活动 4 　　为保障数据采集的稳定性，需要不间断地记录采集数据，如图 2-185 所示，分析可能出现的不稳定因素并进行优化。	**学的活动 4** 　　测试数据采集的稳定性，把传感器安装的位置进行优化和加固，如图 2-186 所示。
图 2-185　采集测试数据	图 2-186　测试数据稳定性
设计意图 　　确保数据采集的稳定性，确保在实地数据采集前排除非必要干扰。	

【第 10 次课】

★ 主题名称

实地数据采集

★ 学习目标

（1）采集实际数据。

（2）测试监测船的可靠性。

★ 评价方案

评价方式：学生自评，小组评价。

评价工具：评价表（表 2-157）。

评价结果呈现方式：等级评价，评价结果分 A、B、C、D 四个等级。A 表示好；B 表示较好；C 表示一般；D 表示尚可。

★ 本课的重点、难点

（1）准确、认真地采集不同时间段的水质数据。

（2）测试监测船是否能够在实际环境中正常工作。

★ 学习活动设计

环节一：安全学习	
教的活动 1 　　讲解水边操作的安全知识。	**学的活动 1** 　　学习如何选择安全的数据采集地点。
设计意图 　　做好安全教育，让学生在实验过程中重视安全问题。	

第 2 章　与学科整合：适合初中开展的 STEM 项目课例设计

环节二：进行数据采集

教的活动 2	学的活动 2
利用智能水质检测船进行下水实地数据采集。	通过监测船下水，用 App 控制船行驶到指定位置进行采集数据，如图 2-187 所示，并把采集到的数据记录到实验记录册上，见本课例 2.15.7 部分分课时的学案设计第 10 次课的表 2-155。

图 2-187　实地数据采集

设计意图
在实际环节中采集数据，让学生理解实验环境和实际环境存在差异。

环节三：多组重复数据采集

教的活动 3	学的活动 3
讲解 GB3838—2002《地表水环境质量标准》，让学生在不同位置进行多组数据采集。	学生进行不同位置的多组数据的采集，保证在接下来的环节中数据的准确性。

设计意图
理解多组数据采集的必要性。

【第 11 次课】

★ 主题名称
数据分析

★ 学习目标
（1）展示实际监测数据成果。
（2）学习数据整理和数据分析的科学方法。

★ 评价方案
评价方式：学生自评，小组评价。

评价工具：评价表（表 2-157）。

评价结果呈现方式：等级评价，评价结果分 A、B、C、D 四个等级。A 表示好；B 表示较好；C 表示一般；D 表示尚可。

★ 本课的重点、难点

对已采集的数据进行分析，监测数据是否有问题。在此过程中学习数据分析的科学方法，并用科学方法进行有事实、有依据、合理的分析，得出可信的结论。

★ 学习活动设计

环节一：学习科学的数据分析方法

教的活动 1

教授科学的数据分析方法。例如：中位值分析法、平均值分析法、限幅分析法、限幅平均分析法、加权递推平均值分析法等。

学的活动 1

对所采集到的数据，按照学习到的方法，分别进行分析，并填入本课例 2.15.7 部分分课时的学案设计第 11 次课的表 2-152 中。

设计意图

学习不同的数据分析方法。

环节二：对数据进行整理及图标绘制

教的活动 2

本次活动最终在锦江河段进行实地检测，制作原始数据表格，并绘制折线图。

学的活动 2

（1）学生根据不同分析法得出的数据，交流思考结论有什么差异。

（2）制作原始数据表格，见表 2-152，并绘制折线图，如图 2-188 所示。

表 2-152　实地检测数据

指标	数据							
TDS 值（mg/L）	90.75	88.83	90.75	88.83	90.75	88.83	90.75	90.75
温度值（℃）	21	21	21	21	21	21	21	21
pH 值	7.5	7.4	7.5	7.5	7.5	7.3	7.5	7.4

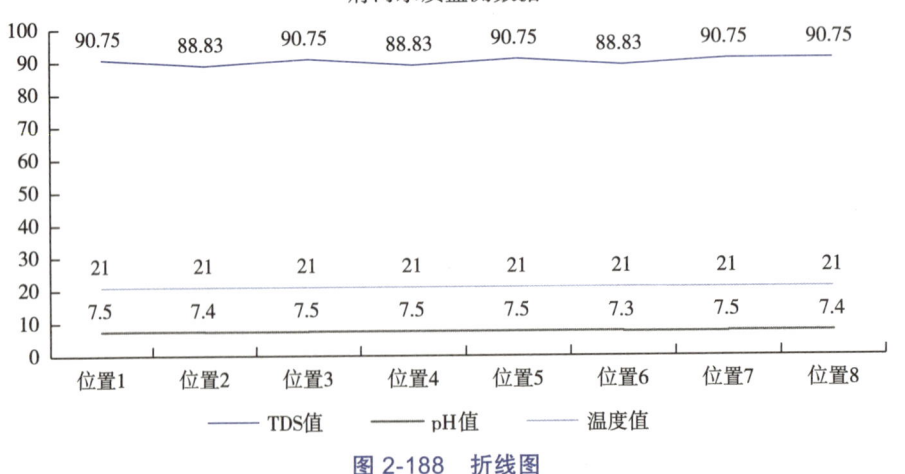

图 2-188　折线图

设计意图

培养学生对水质检测数据进行分析的能力。

第 2 章　与学科整合：适合初中开展的 STEM 项目课例设计

环节三：展示和分析实际监测的数据

教的活动 3	学的活动 3
（1）让学生积极分享并展示他们得到的测试数据，积极探讨这些数据说明了哪些问题。 （2）检测结果：采样点附近水温恒定在 21℃，未出现较大幅度波动；TDS 值含量为 90.03 mg/L，pH 值维持在 7.5 左右，这两项指标达到了国家一类标准。	学生将自己的测量数据展示出来，与大家交流，并给出自己的看法。

设计意图
进行数据展示，学生表达自己的观点。

【第 12 次课】

★ 主题名称
展示与总结

★ 学习目标
（1）总结本次项目设计方案，并提出改进建议。
（2）培养学生总结、演讲、展示等方面的能力。

★ 评价方案
评价方式：学生自评，小组评价。

评价工具：评价表（表 2-157）。

评价结果呈现方式：等级评价，评价结果分 A、B、C、D 四个等级。A 表示好；B 表示较好；C 表示一般；D 表示尚可。

★ 本课的重点、难点
（1）实践报告的书写格式。
（2）对项目实验的研究成果进行展示。
（3）反思与总结。

★ 学习活动设计

环节一：监测数据分析

教的活动 1	学的活动 1
讲授书写实践报告的基本格式。	将整个实践活动的全过程予以记录，并整理成完整的实践报告。

设计意图
建立学生正确书写实践报告的意识。

环节二：实物展示

教的活动 2	学的活动 2
学生最终完成了水质检测船的制作，让学生逐一进行功能演示以及分析总结。	将项目制作所用到的软件技术、硬件原理和作品功能进行分享展示。

设计意图
通过展示，可以更好地锻炼学生的表达能力，提升实践活动的综合效果，还可以让学校的文化外显，加深学生对学校的热爱。

环节三：反思与改进

教的活动3	学的活动3
带领学生对整个活动进行复盘。引导他们说出自己在整个项目中的收获、经验以及教训、反思。	学生分享在整个项目制作过程中的心得体会，以及该项目的意义，并进行反思，提出可以改进、让作品更加完善的建议。

设计意图
培养学生乐于分享、敢于展示的自信精神。学生的总结和反思有助于将本活动不断完善，也能够很好地培养学生自我剖析的意识。

2.15.7 部分分课时的学案设计

【第1次课】

环节一（略）

环节二：确定主题，头脑风暴：提出创意设计进行讨论（图2-189）。

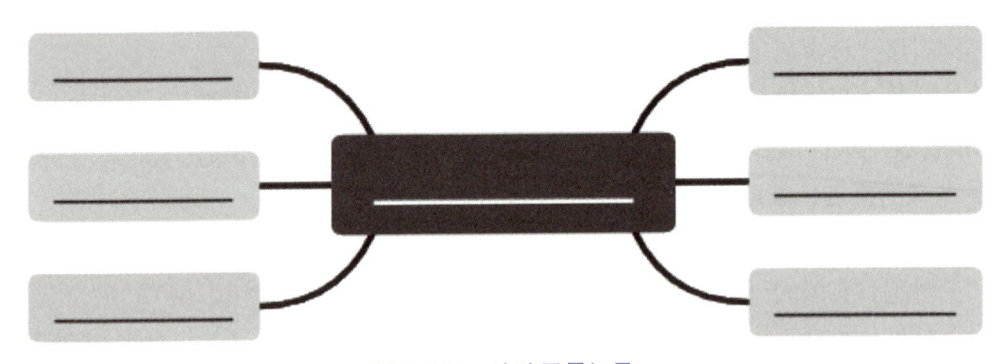

图2-189 头脑风暴记录

注：在讨论的时候需要达成"君子协定"，即不许评论，要异想天开，创意越多越好，观点属于团队。

环节三：拟定团队分工合作实施方案进行学习（表2-153、表2-154）

表2-153 团队分工表

序号	成员	角色	任务
1			
2			
3			
4			

第 2 章　与学科整合：适合初中开展的 STEM 项目课例设计

表 2-154　项目规划图

序号	时间	计划任务	任务完成情况
1			
2			
3			
4			
5			
6			

【第 10 次课】

完成水质监测记录表，见表 2-155。

表 2-155　水质监测记录表

项目 时间					
温度（℃）					
浊度值（度）					
TDS 值（mg/L）					
pH 值					
溶氧量					
水质结果					

【第 11 次课】

各类分析方法描述和对比

中位值分析法（Median Analysis Method）：这种方法是通过中位值来确定性能或质量指标。中位数是一组数据的中间值，即将一组数据按从小到大的顺序排列，中间的那个数就是中位数。中位值分析法适用于数据分布不均匀或存在异常值的情况。

平均值分析法（Mean Analysis Method）：这种方法是通过算术平均值来确定性能或质量指标。平均值是一组数据的总和除以数据的数量，它可以反映出数据的总体趋势。平均值分析法适用于数据分布较为均匀、没有明显异常值的情况。

限幅分析法（Limiting Analysis Method）：这种方法是通过确定数据的上限和下限来确定性能或质量指标。限幅分析法可以帮助识别离群值，并且能够提供一种标准化的方法来确定数据的有效范围。

限幅平均分析法（Limiting Mean Analysis Method）：这种方法是通过确定数据的上限和下限，并将在这个范围内的数据计算平均值来确定性能或质量指标。这种方法可以避免异常值对平均值的影响，同时又能够保留所有的有效数据。

加权递推平均值分析法（Weighted Recursive Mean Analysis Method）：这种方法是通过对数据进行加权平均来确定性能或质量指标。加权递推平均值分析法能够反映出数据的趋势，并且对于较新的数据更为敏感，可以及时反映出最近的变化趋势。这种方法常用于时间序列分析或趋势预测中。

利用分析法进行分析，完成表2-156。

表2-156　数据分析总结表

数据分析	结论
分析1：	结论1：
分析2：	结论2：
分析3：	结论3：
分析4：	结论4：
反思与改进：	

2.15.8　终结性评价方案

评价方式：自我评价，小组评价。

评价工具：评价表（表2-157）。

表2-157　"李冰号"智能水质检测船制作活动评价表

班级：　　　姓名：

评价项目	评价要点	学生自评	小组评价
活动表现	环保观念培养		
	吃苦耐劳精神的体现		
	主动提出自己的想法		
	完成了自己的任务		
	团队协作方面		
	展示环节效果		
活动能力	实践技能提升		
	课外知识的延伸		
	寻求解决问题的方法		
活动结果	实践感悟与收获		
	综合能力提升		
总评			
说明：评价结果分为A、B、C、D四个等级。A表示好；B表示较好；C表示一般；D表示尚可			

2.15.9 课例实施建议与反思

1. 实施建议

本课例围绕"智能水质检测船"展开，其设计核心是基于保护环境的大主题，利用已有的知识来解决实际问题，并涉及开源硬件、App 编程、3D 打印等多学科的知识，但对于初中生完成本项目也具有一定的挑战性。

（1）船体结构设计和制作是难度较大的部分，可以根据学生情况进行调整，比如利用玩具船进行改造。

（2）由于本项目设计的内容较多，可以在学生组建好团队后进行分工，有侧重地进行学习和制作，更能体现本课例中团队合作的重要性。

（3）项目在最后测试阶段需要实地下水，教师务必做好安全防范工作。

2. 课后反思

综合实践活动是基于学生经验，密切联系学生自身生活和社会生活，注重对知识技能的综合运用，体现经验和生活对学生发展价值的实践性课程。在本次考察探究性实践活动中，我认为做得较好的地方主要有以下几点：

（1）**学科知识的综合利用**：将多个学科知识综合运用，在综合实践课程中实现跨学科教学。在本次实践活动中，学生运用了物理、信息科技、美术等方面的知识，学以致用，将知识落实到了实践之中。

（2）**学生合作能力方面**：培养了学生之间的分工合作以及交流的能力，学生之间发挥了一定的团队合作精神，锻炼了学生的口头表述和动手制作能力。

（3）**创新能力方面**：在活动开展过程中，学生对活动内容感兴趣且积极性高，学生的好奇心、想象力和创造力得以激发。

在活动的过程中也暴露了一些问题，后期我们还要改进：

（1）此次活动是基于实际问题的项目式综合实践活动。在创意设计方面学生能够提出创新性的想法，但由于学生的团队协作能力还不足，"李冰号"1.0 版在制作中协调不够，出现了板块工作的拖延，影响了整体完工时间。后期学生之间相互协调，能较好地把握时间节点。

（2）学生在制作"李冰号"1.0 版过程中，发现船体重心偏高，不利于稳定，容易翻船；并且检测的传感器数据较少且只有 3 个，后期在"李冰号"2.0 版中对船体设计做了改进，使船体流线型更好，阻力更小，机动性更强；检测传感器增加了浊度和溶解氧检测，数据维度更广，更加全面。

（3）在制作"李冰号"3.0 版过程中，选择现成船模壳体，主要是为了提高船体机动性，减轻船体总重量，把检测仪器更加集中地布置在一起，增强了马达功率，以适应流速更快的水体断面，这样可以检测更多点位。

（4）在本次活动中，锦江水质检测数据的维度相对较少，争取在未来不断增加水质监测的数据种类，实现对水体水质更为准确的判断。

（5）扩大参与面，将水质监测这一课题推广，划分更多的小组，让更多的学生参与进来。

（6）在本次活动中，该活动实践小组只完成了部分河段水体水质的检测。未来，我们将继续增加检测点位，争取覆盖锦江的全河段，同时延长检测时间，力求把检测变为监测。

2.15.10 专家点评

本课例的突出特点是明确体现了工程实践过程，与传统的水质研究课程不同，这里的工程挑战任务是在锦江上进行水质研究。需要制作的水质检测船既包含结构设计问题、防水问题，又需要加装远程控制和检测模块，问题非常综合，对系统稳定性的要求很高，学生面临很大的综合性挑战！

建议教师提供充分的学习支架和数据参考，让学生能够攻克一个又一个难关。最终的实地数据采集环节是实施的关键，前序的技术和知识铺垫都是为此服务，建议教师提前踩点，减少意外的发生，协助学生获取真实数据并进行分析。

中国 STEM 教育 2029 行动计划种子教师、清华附中通用技术教师　申大山